臺灣史

戰後臺灣歷史閱覽

薛化元◎著

作者序

這本書取名爲《戰後臺灣歷史閱覽》，與我寫作的初衷有關。在本書中希望對選取的臺灣政治、經濟、社會之重大事件，做簡短的說明，使得未曾親歷那一段歷史的朋友，得以一窺當時事件的梗概。不過，這件工作的開頭，則是二十多年前的事了。當時，我還就讀碩士班，深爲臺灣沒有本土編纂的歷史年表感到遺憾，也是我後來長期投入主編臺灣歷史年表的緣起。可是，編歷史年表是件大工程，不是我短期可能完成的。因而在一九八〇年代初期，我開始想要先針對戰後臺灣歷史的重大事件進行分析、導讀。

當初之所以有園地，得以針對戰後臺灣歷史的重大事件進行分析、導讀，是已故顧紹昌先生的支持。當時我根據日本亞細亞經濟研究所編的年表，依時序篩選出戰後臺灣的重大歷史事件，再進行導讀的寫作。不過，由於我研究所畢業入伍，因此只寫到戰後初期便告一段落。而在一九八〇年代末期、一九九〇年代初期，恰巧當時國策中心葉國興副執行長的提議與支持，我把原本和朋友利用假日在圖書館翻報紙編年表的工作，移到國策中心（國策研究院的前身）。以後在李永熾老師的主持下，帶領團隊成員，前前後後編輯出版了五冊戰後臺灣歷史年表。可惜，根據原本計畫要編輯日治時代一八九五年以來到二〇〇〇年的歷史年表計畫（最初的計畫是準備編到一九八八年），始終沒有機會完成，而日治時期一八九五至一九二〇年的年表初稿，也在當年汐止東科大樓的那一場火警中燒毀，包括當時存在國策研究院不同電腦，以防萬一的備份，也無一倖存。

而在開始進行戰後臺灣歷史年表編纂工作的時候，我自己也開始繼續入伍前戰後臺灣的重大歷史事件導讀的寫作。只是當時也是零零星星的寫著，斷簡難成篇，後來因爲老包（詹錫奎）辦《新臺灣週刊》，我有機會每週撰寫歷史一週的戰後臺灣史大事紀，才讓這本書的雛形慢慢浮現。而後，在助理、學生的協助下，這書稿也一再增補、校讀。直到我在臺灣歷史學會主持「戰後臺灣重大歷史事件」計畫，全書的形貌才大致底定。我今年七月底結束七年擔任主管的歲月，重新整理研究室，還找到十多年前寫作的初稿和寫作準備的檔案。拿來和成書內容以及目前放在書架上的相關檔案比對，差異頗大。這也難怪，當初開始協助我校對初稿的林果顯，還是一位大學生，現在他已經拿到博士學位並正式在大學任教了，歲月確實在這本書稿留下了深深的痕跡。

開始在《新臺灣週刊》寫作時，雖然有《戰後歷史年表》做基礎，但是挑選大事紀、蒐集相關的報導和史料仍是件大工程。當時，協助我建立大事紀資料庫，選取撰寫導讀條目及影印資料的，主要是史薏平。而我從交通大學轉到政治大學任教後，則是在曾婉玲的協助下，開始整理初稿，包括重複內容的統整以及下標題。而在這本書內容寫作的過程中，還有好幾位助理、學生的協助，在此要特別感謝他們，那就是林果顯、楊秀菁和林忠蔚。特別是林果顯，這本書的書稿前後校讀了多年、多次，最後也在他校對後完稿。

從內容上來看，和初稿相比除了內容增加許多外，原本初稿只選擇發生在臺灣的大事，本書則增加了一些不是在臺灣發生，卻影響臺灣十分深遠的重大國際事件。如：韓戰爆發後，杜魯門總統發表了「臺灣海峽中立化宣言」；一九七一年嚴重影響臺灣國際舞臺空間的聯合國二七五八號決議案等等。而爲了方便閱讀者可以了解內容的出處，以進一步了解或是查閱，每一條目的後面都附加了主要的參考資料。而在書的體例上，則根據時間先後加以排序，書後則附條目檢索，方便讀者使用。而和一般學術性著作不同，這本書固然有其學術性，但主要是記錄我自己成長以及呈現我對戰後臺灣歷史解釋觀點，因此並沒有逐一詳加注釋，僅附上寫作時主要的史料來源。當然，本書的許多觀點是來自筆者過去研習所得，這應該對先行的研究者表達謝意。

我原本計畫自己出版這本斷斷續續寫了多年，伴隨我從學生時代到教授升等的書。碰巧五南出版社的盧宜穗小姐來催我延宕多時的戰後臺灣史書稿，結果相談之後，決定出版這本書。盧小姐曾經建議把內容增補到二〇〇八年，可是我基於原本編纂歷史年表就準備編到二〇〇〇年，而這一年又是一個世紀的結束與戰後臺灣第一次政黨輪替，因此就維持原來的構想，至於以後的發展如有機會再另外補充。當然，如果沒有盧小姐再三以可能無法如期出版施壓，在我每天都想修正、增補的意念下，這本書恐怕很難順利出版，她應該是這本書最後的催生者。

薛化元

二〇〇九年九月五日

目次

導論

戰後臺灣史發展的一個軌跡

一八九五年臺灣割讓給日本，結束了隸屬於中國的時代，成爲日本的殖民地。而在第二次世界大戰期間，美國羅斯福總統、英國邱吉爾首相及中華民國國民政府主席蔣介石，在開羅舉行會議，更發布了所謂的「開羅宣言」。雖然「開羅宣言」並不是國際法上的條約，沒有領土轉移的國際法效力，但是它在現實國際政治上則有其重要的意義，因爲它宣告了當時主要盟國對戰後政治安排的取向：國民政府取得美國羅斯福總統的支持，在戰後取得臺灣。在此背景下，國民政府在開羅會議後，先後成立了臺灣調查委員會，草擬了臺灣接管計畫綱要。而於德國投降之後，在美國總統杜魯門代爲簽署的狀況下，邱吉爾及蔣介石和他發表了「波茨坦宣言」。日本天皇則在美國於廣島、長崎投擲兩顆原子彈之後，宣布接受「波茨坦宣言」，並在一九四五年八月十五日透過日本天皇的「玉音放送」，向日本國內宣告投降的訊息。日本投降後，聯合國最高統帥麥克阿瑟旋即發布第一號命令，而根據第一號命令，便由中國戰區最高統帥蔣介石派的代表陳儀負責接收臺灣。

就這樣，在絕大多數臺灣人民沒有如同朝鮮人民要求當家作主之際，一九四五年十月二十五日陳儀正式接收臺灣，揭開了中華民國政府統治臺灣的序幕。雖然，就現實政治而言，此後臺灣即在中華民國的統治下，不過，在國際法上對此一事件的意義仍有不同說法。縱使是在國民黨馬英九政府下，總統府舉行的展覽，也明白提出中華民國政府是在一九五二年生效的舊金山和約和臺北和約（中華民國與日本國和平條約）下，才取得臺灣的領有權。更不用提，自一九四五年以後，根據國際法主張臺灣地位未定論（特別是在舊金山和約之後），或是認爲臺灣主權應該歸屬臺灣人民（住民）的主張。而戰後臺灣的歷史，也就在此一國際地位錯綜複雜的狀況下展開。

換言之，臺灣的國際地位在國際法上雖有相當的討論空間，但是中華民國政府（國民政府）自一九四五年十月二十五日以後，已經用其國內法長期統治臺灣。從中國引進的制度、文化，在政治的強勢下成為主流，這是戰後臺灣歷史「橫的移植」的一面。就此側面而言，當然還有以後主要受美國影響，導入的歐美文化。不過，原本臺灣的本土傳承，包括日治時期的制度以及文化發展成果，雖然相對弱勢，卻仍是臺灣歷史「縱的繼承」的展現。

戰後臺灣史的關鍵年代及其意義

基本上，戰後臺灣的歷史，可以一九四九、一九七一及一九八七年三個關鍵年代作為四個時期的分界。首先，雖然中華民國國民政府在一九四五年接收臺灣，一九四八年國民政府被根據中華民國憲法成立的中華民國政府繼承，但是整個政府統治的主體在中國大陸，臺灣基本上只是相當邊陲的統治區域而已。可是一九四九年十二月國民黨當局在國共內戰遭到嚴重挫敗，中華民國政府敗逃臺灣以後，臺灣已經成為其統治的重心，整個中華民國國家（政府）主要就存立在臺、澎、金、馬。中華民國的發展，在現實政治上與臺灣密不可分。

國民黨執政的中華民國政府，在臺灣統治的正當性論述，直到一九九〇年代進行國會全面改選、總統直選的政治改革之前，則主要有兩個基礎：以中國唯一合法政府自居，在此架構下，以中共（共匪）叛亂，

「竊據大陸」爲由，實施動員戡亂和戒嚴，並凍結中央民意代表的選舉，排除了透過選舉政黨輪替的可能；另一方面則維持形式上的「憲政體制」，並以行政命令推動地方選舉，試圖對外建構「自由中國」的形象。而當中華民國國際地位相對穩定之際，國民黨對臺灣的內部改革，進展相當有限。

相對地，當中華民國政府的外部正當性面臨強大挑戰，如一九七一年聯合國的中國代表權被中華人民共和國繼承後，爲了強化統治的正當性，國民黨當局便推動增額中央民意代表制度，補強「萬年國會」欠缺的臺灣民意基礎。就在此時，蔣經國於一九七二年五月成爲行政院長，完成了行政體系的接班工作。由於蔣介石晚年身體欠佳，在某種意義上蔣經國已經成爲實際的國家領導人，直到一九八八年初過世爲止。蔣經國接班以後，雖然陸續在黨政部門拔擢一些臺籍菁英進入中央，推動經濟建設，進行一般稱爲「革新保臺」的路線，但基本上仍維持強人威權統治。

而在蔣經國執政晚年，一方面必須面對國內以黨外人士爲主，要求政治改革的力量；一方面在國際局勢不利的狀況下，又必須面對美國方面要求改革的壓力，以及中華人民共和國要求統一的「統戰」。蔣經國權衡國內外的情勢，選擇了抗拒中華人民共和國統戰的政策，最後並在一九八七年解除戒嚴，開放老兵返鄉探親，旋即在一九八八年一月正式解除報禁，邁出了自由化改革的重要一步。一九八八年蔣經國過世後，副總統李登輝繼任總統，並在其後接任國民黨主席。而在政治權力稍微穩固後，李登輝開始進一步推動自由化、民主化的改革，終止動員戡亂時期、國會全面改選、地方自治法制化，並在一九九六年成爲第一位公民直選產生的總統。次年，在「自由之家」的評比中，臺灣成爲完全自由國家。而二〇〇〇年第一次政黨輪替，政權和平轉移，更被視爲臺灣民主制度進一步穩定發展的里程碑。

由於在一九九〇年代以前，臺灣基本是在強人威權體制的統治下，所以以下擬簡單說明強人威權體制的發展，以及臺灣自由化、民主化改革的歷史軌跡。

一九五〇、一九六〇年代強人威權體制的發展

根據一般說法，往往認為蔣介石總統主政的一九五〇、一九六〇年代中，一九五〇年代軍事統治的色彩較為濃烈，而一九六〇年代以降則較為注重經濟發展，而呈現「開發獨裁」的特色。但是，從具體事證來看，前述說法仍有斟酌的餘地。

一九五〇年三月原本自己下野的蔣介石，宣布復行視事，重新擔任總統。而在韓戰爆發，美國派第七艦隊進入臺灣海峽，執行臺灣海峽中立化政策，使臺灣免於受中華人民共和國人民解放軍直接威脅之後，兼任國民黨總裁的蔣介石，開始推動國民黨的改造。透過改造，他排除了原本主導國民黨組織的C·C·派，直接掌控了黨機器，並完成了在中國大陸訓政時期都沒有完成的「理想」——以黨領政、以黨領軍。在他的主導下，國民黨政權朝向強人威權體制發展，排除了黨政體系中反對此一政治路線的吳國楨、王世杰、孫立人等人。而在一九六〇年為了蔣介石總統三連任，才正式透過修憲程序，以修改動員戡亂時期臨時條款的方式，凍結憲法有關總統只能連任一次的規定。此舉使蔣介石得以連任成為終身職的總統，強化、鞏固了由他（以及其後繼者蔣經國）主導的政權。

換言之，國民黨當局直到一九五九年為止，仍形式上維持自中國大陸帶來的中華民國憲法體制不變動。而輿論雖然遭到有關當局的打壓，在野的政論雜誌或是報紙仍勉強有一定的空間。「白色恐怖」的壓力沉

重，甚至人人心中有個小警總之際，仍可聽到、看到在野聲音與結合的努力。

不過，伴隨著對中國民主黨組黨運動的打壓，一九六〇年九月逮捕雷震，不僅使黨禁浮上檯面，也迫使《自由中國》停刊。次年，更透過形式上的政治及司法運作，迫使李萬居失去他一手創立主導的《公論報》，臺灣不僅進入了正式的黨禁時期，而且也失去了類似《自由中國》這種政論雜誌，或是由在野派掌控的報紙，一九六〇年代變成了在政治領域上噤聲的時代。不僅如此，原本由文人擔任的臺灣省主席一職，一九五七年八月周至柔接替嚴家淦後，開始由軍人擔任，此後，一九六二年的黃杰、一九六九年的陳大慶相繼接任，直到一九七二年六月謝東閔被任命為止。在此期間，臺灣省政的範疇內，軍人主政的色彩反而較之前濃厚。

「革新保臺」與強人威權體制

如前所述，由於中華民國政府做為中國唯一合法政府的形象與論述，在國際社會遭到挫敗，甚至被中華人民共和國政府的主張取代。中華人民共和國政府繼承中華民國政府，成為中國唯一合法代表，已經成為以聯合國為首之國際社會的共識。不僅中華民國的外交出現嚴重危機，臺灣也面臨中華人民共和國併吞企圖的威脅。而蔣經國一九七二年接任行政院長後，則展開所謂「革新保臺」的政治路線。

蔣經國內閣人事中，副院長徐慶鐘、內政部長林金生、交通部長高玉樹、政務委員李登輝等人，還有新任的臺灣省主席謝東閔皆屬臺籍。其中行政院副院長、交通部長和臺灣省主席都是第一次由臺籍菁英出任。

而在國民黨內也拔擢臺籍菁英，進入中央服務。由於臺籍菁英進入中央黨政體系服務的人數較過去增加，一時有所謂「吹臺青」的說法。而定期舉行的增額中央民意代表的選舉，也使臺籍菁英可以透過選舉（不一定需要高層關愛的眼神）進入中央政壇，民意也開始可以多少透過選舉在中央發聲。

不過在蔣經國主政期間的所謂「本土化」路線，雖拔擢部分臺灣籍的「青年才俊」擔任黨政幹部，但是國防、經濟、財政、情治、外交乃至中央教育主管的職位，仍由老一輩來自中國大陸（或其下一代）的「外省籍」黨國菁英擔任。至於國會運作，也仍然是在資深中央民意代表的掌控下。蔣經國擔任國民黨主席之後，在國民黨中央常務委員部分，臺籍菁英的數量是有明顯增加。然而，現實運作上，在蔣經國主政期間，國民黨的中央常務委員，不僅名位來自蔣經國主席的欽點，中常會的實際運作上也以其意志為依歸，象徵意義大於實質意義。

相對蔣經國主政的政治路線，來自民間的改革聲音也逐漸發展，黨外人士透過選舉活動、出版，持續發聲。而臺灣基督長老教會在一九七〇年代面對臺灣的國際生存危機，更陸續通過以臺灣作為政治主體，以及關心臺灣前途和政治改革的三個宣言。另外，在一九七〇年代臺灣本土語言、文化逐漸復甦，不久，鄉土文學運動更是蓬勃發展。不過，國民黨當局對此一發展，則採取打壓的政策。在語言、文化方面限制本土語言的使用及戲劇、歌曲廣播電視播出時段與次數。甚至進入教會，沒收本土語言文字（包括福佬、原住民等各種語言）印行的聖經。至於鄉土文學論戰，也曾經出現肅殺的氣氛。而在政治方面，對於黨外人士的政治主張和政治活動也採取壓制的態度，而發生了「美麗島事件」。雖然 Edwin A. Winckler 認為相較於蔣介石統治時代的「硬式威權」，蔣經國時代已經是「軟式威權」，不過直到此時為止，強人威權體制仍未鬆動，甚至對臺灣本土意識和文化的打壓，還有強化的現象。

另一方面，以一九六〇年代末期規劃的重大建設為基礎，集中在此一時期陸續完成的所謂「十大建設」，則是中華民國接收臺灣以來第一次大規模的建設，對臺灣以後的經濟發展有相當大的影響。而經濟發展，也是此一時期國民黨當局宣傳的重點之一。

至於強人威權體制的鬆動，以及進一步的政治改革，則是蔣經國主政晚期的作為，特別是在一九八六、一九八七年推動的。其中最受矚目的，包括解除臺灣為期長達三十八年的戒嚴、開放報禁。而開放老兵返鄉探親，在國家公權力作為上，是臺灣人民前往中國大陸的開端，以後陸續擴大開放，對此後臺灣與中國大陸關係的發展，產生了相當大的影響。

強人威權體制的鬆動與政治改革

如前所述，一九七〇年臺灣在國際舞臺遭到嚴重挫敗之後，臺灣本土也逐漸興起一股文化運動，包括校園民歌的興起、鄉土文學論戰等等，帶動了臺灣本土社會文化思潮。而在同一時間，雖然蔣經國已經接班，但是政治鎮壓的案件仍然此起彼落，特別是當反對運動與威權體制出現摩擦之際，往往便造成重大之政治案件。包括一九七九年一月在美國承認中華人民共和國並與中華民國斷交（不再承認中華民國）之後爆發的余登發事件、同年的美麗島事件，以及次年的林義雄滅門血案，而為了壓制海外批判的聲音，在一九八一年爆發了陳文成事件。一九八四年，更由於軍事情報局派遣竹聯幫分子赴美暗殺江南，引發了國際矚目的「江南案」。

當中華民國政府國際生存空間遭到打壓，國際情勢越趨不利的情況下，也出現有利於臺灣政治改革的氛圍。原本美國在戰略利益考量下，雖然關心臺灣的自由民主發展，卻也擔心自由化、民主化改革後，國民黨可能失去政權，而臺灣不再配合美國的政策。可是當美國轉而尋求與中國關係正常化，希望取得中共當局的支持牽制蘇聯時，臺灣的戰略地位已經下降。相對地，在新興海外臺灣人團體的遊說，以及對臺灣友善的美國政治人物推動下，美國對臺灣推動政治改革的問題，轉趨積極。在這樣的背景下，配合美國在一九七九年制定臺灣關係法之後，即持續對於臺灣自由、民主的發展，密切關注，對國民黨當局造成了政治改革的外部壓力；加上來自臺灣內部要求自由民主改革的力量逐漸茁壯，成為國民黨當局政治改革的內部壓力。蔣經國總統權衡內外情勢，採取了爭取美國支援、持續反共、推動政治改革的路線。除了宣布蔣家人不會再擔任下一任中華民國總統外，更決定採取開放黨禁、解除戒嚴、開放報禁等措施。強人威權體制已然鬆動，即將在政治改革持續進展下崩解。

朝向自由國家發展

一九八七年解除戒嚴以後，中華民國仍然處於動員戡亂時期，自由化雖有進展，但仍未完成。李登輝在一九八八年繼任總統之後，旋即開始推動進一步的政治改革。首先，先終止動員戡亂，廢除「動員戡亂時期臨時條款」。更因為當時引發的獨臺會事件，進而在要求改革的聲浪中，先廢除了「懲治叛亂條例」；第二年更在民意的壓力下，修正了刑法一百條，結束了「言論叛亂」的時代，白色恐怖也正式成為歷史。而

中華郵政台字第一三七二號執照登記為新聞紙交寄

總號 V 80-140

樣

總統府公報

中華民國八十年五月一日（星期三）

第伍肆零叁號

編輯：總統府第三局
發行
地址：台北市重慶南路一段一二二號
電話：三一一三七三一轉公報科
FAX：三一一四〇七四
印刷：中央印製廠
本報每週一、三、五發行
定價：每期新台幣十五元
半年新台幣九百三十六元
全年新台幣一千八百七十二元
國內平寄郵費在內掛號及國外另加
本報郵政劃撥儲金帳戶第〇〇〇〇六五九一四號

總統令

總統令　中華民國八十年五月一日

第一屆國民大會第二次臨時會依照中華民國憲法第一百七十四條第一款之規定，議決廢止動員戡亂時期臨時條款，茲公布之。

總　統　李登輝
行政院院長　郝柏村

總統令　中華民國八十年五月一日

第一屆國民大會第二次臨時會依照中華民國憲法第二十七條第一項第三款及第一百七十四條第一款之規定，通過中華民國憲法增修條文，茲公布之。

總　統　李登輝
行政院院長　郝柏村

中華民國憲法增修條文

中華民國八十年四月二十二日第一屆國民大會第二次臨時會第六次大會通過
中華民國八十年五月一日總統公布

為因應國家統一前之需要，依照憲法第二十七條第一項第三款及第一百七十四條第一款之規定，增修本憲法條文如左：

第一條　國民大會代表依左列規定選出之，不受憲法第二十六條及第一百三十五條之限制：

一、自由地區每直轄市、縣市各二人，但其人口逾十萬人者，每增加十萬人增一人。
二、自由地區平地山胞及山地山胞各三人。
三、僑居國外國民二十人。
四、全國不分區八十人。

前項第一款每直轄市、縣市選出之名額及第三款、第四款各政黨當選之名額，在五人以上十人以下者，應有婦女當選名額一人，超過十人者，每滿十人應增婦女當選名

總統府公報　第五四〇三號　一

圖一　廢止動員戡亂臨時條款（總統府公報，民國八十年五月一日，第五四〇三號）

在民主改革的推動，以及自願退職成效有限的狀況下，透過大法官會議要求資深中央民意代表限期退職的解釋，以及臨時條款的廢除和憲法增修條款的實施，展開了國會全面改選。繼而在民意的要求下，透過憲法增修條款，先是推動地方自治法制化、省市長民選，繼而展開總統直選。一九九七年中華民國成為美國自由之家的完全自由國家，臺灣的自由、民主進入了一個重要里程碑。而二〇〇〇年第二次總統直選，民進黨的陳水扁、呂秀蓮當選正副總統，進一步完成了第一次的政黨輪替。至於除了民主的程序之外，近代自由民主理念以及民主憲政的制度要件如何鞏固、深化，則是未來臺灣重要的政治課題。

一九四五到一九四九年

一九四五年八月十五日，日本宣布投降以後，臺灣歷史也進入了一個新的階段。由於日本即將失去對臺灣的統治權，聯合國最高統帥第一號命令授權的蔣介石委員長所派遣的陳儀，隨即接收臺灣。此後，無論臺灣在國際法上的地位有何爭議，基本上自一九四五年十月二十五日之後，國民政府（中華民國政府）即持續有效統治臺灣。在一九四五年到一九四九年四年之間，也是一百多年來臺灣與中國大陸同時在一個政權統治下的唯一期間。在此四年間，國民政府及其後繼的中華民國政府，持續強化在臺灣的統治。

國民政府接收臺灣後，在政治體制方面，則是先在臺灣成立了與中國大陸省政府不同的臺灣省行政長官公署，由陳儀擔任行政長官，賦與其較大的裁量權限，並在某種程度上延續了包括經濟統制在內的日本臺灣總督府原有政策。相對地，在日治時期曾經要求臺灣高度自治的臺灣菁英，無論是在政治或是經濟事務上，仍然無法扮演主導的角色。而在國民政府政策失當之下，行政長官公署施政問題層出不窮，以緝私人員取締私菸不當爲導火線，引爆了二二八事件。國民政府則在派兵來臺鎮壓之後，再進行體制的改組，設立臺灣省政府，由魏道明擔任第一屆臺灣省主席。至一九四九年，再由陳誠接任。

基本上，在一九四五到一九四九年間，就憲政制度或是政治制度而言，也是中華民國憲政體制完成建構開始實施，旋即進入動員戡亂與戒嚴的非常體制時代。這樣的歷史背景，也從中國延伸到臺灣，成爲中華民國法律體制在臺灣確立並實施的關鍵年代。相較於政治制度的引進與發展，在經濟制度上，臺灣則與中國之間出現明顯的落差，與一國兩制的現象。這是爲了避免臺灣被捲入中國嚴重的通貨膨脹，而不採行國民政府在中國所發行的法幣（包括後續發行的金圓券），改而在臺灣實施臺幣制度。只是，由於國民黨當局低估臺幣的匯率等財經政策，使臺灣依然受到嚴重通貨膨脹的侵襲，而此點在實施新臺幣改革、切斷與中國的經貿關係後，得到了一定程度的改善。相對地，陳誠在政策上試圖重建臺灣與日本的貿易網絡。此後，臺灣與日本的經貿關係十分密切，是臺灣經濟發展脈絡重要的一環。

一九四五年八月十五日 第二次世界大戰結束

一九四五年八月十五日，日本天皇透過廣播宣布投降，第二次世界大戰結束，此日遂成為世界大戰的終戰日，對所有被日本統治、侵略的國家或地區而言，此日也是勝利紀念日或光復紀念日，而根據日本降書，日本同時也失去統治臺灣的正當性基礎。就歷史而言，從八月十五日到十月二十五日國民政府接收為止，臺灣民眾的自主行動是維持臺灣社會秩序的主力。相對地，臺灣人民的法律地位與臺灣主權的歸屬問題，也正式浮上檯面。事實上，在國民政府接收以後，並未立刻將十月二十五日以前的臺灣人民視為中華民國國民，直至隔年才以行政命令，宣布臺灣人民自一九四五年十月二十五日起國籍為中華民國，更凸顯此一期間的曖昧性。

【資料來源】

林熊祥（主修），《臺灣省通志稿》，卷十光復志（臺北：臺灣省文獻會，一九五二年），文首附圖。

《臺灣行政長官公署公報》，三十五年春字，一九四六年三月，頁二四四。

一九四五年九月一日　張士德來臺發展三民主義青年團

簡稱三青團的三民主義青年團，一九三八年七月九日在武昌正式成立，其成立的方向之一，即是與原本C·C·派掌控的中央黨部抗衡，甚至也有進而成立新政黨的可能。成立後在組織方面，由蔣介石擔任團長，陳誠擔任書記長，蔣經國則爲第一處組織處處長。因而在人脈上，成爲戰後初期國民黨內抗衡C·C·派的重要派系。而三青團與臺灣人發生關係，最早是一九四二年李友邦領導的臺灣義勇隊內，成立了三民主義青年團中央直屬臺灣區團部，戰後再改稱三民主義青年團臺灣支團部，由李友邦擔任幹部長。

一九四五年九月一日，張士德奉派來臺發展三民主義青年團的組織，當時臺灣各地的菁英加入者頗多，並擔任重要幹部，如臺北的陳逸松、嘉義的陳復志、臺南的吳新榮等人。臺灣一些菁英參加三青團的原因，固然有些希望藉此與國民黨當局產生聯繫，另一方面則與部分國民黨當局官方人士釋出的訊息有關。根據當時參加者的回憶，官方所釋出的訊息是國民政府當局僅能同意一個政黨即國民黨、一個人民團體也就是三青團的存在，所以已存在的團體或準備要組織的團體都要消解或吸收納入三民主義青年團。

由於三民主義青年團的幹部是地方的領導階層，因此二二八事件發生後，多數被捲入此一事件，造成相當嚴重的損失，旋被解散。

【資料來源】

王良卿，《三民主義青年團與中國國民黨關係研究（一九三八～一九四九）》（臺北：近代中國，一九九八年）。
吳新榮，《吳新榮回憶錄》（臺北：前衛出版社，一九八九年），頁一八九～一九〇。
陳翠蓮，《派系鬥爭與權謀政治：二二八悲劇的另一面相》（臺北：時報文化，一九九五年），頁二二九～二三〇。

陳逸松（口述），〈臺灣光復的時候——陳逸松回憶錄〉，《自立晚報》，一九九二年十一月二十五日，十九版。

一九四五年九月九日　中國戰區日軍投降

一九四五年九月九日，日本帝國由岡村寧次大將向聯合國中國戰區統帥蔣介石委員長的代表何應欽投降。在降書中明白指出，此一投降行動係根據聯軍最高統帥（麥克阿瑟）第一號命令，展現了根據降書所進行的接收，具有濃厚的軍事行動色彩。而中華民國接收中國戰區（包括臺灣及北緯十六度以北的越南，但不含東三省）的日本占領、統治地域，並不意味著因此享有這些區域的主權，此點與蘇聯接收中國東北相似。

【資料來源】

薛化元（編著），《臺灣地位關係文書》（臺北：國立編譯館，二〇〇七年），頁八二～八三。

一九四五年十月二十五日　國府接收臺灣

一九四五年十月二十五日，「中國戰區臺灣省」受降典禮在臺北市中山堂舉行，臺灣從此歸中華民國統治。同日，陳儀主政的臺灣省行政長官公署正式成立。而十月二十五日後來也被中華民國政府訂為「臺灣光復節」，認為臺灣從此日正式光復。不過，此一歷史事實的詮釋角度，近年來已經開始被重新檢討。其一是就歷史主體而言，縱使從中華民國的角度切入，八月十五日日本投降，固然宣告中國抗戰勝利，而日本同時也失去統治臺灣的正當性。因此，以十月二十五日作爲光復節，不僅與臺灣歷史不符，就中華民國歷史而言，亦有商榷的餘地。其二則是中華民國接收中國戰區（包括臺灣及北緯十六度以北的越南）的日本占領、統治地域，並不意味著即因此享有這些區域的主權，此點與蘇聯接收中國東北相似。國民政府雖於本日接收臺灣，但是，主權的轉移必須有正式的國際條約作爲依據，不僅此時尚未簽訂和約，在以後的舊金山和約及相關正式條約中，日本亦未將臺灣主權交予中華民國。就此一脈絡而言，十月二十五日是中華民國統治臺灣的開始，卻未必從此擁有臺灣主權，所謂的「光復」亦有待商榷。

【資料來源】

《臺灣新生報》，一九四五年十月二十六日，第一、二版。

《民眾日報》，一九九五年十月二十五日，第一、二版。

王泰升，〈臺灣戰後初期的政權轉替與法律體系的承接〉，《臺灣法的斷裂與連續》（臺北：元照，二〇〇二年），頁三～一〇。

一九四五年十二月十二日　臺灣省人民回復原有姓名辦法

一九四五年十二月十二日，臺灣省行政長官公署以便利日治時期臺灣人改爲日本姓名者回復原有姓名爲由，而制定此一辦法。辦法中針對原住民部分，則要求其參照中國姓名自定姓名。

一九四六年一月二十八日國民政府宣布恢復臺人國籍之後，行政長官公署修正原有辦法，要求臺灣人民於八月六日之前必須申請回復原有中國姓名。申請者須填具申請書並附證明文件，向村里辦公室申請，而原住民則向警察機關申請；村里辦公室於收到申請書兩日內轉報市區公所或鄉鎮公所核示，市區公所或鄉鎮公所於收到申請書時三日內查對戶口簿確實後，加以更正，除公布外並通報警察分駐所及原轉呈申請書之村里辦公室。其次，市區公所或鄉鎮公所辦完手續之後，必須報請市政府民政局或縣政府民政科轉報行政長官公署，再轉內政部備案。市政府民政局及縣政府民政科則於接到報告後進行戶口簿上之登記，並通知警務局處理。至於未辦理申請手續者，則處以罰鍰。

【資料來源】
《臺灣新生報》，一九四五年十二月九日，第五版。
《臺灣省行政長官公署公報》，一：四，頁七。
《臺灣省行政長官公署公報》，二：七，頁五。

一九四六年一月一日　人民導報創刊

民國三十五年（一九四六）一月一日發刊的《人民導報》創刊，創刊之初由鄭明祿擔任發行人，臺灣省行政長官公署教育處副處長宋斐如（他也是行政長官公署官階最高的臺籍人士）擔任社長，而由戰後初期在言論界相當活躍的舊臺灣共產黨黨員蘇新擔任總編輯。

《人民導報》發刊後，勇於報導當時臺灣的社會亂象。宋斐如雖然官職不低，也無法完全抗拒來自國民黨省黨部及行政部門的壓力，先是被迫改組編輯部，後來連他本人也辭去社長一職，由王添燈接任。

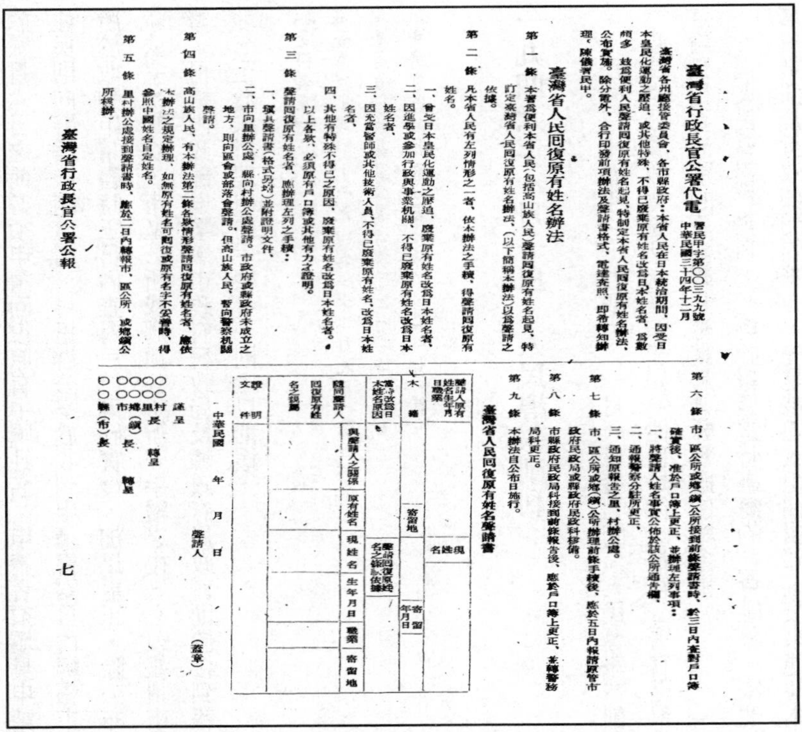

臺灣省行政長官公署代電　署民甲字第〇〇三九九號　中華民國三十四年十二月

臺灣省各州廳接管委員會、各市縣政府：本省人民在日本統治期間，因受日本皇民化運動之壓迫，或其他特殊，不得已廢棄原有姓名改爲日本姓名者，爲數頗多，玆爲便利人民聲請回復原有姓名起見，特制定本省人民回復原有姓名辦法，公布實施。除分電外，合行印發前項辦法及聲請書格式，電達査照，即希轉知辦理。陳儀署民甲。

臺灣省人民回復原有姓名辦法

第一條　本署爲便利本省人民（包括高山族人民）聲請回復原有姓名起見，特訂定臺灣省人民回復原有姓名辦法，（以下簡稱本辦法）以爲聲請之依據。

第二條　凡本省人民有左列情形之一者，依本辦法之手續，得聲請回復原有姓名。

一、曾受日本皇民化運動之壓迫，廢棄原有姓名改爲日本姓名者、

二、因進學或參加行政與事業机關，不得已廢棄原有姓名改爲日本姓名者、

三、因充當醫師或其他技術人員，不得已廢棄原有姓名，改爲日本姓名者、

四、其他有特殊不得已之原因，廢棄原有姓名改爲日本姓名者。

以上各款，必須原有戶口簿或其他有力之證明。

第三條　聲請回復原有姓名者，應辦理左列之手續：

一、塡具聲請書（格式另附）並附證明文件、

二、市向里辦公處，縣向村辦公處聲請。市政府或縣政府未成立之地方，則向區會或部落會聲請。但高山族人民，暫向警察机關聲請。

第四條　高山族人民，有本辦法第二條各款情形聲請回復原有姓名者，應依本辦法之規定辦理，如無原有姓名可回復或原有名字不妥善時，得參照中國姓名自定姓名。

第五條　里村辦公處接到聲請書時，應於二日內轉報市、區公所、或鄉鎭公所核辦。

第六條　市、區公所或鄉（鎭）公所接到前條聲請書時，於三日內査對戶口簿確實後，准於戶口簿上更正，並辦理左列事項：

一、將聲請人姓名事實公佈於該公所通告欄、

二、通報警察分駐所更正、

三、通知原報告之里、村辦公處。

第七條　市、區公所或鄉（鎭）公所辦理前條手續後，應於五日內報請原管市政府民政局或縣政府民政科移備。

第八條　市縣政府民政局科接到前條報告後，應於戶口簿上更正，並轉警務局科更正。

第九條　本辦法自公布日施行。

臺灣省人民回復原有姓名聲請書

聲請人原有姓名生年月日職業		現姓名				
本籍		寄留地		寄留年月日		
當時改爲日本姓名原因		聲請回復原姓名之條款依據				
隨同聲請人回復原有姓名之親屬	與聲請人之關係	原有姓名	現姓名	生年月日	職業	寄留地
證明文件						

中華民國　年　月　日

聲請人　（蓋章）

謹呈

〇〇村〇〇里長　轉呈

〇〇鄉（鎭）〇〇市長　轉呈

〇〇縣（市）長

臺灣省行政長官公署公報

七

圖二　臺灣省人民回復原有姓名辦法（臺灣省政府公報，民國三十四年十二月）

王添燈接掌社務後，《人民導報》仍維持批判風格。不過，官方對其批判的立場則有所不滿。高雄縣警察局更因不滿報紙的內容，提出控告。三十六年（一九四七年）一月，王氏被判無罪，這也是戰後初期臺灣具代表性的新聞自由訴訟案件。

二二八事件發生，王添燈遇害，蘇新則逃亡至中國大陸，《人民導報》與其他民營報紙一樣，在事件中遭到查封，走入歷史。

【資料來源】

何義麟（一九九六年八月），〈戰後初期臺灣報紙之保存現況與史料價值〉，《臺灣史料研究》，第八號，頁八八～九七。

臺灣省警備總司令部檔案：綏靖執行及

處理（四）臺北綏靖區司令部綏靖工作報告書，收入中央研究院近史所檔案館藏「二二八檔案資料」。

一九四六年一月六日　臺灣民眾協會成立

一九四六年一月六日，「臺灣民衆協會」成立。由蔣渭川主導籌組的此一政治團體，原本有意繼承其兄蔣渭水領導的日治時期臺灣民衆黨的傳統，而曾以民衆黨籌備處進行工作，因爲當時國民黨臺灣省黨部主任委員李翼中向蔣氏表達「不宜組黨」，才改以此一名稱成立，並推「深知國內情形」的臺灣省行政長官公署參議張邦傑爲主任委員。由於蔣渭水與舊民衆黨人際網絡相熟，使得此團體的勢力迅速及於全臺，爲行政長官陳儀所忌，遂再「依官命」改組爲臺灣省建設協會，不過張邦傑則被「驅逐出境」。此一事件表現了戰後初期國民黨當局對臺灣本土菁英組織政黨/政治團體的疑忌，臺籍菁英在當時體制下連結社都必須受限於官方的態度，更遑論在體制內爭取主導「地方自治」的可能。

【資料來源】

《臺灣新生報》，一九四六年一月七日，第三版。

李翼中，〈帽沿述事〉，《二二八事件資料選輯（二）》（臺北：中研院近史所，一九九三年），頁四〇〇。

一九四六年一月十八日　臺灣省專賣局組織規程公布實施

國民政府接收臺灣之後，於一九四六年一月十八日正式公布實施「臺灣省專賣局組織規程」，由作爲臺灣省菸酒公賣局前身的專賣局負責有關樟腦、菸草、酒、火柴、度量衡的產製運銷。這意味著，國民政府在臺灣實施與中國大陸迥然不同的經濟體制，如菸、酒等在中國大陸可以自由買賣，在臺灣則採取所謂的專賣制度。對國民政府而言，當然是著眼於菸、酒專賣制度的收益在臺灣省收入所占的高比例，有助於臺灣財政；不過對臺灣人民而言，這多少也意味著國民政府延續了日本總督府對臺灣經濟剝削的體制設計，因而心生不滿。這種「一國兩制」的經濟體制設計，正是後來臺灣私菸橫行的重要關鍵，爲保障專賣制度而取締私菸的行動，則是二二八事件的重要導火線。不過，隨著臺灣近年來經濟的自由化，菸酒專賣這類日治時期殖民經濟的殘餘物，也走入歷史。

【資料來源】

《行政長官公署公報》，三十五年春字，一九四六年二月二十日，頁四九～五〇。

一九四六年一月二十日　臺灣省民回復中國國籍

一九四六年一月二十日，臺灣省行政長官公署根據一月十二日行政院的命令，公告臺灣省省民自一九四五年十月二十五日以後回復中國國籍。此一公告充分表現了中華民國的國民政府，在一九四五年日

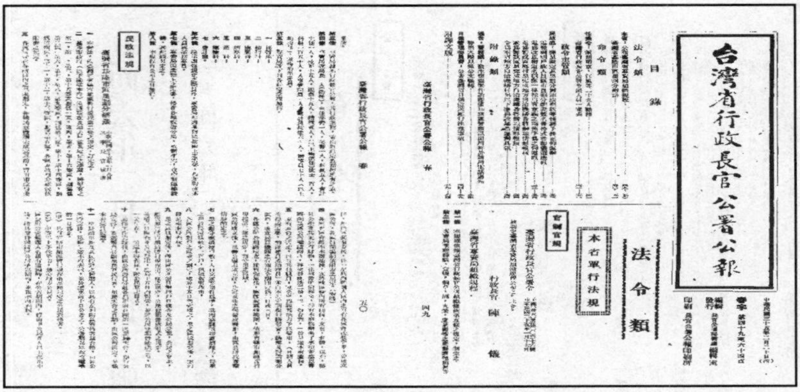
台灣省行政長官公署公報

法令類

本省單行法規

圖三　臺灣省專賣局組織規程，《行政長官公署公報》，三十五年春字。

本投降以後，對於臺灣的態度：認爲臺灣是中國固有的領土，而且主張隨著戰爭的結束，國民政府接收臺灣是理所當然，不僅臺灣重新回到所謂祖國的懷抱，臺灣的人民也自然應該回復中國的國籍。但是此一行動卻與國際法的常識不相合，理論上領土的轉移，並不只是以接收、占領爲其合法之要件，而必須根據一個正式的國際條約，才能完成領土轉移之正當性；另一方面，在土地上的人民也應該擁有國籍選擇的自由。因此無論是一八七一年普法戰爭以後，德國取得了原來屬於法國的亞爾薩斯和洛林，或是一八九五年中日甲午戰爭以後，日本取得了原屬於大清帝國的臺灣，都是以國際條約作爲領土轉移的合法性基礎，而原有土地上的人民也都有國籍選擇的權利。然而國民政府接收臺灣，並無條約依據，領土的轉移尚有爭議，更遑論人民、國籍的歸屬，因此當國民政府進行此一國籍的宣告之時，國際上便引起英國、美國等國家不同程度的抗議，時任外交部長的王世杰更爲此與臺籍民意代表黃國書（後任立法院長）有書信討論。

【資料來源】

《臺灣新生報》，一九四六年一月二十日，第二版。

〈王世杰致黃國書信函〉，見〈隨時可能發生暴動的臺灣局面〉，《觀察》，第二卷第二期，一九四七年三月八日，頁一八。

一九四六年二月十一日　肅清日治時期圖書雜誌公告

一九四六年二月十一日，臺灣省行政長官公署以「日治時期五十一年的統治使臺灣存在日本皇民化之遺

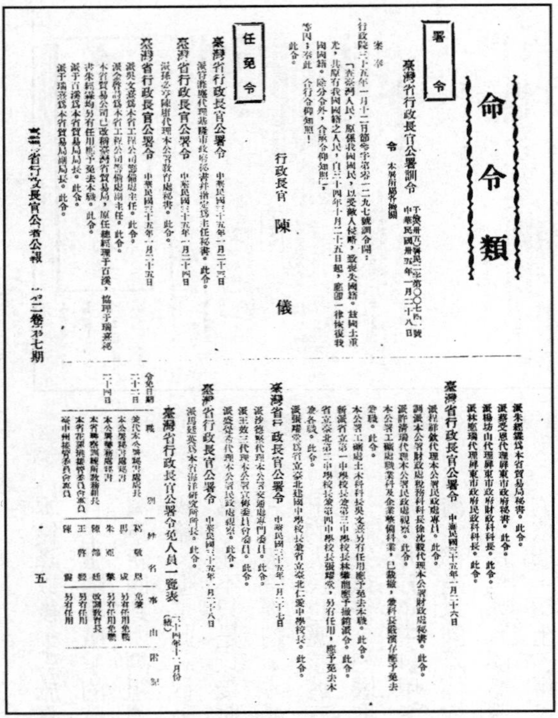

命令類

署令

臺灣省行政長官公署訓令　署民二字第〇〇七四號　中華民國卅五年一月二十八日

令　本署所屬各機關

案奉

行政院三十五年一月十二日節參字第〇一二九七號訓令開：「查臺灣人民，原係我國國民，以受敵人侵略，致喪失國籍。茲國土重光，其原有我國國籍之人民，自三十四年十月二十五日起，應即一律恢復我國國籍。除分令外，合亟令仰知照」，等因；奉此，合行令仰知照！此令。

行政長官　陳　儀

臺灣省行政長官公署令　中華民國三十五年一月二十六日

派朱經鑠為本省貿易局秘書。此令。

派蔡受恩代理屏東市政府秘書。此令。

派楊坊山代理屏東市政府財政科科長。此令。

派林壓瑞代理屏東市政府民政科科長。此令。

臺灣省行政長官公署令　中華民國三十五年一月二十六日

派程祥欽代理本公署民政處專員。此令。

調派本公署財政處稅務科科長徐沈毅代理本公署財政處秘書。此令。

派許清瑞代理本公署民政處視察。此令。

本公署工礦處職業科及企業整備科業，已裁撤，該科長嚴演存應予免去各職。此令。

本公署工礦處土木科科長吳文熹另有任用應予免去本職。此令。

新派省立第一中學校長兼第三中學校長林肇龍應予撤銷派令。此令。

省立臺北第二中學校長兼第四中學校長張耀堂，另有任用，應予免去本兼各職。此令。

臺灣省行政長官公署令　中華民國三十五年一月二十七日

派張耀堂為省立臺北建國中學校長兼省立臺北仁愛中學校長。此令。

派沙德賢代理本公署交通處專門委員。此令。

派王效三代理本公署宣傳委員會委員。此令。

派盛登宥代理本公署民政處視察。此令。

臺灣省行政長官公署令　中華民國三十五年一月二十八日

派馬廷英為本省海洋研究所所長。此令。

臺灣省行政長官公署令免人員一覽表（續）　三十四年十二月份

令免日期	職別	姓名	事由	附記
二十二日	前代本公署秘書處處長	葛敬恩	免兼	
	本公署秘書處秘書	馬成	另有任用免職	
二十四日	本公署警務處秘書	朱近摯	另有任用免職	
	本省警察訓練所教務組長	陳錦廷	改調教育長	
	本省花蓮港接管委員會委員	王群毅	另有任用	
	臺中州接管委員會委員	陳貴	另有任用	

任免令

臺灣省行政長官公署令　中華民國三十五年一月二十三日

派符湘應代理基隆市政府秘書并指定為主任秘書。此令。

臺灣省行政長官公署令　中華民國三十五年一月二十四日

派孫孟亨陳廉代理本公署教育處秘書。此令。

臺灣省行政長官公署令　中華民國三十五年一月二十五日

派吳文熹為本省工程公司籌備處主任。此令。

派金務省為本省工程公司籌備處副主任。此令。

本省貿易公司已改稱臺灣省貿易局，原任總經理于百溪，協理于瑞熹祕書朱經鑠均另有任用應予免去本職。此令。

派于百溪為本省貿易局局長。此令。

派于瑞熹為本省貿易局副局長。此令。

臺灣省行政長官公署公報　第二卷第七期　五

圖四　臺灣省民回復中國國籍（臺灣省行政長官公署公報，第二卷第七期）

毒」爲由，公告爲了肅清圖書雜誌等不當的文化思想，實施八大禁止項目，其中包括：宣傳日本皇軍戰績、獎勵參加大東亞戰爭、報導日本占領中的狀況、宣揚皇民化奉公運動、曲解三民主義破壞總理和總裁，以及中國國策等等。行政長官公署過濾日治時期圖書雜誌思想，對肅清日本皇民思想或有正面之意義，但是卻也對史料造成傷害，成爲現在研究者的一大缺憾。

【資料來源】

《臺灣新生報》，一九四六年二月十四日，第四版。

一九四六年二月二十日　戰後臺灣「地方自治」選舉揭開序幕

一九四五年九月二十日，國民政府公布「臺灣省行政長官公署組織條例」，賦予行政長官發布署令的權力。此後，根據此一體制，臺灣省行政長官公署一一頒布了在臺灣省成立各級民意機關所需要的法令。同時，也特別針對「臺灣省鄉鎮民代表會組織章程」、「臺灣省鄉鎮民代表選舉規則」頒發行政命令。從此鄉鎮民代表到省級參議員選舉得以根據公布的法令來實施，其中，一九四六年二月二十日臺北北投鎮鎮民代表選舉投票，正式揭開了這一連串選舉的序幕。不過，這是訓政體制下的選舉，官方宣示的「地方自治」，則是在一九五〇年展開。

【資料來源】

《臺銀季刊》，一：一，頁三〇三。

臺灣省政府公報　冬字第五十七期　八四〇

臺灣省政府財政廳代電　叁柒亥虞財乙字第一六一四八號（不另行文）中華民國卅七年十二月七日

事由：奉財政部令以銀錢業存放款利率應照限定之時期及標準逐漸減低一案除分電外特電知照

各金融機關、各縣市政府：案奉財政部財錢庚三字第六二九四號訓令開：「查利率管理條例之立法主旨，銀錢業存放款利率由中央銀行控制，銀錢業以外之金錢債務利率則以銀錢業存放款利率為準，管理頗為周密，現頒之銀行錢莊存放款利率限制辦法內規定各行莊應照限定之時期及標準逐漸減低利率，而其標準祇定明最高限度，至在此限度內實際適用之利率應仍由各地中央銀行依照利率管理條例辦理，以資控制。至銀錢業以外之金錢債務利率亦仍應依照利率管理條例之規定，以各地銀錢業存放款利率為準，以免紊亂。上開各節業經本部呈奉行政院三十七年十月十四日卅七六財字第四五六七三號指令開：『呈悉。准予照辦。此令。』等因；奉此，除電請中央銀行照辦並分行外，合行令仰遵照，並轉飭所屬遵照。」等因；奉此，除分電外，特電知照並轉行所屬知照。臺灣省政府財政廳叁柒亥（虞）財乙印

臺灣省政府財政廳代電　叁柒亥虞財甲字第一六八〇三號（不另行文）中華民國卅七年十二月七日

事由：核示建議蔗農分糖納稅辦法意見四點希遵辦

臺南縣稅捐稽征處：露戌廻征二字第二五二〇號代電暨附件均悉。所陳建議各點特核示如次：（一）糖廠造送分糖名冊之時間，本廳原定一週，俾各稅務機關得有充分準備之時間，設該處以轄區糖廠情形特殊辦理困難其時間准由該處酌量伸縮，惟清冊必需具備兩份，以利退稅審核，至駐廠員於任務終了後，應將其清冊送回原機關備查。（二）填發稅照係每戶一張，故其納稅申請書亦應每戶一張，以利查考，但為簡便納稅計，其每日稅款准由糖廠總繳，至於申請書送經駐廠員核對登記蓋章一節，係求其手續嚴密，以免廠方售糖納稅登記簿登記數量與糖廠分糖名冊登記數量相互之錯誤。再稅款應於填發稅照前逕繳省庫，以符法令。（三）蔗農分糖申報納稅時，其運達地點多已確定，無需先填發總完稅照再行另填分運照，儘可直接填發完稅照，以資簡捷。（四）蔗農零星糖如無法合併，仍需按其實際數量填發完稅照，並於稅照票面各聯加蓋「零星糖限就地銷售不發印照」戳記，以資識別。綜上各點，希即遵照為要。件存。臺灣省政府財政廳叁柒亥（虞）財甲印。

教育廳

臺灣省政府教育廳代電　叁柒亥魚教人字第三一〇一〇號（不另行文）中華民國卅七年十二月六日

事由：電希將日治時代遺留之皇民化及有毒素圖書送廳保管

省立各級學校、社教機關：查日治時代遺留之皇民化及有毒素之圖書，前經令飭禁閱封存在卷。茲擬集中保管，應即將是項圖書連同清單送廳，特電仰遵照辦理為要。教育廳叁柒亥（魚）教一印

建設廳

臺灣省政府代電　叁柒亥魚府經材字第六一五九六號（不另行文）中華民國卅七年十二月六日

事由：電為危險品及爆炸品在居民稠密地區之存儲應飭警局嚴密注意取締仰遵照辦理

各縣市政府：案准臺灣省參議會省參秘字第一一一五號代電開：「查本會第一屆

圖五　肅清日治時期圖書雜誌（臺灣省政府公報，三十七年冬字第五十七期）

伊原吉之助，《臺灣の政治改革年表・覚書（一九四三〜一九八七）》（奈良：帝塚山大學，一九九二年），頁二六。

一九四六年四月二日　臺灣省國語推行委員會成立

二次大戰結束後，國民政府接收臺灣，於臺灣省進行國語推行工作。由於欠缺相關人才及教材，臺灣省行政長官公署向教育部請求協助，而由教育部國語推行委員會派出魏建功及何容來臺協助。一九四六年四月二日臺灣省國語推行委員會正式成立，隸屬於臺灣省行政長官公署教育處。臺灣省國語推行委員會成立之初，下面設有調查研究組、編輯審查組、訓練宣傳組及總務組，是當時推行國語的指導機關，其主要工作包括訂定臺灣省國語運動綱要、樹立標準國語、辦理國語講習班等訓練工作，成立國語實驗小學、印行國語書刊及輔助國語教材，並曾經開辦語文補習學校，一九五九年臺灣省國語推行委員會歸併於教育廳。

【資料來源】

夏金英，〈臺灣光復後之國語運動（一九四五〜一九八七）〉，臺師大歷史所碩士論文，一九九四年。

一九四六年五月一日　臺灣省參議會成立

一九四六年五月一日，臺灣省參議會成立，舉行首次大會，並選出黃朝琴、李萬居當選正、副議長。就形式而言，臺灣省參議會是臺灣有史以來第一次由全臺人民（間接）選舉產生的民意機構，由於民眾熱烈的期待，具有民意基礎的省參議員亦力求表現。但是，在體制上省參議會乃是訓政時期的產物，終究不是正式議會，而臺灣省行政長官公署的官員，也不能接受議員以民意作爲基礎強力問政，並認爲權、能基本上應爲一體，如此，自然造成黃朝琴所謂的各行其事，而呈現格格不入的情形。

在省參議會成立之初，最受注目的是議長選舉，當時「半山」黃朝琴與臺灣政治運動的先覺者林獻堂均有意參加角逐，最後透過幕後的折衝，林獻堂在省參議會開議當日推舉議長時，起立發表自己不願參選之意，而使黃朝琴順利高票當選。不過在實際競選過程中，暗潮洶湧。黃朝琴得到行政長官陳儀的支持，而陳儀對頗具民意支持的林獻堂則有相當成見。丘念臺在回憶錄中便曾指出：一九四六年春天，參議會成立之前，行政長官公署曾經打算宣布戒嚴，逮捕「漢奸」，林獻堂便在預備逮捕的黑名單之中。因此部分資料以爲黃朝琴之所以順利當選，與陳儀的意向，有相當密切的關係。

【資料來源】

《臺灣新生報》，一九四六年五月一日，第四版。

林獻堂先生紀念集編纂委員會（編），《林獻堂先生紀念集（卷一）》（臺北：文海出版社，一九七四年），頁一五九。

丘念臺，《嶺海微飆》（臺北：中華日報，一九六二年），頁二五一。

一九四六年五月二十日　接收臺灣銀行，發行臺幣

一九四六年五月二十日，臺灣省行政長官公署正式接收臺灣銀行，並發行臺幣。當時行政長官陳儀取

得國民政府主席蔣介石的支持，在臺灣發行與法幣不同的區域貨幣——臺幣。在某種意義上，此一制度的採行，即是爲了讓臺灣與中國大陸紊亂的經濟情勢有所隔離，而築起一道防火牆。然而，此一制度根本無法解決臺灣與中國大陸各地貿易、往來所帶來的貨幣問題，也不能避免中國大陸幣值被高估的法幣湧入臺灣，進行賺取匯差的投機行爲，使得臺灣透過與中國大陸的匯兌，捲入惡性的通貨膨脹之中。

【資料來源】
《臺灣新生報》，一九四六年五月十九日，第五版。
《臺灣新生報》，一九四六年五月二十三日，第一版。

一九四六年六月三日　憲兵兼任警察

一九四六年六月三日，國民政府接收臺灣不到一年，就以維持治安爲由，在平時非軍管時期，由憲兵兼任司法、行政、警察的職務。此一現象暴露出：行政長官公署對臺灣的行政體制運作，在本質上就偏離了民主政治的常軌。因爲由軍人負責司法、行政及警察的職務，與民主憲政體制的精神格格不入，而此種憲兵兼任警察的狀況，以後也成爲國民黨政權統治臺灣的常態，貫穿了整個動員戡亂時期。

【資料來源】
《臺灣新生報》，一九四六年六月四日，第五版。

一九四六年八月二十七日 臺灣光復致敬團啟程

一九四六年八月二十七日，丘念臺、林獻堂等人組成的「臺灣光復致敬團」飛往上海，開始在中國大陸三十七天的訪問行程。本來此一致敬團的組成，希望對於溝通中國大陸與臺灣情感，以及促進南京國民政府對臺灣之了解，都有相當正面的功能。但是，當時臺灣行政長官陳儀與臺灣本土士紳的關係已告惡化，因此在致敬團啓程之前，他要求致敬團成員中不得包括著名金融家陳炘，夙孚衆望的林獻堂也不得擔任團長，而且更要求致敬團不得晉見國民政府主席蔣介石。陳儀的態度不僅表現了對林獻堂等人心存芥蒂，也呈現其對臺灣士紳會見蔣介石主席面報臺灣輿情的疑懼。換句話說，至遲在此時，陳儀已經意識到其施政未能「政通人和」，也未得到臺灣士紳的支持，而臺灣朝野的緊張關係已正式浮上檯面。

【資料來源】

《臺灣新生報》，一九四六年八月二十六日，第四版。

丘念臺，《嶺海微飆》（臺北：中華日報，一九六二年），頁二六二。

一九四六年九月二日 訂定臺灣省停止公權人登記規則

一九四六年九月二日，臺灣省行政長官公署將訂定的「臺灣省停止公權人登記規則」電呈內政部。當時行政長官公署頒布的此一規則，明令限制凡在日本統治期間，在皇民奉公會及政府機關任職者均應停止

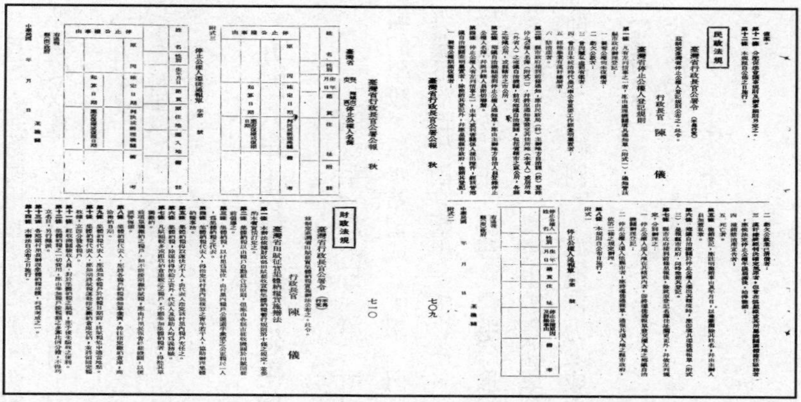

圖六　臺灣省停止公權人登記規則（臺灣省行政長官公署公報，三十五年秋字第四十五期）

公權。由於陳儀主持的行政長官公署此時基於現實需要的考量，仍留用日本人擔任大學教授及產業官僚，卻同時欲將在日本時代擔任公職的臺灣人褫奪公權，遂引起臺灣菁英的不滿。在丘念臺力爭下，行政院遂糾正陳儀，但是，透過本規則，也可以看出陳儀治臺的基本心態。

【資料來源】

《臺灣新生報》，一九四六年九月三日，第五版。

陳翠蓮，《派系鬥爭與權謀政治——二二八悲劇的另一面相》（臺北：時報出版公司，一九九五年），頁二三九～二四〇。

一九四六年九月十四日　禁止中等學校使用日本語

一九四六年九月十四日，臺灣省行政長官公署教育處長范壽康，於第二次全臺中等學校會議前夕表示：教育處自本月起禁止教員、學生使用日本語文，嚴令一切須用中國語文（准用閩南語、客家語），並預備兩年以後要用國語。而自八月起，開始使用國定教科書、新定教科書及教育處編纂之教科書，已與中國大陸無異，他並明白揭示，中等學校教育之改進目的在於中國化的推動。

【資料來源】

《臺灣新生報》，一九四六年九月十五日，第五版。

一九四六年十月十日　延平學院開辦

一九四六年十月十日，第一所由臺灣本土菁英開辦的私立大專院校——延平學院開學。由朱昭陽等人籌辦的學校，原本希望成立大學，但是據了解教育部僅許可以學院來招生，遂改為延平學院。這是臺灣本土菁英繼日治時代創立臺中一中之後，另一個私人興學的里程碑。與當時中國大陸辦理私立大專院校相類，延平學院也是先招生、開學，再進行取得教育部正式許可的程序。不過，隨著翌年二二八事件的發生，延平學院多位師生被捲入，學校也被有關單位封閉。雖然立法院針對延平學院復校，已經兩度修改「二二八事件處理補（賠）償條例」，但復校仍未成功，民間仍為延平學院的復校努力。

【資料來源】

朱昭陽（口述），吳君瑩（記錄），林忠勝（撰述），《朱昭陽回憶錄》（臺北：前衛出版社，一九九四年），頁八八～八九、一〇三～一〇五。

一九四六年十月二十五日 廢止報紙雜誌日文版

一九四六年十月二十五日，臺灣原有報紙雜誌的日文版被宣布廢止。由於日文是當年臺灣知識人吸收新知最重要的媒介，也是其表達的主要工具，日文版走入歷史，使他們面臨嚴重的文化斷層，而文化工作者也失去了舞臺上的利器，必須經過長期學習中文，才能有所彌補，一時之間臺灣文化舞臺上，本土菁英的主導性大爲減弱，甚至成爲配角。

【資料來源】

《臺灣新生報》，一九四六年十月三日，第一版。

一九四七年二月二十八日 二二八事件

一九四七年二月二十八日，二二八事件在臺北爆發，迅速蔓延全臺。衆所周知，二二八事件發生的導火線，是二月二十七日晚上，臺北專賣分局緝私行動中於查緝私菸時，涉嫌取締過當，傷及小販及圍觀之群衆，引發民衆騷動。但是，單純的取締私菸過當，甚至造成旁觀民衆的死亡，便足以釀成全臺性的暴動，則有其歷史背景。

首先，在日本統治臺灣期間，臺灣人在政治、經濟兩個層面都遭到相當的壓制，不僅在政治上作爲殖民地人民無法當家作主，在經濟領域上，也不能與日本人公平競爭，遭到相當程度的剝削。而國民政府在一九四五年接收臺灣以後，臺灣人本來以為在政治及經濟兩個層面，都能得到相當程度的解放，但是臺灣省行政長官公署卻宛如新總督府一般，一方面延續日本統治末期的統制經濟，以發達「國家資本，節制私人資本」為名，抑制臺灣本土資本的投資與發展；同時在政治層面上，更以臺灣人不懂國語為由，使得在臺灣省行政長官公署服務的臺籍公教人員人數急速下降，與臺灣本土菁英的期待完全背道而馳。

其次，從接收到其後的統治，行政長官公署及其下各級政府「失政」，出現了貪贓枉法、經濟敗壞的情形，更使得臺灣人對現實感到不滿與失望。在此一背景下，才會以私菸的查緝不當為導火線，爆發大規模的暴動。此後透過民間與官方的互動，臺灣的秩序雖然得到相當程度恢復，而國民政府蔣介石主席卻早已決定派軍來臺，以武力進行鎮壓。在武力鎮壓的過程中，本來已經造成不少臺灣菁英傷亡，不過更嚴重的是，縱使在秩序恢復以後，國民政府在綏靖、清鄉行動中的實際作為，更超過現實的需要，嚴重斲傷臺灣本土力量。而縱使國民政府訓令再三，行政長官公署及軍情單位依然不願遵照法令行事，將涉案人士移送法辦，並時有逕行處理的不當作為，為此，閩臺監察使楊亮功雖要求改正，但成效有限。

此後幾十年間，二二八事件成為臺灣社會的禁忌，不僅政府拒絕公布真相、釐清責任，甚至也不允許民間進行研究討論，直到臺灣逐漸由威權體制走向自由化，本土政治菁英在體制內的發言權也隨之增加以後，特別是代表在野的民意代表對此亦相當重視，二二八才獲得重新平反的可能。直到一九九一年二月二十六日，當立法院開議時為二二八事件默哀一分鐘，在座的行政院長郝柏村及各部會首長才首次為二二八事件表示哀悼。一九九五年二月二十八日，李登輝以總統的身分在臺北新公園二二八紀念碑落成典禮中致詞，首度以元首的身分表示為二二八事件表示道歉之意，同年四月七日公布「二二八事件處理及補償條例」。一九九七年二月二十五日，立法院更訂二二八和平紀念日為國定假日，二二八事件初步的平反工作才告一段

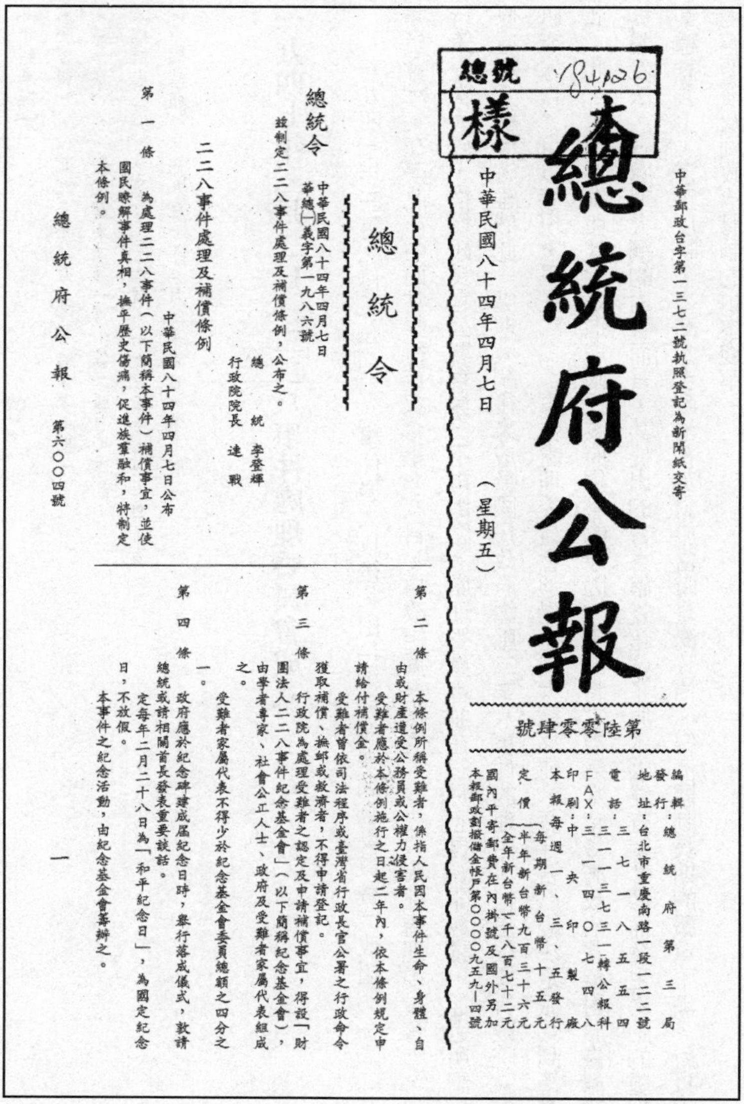

中華郵政台字第一三七二號執照登記為新聞紙交寄

總號 184026

樣

總統府公報

中華民國八十四年四月七日（星期五）

第陸零零肆號

編輯：總統府第三局
發行：
地址：台北市重慶南路一段一二二號
電話：三七一八五五四
　　　三一一三七三一一轉公報科
FAX：三一一四〇七四八
印刷：中央印製廠
本報每週一、三、五發行
定價（每期新台幣十五元
　　　半年新台幣九百三十六元
　　　全年新台幣一千八百七十二元）
國內平寄郵費在內掛號及國外另加
本報郵政劃撥儲金帳戶第〇〇〇〇九五九一四號

總統令

總統令　中華民國八十四年四月七日
華總(一)義字第一九八六號

茲制定二二八事件處理及補償條例，公布之。

總　統　李登輝
行政院院長　連　戰

二二八事件處理及補償條例

中華民國八十四年四月七日公布

第一條　為處理二二八事件（以下簡稱本事件）補償事宜，並使國民瞭解事件真相，撫平歷史傷痛，促進族羣融和，特制定本條例。

第二條　本條例所稱受難者，係指人民因本事件生命、身體、自由或財產遭受公務員或公權力侵害者。
受難者應於本條例施行之日起二年內，依本條例規定申請給付補償金。
受難者曾依司法程序或臺灣省行政長官公署之行政命令獲取補償、撫卹或救濟者，不得申請登記。

第三條　行政院為處理受難者之認定及申請補償事宜，得設「財團法人二二八事件紀念基金會」（以下簡稱紀念基金會），由學者專家、社會公正人士、政府及受難者家屬代表組成之。
受難者家屬代表不得少於紀念基金會委員總額之四分之一。

第四條　政府應於紀念碑建成屆紀念日時，舉行落成儀式，敦請總統或請相關首長發表重要談話。
定每年二月二十八日為「和平紀念日」，為國定紀念日，不放假。
本事件之紀念活動，由紀念基金會籌辦之。

總統府公報　第六〇〇四號　一

圖七　二二八事件處理及補償條例（總統府公報，民國八十四年四月七日，第六〇〇四號）

落。

【資料來源】
《聯合報》，一九九一年二月二十七日，第七版。
《聯合報》，一九九五年三月一日，第二版。
《總統府公報》，第六〇〇四號，一九九五年四月七日，頁一～二。
《中國時報》，一九九七年二月二十六日，第一版。

一九四七年三月二日 二二八事件處理委員會成立

一九四七年三月二日，在二二八事件擴大以後，由「緝菸血案調查委員會」改組的「二二八事件處理委員會」，在臺北市中山堂舉行首次會議。次日，再改組擴充後的「二二八事件處理委員會」，於上午再舉行第一次大會，惟行政長官公署官員已不再出席。處理委員會並在三月七日召開會議，通過所謂的「四十二條處理大綱」。雖然此一處理大綱後來成為國民政府鎮壓二二八事件的理由，但是根據行政院《二二八事件研究報告》可以發現，早在二二八事件處理委員會通過處理大綱之前，蔣介石已經決定派兵到臺灣鎮壓，因此，此一處理大綱與其說是造成國民政府鎮壓的原因，不如將它視為當時臺灣政治菁英對於臺灣政治發展的具體看法。就處理大綱的內容而言，其提出的方案確實超越了原本因為查緝私菸而發生暴動的處理範疇。在某種意義上，這正反映了臺灣本土政治菁英對於當時臺灣政治、經濟體制長期的嚴重不滿，所以處理大綱的內容便涉及到政治體制的根本變革。

將處理大綱置於當時的歷史時空條件下考察，在一九四七年發生二二八事件時，中華民國憲法已經由制憲國民大會通過，從憲法地方自治體制設計來看，整個處理大綱以制定省自治法作爲臺灣最高政治規範，與憲法內容中，強調省可以通過省自治法的設計十分類似。至於在地方自治的制度設計中要求縣市長在一九四七年六月以前實施民選；要求省各處處長必須經過民選的議會同意（而且要求其人選應該有三分之二在臺灣居住十年以上）；同時要求臺灣人擔任警務處長及各縣市警察局長；乃至於要求臺灣人擔任公營事業的主管；撤銷專賣局、貿易局等，都充分表現了當時臺灣本土菁英要求在臺灣實施具有強烈自主及自治性格的高度地方自治訴求。至於在當時狀況的處理方面，雖然要求政府在臺的武裝部隊，應自動下令暫時解除武裝，而引起國民黨當局嚴重不滿。但是，其訴求僅是暫時性，主要因爲懼怕公權力體制內暴力的壓制，尋求避免政府武裝部隊對民衆的鎮壓，加上武器本身也由憲兵隊參與暫時保管，可以看出其並無挾武力自重的企圖。在軍事方面，要求廢除警備司令部，要求在臺灣的陸海空軍應該盡量採用本地人等等，固然不可能爲當時的國民政府所容忍，不過，就地方自治的考量而言，其訴求基本上並未踰越高度自治（Home Rule）的範圍。而反對在臺灣徵兵至中國大陸進行內戰一項，則與政府的體制無涉，僅是表明臺灣政治菁英不希望捲入中國內戰的主觀訴求。整體而言，可以發現所謂的「二二八事件處理大綱」，除了針對當時現實的問題提出對策，其所構思的是一個高度自治的臺灣。

【資料來源】

賴澤涵、馬若孟、魏萼（著），《悲劇性的開端》（臺北：時報出版公司，一九九三年），頁三二三～三二六。

《臺灣新生報》，一九四七年三月九日，第二版。

賴澤涵（總主筆），《二二八事件研究報告》（臺北：時報出版公司，一九九四年），頁二〇五～二〇七。

一九四七年四月二十二日　撤銷臺灣省行政長官公署

一九四七年四月二十二日，行政院決議貫徹原定處理二二八事件善後政府體制調整的基本原則，將臺灣省行政長官公署改爲與中國大陸各省一樣的省政府組織，並由文人魏道明取代原行政長官陳儀，擔任第一任省主席。就理論而言，臺灣自此與中國大陸各省應該在同樣的法律制度規範之下，有相類似的政府組織及職權。不過從臺灣省政府成立以後，原有行政長官公署對臺灣經濟、社會各方面特殊的統制制度並未完全改弦易轍，如專賣制度皆繼續維持，因此，此一體制調整後，臺灣與中國大陸各省的體制仍未盡相同，「統制」的色彩較爲濃厚。

【資料來源】

《臺灣新生報》，一九四七年四月二十三日，第二版。

一九四七年五月五日　彭孟緝擔任警備司令部首任司令

一九四七年五月五日，臺灣省警備總司令部改組爲警備司令部，由在二二八事件鎮壓「有功」的高雄要塞司令彭孟緝擔任首任司令。臺灣警備司令部在當時除了是一個軍事機關之外，也是臺灣最重要的情治單位。彭孟緝擔任司令後，就長期扮演臺灣軍情機構的主要負責人。此後，雖然陳誠在一九四九年警備司令部改組之後，擔任警備總司令，彭孟緝則以副手身分繼續其原有任務；吳國楨繼任省主席後，雖然兼任保安司令部司令，不過保安司令部的運作卻是由副司令彭孟緝主導，許多案件進行逮捕之前，吳氏並未事先被告知，而他與彭孟緝之間，也不斷發生摩擦。換言之，從一九四七年五月五日以後，彭孟緝就主導當時臺灣軍情機構的發展，甚至連歷任的省主席也無法直接掌控他所負責的業務。

【資料來源】

《臺灣新生報》，一九四七年五月五日，第四版。

一九四七年七月十八日　「動員戡亂完成憲政實施綱要」案通過

一九四七年七月四日國民政府第六次國務會議通過「拯救匪區人民，保障民族生存，鞏固國家統一，勵（原文如此）行全國總動員，以戡平共匪叛亂，掃除民主障礙，如期實施憲政，貫徹和平建國方針案」，七月十八日國務會議再通過行政院十六日提出的「動員戡亂完成憲政實施綱要案」，此案明白表示是根據前述的「厲行全國總動員以戡平共匪叛亂如期實現憲政案」（原文如此）及「國家總動員法」之規定制定，此後中華民國即進入動員戡亂時期，同時正式宣告國民政府以「國家總動員法」為主要依據，針對經濟物資的統制、徵收物資的方式、交通工具之管制加以規範、限制。透過「動員戡亂完成憲政綱要」，在動員戡亂體制下毋須戒嚴令，即已相當程度達成限制人權的效果。

【資料來源】

《臺灣省政府公報》三十六年秋字第十八期，頁二七五。臺灣省政府頒布訓令時，稱本案為「勵行全國總動員以貫澈和平建國方針案」。

《中央日報》，一九四七年七月十六日，第二版。

《中央日報》，一九四七年七月十九日，第二版。

一九四八年四月十八日　動員戡亂時期臨時條款通過

一九四八年四月十八日，國民大會在尚未選舉出由憲法產生的第一任中華民國總統之前，便通過了「動

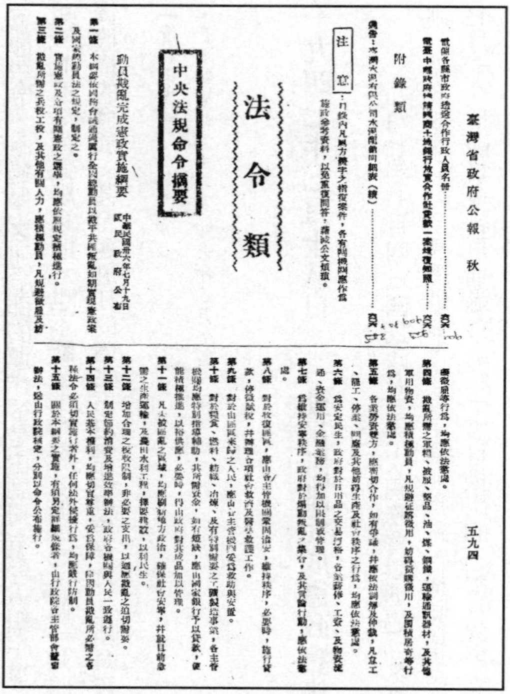

臺灣省政府公報　秋

貳、各縣市政府造送合作行政人員名冊……六〇六

叁、臺中縣政府轉請興辦土地銀行放貸合作社貸款一案核復知照……六〇六

附錄類

佈告：水澗大湖有限公司水泥配銷價目表（續）……六〇六

注意：刊載內凡冠方體字之指復案件，各有關機關應作為施政參考資料，以免重複問答，藉減公文煩瑣。

法令類

中央法規命令摘要

動員戡亂完成憲政實施綱要　中華民國卅六年七月十九日國民政府公布

第一條　本綱要依國務會議通過厲行全國總動員以戡平共匪叛亂如期實現憲政案及國家總動員法之規定，制定之。

第二條　實施憲政以及各項有關憲政之選舉，均應依照規定積極進行。

第三條　戡亂所需之兵役工役，及其他有關人力，應積極動員，凡規避徵雇及妨害徵雇等行為，均應依法懲處。

第四條　戡亂所需之軍糧、被服、藥品、油、煤、鋼鐵、運輸通訊器材，及其他軍用物資，均應積極動員，凡規避征購徵用，妨礙徵購徵用，及囤積居奇等行為，均應依法懲處。

第五條　各業勞資雙方，應密切合作，如有爭議，並應依法調解及仲裁，凡怠工、罷工、停業、關廠及其他妨礙生產及社會秩序之行為，均應依法懲處。

第六條　為安定民生，政府對於日用品之交易行為，各業薪俸、工資、及物資流通、資金運用、金融業務，均得加以限制或管理。

第七條　為維持安寧秩序，政府對於煽動叛亂之集會，及其言論行動，應依法懲處。

第八條　對於收復匪區，應由各主管機關從速恢復治安，維持秩序，必要時，施行貸款，停徵賦稅，並辦理各項社會救濟及醫藥救護工作。

第九條　對於由匪區來歸之人民，應由各主管機關妥為救助與安置。

第十條　對於糧食、燃料、紡織、冶煉、及有特別需要之工礦製造事業，各主管機關均應特別指導輔助，其所需資金，如有短缺，應由國家銀行予以貸款，使能積極推進，以裕供應，必要時，得由政府對其成品加以管理。

第十一條　凡未被匪亂之區域，均應刷新地方政治，確保社會安寧，並就目前急需之生產運輸，及農田水利工程，擇要舉辦，以利民生。

第十二條　增加合理之稅收限制，非必要之支出，以適應戡亂之迫切需要。

第十三條　制定節約消費及增進效率辦法，政府各機關與人民一致遵行。

第十四條　人民基本權利，均應切實尊重，妥為保障，除因動員戡亂所必需之各種法令必須切實施行者外，任何法外侵權行為，均應嚴行防制。

第十五條　關於本綱要之實施，有須另定詳細規條者，由行政院各主管部會擬訂辦法，經由行政院核定，分別以命令公布施行。

五九四

圖八　動員戡亂完成憲政實施綱要（臺灣省政府公報，民國三十六年秋字第十八期）

員戡亂時期臨時條款」，換句話說，根據中華民國憲法成立的政府尙未出現，憲法體制尙未能有效運作，便已經進入了所謂「臨時條款時代」。根據當時的紀錄，制定臨時條款的主要目的，乃是著眼於爲了應付所謂的戡亂之需要，有必要建構國家緊急權的行使制度（而其內文實際上包括戒嚴程序在內）。而根據憲法規定，緊急命令權的行使，必須依據緊急命令法，此項立法直到二〇〇〇年，都尙未完成，當時更無實施的可能，因而採取臨時條款的方式，賦予總統行使緊急處分權的法源。由於臨時條款的制定，乃是採取所謂修憲的程序，而在國民大會修憲會場上，提案人代表王世杰的說明，亦明白指出本案乃是「修憲案」，換句話說，在通過臨時條款之時，基本上將其視爲一種具有「時效性」的修憲行爲。就此而言，與以後的憲法增修條款，多少有異曲同工之妙，不同的只是臨時條款以動員戡亂時期爲限，而憲法增修條文則是以國家未統一前作爲時限而已。在另一方面，此次臨時條款的制定賦予行政權較大的緊急處分權，可以視爲行政權權力的擴張，然而由於其行使基本上仍然必須透過行政院院會的同意，原有憲政體制的運作並未因此一條款的制定，產生根本的改變。換言之，在臨時條款制定之初，總統並沒有透過臨時條款破壞體制地擴權，必須要等到蔣介石總統尋求三連任再次修訂臨時條款體制時，才逐漸呈現出總統擴權的方向。至於一九五〇年代威權體制的運作，則與此時制定臨時條款沒有邏輯上的關係。

【資料來源】

《臺灣新生報》，一九四八年四月十九日，第二版。

國民大會祕書處（編）《第一屆國民大會實錄（第一篇）》（臺北：國民大會祕書處，一九六一年），頁二六七。

一九四八年八月十九日　財政經濟緊急處分令發布，金圓券發行

一九四八年八月十九日，蔣介石總統根據動員戡亂時期臨時條款體制，第一次發布緊急處分令，以發行金圓券，應付日趨嚴重的經濟危機。此次幣制改革中，臺灣省政府奉命依金圓券發行準備移交保管辦法，將臺糖公司總資產一億兩千萬美元，劃撥四千三百萬元，臺紙總資產兩千五百萬美元，劃撥八百萬元，充作金圓券發行準備之用，使臺灣進一步被捲入中國大陸惡化的經濟情勢中。而當時規定金圓券一元兌換臺幣一千八百三十五元，金圓券的幣值亦明顯高估，由中國大陸持續流入臺灣套匯的活動，更使臺灣面臨嚴重的惡性通貨膨脹壓力，經濟情況更趨惡化。

【資料來源】

《總統府公報》，第八〇號，一九四八年八月二十日，頁一。

林鐘雄，〈一九四〇年代的臺灣經濟〉，收入《二二八事件研究論文集》（臺北：吳三連基金會，一九九八年），頁四六。

一九四八年十二月二十九日　行政院任命陳誠擔任省主席

一九四八年十二月二十九日，行政院任命陳誠接替魏道明，擔任臺灣省主席。次日，蔣經國亦被任命為臺灣省黨部主任委員（未到任）。這是蔣介石總統在一九四九年一月一日發表元旦文告，表示為了和平，「個人進退出處絕不縈懷」之前，對臺灣人事的重大安排。此一人事案奠定了中華民國政府遷臺以後，陳誠

成爲黨國體制第二號人物的重要基礎，也爲蔣介石領導的國民黨當局在臺灣立足預留退路。在一年不到的任期內，陳誠在中央未曾立法的情況下，推動三七五減租，成爲臺灣一系列土地改革的開端。此舉不僅改善了臺灣農村的租佃關係，使中共不致運用租佃關係惡化的環境，在農村擴張勢力；亦爲國民黨當局爭取農民的支持，補強了統治的正當性基礎，也消解了臺灣以土地爲主要經濟基礎的傳統士紳的力量；戒嚴令的發布，開始了破歷史紀錄的戒嚴體制，加強對臺灣社會、政治力的掌握；新臺幣的改革以及切斷臺灣與中國大陸的貨幣、金融連帶關係，使臺灣減輕來自中國大陸嚴重通貨膨脹的衝擊，爲中華民國政府遷臺後統治基盤的鞏固，做了事先的整備工作。

【資料來源】

《中央日報》，一九四八年十二月三十日，第一版。

薛化元，〈陳誠與國民政府統治基盤的奠定——以一九四九年臺灣省主席任內為中心的探討〉，《一九四九年：中國的關鍵年代學術討論會論文集》（臺北：國史館，二〇〇〇年），頁二六一～二八四。

一九四九年一月十二日到十三日　臺灣省主席陳誠接獲蔣介石總統有關臺灣地位的指示

一九四九年一月陳誠就任臺灣省主席，對外宣稱：「臺灣是剿共最後的堡壘與民族復興之基地」。接到陳誠相關發言的報告後，蔣介石以中華民國總統的身分，連續發電報指示陳誠治臺的方針，特別批評前述陳誠的說法是不對的，因爲「臺灣在對日和約未成立前，不過是我國一託管地帶性質」，要求陳誠改正，陳誠並將蔣介石的指示記入一月十二日、十三日的日記。換言之，直到一九四九年初爲止，雖然國民政府（中華民國政府）對外宣稱臺灣已經是中國的一部分，並以國內法在臺灣持續統治，不過，作爲國家最高領導人的蔣介石，對於領土轉移需要正式的條約作爲依據，以及臺灣在國際法上仍屬於未定狀態，則有相當的了解，並據此指示其所派任的臺灣最高負責人陳誠。

【資料來源】

薛月順編輯，《陳誠回憶錄：建設臺灣》（臺北：國史館，二〇〇五年），頁四九八。

一九四九年一月二十六日　臺灣省警備總司令部成立，陳誠兼任總司令

一九四九年一月二十六日，省主席陳誠兼任新成立的臺灣省警備總司令部總司令。在其任內，臺灣省總司令部曾經有兩次體制的調整：首先，在同年三月一日奉國防部命擴編隸屬國防部東南軍政長官公署，九月一日再改組成臺灣省保安司令部。在此期間，由於陳誠兼任東南軍政長官公署長官，其主管權限範圍已超越臺灣省政府的層級。因此，臺灣省警備總司令部也好，保安司令部也罷，皆屬於陳誠主管的業務範圍。不過值得注意的是，警備副總司令彭孟緝從一九四九年國民黨進行情治單位改制開始，即直接向中央負責，在某種意義上，他是臺灣情治單位中眞正握有實權的人。

【資料來源】

《臺灣新生報》，一九四九年一月二十七日，第五版。

一九四九年二月四日　臺灣省主席陳誠宣布實施三七五減租

一九四九年二月四日，臺灣省主席陳誠宣布實施三七五減租，一般認爲這是戰後臺灣土地改革的開始。實際上，三七五減租只是一個減租政策，能不能算是眞正的土地改革政策尚有斟酌餘地，但是，它卻已經對臺灣以地主出身爲主的菁英階層造成威脅。當時，臺灣地主階層雖然掌控省級民意機構，但是仍在二二八事件陰影之下，又面對陳誠強大的壓力，基本上已無力反對此一土地政策。何況陳誠最有力的撒手鐧便是明令將阻礙三七五減租的人移送軍法審判。在此狀況下，幾乎沒有人敢出面抗拒，而三七五減租也得以順利推動。

不過，推動減租也並非只是陳誠施政理念的落實而已，由於三七五減租是在中國農村復興聯合委員會協助下展開的，基本上亦是美國在東亞進行一連串土地改革的一環，其終極目的，乃在於爭取可能成爲中共潛在社會基礎的農民之支持。而三七五減租確實也削弱了本來立基於土地的臺灣士紳之力量，對國民黨當局而言，既能吸引農民的支持又能削弱對其政權可能產生威脅的士紳力量，乃一舉兩得之事。值得注意的是，雖然在一九四九年臺灣便已經實施三七五減租，不過，當時的三七五減租並沒有法律的依據。必須要等到一九五一年五月二十五日，立法院正式通過「三七五減租條例」之後，才建立三七五減租的合法性依據。這也表現了在一九四九年，與臺灣土地產權還沒有發生關係的國民黨當政者，是如何急切地想要在臺灣實現他們在中國大陸從來沒有完成的土地改革。

【資料來源】

《臺灣新生報》，一九四九年二月五日，第五版。

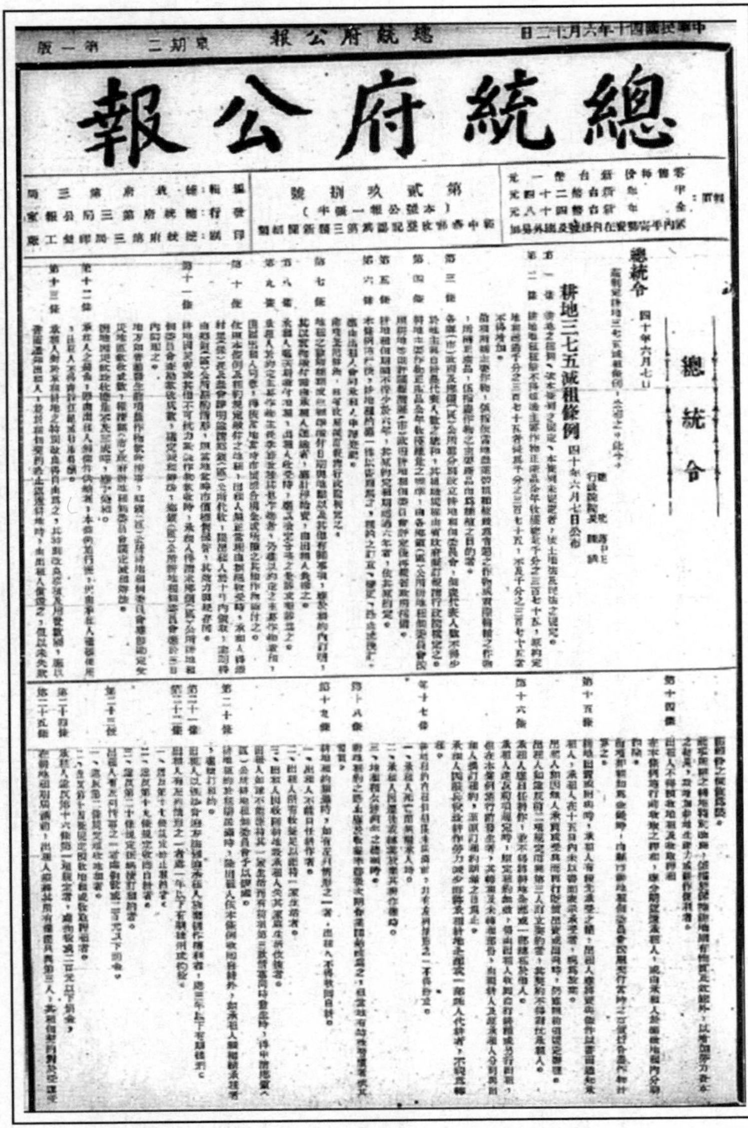
中華民國四十年六月十二日 總統府公報 星期二 第一版

總統府公報

第貳玖捌號

總統令 四十年六月七日

耕地三七五減租條例 四十年六月七日公布

圖九　三七五減租條例（總統府公報，民國四十年六月十二日，第二九八號）

《公論報》，一九四九年二月四日，第三版。

陳新民，〈參加三七五地租督導追記〉，收入吳生賢（編），《臺灣光復初期土地改革實錄專集》（臺北：內政部，一九九二年），頁五一一。

薛化元，〈陳誠與國民政府統治基盤的奠定——以一九四九年臺灣省主席任內為中心的探討〉，《一九四九年：中國的關鍵年代學術討論會論文集》（臺北：國史館，二〇〇〇年），頁二七四～二七七。

一九四九年三月一日　入境管理辦法公布

一九四九年二月陳誠兼任臺灣省警備總司令之時，即針對戡亂期間實施「臺灣出入境旅客登記辦法」相關措施加以強化。三月一日更進一步實施「臺灣省入境軍公人員及旅客暫行辦法」，此後，陳誠主政的臺灣省政府即掌握入境臺灣的主導權。對此，陳誠表示：「入境辦法最大的作用，即有一方面防止共諜的潛入，使中國的滲透戰術無法施展於臺島，同時並預防人口的過分增加，以減輕臺民的負擔。所以這個辦法實無異是臺灣在政治上與經濟上的一個重要防波堤。」

【資料來源】

薛化元，〈陳誠與國民政府統治基盤的奠定：以一九四九年臺灣省主席任內為中心探討〉，《一九四九年：中國的關鍵年代學術討論會論文集》，二〇〇〇年。

一九四九年三月二十四日　王世杰針對臺灣法律地位問題發表演講

一九四九年三月二十四日，前外交部長王世杰在臺北針對臺灣法律地位問題發表演講。他演說的內容與過去在外交部長任內發函給臺灣的民意代表黃國書，針對臺灣主權歸屬問題提出的意見相似，此皆由於當時國際間對臺灣是否已歸屬中華民國有相當的意見，縱使與中華民國屬於盟友關係的美、英兩國，早在一九四六年國民政府宣布恢復臺灣人民中華民國國籍之時，便曾對此表示異議，認爲領土的轉移必須以正式國際條約作爲依據，才能取得國際法上的法理基礎。換言之，王世杰的演說反而證明了當時臺灣地位未定論的說法在國際舞臺上具有相當的說服力，並已經威脅中華民國政府領有臺灣的正當性基礎。

【資料來源】

《中央日報》，一九四九年三月二十五日，第四版。

一九四九年四月六日　四六事件

一九四九年四月六日，兼任臺灣省警備總司令部總司令的省主席陳誠，針對當時臺灣學生運動的中心——臺灣大學及省立師範學院——採取逮捕學生的措施，史稱四六事件。當時係以臺灣大學及師範學院學生張貼破壞社會秩序之標語爲由，進行逮捕並下令停課，其中師範學院的部分處分特別嚴重，甚至所有學生皆在原任院長謝東閔離職，新派任負責整頓的劉眞到任之後，重新登記學籍，這也是二二八事件以後，國民黨當局針對大學最強力的整頓工作。

雖然一般認為此一事件的導火線是所謂的學生騎單車被警方取締，但鎮壓行動的另一個重要背景，則可以視為陳誠主導下的臺灣省政府對三月二十九日臺北市大、中學校聯合會學運組織成立大會的一種壓制行動，臺灣大學及省立師範學院不過是在此種鎮壓行動中成為犧牲對象而已。此一事件遂成為白色恐怖期間，最具代表性的校園鎮壓案件。除此之外，由於同時部分文化人包括《臺灣新生報》〈橋〉副刊的主編歌雷（史習枚）及楊逵也遭到逮捕，當時臺灣本土文學工作者最重要的發表園地〈橋〉亦告停刊，是此後臺灣文學發展的重要轉折點。不僅日治時期臺灣文學的傳統再次遭到重挫，中國大陸來臺知識人帶來的三十年代文學傳統，也在這一波歷史脈動中與臺灣文學切斷關係。一九九六年四月六日，在四六事件四十七週年之際，臺大與師大的社團召開記者會公布四六事件相關文獻資料的報告，這是試圖為四六事件重新翻案並尋求學生運動歷史源由的一項努力。

【資料來源】

臺大四六事件資料蒐集小組（編），《臺大「四六」事件考察——四六事件資料蒐集小組總結報告》（臺北：編者，一九九七年六月七日）。

薛化元，〈陳誠與國民政府統治基盤的奠定——以一九四九年臺灣省主席任內為中心的探討〉，《一九四九年：中國的關鍵年代學術討論會論文集》（臺北：國史館，二〇〇〇年），頁二六八～二七〇。

《臺灣新生報》，一九四九年四月七日，第五版。

《臺灣新生報》，一九四九年四月八日，第五版。

張光直，《番薯人的故事》（臺北：聯經，一九九八年）。

一九四九年四月十七日　臺灣省推行三七五地租督導委員會成立

臺灣省推行「三七五」地租督導委員會，係一九四九年臺灣三七五減租推動之時成立的組織機構。當時推行三七五減租的執行機關爲臺灣省民政廳地政局，在縣市則爲各縣市政府，省政府唯恐僅靠政府一己力量推動此一工作力有未逮，因而決定成立各級督導及輔導機構協助政府以推動各項業務，因此訂頒〈臺灣省推行「三七五」地租督導委員會組織規程〉，並於四月十七日正式成立。此一督導委員會由臺灣省參議會議長、臺灣省高等法院院長、臺灣省政府委員五人及地方公正人士八人、地政局長及新聞處長共十七人所組成，主要負責的工作包括三七五減租之宣傳及督導相關事宜，至於搭配其進行此一工作的，在各縣市則爲臺灣省各縣市推行「三七五」地租委員會。

【資料來源】

陳誠，《臺灣土地改革紀要》，一九六一。

《臺灣省政府公報》，一九四九年夏字第十一期。

一九四九年五月一日　戰後第一次戶口總檢查

一九四九年五月一日，全臺實施戰後第一次的戶口總檢查。基本上，在一個先進國家裡，戶口的掌握往往被認爲是個非常重要的社會基礎建設。但是，當時臺灣舉行戶口總檢查目的卻與一般戶口總檢查有相當大的不同。《中央日報》在檢查舉行的前一日便曾經針對此一問題發表社論，指出戶口總檢查的意義就是檢肅內部的一項必要措施，主張實施強度的、嚴密的檢查，使各種「不良分子」無法混跡，以確保臺灣的安定。透過這篇社論，當時戶口總檢查具有肅清異端分子的意義也就昭然若揭了，而這也是一九五〇年代政府陸續進行戶口檢查的重要開端。

【資料來源】
《臺灣新生報》，一九四九年四月二十四日，第五版。
《中央日報》，一九四九年四月三十日，第二版。

一九四九年五月二十日　全臺實施戒嚴

一九四九年五月十九日，全臺各大報報導臺灣省政府及臺灣省警備總司令部公告，自五月二十日起，全臺戒嚴，基隆港與高雄港並實施宵禁，此後臺灣進入長達三十八年之久的戒嚴統治之中。在宣告戒嚴之初，甚至連臺北市里民大會的召開問題，也因為恐懼觸犯戒嚴令而決定請示延期舉行。

五月二十七日，臺灣省警備總司令部進一步發布有關戒嚴時期之相關法令：防止非法行動；管理書報；非經許可不准集會結社；禁止遊行請願、罷課、罷工、罷市、罷業等一切行為。本來戒嚴之實施，有其應付外在軍事威脅的現實考量，但是實際上在非接戰狀態下的長期戒嚴體制，不僅其必要性有待商榷，亦構成對民主憲政體質的嚴重傷害。在此一體制之下，憲政體制所保障的基本人權，自然容易形同具文。值得注意的

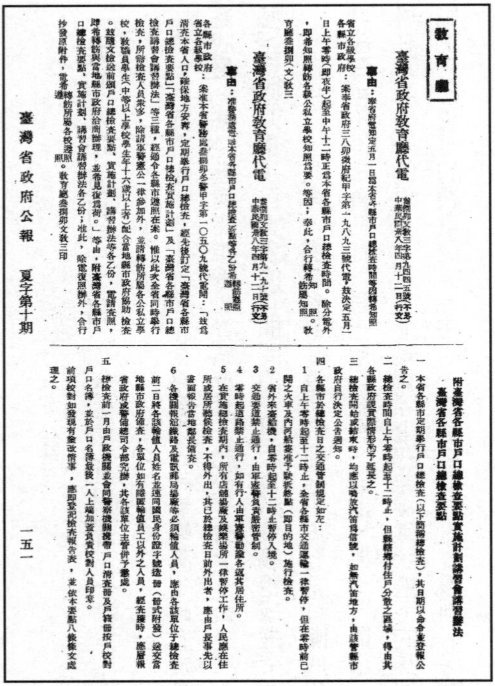

教育廳

臺灣省政府教育廳代電 參捌卯文教三字第九四四五號（不另行文） 中華民國卅八年四月十二日

事由：奉省府電知定五月一日爲本省各縣市戶口總檢查時間等因轉希知照

省立各級學校
各縣市政府：案奉省政府三八卯微府紀甲字第一九八九三號代電，茲決定五月一日上午零時（即夜半）起至中午十二時正爲本省各縣市戶口總檢查時間。除分電外，即希知照轉飭各級公私立學校知照爲要。等因；奉此，合行轉希知照。教育廳叁捌卯（文）教三

臺灣省政府教育廳代電 參捌卯文教三字第九一九十號（不另行文） 中華民國卅八年四月十二日

事由：准警務處電送本省各縣市戶口總檢查要點等各乙份希轉飭遵照

各縣市政府
省立各級學校：案准本省警務處叁捌卯多警甲字第一〇五〇九號代電開：「茲爲清査本省人口，確保地方安寧，定期舉行戶口總檢査，經先後訂定「臺灣省各縣市戶口總檢査要點」「臺灣省各縣市戶口總檢査實施計劃」及「臺灣省各縣市戶口總檢査講習會講習辦法」等三種，經通令各縣市遵照在案。惟以此次全省同時舉行檢査，所需檢査人員衆多，除請憲警公一律參加外，並請轉飭所屬各公私立學校，敎職員學生（中等以上學校學生年十六歲以上者）配合當地縣市政府協助檢査。茲隨文檢送前頒戶口總檢査要點、實施計劃、講習辦法等各乙份，電請査照，即希轉飭與當地縣市政府洽商辦理，並希見復爲荷。」等由，附臺灣省各縣市戶口總檢査要點、實施計劃、講習會講習辦法各乙份；准此，除電復照辦外，合行抄發原附件，電希轉飭所屬各校遵照。教育廳叁捌卯文教三印

附臺灣省各縣市戶口總檢査要點實施計劃講習會講習辦法

臺灣省各縣市戶口總檢査要點

一 本省各縣市定期舉行戶口總檢査（以下簡稱總檢査），其日期以命令filed登報公告之。
二 總檢査時間自上午零時起至十二時止，但縣轄鄉村住戶分散之區域，得由其各縣政府視實際情形酌予延長之。
三 總檢査開始或結束時，均應以鳴放汽笛爲信號，如無汽笛地方，由該管縣市政府自行決定公告週知。
四 各縣市於總檢査日之交通管制規定如左：
1 自上午零時起至十二時止，全省各縣市交通運輸一律暫停，但在零時前已開之火車及內河船隻准予駛抵終點（即目的地）施行檢査。
2 省外來臺船機，自零時起至十二時止暫停入境。
3 交通要道禁止通行，由軍憲警負責嚴密管制。
4 零時起道路禁止通行，如有行人由軍憲警勸諭各返其居住所。
5 在實施總檢査期內，所有店舖場廠及娛樂場所一律暫停工作，人民應在住所或居所聽候檢査，不得外出，其已於總檢査日前外出者，應由戶長事先以書面報告當地鄰長備査。
6 各機關報館鐵路及電訊郵局場廠等必須輪値人員，應由各該單位于總檢査前二日將各該輪値人員姓名並連同國民身份證字號造冊（冊式附發）送交當地縣市政府備査，各單位如有隱匿輪値員工以外之人員，經査獲時，應層報省政府或警備總司令部究辦，共各該單位主管併予懲處。
五 總檢査前一月由戶政機關並會同警察機關携帶戶口清査冊及戶籍冊按戶校對戶口名簿，並於戶口名簿最後一人上端加蓋負責校對人員印章。前項校對如發現有塗改情事，應即登記檢査報告表，並依本要點八條條文處理之。

臺灣省政府公報 夏字第十期 一五一

圖十　臺灣各縣市戶口總檢查要點（臺灣省政府公報，民國三十八年夏字第十期）

是，在制定戒嚴法之初，即已針對戒嚴體制下人權可能遭到侵害的問題，提出救濟管道，規定解嚴後可再提司法訴訟的補救措施。不過，在一九八七年解嚴之際，蔣經國主政下的國民黨當局爲了避免戒嚴時期冤假錯案平反，而在國安法中凍結了此一對人權救濟的規範，導致今日在面對白色恐怖、人權平反問題時，無法循司法途徑救濟、平反，而是以政治運作方式，「補償」戒嚴時期遭到不當審判的受害者。

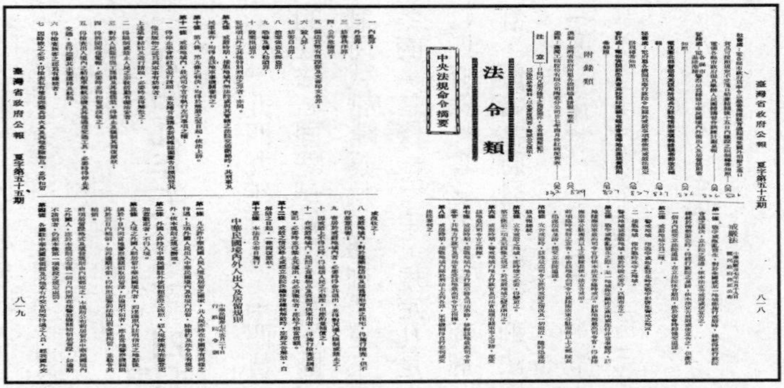
臺灣省政府公報 夏字第五十五期

法令類

中央法規命令摘要

圖十一　戒嚴法（臺灣省政府公報，民國三十七年夏字第五十五期）

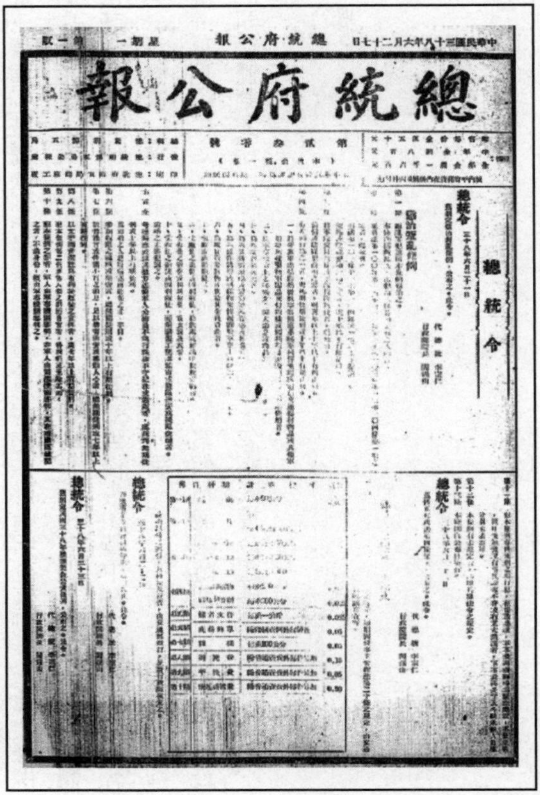
總統府公報

總統令

圖十二　懲治叛亂條例（總統府公報，民國三十八年六月二十七日第二三〇號）

【資料來源】
《中央日報》，一九四九年五月十九日，第二、三版。
《臺灣新生報》，一九四九年五月二十八日，第五版。

一九四九年五月二十四日 懲治叛亂條例通過

一九四九年五月二十四日，立法院三讀通過威權體制時期箝制人民思想的「懲治叛亂條例」。此一條例的立法，固然是針對中華民國政府面對中共叛亂的特殊情形而發，但是此種特別刑法有關之規定，在威權體制時代常常違反了罪刑法定主義的刑法基本原則，使得人民人權相當容易受到侵害。其中在本條例第二條著名的「二條一」中，規定凡是犯刑法第一百條第一項、第一百零一條第一項、第一百〇三條第一項、第一百〇四條第一項之罪者，處死刑。此種唯一死刑的規定，以及涉嫌違反本法的案件在戒嚴時期由軍法審判的設計，配合當時臺灣違反罪刑法定主義的司法體制運作，顯然過度傷害人權、忽略人權最起碼應有的保障。

【資料來源】
《中央日報》，一九四九年五月二十六日，第四版。

一九四九年五月三十一日　臺灣區生產事業管理委員會成立

一九四九年五月三十一日，草山財經會議爲了統一監督指揮臺灣以接收日產爲基礎的官營事業，決定由臺灣省政府成立臺灣區生產事業管理委員會，省主席陳誠兼任主任委員。此後，生管會所轄的官營事業，不再對行政院負責，開啓生管會主導臺灣經濟的年代。由於此制度擴大臺灣省在經濟領域的主導權限，因此中央政府遷臺後，漸次縮小臺灣省政府的權限，強化中央的權限，一九五三年遂裁撤生管會，其原有權限分別由行政院經濟安定委員會及臺灣省政府外匯審議小組主管。

【資料來源】
《中央日報》，一九四九年六月一日，第三版。
陳思宇，《臺灣區生產事業管理委員會與經濟發展策略（一九四九～一九五三）——以公營事業為中心的探討》（臺北：國立政治大學歷史系，二〇〇二年），頁八七～九八。

一九四九年六月十五日　新臺幣發行

一九四九年六月十五日，臺灣省政府與中央銀行以撥還臺灣銀行的八十萬兩黃金爲改革幣制基金，及撥借的一千萬美元作爲進口貿易運用基金，公告新臺幣發行辦法，進行幣制改革。其中除舊臺幣四萬元折合新臺幣一元之外，並規定新臺幣最高發行額爲兩億元，同時一美元兌換新臺幣五元。此一政策在當時對於舒緩臺灣被捲入中國大陸經濟風暴所引發的通貨膨脹有相當程度的效果。但是此一效果之所以產生，並不是因爲四萬元舊臺幣換新臺幣一元這種單純面額的改變，更重要的是，臺灣貨幣供給額的控制基本上必須切斷與中國大陸的匯兌關係，以及臺灣銀行不再藉增加通貨發行墊付中央政府各項墊支款項，才得以根本解決。因此就在新臺幣幣制改革的第二天，陳誠主政下的臺灣省政府下令停止與中國大陸金圓券（及其他貨幣）的匯兌措施。總體而言，新臺幣的改革不僅是單純的幣制改革，也是臺灣切斷與中國大陸經貿關係，重新建構新的經濟網絡的轉捩點。

【資料來源】

《臺灣新生報》，一九四九年六月十五日，第二版。

薛化元，〈陳誠與國民政府統治基盤的奠定——以一九四九年臺灣省主席任內為中心的探討〉，《一九四九年：中國的關鍵年代學術討論會論文集》（臺北：國史館，二〇〇〇年），頁二七九～二八三。

一九四九年八月二十日 政治行動委員會成立

一九四九年八月二十日，國家安全局前身的「政治行動委員會」成立，由唐縱擔任主任，下設書記室及石牌訓練班兩部門。這是一九四九年七月蔣介石在高雄召集蔣經國與原有情治單位負責人唐縱、毛人鳳等人，會談整編情治單位組織的具體實現，而蔣經國則藉此一組織掌控情治機構的主導權。此組織於一九五〇年末改組爲「總統府機要室資料組」，一九五四年七月一日再改組爲直屬國防會議的國家安全局，一九六七年再改隸新成立的國家安全會議。

【資料來源】

若林正丈（原著），洪金珠、許佩賢譯，《臺灣》（臺北：月旦出版社，一九九四年），頁九九。

伊原吉之助，《臺灣の政治改革年表・覺書（一九四三～一九八七）》（奈良：帝塚山大學，一九九二年），頁七七。

圖十三　民國三十五年臺灣銀行所印之壹佰與伍佰新臺幣。

一九四九年九月二十三日　林獻堂東渡日本

一九四九年九月二十三日林獻堂以「治頭眩」爲名東渡日本，以後政府雖曾派員赴日遊說其返臺，但是林氏卻未完全釋懷，直到一九五六年九月八日客死東京，始終未曾返臺，形同自我放逐。作爲日本時代臺灣政治運動的重要領導人物，也曾在「祖國事件」遭到日本浪人羞辱，林獻堂有一定程度的「漢族」民族感情。而國民政府接收以後，他雖然對行政長官公署的施政有所不滿，但是大抵上仍抱持支持國民政府的態度。不過，一九四七年發生「二二八事件」，使其深感沉痛，而土地改革對其家族的經濟基盤亦有相當衝擊，加上他對政治的意見未被執政者接受，因而使他選擇以出走「脫離是非」。因「祖國事件」遭到日本人羞辱，卻在「祖國」來了以後自我放逐到日本，感嘆「底事異鄉長作客，恐遭浩劫未歸田」，林獻堂的遭遇，多少反應了當時臺灣本土菁英在統治體制遽變之際，所面對的困境。

【資料來源】
林獻堂先生紀念集編纂委員會（編），《林獻堂先生紀念集（卷一）》（臺北：文海出版社，一九七四），頁一二二～一二三、一六六、一七三。

一九四九年十月十六日 革命實踐研究院成立

一九四九年蔣介石總統下野後，於同年五月在臺灣開始籌備革命實踐研究院，十月十六日正式成立。以「革命必先革心，實踐就是力行，研究在求發展」作爲名稱的由來，希望能培養「一批有新認識、新作風的幹部，風行草偃，率先力行」以求「轉敗爲勝，轉危爲安」。革命實踐研究院推動的教育可分爲兩個時期。在一九四九年至一九五八年的第一期中，自一九四九年十月至一九五三年五月，曾推動二十五期的教育訓練，重心置於確保臺澎基地，貫徹中國國民黨的改造，以求開創中興機運。而在一九五三年六月至一九五七年，則以推動黨政軍聯合作戰做爲教育的主軸，同時在一九五三年七月，於木柵成立革命實踐研究院分院，召集各種實際工作的幹部進行短期訓練。一九五九年，本院與分院合併遷往木柵中興山莊後，其教育訓練的目標，主要以中國國民黨黨務幹部爲對象，著重基本養成教育，曾辦理黨政建設研究班、行政管理研究班、臺灣省建設問題研究會、經濟動員研究會、縣市議員同志講習班等。

【資料來源】
《臺灣新生報》，一九四九年十月十六日，二版。
近代中國季刊編輯委員會編，《中國國民黨七十一年工作紀實》，一九八二年。

一九四九年十一月二十日　自由中國創刊

被視爲一九五〇年代臺灣在野言論代表的《自由中國》雜誌，於一九四九年十一月二十日創刊。這份由胡適掛名領銜，實際上則由雷震主導的半月刊，在籌備之初，乃以擁護蔣介石總裁領導的國民黨當局對抗中共政權，作爲創刊的目的。除了在現實政治路線，基於面臨中共政權強大的壓力，而採取擁蔣反共的立場外，《自由中國》創刊的宗旨重點即在於向國民宣傳自由與民主的眞正價值，並且督促政府改革政治經濟，建立自由民主的社會，而使中華民國成爲自由中國。不過，在韓戰爆發以後，國民黨當局漸次朝向強人威權體制發展，與《自由中國》以民主反共的思考並不相同。等到一九五一年五月美國總統杜魯門確立不考慮就臺灣問題對中華人民共和國讓步，臺灣自韓戰以來安全的狀況得以持續。就在此時，《自由中國》也逐漸揚棄「擁蔣反共」掛帥的言論取向，對國民黨當局的不當施政，採取批判的態度，此後雙方政治路線背離的現象日漸凸顯，關係越行越遠，《自由中國》對自由、民主理念的宣傳、落實也更爲用力，最後國民黨當局採取強力打壓，終以一九六〇年雷震案收場。《自由中國》因爲在此一時期對自由、民主的宣傳，推廣頗有貢獻，而成爲臺灣當時民主運動的代表刊物。

【資料來源】

《自由中國》，一：一，一九四九年十一月二十日，頁一。

薛化元，《「自由中國」與民主憲政》（臺北：稻鄉出版社，一九九六年），頁二九。

一九四九年十二月九日　行政院舉行在臺灣第一次院會

一九四九年十二月九日，行政院舉行遷臺後第一次院會，這是中華民國政府在臺灣重建的里程碑。在此之前，中華民國政府由於在中國大陸國共內戰的失利，先由南京搬到廣州，而後遷到四川重慶，再遷往成都，最後在十二月七日，由中國國民黨總裁蔣介石決定，將中央政府遷往臺北，同日行政院院會也作出決議，並且在形式上也以總統令的方式，頒布政府遷至臺北的決定（當時李宗仁代總統並未在四川）。此後除行政院外，中華民國政府體制下的各單位，包括總統府、司法院、考試院也開始在臺北辦公。而國民黨總裁蔣介石則於十二月十日抵達臺北，國民黨中央黨部則於十二月十一日遷臺。比較特殊的是，立法院、監察院及國民大會等中央資深民意代表仍有多位未移到臺灣。因此，由來臺灣的代表及委員行使職權。問題是，這些民意代表有任期的問題，因而最後透過大法官釋憲三十一號，及總統府行文國民大會的方式，使他們繼續行使職權，形成萬年國會，並在法統上宣稱繼續代表全中國。而另一方面，中華民國政府的組織架構及憲法，乃是以全中國作爲規模所指定的，來到臺灣之後並未改變，因而形成了統治的主要領域只有臺灣，卻擁有全中國規模政府組織。而且中央政府與臺灣省政府之間，統治區域大幅重疊，也造成了權力之間的摩擦，而最後省政府諸多職權都遭到中央政府侵奪。

【資料來源】
《中央日報》，一九四九年十二月十日，第一版。
《中央日報》，一九四九年十二月十一日，第一版。
《臺灣新生報》，一九四九年十二月十二日，第二版

一九四九年十二月十五日　陳誠辭去臺灣省主席，由吳國楨擔任

一九四九年十二月十五日，行政院准陳誠辭去臺灣省主席的職務，而由吳國楨繼任省主席兼保安司令。由於吳國楨夙有「民主先生」的稱號，被認爲是當時檯面上政治人物中，較具有自由民主色彩者，同時他又是美國普林斯頓大學的博士，因此，此一人事案被認爲有利於政府爭取美援。而隨吳國楨省主席人事案通過的是大幅啓用臺籍政治菁英擔任省府的廳處長及省府委員，其中包括蔣渭川、彭德、徐慶鐘、李友邦、楊肇嘉、游彌堅、杜聰明、陳啓清、李連春、林日高、顏欽賢等。不過，此一人事案由於牽涉到部分二二八事件參與者的爭議問題，因此，也引起一定程度的反彈。曾經有人在報紙上以二二八事件死難者的名義，刊登廣告來對此人事案進行反諷。因此，不久之後，迫使吳國楨對於省府人事也進行一定程度的改組。不過大體而言，吳國楨由文人擔任臺灣省主席，臺籍菁英在省政府層級的政府舞臺，確實取得更多參與的機會，而由於吳氏的個人條件，此一任命案對於臺灣的自由形象，也有相當程度貢獻。只是正由於吳氏此一傾向，在一九五〇年代國民黨朝向強人威權體制發展之後，便與高層發生衝突，這也是日後發生吳國楨事件的重要原因。

【資料來源】

《中央日報》，一九四九年十二月十六日，第一版。

《臺灣新生報》，一九四九年十二月十六日，第二版。

李筱峰，《臺灣戰後初期的民意代表》，臺北：自立晚報，民國七十五年。

一九五〇到一九七〇年

一九四九年十二月國民黨在國共內戰失敗，中華民國政府敗逃到臺灣。次年三月，蔣介石宣布復行視事，開啓了他直到過世爲止擔任中華民國總統的漫長生涯。

其中，一九五〇年是國民黨政權改制朝向強人威權體制發展的關鍵年代，就此而言，有兩個重要的統治論述，作爲其正當性的基礎，一個是中華民國作爲中國唯一的合法政府的存在，也就是以在聯合國擁有常任理事國的席位及國際上美國的支持作爲訴求，另一方面，爲了補強作爲自由中國的論述，則在臺灣以行政命令推動了所謂的「地方自治」選舉，取得民意的支持。而在韓戰爆發以後，美國軍事跟經濟的援助接踵而來，除了對臺灣的防衛和經濟發展提供資源之外，也強化了國民黨政府在臺灣的統治。相對的，在取得國際支持之際，蔣介石開始推動國民黨內部的改造，建立以他作爲領袖直接指揮黨政軍，而以黨領政、以黨領軍的系統。而在以蔣介石爲中心的強人威權體制建構過程中，在另一個層面，包括臺灣本土菁英以及來自中國大陸自由派的政治人物，則持續要求政治改革，並試圖組成反對黨。不過在一九六〇年，蔣介石透過大法官會議解釋，以及國民大會修改臨時條款，成爲終身總統以後，伴隨著對中國民主黨組黨運動的打壓，逮捕雷震，透過黨政關係運作關閉了《自由中國》，並使胡適等人放棄雜誌復刊的想法。進而在一九六一年透過形式上的政治及司法運作，迫使李萬居失去他一手創立主導的《公論報》。臺灣不僅進入了正式的黨禁時期，而且也失去了類似《自由中國》這種政論雜誌，或是由在野派人士掌控的報紙[1]，一九六〇年代變成了在政治領域上噤聲的時代。

相對的，在此一時期，臺灣的經濟則逐漸從復甦中發展，特別在一九六五年美援結束，更象徵著臺灣達到美援的要求，成爲一個模範畢業生的階段性任務。而在國際上，中華民作爲中國唯一合法政府的論述與地位則持續受到挑戰，甚至逐漸的弱化，各國紛紛在國民黨政府採取一個中國政策及漢賊不兩立的政策之下，選擇了和中華人民共和國建交，而不再承認中華民國的政策。原本這是中華民國政府失去了代表中國的正當性，甚至被中華人民共和國政府繼承的問題，但在國際上，中華民國政府遭到孤立，在實際上其統治下的臺灣受到孤立之狀況也日益明顯。

一九五〇年一月三十日 愛國公債公開說明

一九五〇年一月三十日，省財政廳長任顯群針對愛國公債的籌畫及募集方式進行公開說明。此一在同年二月一日即將開始施行的募集愛國公債辦法，其實施方式與其說是募集，事實上是採取「攤派」。根據規定，首先，凡廠商、公司、商人出國考察或以其他公務名義出國者，必須先繳清購買價款（新臺幣九萬元），才能購買機票、船票。其次，則調查地方有財力的住戶，交各縣市長負責指揮，在自七百五十元至七萬五千元的範圍核定每戶應購買的公債後，於農曆初一至初三募集完畢。而工商業者資本額在一萬元以上者，則共被攤派一萬多單位（每單位一百五十元）。至於擁有自用汽車、電冰箱或是住屋面積超過二十坪（含公務員配住房舍）以上者，無論是否已依其他規定配售公債，均須按照規定再行認購。

[1]此後《自立晚報》長期成為臺灣較無國民黨色彩的代表性報紙，不過從其內部結構來看，吳三連做為臺灣省議會五虎將的一員，雖有無黨籍、追求自由民主的色彩，國民黨當局透過資本的安排等方式，對《自立晚報》仍有一定影響力。

【資料來源】《中央日報》，一九五〇年一月三十一日，第四版。

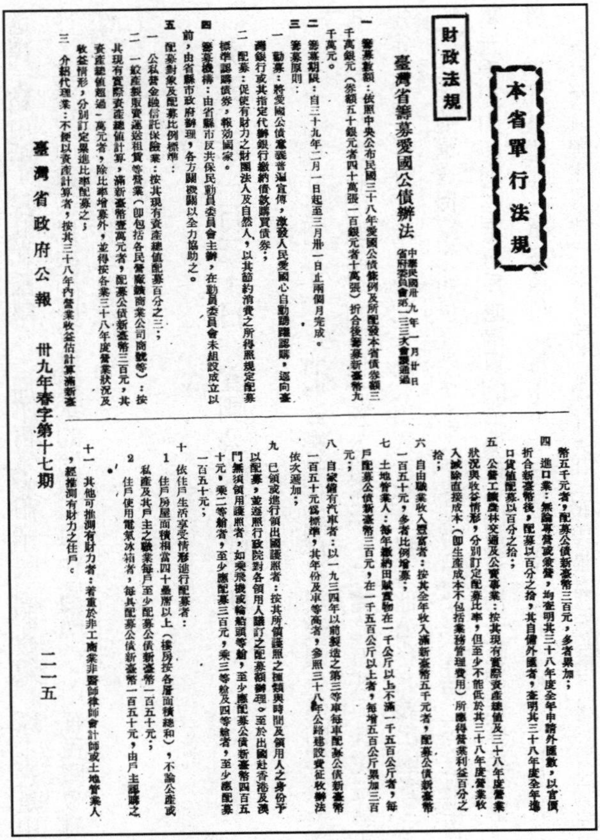

本省單行法規

財政法規

臺灣省籌募愛國公債辦法（中華民國卅九年一月廿日省府委員會第一三三次會議通過）

一 籌募數額：依照中央公布民國三十八年愛國公債條例及所配發本省債券額三千萬銀元（券額五十銀元者四十萬張一百銀元者十萬張）折合後籌募新臺幣九千萬元。

二 籌募期限：自三十九年二月一日起至三月卅一日止兩個月完成。

三 籌募原則：

一 勸募：將愛國公債意義普遍宣傳，激發人民愛國心自動踴躍認購，逕向臺灣銀行或其指定代辦銀行繳納價款購買債券；

二 配募：促使有財力之財團法人及自然人，以其節約消費之所得照規定配募標準認購債券，報効國家。

四 籌募機構：由省縣市反共保民動員委員會主辦，在動員委員會未組設成立以前，由省縣市政府辦理，各方關機關以全力協助之。

五 配募對象及配募比例標準：

一 公私營金融信託保險業：按其現有資產總值配募百分之三；

二 一般產製販賣運送租賃等營業（即包括各民營廠鑛商業公司商號等）：按其現有實際資產總值計算，滿新臺幣壹萬元者，配募公債新臺幣三百元，其資產總值超過一萬元者，除比率增募外，並得按各業三十八年度營業狀況及收益情形，分別訂定累進比率配募之；

三 介紹代理業：不便以資產計算者，按其三十八年內營業收益估計算滿新臺幣五千元者，配募公債新臺幣三百元，多者累加；

四 進口業：無論專營或兼營，均查明其三十八年度全年申請外匯數，以官價折合新臺幣後，配募以百分之拾，其自備外匯者，查明其三十八年度全年進口貨值配募以百分之拾；

五 公營工鑛農林交通及公賣事業：按其現有實際資產總值及三十八年度營業狀況與收益情形，分別訂定配募比率，但至少不能低於其三十八年度營業收入減除直接成本（即生產成本不包括業務管理費用）所應得營業利益百分之拾；

六 自由職業收入豐富者：按其全年收入滿新臺幣五千元者，配募公債新臺幣一百五十元，多者比例增募；

七 土地管業人：每年繳納田賦實物在一千公斤以上不滿一千五百公斤者，每戶配募公債新臺幣三百元，在一千五百公斤以上者，每增五百公斤累加三百元；

八 自家備有汽車者：以一九三四年以前製造之第三等車每車配募公債新臺幣一百五十元爲標準，其年份及車等高者，參照三十八年公路建設費征收辦法依次遞加；

九 已領或進行領出國護照者：按其所領護照之種類與時間及領用人之身份予以配募，並遵照行政院對各領用人議訂之配募額辦理。至於出國赴香港及澳門無須領用護照者，如乘飛機或輪船頭等艙，至少應配募公債新臺幣四百五十元，乘二等艙者，至少應配募三百元，乘三等艙及四等艙者，至少應配募一百五十元；

十 依住戶生活享受情形進行配募者：

1 住戶房屋面積相當四十疊蓆以上（樓房按各層面積總和），不論公產或私產及其戶主之職業每戶至少配募公債新臺幣一百五十元；

2 住戶使用電氣冰箱者，每具配募公債新臺幣一百五十元，由戶主認購之。

十一 其他可推測有財力者：着重於非工商業非醫師律師會計師或土地管業人，經推測有財力之住戶。

臺灣省政府公報 卅九年春字第十七期

二一五

圖十四 臺灣省籌募愛國公債辦法（臺灣省政府公報，民國三十九年春字第十七期）

一九五〇年二月十五日　美援聯合會通過稻穀換肥獎勵辦法

一九五〇年二月十五日，美援聯合會通過「稻穀換肥獎勵辦法」。這是臺灣省糧食局基於肥料換穀政策乃是以價格高估的肥料換取低估的稻穀，有損農民權利，因此爲了提高農民以稻穀換取肥料的意願，也多少補貼農民在肥料換穀政策中實質的經濟損失，因此提出此一辦法。在規定期間內，只要農民以稻穀換取肥料，其中硫酸鈣、磷酸錏每百公斤免費贈送四十碼長十二磅重的棉布二碼，過磷酸石灰每百公斤贈布二碼。同時，對於農會在規定時間能將全部應配數量配完者亦給予獎勵。此一辦法的實施，多少也反應出當時政府對於肥料換穀政策推動的積極態度。

【資料來源】
《中央日報》，一九五〇年二月十六日，第四版。

一九五〇年三月一日　蔣介石總統復行視事

一九四九年年底，當中華民國政府失去中國大陸，播遷來臺以後，當時的代總統李宗仁流亡美國，使得中華民國政府在臺灣欠缺領導中心。當年國民大會雖然也曾表示擁戴蔣介石再任總統之意，不過，在臺國民大會代表總數根本就不具備開會所需的法定人數，形式上「正當性」仍有不足。所以，在體制內擁戴蔣介石回復總統職位的呼聲，主要是在一九五〇年二月二十三日中國國民黨中央常務委員會的決議，促請蔣介石早日恢復總統的職權，及次日立法院由三百多位立法委員聯名，通電要求蔣介石復行視事。在中國國民黨黨內及立法機構出現正式要求蔣介石復職的聲音後，蔣介石在三月一日重新回任中華民國總統。這無論對於國民黨政權的鞏固，或者使臺灣在面對中華人民共和國武力威脅之下的安定，都有一定正面的意義。不過，蔣介石既然已在一九四九年一月宣布下野，則他個人便不再具有中華民國總統的身分，根據中華民國憲法，並無下野總統回任的設計，因此便有人批評此舉充滿了政治運作，欠缺制度上的依據，而蔣介石在臺灣擔任總統，從一開始就帶有「非常」的性格。

【資料來源】
《中央日報》，一九五〇年二月二十四日，第一版。
《中央日報》，一九五〇年二月二十五日，第一版。
《中央日報》，一九五〇年三月一日，第一版。

一九五〇年三月一日　勞工保險開始實行

一九五〇年二月二十六日，臺灣省省主席吳國楨批准「臺灣省勞工保險辦法及其實施細則」，並於三月一日開始實施。當時擬議的勞工保險，本來包括了傷病、失業、死亡、老年四種，最後則修正為傷害、殘廢、生育、死亡、老年五種，關於失業保險的部分，則遭剔除，這也是日後臺灣在建立社會安全制度上努力的一個方向。當時臺灣勞工的總數根據政府的調查約三十萬人，而本日開始實施的第一階段，則是以國家機關經營的事業為實施對象，納入保險總數的勞工約八萬人左右。不過，這仍然開啓了臺灣勞工保險的重要里程碑。

【資料來源】
《中央日報》，一九五〇年二月二十七日，第四版。
《中央日報》，一九五〇年三月一日，第四版。

一九五〇年三月三日　政府宣布退出關貿總協GATT

一九五〇年三月三日，政府宣布退出國際關稅暨貿易總協定（GATT），並且發表聲明指出：退出GATT的目的在使中共政權喪失在GATT架構下享有關稅減讓互惠的權利。此種思考正反映了當時中華民國政府對於國際間可能由中華人民共和國繼承其權利的憂慮，另一方面也暴露出執政者對於當時現實政治發展的錯誤判斷，以致一九九〇年起臺灣還必須為重回GATT及加入WTO而努力多年。

【資料來源】
《臺灣新生報》，一九五〇年三月十一日，第二版。

一九五〇年三月八日　陳誠擔任行政院長

一九五〇年三月八日，立法院同意蔣介石總統提名的行政院長人選陳誠，此後直到一九六五年三月五日陳誠病逝為止，他都是中央政府政治體制中正式的第二號人物。因此，在此一期間蔣介石總統一旦退出第一線的政治舞臺，陳誠在體制上便成為當然的繼承者，換句話說，陳誠在這段期間也就是蔣經國接班的最大體制內障礙。雖然陳誠並沒有改變其對蔣介石總統的效忠，不過他個人的政治路線，卻與強人威權體制並不完全契合，多少採取比較開明的路線。如在行政院長任內，陳誠始終強力主張號召海外民主反共人士召開反共救國會議。甚至當一九六〇年由雷震主導的反對黨運動如火如荼展開，國民黨當局已準備鎮壓之際，陳誠的立場也顯得相當低調，甚至曾表明只要能夠符合基本國策，並不決然反對新政黨的成立。最後，值得注意的是，陳誠具有軍人的身分，使得蔣介石在臺灣復行視事以後，一開始行政院長的任命便有違反憲法第一百四十條「現役軍人不得兼任文官」之嫌。

【資料來源】

《中央日報》，一九五〇年三月九日，第一版。
《聯合報》，一九六〇年六月四日，第一版。
《中央日報》，一九六五年三月六日，第一版。
薛化元，〈從反共救國會議到陽明山會談（一九四九～一九六一）：對朝野互動的一個考察〉，《法政學報》，第七期，一九九七年一月，頁四九～八二。

一九五〇年三月十三日　總統蔣介石針對反攻大陸問題發表演講

一九五〇年三月十三日，蔣介石總統在〈復職的目的與使命〉演講中，除了強調復職的使命和目的是：恢復中華民國，消滅共產國際之外，更把一九四九年的「一年反攻，三年成功」的計畫，改成「一年整訓，二年反攻，掃蕩共匪，三年成功」。並表明少則三年，多至五年，便可達到「消滅共匪」的目的。這也是稍後蔣介石總統於五月十六日正式提出國人所熟知的「一年準備，二年反攻，三年掃蕩，五年成功」的歷史來源。

【資料來源】

《中央日報》，一九五〇年五月十七日，第一版。

張其昀（主編），〈復職的使命與目的〉，《先總統蔣公全集（第二卷）》（臺北：中國文化大學先總統蔣公全集編纂委員會，一九八四年），頁一九五九。

李永熾、薛化元（主編），《臺灣歷史年表（I）》（臺北：國家政策研究中心，一九九〇年），頁一一〇。

一九五〇年三月十五日　總統蔣介石核定國防機構組織系統表

一九五〇年三月十五日，蔣介石總統下令核定國防機構組織系統表及國防職務互相關係對照表，並自次日起開始實施。在此一命令中除明白規定總統統帥陸海空軍之外，並對國防部長及參謀總長職權給予明白的規定，其中國防部長的職權主要是依法行使有關國防的行政權，而參謀總長在統帥系統上，則是作爲總統的

總統府公報

總統令

總統令

總統令

總統令

圖十五　國防機構組織系統表（總統府公報，一九五〇年三月第二四八號）

幕僚長，在行政系統上，則爲國防部長之執行官。同時在統帥系統下，設陸海空軍各統帥司令部及聯勤總司令部，同時依戰鬥序列成立之高級指揮機構，亦隸屬於統帥系統。此後，我國軍政軍令系統的分立，在沒有完成任何法律的依據之下，便告確立。而軍政軍令系統分立所導致的問題，特別是參謀總長所負責的業務，如何能受到國會有效的監督，則成爲體制上的難題。當然在強人威權體制時代，此一問題並沒有彰顯，但是在我國政治體制朝向自由化、民主化發展之後，國會如何監督參謀總長以下的軍令系統，以及軍政軍令分立的體制爭論浮上檯面，此一攸關我國國防系統的根本問題才日益受到重視。

【資料來源】

《中央日報》，一九五〇年三月十六日，第一版。

《總統府公報》，二四八號，一九五〇年三月三十一日，頁一。

一九五〇年三月十七日　孫立人擔任陸軍總司令

一九五〇年三月十七日，陸訓部司令孫立人出任陸軍總司令一職。由於孫立人乃美國維吉尼亞軍校畢業，是國內少數非黃埔軍系出身的將領，因此其出任陸軍總司令一職，在當時固然表現了蔣介石總統對孫立人過去的戰功，甚至其在臺灣練兵成效的肯定。不過，更重要的是，深受美方欣賞的孫立人擔任此一重要軍職，在某種程度上，也表現了蔣介石總統藉此一任命，希望爭取美國政界乃至於軍方支持的態度。稍後蔣經國在一九五〇年三月二十二日，就任國防部總政治部主任一職，這是繼一九四九年蔣經國透過情治單位整編的工作掌控臺灣情治單位之後，進一步將其影響力伸向軍方，此後透過國軍的政治工作甚至其後政工系統的建立，蔣經國在軍方的影響力與日俱增。而蔣經國要推動軍方政工系統、黨化軍隊的方向，與非黃埔系出身的孫立人在治軍理念上，出現了嚴重摩擦，這也是後來孫立人失勢的重要原因。

【資料來源】
《中央日報》，一九五〇年三月十八日，第一版。
《臺灣新生報》，一九五〇年三月二十三日，第二版。

一九五〇年三月二十二日　國防部總政治部成立

一九五〇年，前身為國防部政治部的國防部總政治部成立，一九六三年再改制為國防部總政治作戰部。一九五〇年四月在政府發布蔣經國擔任首任國防部總政治部主任後，國防部頒布改制命令，規定國軍「政工改制」，國防部總政治部作為國防部的政治幕僚機構，直隸參謀總長，主管國軍政治工作，總政治部主任承參謀總長之命，指揮國防部本部所屬單位、主持策畫國軍政治工作之推行、參與國防計畫、協助軍事興革等事項。至於在其主管業務範圍內有指揮、監督、考核職責的各級政工單位則包括政治部、政治處及連隊的政治指導員等。總政治部除分為負責組織、文宣、監察、保防、民事等五個部門外，並特設政治作戰計畫委員會，作為國軍政工研究發展機構。國防部總政治部的成立，除了展現政府遷臺後，重新建立軍中政工系統的意向外，同時並成為以後貫徹國民黨改造之以黨領軍的重要機制，而蔣經國出任總政治部主任亦為其將影響力擴大及於軍中的重要里程碑。

【資料來源】

潘世雄，〈國軍政戰制度的調整與發展〉，臺北：政治作戰學校政研所碩士論文，一九九七年。

一九五〇年四月五日　臺灣省各縣市地方自治施行綱要修正通過

一九五〇年四月五日，行政院修正通過臺灣省政府提報的「臺灣省各縣市實施地方自治綱要案」，同時並核准臺灣省正式試辦所謂之地方自治。此種以行政命令試辦之地方自治，當然與中華民國原來的憲政地方自治體制，有相當大的差別，不僅欠缺憲法保障，甚至連法律保障的要件也不具備。而且臺灣省主席也不是民選的省長，至於地方的自主權，特別是在人事及財政方面，亦明顯地欠缺。但是，在當時中央民意代表不得改選的情況下，透過此種地方自治選舉的舉行，無論是省議員的選舉或是縣市長及縣市議員的選舉，都提供了當時臺灣重要的民意展現管道。

【資料來源】

《中央日報》，一九五〇年四月六日，第一、三版。

《臺灣新生報》，一九五〇年四月六日，第四版。

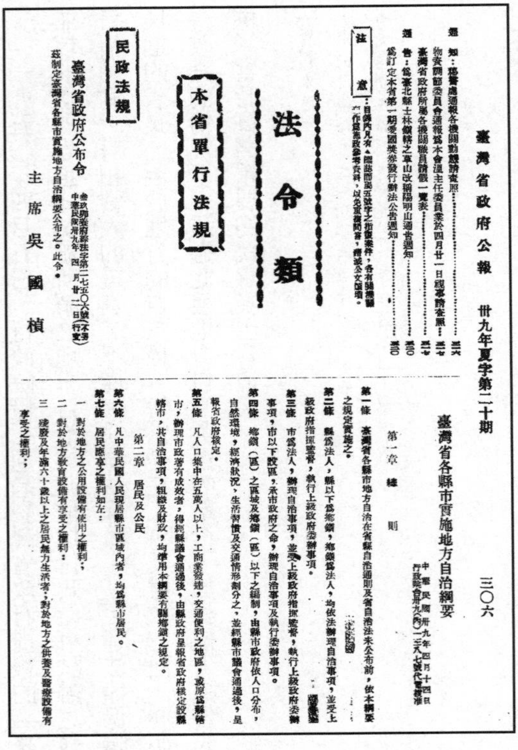

臺灣省政府公報　卅九年夏字第二十期

通　知：為警處通報各機關勤懇請查照
物資調節委員會通報為本會温主任委員業於四月廿一日視事請查照
臺灣省政府所屬各機關職員請假一覽表
通　告：為臺北縣士林鎮轄之草山改稱陽明山通告週知
為訂定本省第一期愛國獎券發行辦法公告週知

注意：目錄內凡有▲標誌而無五號字之指復案件，各有關機關可作為施政參考資料，以免重複問答，簡省公文繁瑣。

法令類

本省單行法規

民政法規

臺灣省政府公布令　叁玖卯養府綏法字第二七五〇六號　中華民國卅九年四月廿二日（不另行文）

茲制定臺灣省各縣市實施地方自治綱要公布之。此令。

主席　吳國楨

臺灣省各縣市實施地方自治綱要　三〇六

中華民國卅九年四月十四日行政院台卅九(內)一三八七號代電核准

第一章　總則

第一條　臺灣省各縣市地方自治在省縣自治通則及省自治法未公布前，依本綱要之規定實施之。

第二條　縣為法人，縣以下為鄉鎮，鄉鎮為法人，均依法辦理自治事項，並受上級政府指揮監督，執行上級政府委辦事項。

第三條　市為法人，辦理自治事項，並受上級政府指揮監督，執行上級政府委辦事項，市以下設區，承市政府之命，辦理自治事項及執行委辦事項。

第四條　鄉鎮（區）之區域及鄉鎮（區）以下之編制，由縣市政府依人口分布，自然環境，經濟狀況，生活習慣及交通情形劃分之，並經縣市議會通過後，呈報省政府核定。

第五條　凡人口集中在五萬人以上，工商業發達，交通便利之地區，或原為縣轄市，辦理市政著有成效者，得經縣議會通過後，由縣政府呈報省政府核定設縣轄市，其自治事項，組織及財政，均準用本綱要有關鄉鎮之規定。

第二章　居民及公民

第六條　凡中華民國人民現居縣市區域內者，均為縣市居民。

第七條　居民應享之權利如左：

一　對於地方之公用設備有使用之權利；

二　對於地方教育設備有享受之權利；

三　殘廢及年滿六十歲以上之居民無力生活者，對於地方之供養及醫療設備有享受之權利；

圖十六　臺灣省各縣市實施地方自治綱要（臺灣省政府公報，民國三十九年夏字第二十期）

一九五〇年四月十一日　愛國獎券發行發售

臺灣省愛國獎券發行辦法自一九五〇年由臺灣省政府公布以來，歷經多次修正，最後一次修正為一九八七年。惟因當時大家樂賭風興盛，愛國獎券自一九八八年之後即停止發行。臺灣省政府在一九五〇年四月十一日開始發售愛國獎券，乃因愛國公債籌募款項不足所需，希望能藉此增加政府收入。而在官方最後的發行理由中，則以愛國獎券之發行乃是為加速建設臺灣，促進社會福利作為依據。愛國獎券的發行由臺灣省政府委託臺灣銀行辦理，其獎金之支出在最後規定不得低於售出獎券票面總金額的百分之六十，亦不得高於百分之七十，至於逾期未領的獎金，其中一半充做臺灣省社會急難救助基金，另外一半則作為每年春節增設特別獎獎金之支出，由於愛國獎券利潤頗豐，因此也是當年政府在財政困難之際增加收入的重要辦法。

一九九〇年一月臺灣省愛國獎券發行辦法正式廢止。

【資料來源】

臺灣省政府祕書處，《臺灣省政府公報》，一九八七年四月二十五日。

一九五〇年四月十四日　懲治叛亂條例修正案通過

一九五〇年四月十四日，立法院通過「懲治叛亂條例」修正案，此一修正案的基本精神在於：以治亂世用重典為原則。對叛亂犯採取更嚴厲的處罰，可以沒收其全部財產；其次，則強調獎勵自新，凡違反本條例而能自首攜帶槍械、密件來歸者，得不起訴或免除、減輕其刑。由於「懲治叛亂條例」是在動員戡亂時期政府處理政治案件時經常引用的依據，因此本法修正後，使得當年的政治犯遭遇到比原條例規定更嚴重的處分。

【資料來源】

《中央日報》，一九五〇年四月十五日，第一版。

一九五〇年四月二十一日　臺灣省日文書刊及日語電影片管制辦法草案通過

一九五〇年四月二十一日，臺灣省政府第一四六次委員會通過「臺灣省日文書刊及日語電影片管制辦法草案」，其內容要點包括：（一）今後日文書刊及日語電影片，須經省政府審查核准，始得進口銷售及放映。（二）申請採購日文書刊或租映日語電影片，須將書刊及影片之名稱、種類、性質、內容及數量，報請省府審核認可，並分知海關及各執行檢驗機關後，始得購入。（三）日文書刊及電影片，以不妨礙社會安全善良風俗者爲限。並制定罰則，以嚴格取締不正當之書刊及影片流入臺灣。

【資料來源】

《中央日報》，一九五〇年四月二十二日，第四版。

一九五〇年四月二十二日　臺灣省各縣市實施地方自治綱要公布

一九五〇年四月二十二日臺灣省政府根據行政院的命令，正式公布「臺灣省各縣市實施地方自治綱要」，作爲「省縣自治通則」公布前，實施地方自治的基本法規。相對於行政院及臺灣省政府積極以行政命令推動臺灣的地方自治，當時歷經戰亂遷徙來臺的立法院，也積極進行省縣自治通則的制定工作。一九五〇年三月開始，內政法制兩委員會再次審查草案，並於四月七日通過，九月院會並完成二讀，使根據憲法，實施臺灣地方自治的可能性大增。但是，此一發展與前述行政部門的政策方向明顯不同。因此，同年十一月底，行政院向立法院提出「對於省縣自治通則草案補充意見」，便明白指出此時並非制定省縣自治通則之時機，主張立法院應慎重考慮，此後立法院遂停止省縣自治通則的審議程序，拉開了臺灣依行政命令展開地方自治的序幕。

【資料來源】

《臺灣省政府公報》，三十九年夏字第二〇期，一九五〇年四月，頁三〇七～三〇八。

「對於省縣自治通則草案之補充意見」，「行政院咨」附件一，臺三十九內字第六四四七號，一九五〇年十一月二十五日，收錄於立法院內政委員會（編印），《省縣自治通則草案及關係文書》（臺北：立法院內政委員會，出版年不詳），頁一一八～一一九。

一九五〇年四月三十日　政府遷臺後第一次戶口總檢查

一九五〇年四月三十日，中華民國政府舉行遷臺之後第一次全臺戶口總檢查，與一九四九年五月一日的戶口總檢查有異曲同工之妙，並不是以清點總人口數作爲戶口檢查的目的，而是以安定政府的統治基礎作爲主要的考量。透過戶口的檢查，一方面清查具有反國民黨統治傾向的臺灣人民，另一方面則以一九四五年以降，到一九四九年伴隨中央政府遷臺軍民之中，混入臺灣的中華人民共和國特務與中共黨員的肅清爲目標。這種性質的戶口檢查，在整個一九五〇年代，是政府肅清異端分子所經常採用的方式。

【資料來源】

《中央日報》，一九五〇年五月一日，第四版。

一九五〇年五月十三日 偵破蔡孝乾所領導臺灣省工作委員會

一九五〇年五月十三日，國防部總政治部主任蔣經國正式對外發表：由中共臺籍黨員蔡孝乾所領導的祕密組織臺灣省工作委員會，在情治單位監控偵查後偵破。這是在政府遷臺以後，對於中共潛入臺灣進行顛覆活動最大規模的破獲行動。由於蔡孝乾被逮捕之後與情治單位合作，因而潛伏臺灣的中共特務及其外圍份子，此後陸續被情治單位所逮捕。經歷此一事件，中共在臺灣民間活動的力量，受到相當嚴重的打擊。

【資料來源】

《中央日報》，一九五〇年五月十四日，第一版。

一九五〇年五月十四日 臺灣再解放聯盟臺灣支部遭破獲

一九五〇年五月十四日，隸屬於廖文毅系統的臺灣再解放聯盟臺灣支部，被情治單位破獲，黃紀男等七人被捕下獄。這是一九五〇年代初年由海外臺獨組織祕密潛回臺灣進行地下臺獨運動，遭到國民黨逮捕的重要案例。

【資料來源】

伊原吉之助，《臺灣の政治改革年表・覺書（一九四三〜一九八七）》（奈良：帝塚山大學，一九九二年），頁九三。

一九五〇年五月十七日　舟山撤退

一九五〇年五月十七日，繼海南島撤退後，中華民國政府駐在舟山群島的軍隊亦作政策性撤退，象徵當時中華民國政府對中國大陸戰略的重大轉變。當時的舟山群島原是中華民國政府預定「反攻大陸」的前進基地，轄有陸海空軍及海軍陸戰隊的精銳部隊十五萬人，由浙江省省主席兼舟山群島防衛司令官石覺統率，撤退前夕耗資四千萬銀元的重轟炸機基地剛修建啓用。造成此一政策性的轉變原因，可能是中共軍力的加強，特別是俄製米格十五噴射戰鬥機進駐上海，舟山原有的制空權發生變化，加上當時臺灣防衛力量薄弱，因而政府決定採取此一政策性的撤退。爲了掩護撤退行動，先以海軍戰艦持續對中國大陸沿岸發炮攻擊，戰鬥機亦持續進行對大陸沿海港口的轟炸行動，製造進攻中國大陸沿海的假象以掩護撤退，由於此一主力部隊在撤退中並未遭到損失，因而也是當時大規模撤退中的成功案例。

【資料來源】

劉毅夫，〈舟山勝利回師三十週年〉，《傳記文學》，三十六卷五期，一九八〇年五月。

一九五〇年五月二十三日　立法院通過戡亂時期檢肅匪諜條例

「戡亂時期檢肅匪諜條例」在一九五〇年五月二十三日完成立法程序，總統於六月十三日公布。自本條例實施以後，即成爲政府相關部門檢肅匪諜最重要的法律依據。根據本法，只要有匪諜嫌疑者，治安機關除了可以逮捕之外，並可以針對他的身體、住宅或其他相關處所進行搜索，檢查、扣押其郵件、電報、印刷品、宣傳品或其他文書圖書等。而且嫌疑人被捕之後，除罪證顯著者依法審判外，縱使未達罪證顯著的狀況，經最高治安機關認定情節輕微而有感化必要者，即可交付感化。而在本法中明定匪諜牽連案件，不分犯罪事實輕重，一概由匪諜案件審判機關審理，也使得所謂的匪諜嫌疑者或是匪諜案件皆必須受到軍法審判，無法受到普通司法系統的保障。

本條例既冠以「戡亂時期」之名，理論上應於一九九一年五月一日動員戡亂時期宣布終了後即喪失法源，但是行政院在一九九一年五月二十三日發文給立法院卻指出，是因爲「懲治叛亂條例」於五月二十二日明令公布廢止，才使「戡亂時期檢肅匪諜條例」喪失依據。而立法院則於五月二十四日，廢止本條例。這也反映出國民黨當局在終止動員戡亂時期前後，並沒有針對動員戡亂時期相關法律同步檢討修正的狀況。

【資料來源】
《中央日報》，一九五〇年六月十四日，第一版。
《中國時報》，一九九一年五月二十五日，第二版。

一九五〇年六月一日　節約救國有獎儲蓄券進行宣導

一九五〇年六月針對中央政府遷臺以後，臺灣省要負擔的財政支出較過去更爲龐大，而有財源不足的問題，省政府以發行所謂的節約救國有獎儲蓄券，希望透過儲蓄券出售的方式，來籌措政府所需要的資金。不過此種儲蓄券的出售與後來的愛國獎券的自由認購性質不同，爲了達成儲蓄券順利銷售，六月一日，臺灣省財政廳長任顯群透過廣播的方式，播講節約救國有獎儲蓄券配銷標準與推銷技術問題，明白提出各縣市必須攤派的配額，此種配售辦法無異於說明中華民國政府透過強力攤派的手段，籌措財源的歷史現象。

【資料來源】

《中央日報》，一九五〇年六月二日，第二版。

一九五〇年六月二十七日　臺灣地位未定論明文化

一九五〇年六月二十五日韓戰爆發，美國總統杜魯門於六月二十七日下令美軍第七艦隊進入臺灣海峽，遏止中共政權對臺灣的任何攻擊，並且要求中華民國政府不要攻擊中國大陸，使臺灣海峽中立化。杜魯門此一政策宣布，基本上使得臺灣得以解除來自中華人民共和國強力的軍事威脅，臺灣的安全問題暫時得到解決。由於杜魯門派第七艦隊進入臺灣海峽，必須將臺灣與中國大陸的關係視爲非一個國家的內政問題，否則軍事介入便會引發干涉內政的爭議。因此，乃以臺灣地位未定論作爲前題，認爲臺灣的國家地位與歸屬問題仍未解決，以建立其介入的正當性。然而此一說法使中華民國擁有臺灣的合法性基礎受到質疑，因此，六月二十八日中華民國外交部長葉公超特別針對此一問題發表聲明，宣告：中華民國政府原則上接受美國政府協防臺灣的建議，並強調在對日和約未訂定前，美國政府對於臺灣之保衛自可與中華民國政府共同負擔責任，但是，臺灣是中國領土的一部分，美國在臺海提出的備忘錄對於臺灣未來地位之決定並不具影響力，自也不影響中國對臺灣的主權。這也是當時中華民國政府一方面期待美國防衛臺灣，另一方面卻對臺灣未定論的主張所作的官方回應。

值得注意的是，就國際法層面而言，在對日和約簽訂（生效）前，臺灣地位始終處於未定狀態，與美國此一政策的轉變，並沒有因果關係。

【資料來源】
《中央日報》，一九五〇年六月二十八日，第一版。
《臺灣新生報》，一九五〇年六月二十八日，第二版。
《中央日報》，一九五〇年六月二十九日，第一版。
《臺灣新生報》，一九五〇年六月二十九日，第二版。

一九五〇年七月五日　文武公教人員待遇調整辦法公布

一九五〇年七月五日，中央政府公布「文武公教人員待遇調整辦法」。臺灣省政府隨即由財政廳長任顯群表示，實物配給部分，臺灣省將自八月一日起開始實施。有關實物配給事宜，在臺灣省由省物資調節委員會及糧食局會同辦理，其中糧食局負責供應食糧及食鹽，物資調節委員會負責供應布料及食油，至於煤的配給，則可能託交石炭調整委員會辦理。此項配給的實施對於當時薪資偏低，甚至加薪也無法追上通貨膨脹速度的公務人員而言，經由配給便可以得到最起碼的生存物資，對於他們生活的安定有相當正面的功能。

【資料來源】

《中央日報》，一九五〇年七月六日，第五版。

一九五〇年七月二十二日　國民黨中常會通過中國國民黨改造方案

一九五〇年七月二十二日，中國國民黨中常會再一次通過國民黨改造方案，開始將國民黨朝向以組織為核心的所謂「革命民主政黨」轉化，並落實「以黨領政」、「以黨領軍」的精神，進而提供蔣介石總統在臺灣建立強人威權體制的重要基礎。本來早在一九四九年七月十八日，國民黨中央常務委員會便已經通過蔣介石總裁提出的「本黨改造案」。但是為了避免在中共政權武力威脅下，改造反而造成黨的分裂，因此才決定暫不實施。然而韓戰已於一九五〇年六月爆發，六月二十七日美國杜魯門總統發表臺灣海峽中立化的政策，下令第七艦隊進入臺灣海峽，中華人民共和國對臺灣的武力威脅暫告緩和，國民黨乃在此時空背景下正式推動黨的改造。由國民黨推動改造的曲折過程來看，通過執行的改造案都曾經迫於外在情勢暫緩，顯示原本蔣介石總統在中國大陸期間建立的「蔣家天下，陳家黨」架構已然動搖，原來蔣介石藉著效忠他的各個派系的運作，來維繫對黨政體制的掌控，已面臨嚴重的挑戰。另一方面，當時國民黨內部在討論改造方向時，雖然也有朝向民主政黨發展的聲音，但是，在蔣介石總裁主導下，整個黨的體制仍以「民主集中制」作爲組織設計的根本精神，在黨的改造過程中，由蔣介石任命的中央改造委員會取代原本C·C·派有相當主導力的中央執行委員會及中央監察委員會。以陳果夫、陳立夫兄弟爲首的C·C·派則在此權力重組中，退出國民黨權力核心。

【資料來源】

《中央日報》，一九五〇年七月二十二日，第二版。

《臺灣新生報》，一九五〇年七月二十二日，第二版。

薛化元，《「自由中國」與民主憲政》（臺北：稻鄉出版社，一九九六年），頁四五～四七。

一九五〇年七月二十六日　蔣介石選任國民黨中央改造委員會委員

一九五〇年七月二十六日，蔣介石總裁選任陳誠、張其昀、張道藩、谷正綱、鄭彥棻、陳雪屏、胡健中、袁守謙、崔書琴、谷鳳翔、曾虛白、蔣經國、蕭自誠、沈昌煥、郭澄、連震東等十六人爲中央改造委員會委員，除張道藩原有較濃厚C·C·派的色彩外，大部分與蔣介石有「師生」關係。由於中央改造委員會取代了C·C·派有相當主導力的中央執行委員會及中央監察委員會，以陳果夫、陳立夫兄弟爲首的C·C·派在此次權力重組中，退出國民黨權力核心。相對地，蔣經國列名中央改造委員，使原本在黨內權力結構中未居要津的他，正式進入黨的權力核心。繼一九四九年開始掌控情治單位之後，蔣經國因爲改造中擔任幹部訓練委員會主任委員，也逐漸主導黨的組訓工作，此舉一方面建立他與國民黨幹部之間的個人關係，也擴大他在黨內的人脈，對於日後蔣經國在國民黨內的權力基礎，有相當正面的助益。

【資料來源】
《中央日報》，一九五〇年七月二十七日，第一版。
薛化元，《「自由中國」與民主憲政》（臺北：稻鄉出版社，一九九六年），頁四六～四七。

一九五〇年七月二十七日　臺灣省地方自治督導委員會正式成立

一九五〇年七月二十七日，由臺灣省政府主席吳國楨兼任主任委員的「臺灣省地方自治督導委員會」正式成立，並舉行第一次委員會，攸關臺灣各地方發展的各縣市行政區域調整，以及縣市首府所在地問題，均由此一委員會提出方案再報行政院核定。甚至各地方政府水利、農林、財產、土地、賦稅的畫分，亦由其草擬辦法，此組織對臺灣後來發展的影響遠大於其「知名度」。

【資料來源】
《臺灣新生報》，一九五〇年七月二十七日，第五版。

一九五〇年八月九日　省府申令報刊不得使用日文刊載

一九五〇年八月八日，臺灣省政府針對報刊語文問題，申令不得使用日文。這固然是政府一貫政策的延續，卻也凸顯了政府排斥大眾傳播媒體使用日文的態度。由於當時臺灣的高識字率，是建立在日文的學習上，因而此舉使當時以日文爲主要書寫、閱讀工具的臺灣中年人，在接受資訊及知識上面臨困境。

【資料來源】
《臺灣新生報》，一九五〇年八月十日，第五版。
《中央日報》，一九五〇年八月十二日，第一版。

一九五〇年八月十六日　臺灣省各縣市行政區域調整方案修正通過

一九五〇年八月十六日，行政院院會以臺灣省參議會的方案爲藍本，略加修正後通過臺灣省各縣市行政區域調整方案。根據此一方案將臺灣由原本的八縣九市，畫分爲十六縣五省轄市，目前臺灣地方行政區劃的雛型因而定案。其中臺北縣的縣治設在板橋，臺中縣的縣治設在豐原，高雄縣的縣治設在鳳山，是行政院主要的修正項目。

【資料來源】
《中央日報》，一九五〇年八月十七日，第一版。
《臺灣新生報》，一九五〇年八月十七日，第二版。

一九五〇年九月二十九日　戡亂時期檢肅匪諜舉辦聯保連坐辦法公布施行

一九五〇年九月二十九日，行政院根據「戡亂時期檢肅匪諜條例」及有關法令，訂定「戡亂時期檢肅匪諜舉辦聯保連坐辦法」，並公布施行。當時要求各機關、部隊、學校、工廠或其他團體所有人員，應取具二人以上聯保連坐切結，人民以戶為單位，亦必須取得三戶以上聯保連坐切結（或兩家以上殷實鋪保）。連

臺灣省政府公報　卅九年秋字第六十六期　八九二

市別	面積（方公里）	人口	戶稅生產額	賦稅
臺東縣	[illegible]	[illegible]	[illegible]	[illegible]
花蓮縣	[illegible]	[illegible]	[illegible]	[illegible]
澎湖縣	[illegible]	[illegible]	[illegible]	[illegible]
計	[illegible]	[illegible]	[illegible]	[illegible]

市別	面積（方公里）	人口	戶稅生產額	賦稅
基隆市	[illegible]	[illegible]	[illegible]	[illegible]
臺北市	[illegible]	[illegible]	[illegible]	[illegible]
臺中市	[illegible]	[illegible]	[illegible]	[illegible]
臺南市	[illegible]	[illegible]	[illegible]	[illegible]
高雄市	[illegible]	[illegible]	[illegible]	[illegible]
計	[illegible]	[illegible]	[illegible]	[illegible]

臺灣省政府令　參政申佳（？）府民字第七一三四一號（不另行文）中華民國卅九年九月九日

茲制定臺灣省各縣市行政區域調整方案實施辦法公布之。此令。

主席　吳國楨

臺灣省各縣市行政區域調整方案實施辦法

第一條　本辦法依據臺灣省各縣市行政區域調整方案（以下簡稱本方案）第十一條之規定訂定之。

第二條　本方案所稱之區，係區署未裁併時之各縣所轄之區。

第三條　本方案第九條所稱之界線，即日治時代之州郡市界線，由原設之縣政府依照本方案劃分行政區域造具圖說五份，移交新設之縣政府後即會同履勘，履勘完畢檢附圖說三份，與新設縣政府會報核備，並照省市縣勘界條例第十一條之規定樹立界標。

第四條　本方案第十條規定之原各省轄市區改縣轄市或鄉鎮，原區民代表會即行結束，並另行依法成立市鄉鎮民代表會及選舉市鄉鎮長。

第五條　原設之縣，除臺中縣政府應俟劃分後，由員林遷設豐原並先行接收豐原區署外，其餘不變動府址　於實行劃分之日依照規定改稱縣名，

第六條　依照本方案之規定，原設之縣所屬機關團體學校鄉鎮所冠之縣名及新設之縣區域內原有機關團體學校所冠縣名，均於實行劃分之日起一律改稱，但印信不及改刻者，仍暫用舊印，分別呈請省縣頒發新印章。省級駐縣機關應冠縣名者，改稱辦法比照前項規定辦理。

第七條　新設各縣，依照左列規定成立縣政府：

一　宜蘭縣接收宜蘭、羅東二區署及宜蘭市公所。

二　新竹縣接收新竹市政府及新竹、竹東二區署。

三　苗栗縣接收苗栗、竹南、大湖三區署。

四　彰化縣接收彰化市政府及彰化、北斗二區署。

五　南投縣接收南投、玉山、能高、竹山四區署。

六　雲林縣接收斗六、虎尾、北港三區署。

七　嘉義縣接收嘉義市政府及嘉義、東石二區署。

八　屏東縣接收屏東市政府及潮州、東港、恆春三區署。

前項各款所列各縣，應於接收之日同時在指定縣址成立縣政府行使職權。

第八條　各裁併之市政府，應於新縣政府成立之日停止行使職權，辦理結束移交，限一個月內完竣。

第九條　本方案實施後各縣政府之組織，得照現行縣政府組織規程第五第六第七各條規定辦理，但其員額編制另以命令定之（1）現有人員不裁，（2）員額分配，

圖十七　臺灣省各縣市行政區域調整方案實施辦法（臺灣省政府公報，民國三十九年秋字第六十六期）

坐人及保證人除了所謂的「知匪不報」應依法受懲外，縱使不知情，甚至只要「應注意並能注意而不注意者」，亦必須受到懲處。而且除當事人外，並依法對該管直屬長官及各該管警管區之員警、戶政人員及村里鄰保甲長，處以免職降級記過等各種處分。

【資料來源】

《總統府公報》第二六二號，一九五〇年九月三十日，頁四。

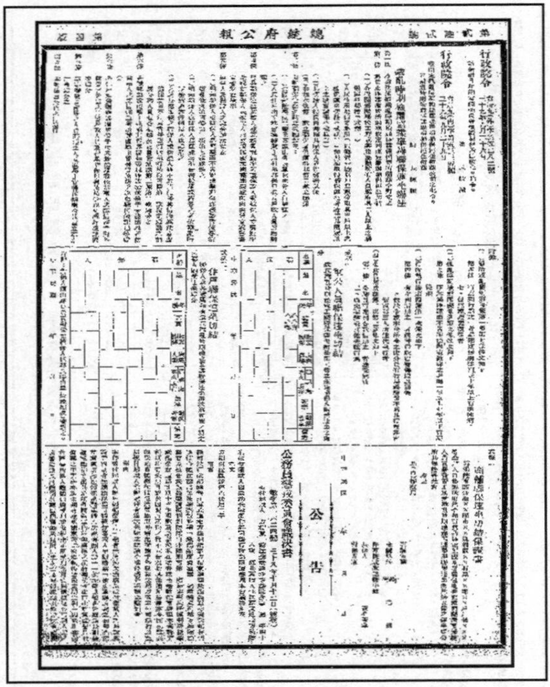
總統府公報

圖十八　戡亂時期檢肅匪諜舉辦聯保連坐辦法（總統府公報，民國三十九年九月，第二六二號）

一九五〇年十二月十三日　行政院頒布輔導鼓勵留學生回國服務辦法

一九五〇年十二月十三日，行政院避免海外留學生爲中共政權利用爲由，通過「輔導鼓勵留學生回國服務辦法」。根據此一辦法，凡是在國外專科以上學校畢業，向我國駐外單位登記核可者，除由教育部代爲辦理入境事宜之外，並且來臺以後，由政府按照他的專長及志願分派工作，而在工作派定之前，由教育部負責其膳宿。此一辦法當然有鼓勵在海外留學生來臺灣服務的正面效果，不過，相對而言卻也顯示出，政府對於臺灣本土所培養菁英就業輔導不足，以及重洋輕土的政策導向。

【資料來源】
《臺灣新生報》，一九五〇年十二月十四日，第四版。

一九五〇年十二月二十七日　總統咨請立法委員繼續行使立法權一年

一九五〇年十二月二十七日，總統根據行政院之建議對於本屆立法委員任期問題，以下屆立法委員選舉目前無法辦理爲由，咨請立法院贊同由本屆立法委員繼續行使立法權一年。立法院於二十九日第二十一次會議中，就總統咨文提出討論，同意續任一年。此一事件係原有的中央民意代表在任期屆滿之後未經改選便延長任期的開端。當時的立法院在討論此案之前，內政部部長余井塘曾奉行政院院長陳誠之命列席會議，他指出當時的行政院長陳誠及行政院同仁，幾次研究的結果認爲，由於大陸淪陷，自由中國當時只有臺灣、金門等地，而立委選舉是全國的選舉，大陸淪陷之後各省來臺的人口固然不少，但是與依法選舉立委人口比例比較，尚不足百分之三，因此在法律上無法補救。所以總統及陳誠行政院長，乃決定為了維護憲法，務使立法權不致中斷，所以才提出此方案。同時他還指出之所以暫定一年為期的理由，是希望在一年之內，收復大陸，完成下屆立委的選舉。不過，由於反攻大陸始終未能實現，第一屆立法委員繼續行使職權一延就是四十多年。

【資料來源】《中央日報》，一九五〇年十二月三十日，第一版。

一九五一年四月九日　取締黃金美鈔黑市交易

一九五一年四月九日，行政院公布取締黃金美鈔黑市措施，不許金鈔自由買賣，但是允許人民私人持有。以行政院的命令作為依據，由彭孟緝主導的臺灣省保安司令部也轉知全臺各縣市憲警治安單位，展開杜絕金鈔黑市的工作，並於四月十日執行行政院的措施，逮捕進行黑市買賣的交易行為。基本上，此種對黃金美鈔黑市交易的取締行動，乃是國民黨當局在臺灣當時實施金融控制的一環。不過，由於保安司令部在執行時配合高額的破案獎金，因此遂產生政府官員故意誘民入罪的問題。這也是一九五一年六月雷震所主導的《自由中國》雜誌，以此問題為由，發表著名的〈政府不可誘民入罪〉社論，與保安司令部發生嚴重正面衝突的背景。

【資料來源】
《中央日報》，一九五一年四月十日，第一版。
《臺灣新生報》，一九五一年四月十日，第一版。
社論，〈政府不可誘民入罪〉，《自由中國》，四卷十一期，一九五一年六月一日，頁四。

一九五一年四月十二日 禁止奢侈品買賣辦法頒布

一九五一年四月十二日，行政院繼「取締黃金美鈔措施」之後，又頒布「禁止奢侈品買賣辦法」六項，希望禁止奢侈品買賣逐步建立戰時經濟體制，並分令臺灣省政府、臺灣省保安司令部及有關部會確實執行。在此辦法中，除了對黃金外幣之走私或者是逃避結匯出口之走私，或是禁止進口、暫停進口物品之走私採取加強查締、依法嚴懲的方式之外，程序上則採取奢侈品買賣由臺灣省政府列舉品名公告後，再禁止在市場上銷售。不過，有關奢侈品進口及買賣措施，在當時固然建立了禁止的體制，不過往往可以透過特權行徑，給予特別的開放，因而導致取得特許者容易獲取暴利的特殊歷史現象。

【資料來源】
《中央日報》，一九五一年四月十三日，第一版。

一九五一年五月二十二日　立委遞補停止

一九五一年五月二十二日，內政部長余井塘在立法院表示，由於一九四八年就任的立委在一九五一年五月七日即屆滿法定三年的任期，雖然立法院應總統府之請繼續行使職權，但此本爲補救辦法與任期無關，因此至五月七日以後，停止立委的遞補。不過，根據日後部分黨政人士的訪談紀錄，卻可以發現實情其實沒那麼單純。由於立法院準備遞補的委員名單中有相當多是屬於當時對陳誠較有意見的C·C·派，因此，內政部長宣布停止立委的遞補，在某種意義上，也是對C·C·派的一種打壓。

【資料來源】

《中央日報》，一九五一年五月二十三日，第三版。

一九五一年五月二十五日　三七五減租條例通過

三七五減租在臺灣實施兩年之後的一九五一年五月二十五日，立法院以省略三讀的形式通過「三七五減租條例」，正式賦予政府推動三七五減租的法律依據。本來在臺灣實施減租，對於農村租佃關係的改善具有一定程度正面的功能，也有助於減輕中共利用農村租佃關係發展其組織的可能性。但是實施兩年以後才完成此一條例的立法，卻正凸顯了國民黨政府長久以來，對於牽涉到人民基本權利的措施必須依法律保留原則以法律執行並不在意，因此縱然出於善意，也違背民主憲政體制運作的常軌，更不用提政府以行政命令不當限制人民的基本權利。由於此種忽略憲政體制施政常軌的習慣，種下了臺灣自由化民主化推動以後，原有機制與以行政命令規範人民基本權利的部分，一再被大法官會議解釋爲違憲的歷史因素。

【資料來源】
《臺灣新生報》，一九五一年五月二十六日，第一版。

一九五一年五月二十九日　立法院完成財政收支畫分法立法

一九五一年五月二十九日，立法院完成「財政收支畫分法」的立法工作，使國家財政的畫分取得了法律的依據。由於中華民國政府遷臺後主要的統治區域就是臺灣，加上當時中央財政較地方困窘，此一立法使得中央取得較豐沛的財政資源，相對來說也是地方財政日益弱化的里程碑。

【資料來源】
《臺灣新生報》，一九五一年五月二十九日，第一版。
《中央日報》，一九五一年五月三十日，第一版。

一九五一年七月二十五日　省政府頒布管制各種書刊進口命令

一九五一年七月二十五日，針對進口書刊，臺灣省政府頒布管制命令，規定中外書刊須申請核准後憑證中請結匯，才得以合法進口，而未經核准不得私運擅銷。此後未經許可之書刊不得進口、銷售，此舉嚴重影響了學術自由，同時政府並可藉由進口書籍的許可權進行思想管制。

【資料來源】

《臺灣新生報》，一九五一年七月二十六日，第四版。

一九五一年九月三日　政府表示舊金山和會和約無約束力

一九五一年由五十二國參加的舊金山和會，已不承認在臺灣的中華民國政府有權代表中國出席和會（在美國反對下，中華人民共和國政府亦無法代表中國），因此九月三日，外交部長葉公超、政府發言人沈昌煥分別發表聲明，舊金山和會簽訂的對日和約，對中華民國沒有拘束力。

【資料來源】

《中央日報》，一九五一年九月四日，第一版。

一九五一年九月八日　舊金山和約簽訂

一九五一年九月八日由五十二國參加的舊金山和會簽訂和約。舊金山和約是規定日本投降相關事宜最重要的條約，也就是在本約中日本明白宣示其放棄對臺灣的權利。除非日本不打算履行本約，否則放棄對臺灣的權利只能爲一次之行使，因爲日後日本與中華民國簽署之和約，皆重述根據舊金山和約之規定。同時，該和約中亦規定日本必須與其他未參與和會的國家簽署和平條約，這樣的規定，當然包括中國在內，因此便牽涉到日本認定誰能代表中國的問題。對此，美國的態度具關鍵性。整體而言，此和約爲關於臺灣國際地位最重要的國際條約，因此長期以來除了主張臺灣獨立的人士，認爲日本已放棄對臺灣的權力，卻未明白說出讓渡與何國的情況，因而有地位未定的主張；即使主張臺灣屬於中國或中華民國的人士，近來也從國際法的角度，逐漸放棄由開羅宣言及波茨坦宣言立論，亦由舊金山和約來進行論述，根據「先占」原則，中華民國持續統治臺灣，因而擁有臺灣的主權。

【資料來源】

中華民國外交問題研究會，《金山和約與中日和約的關係》（臺北：編者發行，一九六六年），頁九三～一一〇。

一九五一年十月十七日　軍法及司法機關受理案件畫分暫行辦法通過

在戒嚴時期，有關軍法與司法審判範圍的爭議，不僅攸關司法體制運作，更與人權保障息息相關。臺灣自一九四九年五月二十日戒嚴以後，不僅軍法、司法的分際不清，軍法審判更往往「未採公開審判方式」，被告不僅不能「自請律師」，判決縱有不服，亦「不許上訴」，甚至獲判無罪亦必須「交保」，才得以恢復自由。而一九五一年十月十七日，行政院通過「臺灣省戒嚴時期軍法及司法機關受理案件畫分暫行辦法」，則是以行政命令「整合」軍法司法體系的作爲。此一辦法除了展現當年行政權強力介入司法領域的現象外，有關軍法、司法管轄畫分的問題，亦頗有爭議。特別是在此辦法的第二條三至六款，明定除了內亂、外患罪之外的妨害秩序罪、公共危險罪、搶奪強盜及海盜罪、恐嚇及擄人勒贖罪，亦應由軍法機關審判。不過，對於「與軍事或地方治安無重大關係者」是否交司法機關審理，只是以「重大關係」作爲判準，仍然導致軍法審判範圍「照舊擴大」。

【資料來源】《中央日報》，一九五一年十月十八日，第一版。

一九五二年二月六日　我公布接受美國軍援經援換文

一九五二年二月六日，《中央日報》刊載中華民國外交部同意接受美國軍事、經濟援助所應承擔義務的雙方換文。根據一九五一年十月美國通過的「共同安全法案」，明白規定必須要接受該法案所規定有關條件後才能獲得援助，中華民國政府也同意促進國際間諒解與善意並維持世界和平，保證採取雙方所同意之行動，以消除國際間緊張狀態之因素，然這些條件相對的已經限制中華民國政府當時所能採取的軍事、經濟行動。

【資料來源】《中央日報》，一九五二年二月六日，第一版。

一九五二年三月十二日　蔣經國針對整頓軍府的三大措施發表書面談話

一九五二年三月十二日，蔣經國以國防部總政治部主任的身分，針對國防部軍事會議決定的整頓軍政三大措施，發表書面談話。由於蔣經國當時只是國防部下的總政治部主任，既非國防部長，亦非參謀總長，卻針對軍事會議的決定發表書面談話，來說明其重點，此舉正凸顯了蔣經國在軍方所扮演的角色日益吃重的現象。當時實施所謂現職軍官「假退役」、建立主官管任期制度及建立實踐制度等三大措施中，其中對臺灣日後整體國防制度影響最甚者，莫過於建立主官、主管任期制度。強調自參謀總長、陸海空軍聯勤各總司令以降，至師長、艦長、空軍大隊長、學校校長之職務任期，除校長為三年外，其他皆為兩年。而且，縱使經所謂的最高統帥核准，亦僅得以連任一次。如此，對於軍中陞遷管道疏通，乃至於職務的輪調而言，確實可收到一定果效，並可避免私人在同一軍事單位擔任主官、主管過久，營造個人勢力的危險。但是，此一制度固然在兩蔣時代原則上有效運作，只是以蔣經國總統晚期曾經長期擔任參謀總長的郝柏村為例可以看出，其仍然欠缺法制制度面的約束力。另外，在實施現職軍官假退役方面，因為當時軍中從軍官到士兵皆不得任意申請退伍，而採取所謂的「假退役」方式，一方面可以維持軍中人員不得任意退伍的形式，另一方面可使得軍中軍官的冗員眞正離開軍中，以另謀發展，同時給付他們原本薪水的百分之八十，類似現在的月退休俸，並支領全額的主副食及眷糧，使其生活得到起碼的保障。不過明明已眞正離開軍中卻要以「假退役」為名，也正凸顯了當時中華民國政府對於當時整個軍隊編制體制要何去何從，仍然未能定案的事實。

【資料來源】
《中央日報》，一九五二年三月十三日，第一版。

一九五二年三月十四日　省政府通過改善民俗綱要

一九五二年三月十四日，臺灣省政府以民間「拜拜」之風極盛，每年消耗於「拜拜」之物力、人力及金錢為數頗巨，為提倡節約，消滅無謂的浪費起見，擬具「改善民俗綱要」，通令各縣市局轉縣市議會，並交付鄉鎮長召開鄉鎮民代表大會研討推行。其強制規範的部分如下：（一）農曆七月普度，統一規定於七月十五日舉行一次；（二）各寺廟庵觀，以鄉鎮區為單位，一年舉行「拜拜」一次，其日期由當地鄉鎮民代表會商決公布之，其原係數區聯合舉行者，仍應照舊，不得單獨舉行；（三）平安祭：每年於第二期莊稼收穫後舉行一次；（四）祭品：以清香菜果鮮花為原則，其必須用牲祭者，以豬羊一對為限；（五）演戲：限於選定拜拜日及平安祭日，一年各限一次，每次最多不得超過二日。

【資料來源】
《中央日報》，一九五二年三月十五日，第三版。

一九五二年三月二十五日　出版法修正案通過

一九五二年三月二十五日，立法院三讀通過「出版法」修正案，此次修正案的內容相較於同年年底公布的本法施行細則，以及一九五八年再次修正的出版法而言，人民確實仍擁有較多的言論自由，但是透過此一修正及後續的施行細則，卻賦予了政府進一步介入言論出版自由的空間與權力。因此，雖然當時很少看到對此次出版法修正的批評，不過從官方對言論自由限制的發展脈絡來看，卻可以看出，此次修正案的通過正是臺灣言論自由遭到限制的重要開端。

【資料來源】

《臺灣新生報》，一九五二年三月二十六日，第一版。

一九五二年三月二十九日　總統蔣介石發表告全國青年書

一九五二年三月二十九日，總統蔣介石發表了後來成為反共救國團成立的根據：〈告全國青年書〉。在此一文件中，他提倡所有的愛國青年，必須積極的行動起來，團結起來響應青年反共救國團的號召，掀起第三次中國青年大結合，第三次救國運動的壯大高潮。以此作為依據，由蔣經國擔任主任的救國團，在沒有法律的根據下，便於同年的十月正式成立運作。這也反映了強人威權體制之下，強人的意志可以逾越法律與行政命令，直接落實的現實狀態。除了政治的訴求之外，其對青年節的訴求基本上表現了國民黨當局背離歷史事實的一面。因爲國民黨當局以所謂三二九黃花岡之役爲由，將此日訂爲青年節，但是所謂的三二九黃花岡之役，根本就不是發生在陽曆的三月二十九日（應爲陰曆），此舉正說明了國民黨當局不僅對歷史不尊重，甚至對於自己自傲傲人的革命傳統也往往不甚了解。

【資料來源】
《中央日報》，一九五二年三月二十九日，第一版。
《臺灣新生報》，一九五二年三月二十九日，第一版。

一九五二年四月八日　動員戡亂時期高中以上學校學生精神軍事體格及技能訓練綱要公布

一九五二年四月八日，教育部以配合反共抗俄國策，加強高中以上學生訓練爲由，經過行政院核定，於本日公布「動員戡亂時期高中以上學校學生精神軍事體格及技能訓練綱要」。其中除了強調三民主義、發揚民族精神之外，在課程方面，一方面加強三民主義及公民教育科目的教學，同時對於專科以上學校則增設「中國近代史」、「俄帝侵略中國史」、「國際組織及國際現勢」等科目的教學。至於影響最大的，則在於規範高中以上學校男學生必須實施軍事訓練及軍事管理，這也是教育部以行政命令的方式，賦予高中以上學校實施軍事訓練、軍事管理的重要源頭，並造成軍訓教官介入學生管理的歷史背景。但是由於籌備不及，除了師範學校先實施軍事訓練以外，高中以上各級學校從一九五三年秋季開始實施。

【資料來源】
《中央日報》，一九五二年四月九日，第一版。
《聯合報》，一九五二年四月九日，第二版。

一九五二年四月二十八日　中華民國與日本國間和平條約簽訂

由於中華民國是否能夠代表中國，遭到部分國家的質疑，根本無法參與舊金山和會，因而在美國斡旋下，一九五二年簽署「中華民國與日本國間和平條約」。雖然有一些學者認爲根據此一和約的內容，日本政府正式承認了臺灣歸屬於中華民國，但如同在和約第二條規定：依照舊金山和約第二條，日本已經放棄對臺灣、澎湖的「一切權利、權原及請求權」，日本政府既然已經在舊金山和約中放棄了臺灣及澎湖的領有權，除非準備不遵守，事實上便無法在此時再一次處置，將臺灣與澎湖轉移給中華民國。而日本外務省官員在國會答覆有關本和約的效力範圍時，也明白指出本和約的簽訂，並不代表日本承認臺灣、澎湖歸屬中華民國。

【資料來源】
彭明敏、黃昭堂（著），蔡秋雄（譯），《臺灣在國際法上的地位》（臺北：玉山社，一九九五年），頁一八二～一八三。
薛化元，《臺灣地位關係文書》（臺北：日創社文化，二〇〇七年），頁一一二。

一九五二年七月十九日　臺北市報業公會決議封鎖奧運消息

一九五二年七月十九日，臺北市報業公會第三十五次理監事聯席會議，以奧林匹克委員會破壞中華民國爲中國唯一代表的原有機制，讓中華人民共和國代表隊參加奧運會爲由，一致通過今後所屬會員報紙，將封鎖奧運新聞，以抗議奧委會的決議。此舉除了表現出當時臺灣新聞界鮮明的意識形態，也呈現了強人威權體制下，新聞媒體自我限制言論，不尊重人民知的權利的歷史現象。

【資料來源】
《中央日報》，一九五二年七月二十日，第二版。

一九五二年八月十八日　地方首長集會商討改善民俗

一九五二年八月十八日，臺北縣市、基隆、宜蘭、陽明山管理局、桃園、新竹、花蓮等八縣市（局）首長於臺灣省政府集會，商討改善民俗，並通過取締五原則，其中第一點是：不得違反國家總動員法的節約原則，應根據戒嚴法切實執行。此點正凸顯了當時非常時期體制深入社會底層，試圖控制社會脈動的歷史現象。

【資料來源】
《中央日報》，一九五二年八月十八日，第五版。

《中央日報》，一九五二年八月十九日，第三版。

一九五二年八月二十六日　省保安司令部實施全臺保安檢查

一九五二年八月二十六日，臺灣省保安司令部依據戒嚴法，呈奉國防部核准後，於零時至六時實施全臺保安檢查，由軍警憲會同執行。當時在臺北，除抽查住家戶口外，並在檢查之初，先於街道布崗，斷絕交通，再盤查行人及露宿者，同時檢查各公共場所。這是戒嚴時期，採取類似戶口清查的方式，以求加強社會控制的具體方法之一。

【資料來源】

《中央日報》，一九五二年八月二十七日，第一版。

一九五二年八月三十一日　行政院裁撤資源委員會

一九五二年八月三十一日，行政院決議裁撤資源委員會的命令送達經濟部，並核定該會原有的業務、財產、經費、人事一律由經濟部接管，並增設國營事業司為主辦單位。當時政府係以簡化機構，增進行政效率為由，使戰後曾經權傾一時的資源委員會成為歷史名詞。

【資料來源】
《中央日報》，一九五二年九月一日，第一版。

一九五二年九月四日 「臺灣省妨害選舉取締辦法」修正通過

一九五二年九月四日，省政府修正通過「臺灣省妨害選舉取締辦法」。以行政命令規定：（一）現役軍人及警察；（二）辦理選舉事務人員；（三）各級公教人員及自治人員不得助選。同時也規定候選人可以使用學校社團或廣播電臺及其他公共場所設備發表政見及演說，不過時間、地點則由選務機關訂定。就形式而言，似乎對選舉事務的行政中立，有正面的助益。不過，此後舉行的地方選舉，行政不中立，公權力不當介入，仍是在野人士批評的主要課題。

【資料來源】
《中央日報》，一九五二年九月五日，第三版。

一九五二年十月十日 國民黨召開第七次全國代表大會

一九五二年十月十日，自一九五〇年七月開始的國民黨改造工作告一段落，因而於本日召開第七次全國代表大會，正式完成黨組織的重整。在此次代表大會中，陳誠、蔣經國、張其昀等三十二人出任中央委員，原C·C·派大老陳立夫等人則失去中央委員的職務，正式淡出黨的權力核心。

【資料來源】

《臺灣新生報》，一九五二年十月十日，第二版。

一九五二年十月三十一日　中國青年反共救國團正式成立

一九五二年十月三十一日，爲了響應蔣介石總統當年青年節發表〈告全國青年書〉之號召，中國青年反共救國團正式成立。救國團成立之初，一方面作爲其領導人蔣經國主任競逐國民黨內權力的重要基礎，另一方面則成爲黨國體制的輔助機構，以青年、學生的動員、控制作爲主要工作。本來行政院將救國團成立工作，交由國防部總政治部負責，欲在該學年度開學時成立，卻因故至十月才完成籌組，此舉正呈現出救國團與軍方政戰體系密切的關係，以及帶有濃厚蔣經國的色彩。一九五二年由國防部主導，教育部、臺灣省政府等單位組成的學生軍訓設計督導委員會成立，同時將軍訓工作的執行交付救國團，各學校爲大隊，校長爲隊長，其下的學生則分爲中隊、小隊、分隊。然而救國團成立的法源，以及執行「公權力」的依據，自成立之初即爭議不斷。雖然，救國團本身曾經以一九五三年七月三十一日行政院頒發的「臺灣省高級中學及專科以上學生軍訓實施辦法」爲根據，主張其組織係成立以「負責實施學校軍訓」。只是此一依據不僅只是行政命令，其日期又在救國團成立之後，因而在一九五〇年代救國團的組織及業務，仍然受到相當批評。一九六〇年七月一日，行政院將高中以上學校軍訓工作正式劃歸教育部軍訓處，救國團業務有縮小的現象，一九六九年青年輔導事宜，也移交給行政院青輔會。一九七〇年代以後，救國團成爲主要以青年、學生爲對象的休閒、獎勵機構。不過，正由於救國團並非法定公務機關，吳國楨在省主席任內便曾拒絕救國團的經費要求，並批評其不當介入學校行政、人事，這也是造成吳國楨與蔣經國衝突的重要原因。

【資料來源】
《中央日報》，一九五二年十月三十一日，第一版。
薛化元，《「自由中國」與民主憲政》（臺北：稻鄉出版社，一九九六年），頁二八五。
若林正丈原著，洪金珠、許佩賢譯，《臺灣》（臺北：月旦出版社，一九九四年），頁一一二。

一九五二年十一月二十九日　內政部公布出版法施行細則

繼一九五二年三月二十五日立法院通過「出版法」修正案之後，十一月二十九日內政部進一步公布「出版法施行細則」。當時，包括作爲自由民主言論重鎮的《自由中國》在內，對此並沒有特別予以注意，但是，在不知不覺之中，以此一施行細則作爲依據，持續三十多年的報禁已悄悄地正式展開（一九四七年國民政府即曾下令限張，不過實務上對臺灣沒有影響）。直到一九五四年，面對國民黨當局拒絕新的報刊登記，以限制言論自由情事，輿論界仍多以違反「出版法」爲主要訴求，批評政府違法行政。一九五五年三月，《自由中國》刊登成舍我（世新大學創辦人）在立法院有關報禁的質詢後，「出版法施行細則」是執政者限制言論自由的事實，才廣受國人注意。這是因爲施行細則的二十七條明訂必須「節約紙張及印刷原料」，授權政府可以「計畫供應」紙張，而使執政者以「節約用紙」為名，而行報禁之實。在施行細則違反母法，非法限制人民言論自由的情事曝光，並引起批判後，國民黨當局甚至在一九五八年進一步將相關規定納入「出版法」修正案中。直到一九八七年十二月三十日，行政院廢止「戰時新聞用紙節約辦法」，才使以節約用紙作為限制人民言論自由的報禁，成為歷史。

【資料來源】
《臺灣新生報》，一九五二年十一月三十日，第一版。

一九五三年三月十五日　省文獻委員會選定臺灣八景

一九五三年三月十五日，臺灣省文獻委員會針對臺灣名勝史蹟，指定臺灣八景為玉山積雪、阿里雲海、雙潭秋月、大屯春色、安平夕照、清水斷崖、魯谷幽峽及澎湖漁火等。此八景在今天看來，許多隨著時空條件的改變，受國人重視的程度已大不如前，但是卻反映了當時臺灣官方對於名勝史蹟的觀感。之後呈報臺灣省政府，於同年六月十四日公布實施。

【資料來源】
《中央日報》，一九五三年三月十六日，第三版。
《中央日報》，一九六五年六月十五日，第三版。

一九五三年三月二十四日　尹仲容主張：多吃麵粉少吃白米

一九五三年三月二十四日，臺灣區生產事業管理委員會副主任委員尹仲容，以個人的身分主張多吃麵粉少吃白米，希望透過此一運動的推展，改變國人當時消費的習慣，以比較低廉的麵粉作爲主食，而節約市場價值較高的白米，以出口來換取外匯。不過進一步的分析更可以發現，尹仲容的主張並不只是因爲國際市場上麵粉的價格低於白米而已，還有一個相當重要的因素，即是美援所提供的麵粉，在當時基本上是毋庸支出外匯即可取得的物資，而白米的外銷在當時與糖一樣，則是當時政府外匯收入的重要來源。在當時我國外匯存底短缺的情況下，此一主張的歷史意義，便更爲明顯。

【資料來源】

《中央日報》，一九五三年三月二十五日，第三版。

一九五三年八月二十二日　臺灣省臨時省議會改採直接選舉

一九五三年八月二十二日，行政院修改行政命令，使原本以間接選舉產生的臺灣省議員，改採直接選舉，使其民意基礎大增，成爲有史以來代表全臺灣人民正當性最強的民意機關。雖然如此，不僅臺灣省議會仍然冠上「臨時」之名，省議會的職權也未具足民意機關應有的功能，無法有效制衡官派省主席主導的省政府。

【資料來源】
《中央日報》，一九五三年八月二十三日，第一版。
《臺灣新生報》，一九五三年八月二十三日，第一版。
《中央日報》，一九五三年八月二十四日，第一版。

一九五三年九月八日　社會教育法制定通過

一九五三年九月八日，立法院制定通過「社會教育法」，形式上根據中華民國憲法第一百五十八條及第一百六十三條之規定，已經建立「全民教育」及「終身教育」的制度。但是，本法制定之初，「任務」雖然有十項（其後再修正為十五項），開其端者則是「發揚民族精神及國民道德」，與當時官方的教育政策互相呼應，而全民教育及終身教育的本旨，雖然陸續透過推廣教育，而有一定的成效，但直到一九九〇年代教育改革推動時，全民教育與終身教育仍是教改的重要目標之一。

【資料來源】
《中央日報》，一九五三年九月九日，第一版。
《臺灣新生報》，一九五三年九月九日，第一版。

一九五三年九月二十五日　第一屆國民大會代表出缺遞補補充條例通過

為了因應來臺開會的國大代表不足法定人數而無法開會的問題，一九五三年九月二十五日立法院通過「第一屆國民大會代表出缺遞補補充條例」，使得次年二月召開國民大會第二次大會不致因為代表不足而流會。但是，國民大會代表任期六年，第一屆國民大會代表任滿六年之後，召開第二次大會仍有正當性的疑義。因此，九月二十七日蔣介石總統再以批准行政院第三〇五次會議決議的方式，電告國民大會祕書處：「次屆國民大會代表選舉，既因事實上之故障，無法進行」，「第一屆國民大會代表之任期」，適用憲法二十八條第二項之規定，至次屆國民大會開會之日為止。如此，第一屆國民大會便取得在臺灣「萬年」運作的基礎。直到國會全面改選，才使其走入歷史。

【資料來源】
《中央日報》，一九五三年九月二十六日，第一版。

一九五三年十月一日　省教育廳通令全省國民學校審查學校圖書

政府遷臺初期臺灣各級學校的藏書中，很多是一九四九年以前購置，其內容與蔣介石總統領導的強人威權體制的意識形態或是所謂的「基本國策」不乏衝突之處。因此，一九五三年十月一日教育廳便通令各國民學校，針對校內收藏的圖書進行全部檢查，將內容「違反國策」、「詆毀政府」、「鼓勵階級鬥爭」、「影響兒童心理言論」的圖書「封存」送縣市政府轉教育廳「銷毀」；若是只有部分內容有問題時，則將其撕毀或塗去。教育廳此舉不僅表現了「思想統制」的一面，對臺灣學校原有藏書亦造成相當的破壞。

【資料來源】《中央日報》，一九五三年十月一日，第三版。

一九五三年十一月十四日　蔣介石提出民生主義育樂兩篇補述

一九五三年十一月十四日，蔣介石總統以國民黨總裁的身分，針對孫中山三民主義的演講未能完成民生主義六講（孫中山原稿只有食衣住行四講），在國民黨七屆三中全會提出「民生主義育樂兩篇補述」。其中包括確立民生主義的教育方針，強調德、智、體、群四育並重，在強人威權體制的運作下，成爲臺灣各級教育形式上共同依循的綱領。隨後，「民生主義育樂兩篇補述」雖未及收入高中課本中，仍成爲大學入學的考題。

【資料來源】《中央日報》，一九五三年十一月十五日，第一版。

一九五三年十一月十七日　王世杰遭免職

在蔣介石復任總統前後，深獲倚重，甚至爲當年行政院長熱門人選的總統府祕書長王世杰，在一九五三年十一月因爲與蔣介石在政治路線上不一致（或云因所謂兩航案發生衝突[2]），並受到傳言攻擊，認知自己必須去職，而提出辭呈。但是總統蔣介石卻不願核准辭呈，在一九五三年十一月十七日，反而以「蒙混舞弊，不盡職守」爲由，明令免職。由於王世杰是當時國民黨當局權力核心中的自由派代表人物，他被免職，一方面是自由派退出國民黨決策核心的象徵，另一方面則使國民黨當局與自由派溝通的管道受到阻礙。當時，除了胡適在返國時曾對此表示不滿外，流亡海外的民社黨創黨主席張君勱更發表〈臺灣政潮〉一文，批評蔣介石總統在處理王世杰免職案中，踰越中華民國憲政體制的權限，此後更以英日型的議會內閣制作爲中央政府體制的定位，主張總統是虛位國家元首。整體而言，王世杰的去職在戰後臺灣歷史的脈絡中，是國民黨當局向強人威權體制發展的重要里程碑。自由派的支持對於中華民國政府而言，已不若從前重要，甚至一旦其妨礙強人威權體制的政治路線，將成爲執政者壓制的對象。

【資料來源】

《中央日報》，一九五三年十一月二十六日，第一版。

張君勱，〈臺灣政潮〉，（香港）《再生》，四：二二，一九五三年十月。

一九五四年一月二十九日　大法官會議通過釋字三十一號

一九五四年一月二十九日，司法院大法官會議作成釋字三十一號解釋：在第二屆立法委員及監察委員未能依法選出集會以前，應仍由第一屆立、監委員繼續行使職權。使得原本每年自我表決通過延任的立法委員及任期即將屆滿的監察委員，除了此後得以在國會未全面改選前繼續行使職權，並使此「萬年國會」的法律基礎建立在等同憲法的大法官會議解釋之上。至於此一解釋未提及國民大會，乃是因為國民黨當局以為國民大會代表雖然六年一任，不過憲法規定其職權行使至下一屆國民大會集會為止，因此不經改選繼續行使職權本來就合乎憲法規定。這是為什麼行政院在聲請釋憲時，並未將國民大會代表納入的原因。

【資料來源】

司法院釋字三一號解釋，《總統府公報》第四六七號，一九五四年二月二日，頁三。

《司法專刊》，三十七期（臺北：司法行政部祕書處，一九五四年四月），頁一四五一。

一九五四年二月九日　吳國楨刊登啟事

一九五四年二月九日，前臺灣省主席、行政院政務委員吳國楨在臺北各報刊登啓事，駁斥當時臺北政壇

[2] 兩航案：當年國民黨當局將本屬政府財產的民航機轉移給陳納德，其後卻發生所謂的欠款問題，蔣介石將此責任歸咎於王世杰。

謠傳他套取鉅額外匯赴美的謠言。這一封啓事的刊登，事實上乃是針對總統府祕書長王世杰被免職案而來。當時王世杰被蔣介石總統免職，在海內外造成相當大的震撼，甚至認爲因爲王世杰堅決主張召開「反共救國會議」，推行民主團結的政治路線，所以被迫退出現實的政治舞臺。爲了賦予王世杰垮臺的正當性，當時在臺灣的政界，盛傳王世杰涉及幫助行政院政務委員吳國楨套取鉅額外匯赴美的謠言。基於此，在臺灣因爲救國團、情治單位爭議及政治路線與蔣經國發生權力鬥爭，黯然退出政壇赴美的吳國楨，原本在美國相當低調處理他與國民黨當局的關係，但因爲此一事件引起他的反彈，而準備在臺刊登啓示自清。不過，原本吳國楨欲刊登啓事，遭到國民黨當局打壓，而無法順利進行。其後，雖迭經交涉，有關單位終於同意刊登，卻未迅速通知人在美國的吳國楨。積憤難平的吳國楨，碰巧受邀上媒體，便公開大力批評蔣介石與蔣經國，與國民黨當局的關係更趨惡化。

【資料來源】

《中央日報》，一九五四年二月九日，第一版。

薛化元，〈從反共救國會議到陽明山會談（一九四九～一九六一）：對朝野互動的一個考察〉，《法政學報》，第七期，一九九七年一月，頁五五～五六。

一九五四年二月十九日　補償地價股票運往各地

一九五四年二月十九日，臺灣實施耕者有其田補償徵收耕地地價配搭公營事業股票，於本日開始將臺東、花蓮、澎湖所需的股票以空運運出，其餘各縣市則於次日運出。由於耕者有其田推動之需要，將公營事業的臺泥、臺紙、工礦、農林四大公司的股票大量釋出，為了便利證券交易及證券商的管理，行政院於十九日制定公布了「臺灣省證券商管理辦法」。此一辦法固然是為了在某種程度上建立證券交易以及管理的需要，不過由於此一辦法乃是根據國家總動員法第十八條的規定為主體，使得臺灣證券商管理辦法一出籠就有非常強烈的體制及統制的意味，與自由的證券市場大異其趣。而當時證券商為數甚少，大部分取得股票的地主，縱使欲透過證券商賣出股票，仍相當不便利。

【資料來源】
《中央日報》，一九五四年二月二十日，第三版。

一九五四年三月十日　國民大會罷免副總統李宗仁

一九五四年三月十日，第一屆國民大會第二次會議第六次大會，針對監察院提出彈劾副總統李宗仁違法失職一案，決議罷免。實際上早在通過此一罷免案之前，一九五〇年五月五日，國民大會在臺代表便曾簽署罷免副總統李宗仁一案，函送國民大會祕書處。但是由於連署人包括所謂的候補代表，資格認定發生爭議；而且因為在臺灣的國民大會代表無法達到法定人數，因而未予處理。此時監察院既然提出彈劾案，國民大會便進行相關議案的表決。由於此時李宗仁副總統的任期即將任滿，因此此次彈劾案與罷免案的通過，並無太多實質意義，只是為了彰顯國民黨當局對李宗仁的不滿。

【資料來源】
《中央日報》，一九五四年三月十一日，第一版。
《臺灣新生報》，一九五四年三月十一日，第一版。

一九五四年三月十一日　動員戡亂時期臨時條款繼續適用

一九五四年三月十一日，第一屆國民大會第二次會議第七次大會，議決通過動員戡亂時期臨時條款繼續適用案。此一決議背後的意義則是：雖然國民大會代表早從第一次大會以來，就試圖進行修憲，以擴大國民大會職權，不過，當中華民國政府播遷來臺以後，能夠出席國民大會代表的人早已不足進行修憲的相關程序，換言之，在此一現實限制下，在此次國民大會中，無論是動員戡亂臨時條款修正或是修憲，都已經不可能進行，因此繼續適用案，毋寧是反映當時政治現實的結果。

【資料來源】
《中央日報》，一九五四年三月十二日，第一版。

一九五四年五月二日　臺灣人民直選第二屆臨時省議員及縣市長

一九五四年五月二日，臺灣十三縣兩市舉行第二階段投票，選舉第二屆臨時省議員及縣市長。此次選舉仍採取分階段投票的方式，因此到五月二日，臺灣才完成這次所謂的地方自治選舉。此次選舉中，人民第一次用直接選舉選出臨時省議員。換句話說，從此時開始臺灣不僅有全臺性的議會，而且省議員也建立在直接投票的民意基礎之上，這是臺灣地方自治史上值得注意的里程碑。另一方面，由於國民黨以「節約」作爲限制地方選舉活動的理由，引起了相當多的批判。不過在臺北市，國民黨以黨的力量全力支持的市長候選人王民寧仍然被代表在野人士的高玉樹擊敗，反映國民黨仍然未能全盤掌控此次選舉。

【資料來源】

《中央日報》，一九五四年五月二日，第一版。

社論，〈競選活動應有這樣不合理的限制嗎？〉，《自由中國》，一〇：九，一九五四年五月一日，頁四。

一九五四年七月一日　總統改組國防會議，任命周至柔為祕書長

蔣介石總統一九五二年五月核准沒有法律根據的「國防會議規程草案」，並派國防部長兼任國防會議秘書長，指示行政院應將年度施政計畫綱要和中央政府總預算案先送國防會議審議，但國防會議幾乎沒有運作。

一九五四年六月，蔣介石總統召開第二次會議，決定改組國防會議，並在其下設立統籌情治事宜的「國家安全局」。七月一日，他任命周至柔爲國防會議秘書長，九月五日再任命蔣經國爲副秘書長，並擴張國防會議的職權。國防會議的成員包括行政院長與行政院下的外交部長、國防部長、財政部長等部會首長，由總統主持，其性質類似後來的國家安全會議。換句話說，如果依據臨時條款設置國家安全會議，由總統取得國

家行政政策的主導權，雖不合中華民國憲政體制本來的精神，最起碼還有合法性的依據。但是，遲至一九六〇年代以後，臨時條款才賦予成立國家安全會議成立法源一九五〇年代，這種連法律依據都沒有的情況下，強人居然可以恣意變動憲政體制，其嚴重性更超過日後的國家安全會議。

【資料來源】
《中央日報》，一九五四年七月二日，第一版。
《總統府公報》，第五一〇號，一九五四年七月二日，頁一。
蕭李居，〈國防會議的設置與法源初探〉，台北，國史館主辦「戰後檔案與歷史研究學術研討會」，二〇〇七年十一月二十九日—三十日。

一九五四年七月六日　外國人投資條例通過

一九五四年七月六日，針對外資來臺投資保障問題，立法院通過「外國人投資條例」。在完成法案三讀的同時，立法院並通過八項決議，函請行政院於實施該條例時注意辦理。其中除一般對外資投資常見的管理措施外，更特別的是要求行政院應明確規定並公布何種事業歡迎外人投資，以及強調審核投資申請時，應將投資人國籍等最有利於國家之選擇列入考量。此種不在法律中明訂，而又以決議方式要求行政院執行，表現了立法院對自己立法授權行政部門的狀況，並不十分放心的態度。

【資料來源】
《臺灣新生報》，一九五四年七月七日，第一版。

一九五四年七月十六日　光復大陸設計研究委員會成立

一九五四年七月十六日總統蔣介石下令公布「光復大陸設計研究委員會組織綱要」，於同日並聘請副總統陳誠擔任主任委員。其後蔣介石總統根據組織綱要第三條的規定，遴聘胡適、曾寶蓀、左舜生、徐傅霖、徐永昌等五人為副主任委員，其他委員會的成員主要就國民大會代表及有關人士中聘定。同年十月九日，蔣介石總統並派邱昌渭擔任光復大陸設計研究委員會首任祕書長。而隨著動員戡亂時期終了，光復大陸設計研究委員會於一九九一年六月三十日裁撤，裁撤時的主任委員為薛岳，副主任委員則為袁守謙、陳啓川及楊毓滋。

【資料來源】
《中央日報》，一九五四年七月十七日。
《中央日報》，一九五四年十月十日。
《中央日報》，一九五四年十一月二十五日。
《中央日報》，一九五五年五月十四日。

一九五四年八月八日　文教界推行文化清潔運動

一九五四年八月八日，四百多名文教界人士與三十六個社團聯名推出「厲行除三害宣言」，為七月二十六日中國文藝協會發起「文化界清潔運動」以來，最重要的具體行動。八月底，在此波「文化界清潔運動」脈絡中，內政部下令十種期刊停刊。基於所謂「赤色、黑色、黃色」三害問題，乃牽涉到人民言論自由的問題，而當時臺灣相關法令已有明確的規定，因此，此一「清潔運動」在戒嚴時期帶有文化界自我緊縮言論尺度，甚至配合政府加強言論控制的味道。當時臺灣自由主義的代表刊物——《自由中國》，對此一運動便抱持相當保留的態度，並於十一卷四期中以社論方式，一方面主張所謂的違法出版品，必須由法院依法審理，治安、警察機關不得「逕行處理」，另一方面則批評行政機關「拒絕人民辦報，不僅違法，簡直違憲」。兩相對照之下，當時臺灣文化界氣壓之低可見一般。

【資料來源】

《臺灣新生報》，一九五四年八月八日，第三版。

《中央日報》，一九五四年八月九日，第三版。

《臺灣新生報》，一九五四年八月二十八日，第三版。

社論，〈對文化界清潔運動的兩項意見〉，《自由中國》，一一：四，一九五四年八月十六日，頁四～五。

一九五四年十月十四日　軍法及司法機關受理案件畫分暫行辦法修正

一九五四年十月十四日，行政院修正原有的「臺灣省戒嚴時期軍法及司法機關受理案件畫分暫行辦法」，在體制設計上刪除了一九五一年公布的原辦法中之第二條三至六款，使軍法審判的範圍在體制上有所縮減，並減少行政裁量的空間。整體而言，此一修正較原有的辦法改善，但離正常的軍法、司法運作仍相當遙遠，對人權的保障亦明顯不足。根據修正後的辦法，不僅獲判無罪者仍必須「交保」才能恢復自由，所謂的重大刑案仍可在「權責機關」裁量、主導下，交付軍法審判，人權保障的改進狀況仍屬有限。更值得注意的是，此一行政命令是否落實，往往須視執政者的意志而定，因此，在本辦法未被列入的犯罪事項，事實上仍常常被移送軍法審判，軍法與司法的分際仍然未眞的得到制度上的確立。

【資料來源】
《臺灣新生報》，一九五一年十月十八日，第一版。
《中央日報》，一九五四年十月十五日，第一版。

一九五四年十月二十九日　四大公司員工登報抗議

一九五四年十月二十九日，轉移民營的臺泥、工礦、農林、紙業四大公司員工及眷屬因對政府提出安定員工辦法不滿，在各報刊登廣告，向經濟部長尹仲容提出嚴正警告，這是早期國營事業民營化造成員工與官方對立的重大歷史事件。

【資料來源】
《聯合報》，一九五四年十月二十九日，第一版。
《聯合報》，一九五四年十月三十日，第一版。

一九五四年十一月五日 戰時出版品禁止或限制登載事項公布

一九五四年十一月五日，內政部以出版法第三十五條爲根據，制定「戰時出版品禁止或限制登載事項」九項，正式公布施行。由於此舉將臺灣的新聞、文化、出版事業置於戰時體制下進行管制，相關自由因而受到行政命令的限制，內政部長王德溥還表示此舉將戰時出版業務納入「正軌」，合乎出版自由的眞諦。不過，此舉對報刊、雜誌內容限制甚大，嚴重傷害新聞自由，包括國民黨籍人士經營的媒體在內皆強力抗議，才使內政部擱置此一措施。

【資料來源】

《臺灣新生報》，一九五四年十一月六日，第一版。

一九五四年十二月三日 中美共同防禦條約正式簽署

一九五四年十二月三日，維繫臺灣與美國軍事協防基本架構達三十多年的「中美共同防禦條約」正式簽字，透過此一條約，臺灣正式被納入美國的防衛體系之中。蔣介石總統領導的中華民國政府，在取得條約保障之後，其政權外部的正當性大增，且來自中華人民共和國的武裝威脅，也因此僅局限於中國大陸的沿海諸島，臺灣的安全更爲確立。另一方面，在此一條約的架構下，蔣介石總統以武力「反攻大陸」的期待，也因爲難以取得美國的支持，而難以實現。不過，蔣介石總統的統治地位在取得美方更有力的支持後，使其主導的政治路線更朝向強人威權體制發展，而原本爲了爭取美方支持所重用的人士，其象徵的意義已不重要，孫立人案在次年八月「正式」發生，檯面上足以阻礙強人威權體制遂行的最後實力人物，正式退出政治舞臺，可視爲強人威權體制進一步強化的里程碑。

【資料來源】
《中央日報》，一九五四年十二月四日，第一版。
薛化元，《「自由中國」與民主憲政》（臺北：稻鄉出版社，一九九六年），頁三〇～三二。
《中央日報》，一九五五年八月二十一日，第一版。

一九五五年一月十一日　省政府通過獎助私立學校辦法

一九五五年一月十一日，臺灣省政府通過「獎助私立學校辦法」，在此辦法中，明顯地可看出政府希望臺灣大專院校向理、農、工、商、醫等實用學科發展，在中學階段則特別著重職業學校及職業補校，正表現了政府統治臺灣以來，對於人文、法政學門的打壓，因此對於私人朝向此一領域興學發展，不僅不予鼓勵，甚至在後來允許設立私立大學時，亦採取相對打壓的態度。同時對於普通中學，則傾向由國家興辦。這樣的教育方向，顯示當時政府以技術取向作爲教育方針的歷史現象。

【資料來源】
《臺灣新生報》，一九五五年一月十二日，第三版。

一九五五年一月二十八日　美國參議院通過「臺灣決議案」

一九五五年一月二十八日，美國參議院通過「臺灣決議案」（Formosa Risolution），其意義在於美國再次正式表明可以以武力介入臺灣海峽，以保護臺灣及澎湖免於受到中華人民共和國的武裝攻擊。這也是中美共同防禦條約生效之後，美國國會站在立法權的角色，同意美國政府可以採取武力「反擊」對臺灣及澎湖的攻擊。一九七〇年七月二十一日，美國參議院外交委員會通過廢除「臺灣決議案」。

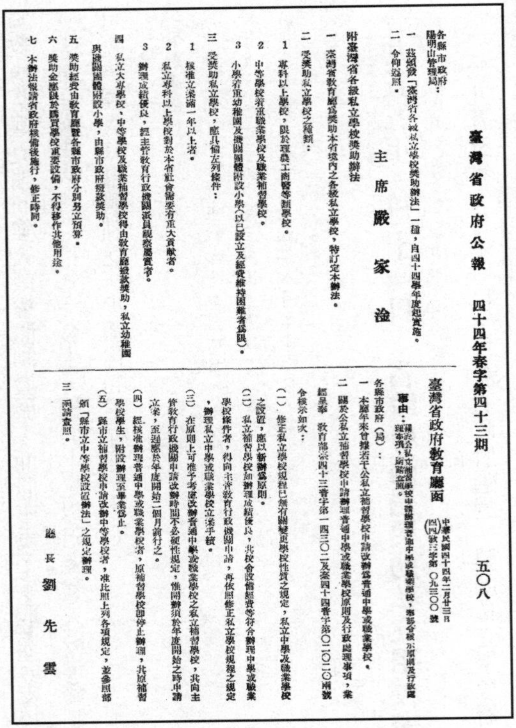
臺灣省政府公報　四十四年春字第四十三期　五〇八

各縣市政府
陽明山管理局：

一　茲頒發「臺灣省各級私立學校獎助辦法」一種，自四十四學年度起實施。

二　令仰遵照。

主席　嚴家淦

附臺灣省各級私立學校獎助辦法

一　臺灣省教育廳爲獎助本省境內之各級私立學校，特訂定本辦法。

二　受獎助私立學校之種類：

1　專科以上學校，限於理農工商醫等類學校。

2　中等學校着重職業學校及職業補習學校。

3　小學着重幼稚園及機關團體附設小學（以已設立及經費維持困難者爲限）。

三　受獎助私立學校，應具備左列條件：

1　核准立案滿一年以上者。

2　私立專科以上學校對於本省社會需要有重大貢獻者。

3　辦理成績優良，經主管教育行政機關派員視察屬實者。

四　私立大專學校、中等學校及職業補習學校得由教育廳撥款獎助，私立幼稚園與機關團體附設小學，由縣市政府撥款獎助。

五　獎助經費由教育廳暨各縣市政府分別另立預算。

六　獎助金應限於購買學校重要設備，不得移作其他用途。

七　本辦法報請省政府核備後施行，修正時同。

臺灣省政府教育廳函　中華民國四十四年二月廿三日（四四）教三字第〇九三〇〇號

事由：關於公私立補習學校申請辦理普通中學或職業學校，案部令核示原則及行政處理事項，希辦查照。

各縣市政府（局）：

一　本廳年來曾據若干公私立補習學校申請改辦爲普通中學或職業學校。

二　關於公私立補習學校申請辦理普通中學或職業學校原則及行政處理事項，業經呈奉　教育部崇四十三普字第一四三〇二及案四十四普字第〇二一〇二〇兩號令核示如次：

（一）修正私立學校規程已無有關變更學校性質之規定，私立中學及職業學校之設置，應以新辦爲原則。

（二）私立補習學校如辦理成績優良，其校舍設備經費等符合辦理中學或職業學校條件者，得向主管教育行政機關申請，再依照修正私立學校規程之規定，辦理私立中學或職業學校立案手續。

（三）在原則上可准予考慮改辦普通中學或職業學校之私立補習學校，其向主管教育行政機關申請改辦時間不必硬性規定，惟開辦須於年度開始之時申請立案，至遲應於年度開始二個月前行之。

（四）經核准辦理普通中學或職業學校者，原補習學校即停止辦理，其原補習學校學生，附設辦理至畢業爲止。

（五）縣市立補習學校申請改辦中等學校者，准比照上列各項規定，並參照部頒「縣市立中等學校設置辦法」之規定辦理。

三　希請查照。

廳長　劉先雲

圖十九　臺灣省各級私立學校獎助辦法（臺灣省政府公報，民國四十四年春字第四十三期）

【資料來源】
薛化元，《臺灣地位關係文書》（臺北：日創社文化，二〇〇七年），頁一三一～一三三。

一九五五年二月六日 大陳島撤退

一九五四年九月三日，中華人民共和國人民解放軍炮擊金門，揭開第一次臺海危機的序幕。次年一月，人民解放軍首次在外島實施登陸戰，占領了大陳島附近的一江山島，大陳隨即處於炮火威脅下。爲此，美國與中華民國政府協商自大陳撤軍事宜，於一九五五年二月六日中華民國政府發表聲明，大陳駐軍撤退，二月八日至十二日，在美國第七艦隊協助下，撤出在大陳、漁山、披山等島嶼的三萬多名軍民。此後，中華民國在浙江沿海的主力已經撤出，而隨著大陳南方的北麂島失守，以及主動撤出南麂島，中華民國政府完全失去浙江沿海的據點。

【資料來源】
張淑雅，〈金馬撤軍？美國應付第一次臺海危機策略之二〉，《中央研究院近代史研究所集刊》，第二十四期（上），一九九五。

一九五五年四月十一日　任顯群以掩護匪諜罪遭保安司令部逮捕

一九五五年四月十一日，前臺灣省財政廳長任顯群以掩護匪諜罪名遭保安司令部逮捕。不過當時坊間流行的另一說法則是：任顯群此次遭逮捕，一方面是其原屬長官吳國楨與蔣經國發生政治摩擦之後的結果，另一方面則與任顯群與當時國劇名伶顧正秋之間的戀情，激怒了對顧正秋亦有好感的蔣經國有關，因而任氏才會遭保安司令部以掩護匪諜罪名逮捕。而顧正秋也不改其志，在任氏出獄後，兩人終能白頭偕老。

【資料來源】

《臺灣新生報》，一九五五年四月十二日，第一版。

顧正秋，《休戀逝水——顧正秋回憶錄》（臺北：時報出版公司，一九九七年），頁四二一、四二七、四三一。

一九五五年六月十五日　被迫附匪分子展開登記

一九五五年六月十日，臺灣省保安司令部公布過去在中國大陸被迫附匪分子辦理登記辦法，並自六月十五日起至八月十五日止展開總登記運動。由於在臺灣當時所謂的被迫附匪分子的定義並不只是曾經加入過中國共產黨而已，凡是與中國共產黨相關的組織，包括在一九四九年留在中國大陸的政治社會團體，皆被治單位歸類爲所謂的附匪分子，因此一九四九年曾停留在中共政權控制區內者都可能被納入此範圍內。此次登記就形式而言，固然登記者可以免除白色恐怖被鎮壓的命運，但是，由於登記以後往往成爲紀錄上的汙點，反而可能成為以後情治單位掌控的對象。有相當數量來自中國大陸的知識分子，對於當時是否要辦妥登記，便有一定程度的徬徨，換句話說，就是因為登記以後可能產生後果的不確定，使得此一登記所能達成的效果，被迫打了折扣。

【資料來源】

《臺灣新生報》，一九五五年六月十日，第一版。

一九五五年七月二十一日　行政院通過外銷品退還稅捐辦法

一九五五年七月二十一日行政院院會通過「外銷品退還稅捐辦法」，是政府鼓勵外銷的重大租稅手段。此後，政府便長期持續使用稅捐減免的方式，來降低外銷產品的成本，以增加臺灣產品在國際市場的競爭能力，及外銷廠商的獲利能力。基本上，透過此一退還稅捐辦法，不僅是外銷品可享如目前營業稅法規定的零稅率，而且製造外銷品的過程中，包括原料或半成品甚至固定資產等等所負擔的稅捐，也能夠因外銷而得以退稅。相對地，在此一稅捐減退的體制設計下，相對地非外銷產品的稅捐則在稅賦轉嫁之下，則有加重的壓力，而透過消費行為及其他稅捐制度，國內的消費者便成為變相轉移稅捐的最後負擔者。在此一制度下，後來也有不肖廠商為了退還稅捐以增加收益，甚至有假冒出口之名，以求非法退稅的事件。

【資料來源】

《臺灣新生報》，一九五五年七月二十二日，第一、二版。

一九五五年八月二十日 孫立人因郭廷亮案引咎辭職

一九五五年八月二十日，蔣介石總統明令批准總統府參軍長孫立人將軍八月三日的「引咎辭職」公文，使轟動一時的孫立人案正式曝光，孫氏也正式失去自由。蔣介石總統同時命令由陳誠擔任主任委員，與王寵惠、許世英、張群、何應欽、吳忠信、王雲五、黃少谷、俞大維等共同組成調查委員會。該委員會自當年八月二十六日對「有關匪諜郭廷亮案」召開首次會議以後，始終未能洗刷孫氏的清白（而監察院的調查報告則與此一委員會的看法大異其趣，基本上肯定孫立人的清白）。直至一九九七年，國防部才正式恢復孫氏的聲譽，並列名國軍歷史文物館。當時孫立人案之所以發生，一方面可能與他個人深受美國（軍方）支持有關，另一方面則因爲他是具有實力的非黃埔系將領，又反對蔣經國主導的軍中政戰系統，因而成爲以黨領軍政策的障礙。而這也反映了蔣介石總統在「中美共同防禦條約」簽訂（一九五四年十二月）以後，認爲不需再任用類似孫立人般具有美國支持背景的官員，即可維繫與美國關係的看法。不過，當時美方立刻中止了原定在臺裝備九個師的計畫。駐美大使顧維鈞也指出，孫立人事件在美國官場引起「災難性的影響」。

【資料來源】

《中央日報》，一九五五年八月二十一日，第一版。

《中央日報》，一九五五年八月二十七日，第一版。

《總統府公報》，第六二九號，一九五五年八月二十三日，頁一。

薛化元，《「自由中國」與民主憲政》（臺北：稻鄉出版社，一九九六年），頁一三三。

一九五五年十一月八日　華僑回國投資條例制定通過

一九五五年十一月八日，爲了吸引僑資來臺投資的「華僑回國投資條例」制定通過，而僑資也與美資、日資成爲當時臺灣重要的外資來源。雖然根據立法的內容，本條例對華僑投資的事業界定爲：（一）國內所需要之生產或製造事業；（二）有外銷市場的事業；（三）有助於國內重要工業或公用事業的發展，及技術改進。值得注意的是，華僑投資的項目中，有不少是金融、保險事業，而這是當時國人不易取得經營許可的事業，銀行業更是國內無論臺籍或外省籍企業家皆無緣創辦的。此一現象的發生，多少也反映了國民黨當局對華僑資本相對優厚的待遇。

【資料來源】

《中央日報》，一九五五年十一月九日，第一版。

一九五五年十一月十五日　自立晚報批評政府隱瞞物價問題

一九五五年十一月十五日，《自立晚報》社論以〈物價問題是機密嗎？〉爲題批評當年行政院在發生嚴重物價波動之時，先是淡化其嚴重性，繼而立法院通過決議，要求有關首長出席備詢後，竟又採取「祕密會議」的形式，將記者及旁聽者摒除於會場之外，而且會後對外沒有任何說明交代。此一文章也揭示在強人威權體制之下，政府既毋庸對人民負責，人民「知的權利」也難以得到保障的狀態。

【資料來源】社論，〈物價問題是機密嗎？〉，《自立晚報》，一九五五年十一月十五日，第一版。

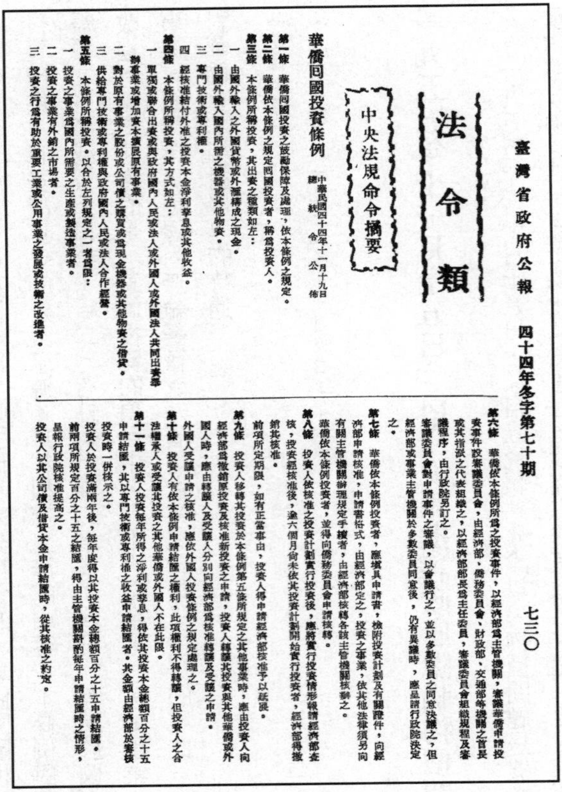

臺灣省政府公報　四十四年冬字第七十期　七三〇

法令類

中央法規命令摘要

華僑回國投資條例　中華民國四十四年十一月十九日總統令公佈

第一條　華僑回國投資之鼓勵保障及處理，依本條例之規定。

第二條　華僑依本條例之規定回國投資者，稱爲投資人。

第三條　本條例所稱投資，其出資之種類如左：

一　由國外輸入之外國貨幣或外滙構成之現金。

二　由國外輸入國內所需之機器或其他物資。

三　專門技術或專利權。

四　經核准結付外滙之投資本金淨利孳息或其他收益。

第四條　本條例所稱投資，其方式如左：

一　單獨或聯合出資或與政府國內人民或法人或外國人或外國法人共同出資舉辦事業或增加資本擴展原有事業。

二　對於原有事業之股份或公司債之購買或爲現金機器或其他物資之借貸。

三　供給專門技術或專利權與政府國內人民或法人合作經營。

第五條　本條例所稱投資。以合於左列規定之一者爲限：

一　投資之事業爲國內所需要之生產或製造事業者。

二　投資之事業有外銷之市場者。

三　投資之行爲有助於重要工業或公用事業之發展或技術之改進者。

第六條　華僑依本條例所爲之投資事件，以經濟部爲主管機關，審議華僑申請投資事件設審議委員會，由經濟部、僑務委員會、財政部、交通部等機關之首長或其指派之代表組織之，以經濟部部長爲主任委員，審議委員會組織規程及審議程序，由行政院另訂之。審議委員會對申請事件之審議，以會議行之，並以多數委員之同意決議之，但經濟部或事業主管機關於多數委員同意後，仍有異議時，應呈請行政院決定之。

第七條　華僑依本條例投資者，應塡具申請書，檢附投資計劃及有關證件，向經濟部申請核准，申請書格式，由經濟部定之，投資之事業，依其他法律須另向有關主管機關辦理規定手續者，由經濟部核轉各該主管機關核辦之。華僑依本條例投資者，並得向僑務委員會申請核轉。

第八條　投資人依核准之投資計劃實行投資後，應將實行投資情形報請經濟部查核，投資經核准後，逾六個月尙未依其投資計劃開始實行投資者，經濟部得撤銷其核准。前項所定期限，如有正當事由，投資人得申請經濟部核准予以延展。

第九條　投資人移轉其投資於本條例第五條所規定之其他事業時，應由投資人向經濟部爲撤銷原投資及核准新投資之申請，投資人轉讓其投資與其他華僑或外國人時，應由轉讓人及受讓人分別向經濟部爲核准轉讓及受讓之申請。外國人受讓申請之核准，應依外國人投資條例之規定處理之。

第十條　投資人有依本條例申請結匯之權利，此項權利不得轉讓，但投資人之合法繼承人或受讓其投資之其他華僑或外國人不在此限。

第十一條　投資人投資每年所得之淨利或孳息，得依其投資本金總額百分之十五申請結匯，其以專門技術或專利權之收益申請結匯者。其金額由經濟部於審核投資時一併核示之。投資人於投資滿兩年後，每年度得以其投資本金總額百分之十五申請結匯。前兩項所規定百分之十五之結匯，得由主管機關斟酌每年申請結匯時之情形，呈報行政院核准提高之。投資人以其公司債及借貸本金申請結匯時，從其核准之約定。

圖二十　華僑回國投資條例（臺灣省政府公報，民國四十四年冬字第七十期）

一九五五年十一月二十四日　政府決定退出國際糖業協定

一九五五年十一月二十四日，中華民國政府表示已通知即將在二十八日開會的國際糖業會議，決定退出國際糖業協定。當時臺灣糖產量是此協定的第二大會員國，在國際糖業市場占有舉足輕重的地位，而糖的出口則是當年臺灣（美援之外）最重要的外匯來源之一，因為當時糖業協定決定減產，對中華民國政府的財政收入而言影響甚大，所以政府決定退出以維持大量的糖出口。

【資料來源】

《臺灣新生報》，一九五五年十一月二十六日，第一版。

一九五六年一月八日　省政府正式擴大漁民、勞工保險範圍

一九五六年一月八日，省政府正式擴大漁民、勞工保險的範圍，使適用保險規定的人民，得以享有疾病保險的保障。雖然適用對象有限，但對非屬軍公教範疇的社會保險而言，此次保險範圍的擴大，仍是社會安全制度發展史上的一大進展。

【資料來源】

《臺灣新生報》，一九五六年一月八日，第三版。

一九五六年一月十二日　實施都市平均地權條例臺灣省施行細則公布實施

一九五六年一月十二日，臺灣省政府公布「實施都市平均地權條例臺灣省施行細則」，至此臺灣已完成三七五減租、公地放領、耕者有其田及都市平均地權的法規。當時的省主席嚴家淦便表示，臺灣「平均地權之省規，已告全部完成」。省政府更進一步擬定都市平均地權推進程序五步驟：（一）訓練幹部；（二）調查地價；（三）申報地價；（四）舉辦稅地特別調查；（五）造冊歸戶。不過，由臺灣省公布施行細則的流程，則正好看出體制的矛盾。因為中央政府與臺灣省政府管轄區域幾乎完全重疊，原本屬於中央政府制定的全國性施行細則，不僅在法律之下出現臺灣省施行細則，而且施行細則的研擬流程，也不是由行政院及相關部會主導，而係先由非原本法律擬議機關的臺灣省政府民政廳草擬，由省政府委員會通過，再送（臨時）省議會審議後，由省政府呈請行政院核定，再由行政院交省政府公布施行。如此，不但行政層級過多的問題難以避免，法律與施行細則研擬機關不同，也容易造成法律與執行落差擴大的問題。

【資料來源】
《中央日報》，一九五六年一月十三日，第一版。
《中央日報》，一九五六年一月十五日，第四版。
劉進慶，《臺灣戰後經濟分析》（臺北：人間出版社，一九九五年），頁七一～八六。

一九五六年四月一日　國防部公布官兵退除役總檢定辦法

一九五六年四月一日，國防部公布「官兵退除役總檢定辦法」。由於有意退伍而苦無管道進行的國軍官兵為數不少，國防部原先不欲官兵退伍的政策此時也有所修正，所以原本已完成「不適服現役官兵退役辦法」，並於展開處理不適服現役官兵之退役工作之後，表示為依照「適切檢定，珍惜兵員」、「適時退出，騰空員額」及「適當安置，鼓勵士氣」之三項原則，實施官兵總檢定實施辦法，建立起完整的退除役程序。但是，對其退役福利則幾乎欠缺相關的規定。因此，老兵退伍以後只好自謀生計，成為日後臺灣相當優厚的軍公教福利制度下少數的弱勢群體。

【資料來源】

《中央日報》，一九五六年四月二日，第一版。

一九五六年五月三十一日　林頂立因違反糧食管制被判刑

出身軍統的「半山」政治人物林頂立，在運用其政商關係，成為聯合報第一任發行人、臺灣省議會副議長、農林公司民營化第一任董事長後，一九五六年因為價差僅十多萬元的圖利他人罪嫌而成為其政治的致命傷。五月三十一日，法庭以「連續協助非經營糧食業購進糧食營利」為罪名，判處有期徒刑八年六個月，使林頂立的政經勢力受到根本的打擊。傳聞造成林頂立下臺的另一個原因，則是在一九五五年十一月他率團赴東京迎玄奘靈骨時，與臺獨領袖廖文毅祕密會晤有關。

【資料來源】
《臺灣新生報》，一九五六年六月一日，第一版。
張炎憲、李筱峰、莊永明（編），《臺灣近代名人誌（三）》（臺北：自立晚報，一九九三年），頁三一四。

一九五六年九月十六日 臺閩地區實施戶口普查

一九五六年九月十六日臺閩地區實施戶口普查，從零時開始至六時結束。寄居外地的人民在普查之前原則上必須歸返戶籍所在地，不能歸返者，普查處則規定現住地登記項目。在普查期間各戶均開亮門燈，在室內等候普查。由於在凌晨查戶口以搜查、逮捕罪犯，係當時情治單位執行任務的常態之一，因此政府還特別宣示普查係「國勢調查」，不進行逮捕工作。

【資料來源】
《臺灣新生報》，一九五六年九月十七日，第一版。
《中央日報》，一九五六年九月十七日，第五版。
《中央日報》，一九五六年九月十五日，第三版。

一九五六年十月三十一日　自由中國發行祝壽專號

一九五六年十月十五日，蔣介石總統表示婉辭祝壽運動，並提示六點意見，廣徵衆議。結果當年十月三十一日，響應的建言不少，但是，由於許多的建言內容，涉及期待蔣氏領導的國民黨當局改變其統治方式及路線，甚至涉及對蔣氏個人的批評，結果造成朝野之間關係的緊張。其中最廣受注意的，是《自由中國》特別提早一日出刊於十月三十一日發行的「祝壽專號」。《自由中國》此一專號的內容，主要包括七大訴求：（一）確立民主政治的制度；（二）扶植有力的反對黨；（三）有效地保障言論自由；（四）實行軍隊國家化；（五）保障司法獨立；（六）教育正常化；（七）從速召開反共救國會議，撰稿者包括胡適、徐復觀、夏道平、陳啓天、陶百川、雷震、蔣匀田等人。此一專號的內容在當時言論界，算是相當敢言，深受讀者歡迎，連出十三刷。不過，《中央日報》也從此拒登《自由中國》的廣告，至於《中華日報》、《青年戰士報》、《國魂》、《幼獅》則發動對《自由中國》的圍剿。而軍中政戰系統更出版《向毒素思想「總攻擊」》針對其言論內容進行攻擊，甚至連胡適原本應《中央日報》之邀而在《自由中國》同時刊登的文章，都被引用爲批評的對象。

【資料來源】

《自由中國》，十五：九，一九五六年十月三十一日。

薛化元，《「自由中國」與民主憲政》（臺北：稻鄉出版社，一九九六年），頁一三七～一四〇。

一九五六年十二月十二日　八德鄉滅門血案

一九五六年十二月十二日凌晨，在桃園縣八德鄉興豐路，發生了著名的八德鄉滅門血案。在歷時九個月的調查之後，警方宣布這是一件有計畫的謀財害命搶案。其中除主嫌穆萬森本人因為是一般平民，移送普通法院審判之外，其餘參與的六人，均交由軍法審理。當時新竹地方法院根據從犯袁中古的自白，認定穆萬森是殺人的主腦人物，雖然穆萬森矢口否認，並指出其初供係出於刑求，但新竹地院的判決書，仍認為既然有從犯的口供證明穆萬森參與殺人行為，則穆萬森的犯行雖「百嘴亦難辭矣」。這案子在進入高等法院審理時，經過律師梁肅戎立委的調查，發現警察局的筆錄是抄本，跟原件之間有相當大的差距，而警方所提出的證據，除了有爭議的自白之外，其他的證據都有瑕疵。因此，高等法院最後接受辯護律師的觀點，判處被告無罪。最後，在經上訴最高法院發回高院更審時，也維持無罪的判決。在這過程裡面，可以發現此一當時震驚臺灣社會的刑事案件，基本上是在刑求之後，虛偽自白的結果。而整個的刑事訴訟制度，未能根據憲法的規定，在二十四小時內將嫌犯移送司法機關，也是造成此一刑求事件的重要歷史背景。

【資料來源】

梁肅戎，《大是大非——梁肅戎回憶錄》（臺北：天下文化，一九九五年），頁一〇五～一〇六。

楊宏光，〈八德血案十七點質疑〉，《自由中國》，十七：七，一九五七年十月一日，頁三〇～三一。

一九五七年一月十日行政院通過戡亂時期臺灣地區入境出境管理辦法

行政院於一九五七年一月十日第四九二次院會中，通過國防部呈擬的「戡亂時期臺灣地區入境出境管理辦法」。此一辦法乃是以當時國家安全與經濟負擔能力作爲原則，重新將臺灣地區出入境管理辦法進行修正，原則上採取簡化手續並放寬相關規定的方式進行，並自同年二月一日起開始實行。其改進的辦法包括：凡國人前往邦交國或自各該國來臺者，均憑護照出入境，此外則仍憑出入境證出入境。至於因公來臺或華僑來臺觀光、考察、接洽商務及過境，居留在二個月以內者，均免辦保證手續。而在臺原有戶籍者申請其親屬來臺，保證人放寬爲薦任文官或校級武官以上。而合乎申請來臺的親屬範圍，放寬爲同胞兄弟姊妹之子女、父母之同胞兄弟姊妹及其子女。同時在出境證有效期限方面，亦大幅放寬。一九七〇年代以後，內政部亦多次修改相關辦法規定，一九八七年七月十五日解嚴，同日內政部、國防部會銜下令廢止本辦法。

【資料來源】

《中央日報》，一九五七年一月十五日，第一版。

《公論報》，一九五七年一月十五日，第一版。

一九五七年四月一日　自由中國刊出反對黨！反對黨！反對黨！

一九五七年四月一日出刊的《自由中國》第十六卷七期，刊出了朱伴耘的〈反對黨！反對黨！反對黨！〉一文。這是朱伴耘撰寫七篇有關反對黨的開端，此後朱伴耘持續此一主題，寫到〈七論反對黨〉，成爲一九五〇年代鼓吹反對黨最具代表性的政論作家，而《自由中國》對於反對黨的鼓吹自此以後也日益積極，成爲臺灣鼓吹反對黨的重鎮。

【資料來源】
朱伴耘，〈反對黨！反對黨！反對黨！〉，《自由中國》，十六卷七期，一九五七年四月一日，頁六～八。

一九五七年四月十一日　在野派候選人舉行選務改進座談會

一九五七年四月十一日，民社黨、青年黨及無黨派參加縣市長及省議員選舉的候選人，在臺中市醉月樓舉行選務改進座談會。會中針對當時國民黨當局不合理的選舉及選舉監察辦法，提出批評，並決定推派代表三人向監察院、內政部及臺灣省政府呈遞書面要求，其訴求重點爲放寬對競選活動的限制，及容許各政黨或候選人推派代表參加選舉監察作業。這也是因爲選舉不公，導致在野候選人以團體的方式向國民黨當局要求改革的重要里程碑。

【資料來源】
《臺灣新生報》，一九五七年四月十二日，第三版。
李筱峰，《臺灣民主運動四十年》（臺北：自立晚報，一九八七年），頁七一。

一九五七年五月三日　大法官會議釋字七十六號：三個國會之爭落幕

一九五七年五月三日，大法官會議作成釋字第七十六號解釋，認定國民大會、立法院、監察院三個機構共同相當於民主國家的國會。此一解釋令的形成，形式上的原因是立法院組成國會聯合會中國小組，欲向世界國會聯合會申請入會。而之所以聲請大法官會議解釋，則與國內對出席國會聯合會代表人選的爭議有關，據說當時除了立法委員之外，監察院與國民大會的資深民意代表亦有意爭取。不過，就民主國家的國會運作而言，國民大會在無法行使創制、複決權的情況之下，與一般國會的性質有根本性歧異，而六年才有一次會期，更難成爲國家的常設機關。基本上，此一解釋僅呈現臺灣憲政體制中，因爲中央民意代表機關與一般民主國家國會關係定位不清所產生的混亂現象，卻未能達到眞正釐清憲政體制的效果。

【資料來源】

司法院釋字第七六號解釋，《司法專刊》，七十四期，一九五七年五月十五日，頁三一七六。

林紀東，《中華民國憲法逐條釋義（一）》（臺北：三民書局，一九九三年），頁三八四～三八五。

一九五七年五月十日　五月畫會舉行第一屆「五月畫展」

一九五七年五月十日，戰後臺灣新銳畫派代表的五月畫會舉行第一屆「五月畫展」，是臺灣現代抽象主義進軍畫壇的里程碑。此次畫展的參展畫家包括劉國松、鄭瓊娟、李芳枝、陳景容、郭東榮、郭豫倫等人，皆出身臺灣師範大學，其中出身烈士遺族的劉國松更是戰鬥力十足，勇於筆戰，使五月畫會成爲前衛繪畫的代表性組織。而當現代畫派被質疑與共產主義相關之時，他更執筆答辯，取得論戰的上風。

【資料來源】

蕭瓊瑞，《「五月」與「東方」》（臺北：東大出版公司，一九九一年），頁五三。

一九五七年五月十八日　在野黨及無黨派人士舉行選舉檢討會

一九五七年地方選舉過後，五月十八日民、青兩黨及無黨籍參加第三屆縣市長、省議員選舉的候選人在臺北舉行選舉檢討會。在此一檢討會中，針對國民黨當局掌控的選舉機構在選舉期間未能維持應有的中立，造成選舉不公的情事，提出批評，並準備進行結社，組織地方自治法規的研究會。《自由中國》的主導者雷震認爲此舉是反對黨組成的先聲，不過當時他也以爲此一組織是由臺籍人士爲主導，有濃厚的地方色彩，因此並未表示支持。

【資料來源】

雷震，〈一九五七年五月十八日日記〉，《雷震全集（冊三九）》（臺北：桂冠圖書公司，一九九〇年），頁九五。

薛化元，《「自由中國」與民主憲政》（臺北：稻鄉出版社，一九九六年），頁三六六。

一九五七年五月二十四日　五二四（劉自然）事件發生

一九五七年五月二十三日，涉嫌槍殺劉自然的美籍軍人雷諾，由美軍顧問團軍事法庭判決無罪，引起群眾不滿。五月二十四日，不滿之群眾衝入美國大使館，撕毀美國國旗，同時美國新聞處也遭到群眾嚴重的破壞，甚至當時傳聞有外僑被群眾打傷。如此大規模的群眾運動，在強人威權體制下的戒嚴時期，可說是異數。因此當時有人認為此一事件可能是蔣經國領導的救國團所發動，所以六月一日才有蔣經國由救國團主任接任退除役官兵輔導委員會主委的任命。由於此一事件，表現了人民對美國的不滿，在五月二十六日，蔣介石總統特別接見美國大使藍欽，表示遺憾，並說明此一不幸事件，不應該被理解為反美運動。由於此一事件在當時深具震撼力，行政院甚至在五月二十六日向總統提出總辭，但被慰留。不過，蔣介石總統同時跳過行政體系的層級，直接下令懲處地方治安人員，從臺北衛戍司令、憲兵司令到臺灣省警務處長，全部去職。受到此一事件的衝擊，臺北衛戍司令部宣布自五月二十五日起臨時戒嚴，並自每晚零時至翌晨五時止，實施宵禁。由於臺灣本已是戒嚴區域，此時衛戍司令部再宣布戒嚴，形式上出現所謂雙重戒嚴的問題，是歷史上少見的特例，在法律層面的定位問題，亦有進一步討論的空間。

【資料來源】

《中央日報》，一九五七年五月二十四日，第三版。

《中央日報》，一九五七年五月二十五日，第一、三版。

一九五七年七月三十日　公布票據承兌貼現辦法修正案

一九五七年七月三十日，財政部公布抗戰期間通過實施「票據承兌貼現辦法」的修正案，以求周轉工商資金，提高票據信用。由於原辦法係以防止通貨膨脹，不鼓勵票據流通爲著眼點，根本不適合臺灣工商業發展的現實需要，因而才有此一修正。值得注意的是，財經主管機關雖將貼現票據範圍擴及於本票，而未及於臺灣當時受上海商業習慣引入的遠期支票，但是由於未能在票據制度上促進票據使用的合理性，使得不合支票見票即付性質的遠期支票依然流行，甚至後來成爲國內廠商貼現的主要票據。

【資料來源】
《中央日報》，一九五七年七月三十一日，第三版。
《臺灣新生報》，一九五七年七月三十一日，第四版。

一九五七年八月一日　自由中國推出今日的問題系列社論

一九五七年八月一日出刊的《自由中國》以〈是什麼，就說什麼（代緒論）〉揭開一九五〇年代臺灣在野力量對國家政策及政治體制最具代表性的全盤思考的序幕。在以「今日的問題」爲名的十五篇系列社論中，包括〈是什麼，就說什麼（代緒論）〉、〈反攻大陸問題〉、〈我們的軍事〉、〈我們的財政〉、〈我們的經濟〉、〈美援運用問題〉、〈小地盤、大機構〉、〈我們的中央政制〉、〈我們的地方政制〉、〈今天的立法院〉、〈我們的新聞自由〉、〈青年反共救國團問題〉、〈我們的教育〉、〈近年的政治心理與作風〉、〈反對黨問題〉。在這些社論中，不僅點出當時臺灣現實政經的根本問題所在，甚至連目前國內仍在討論的精簡行政組織問題，《自由中國》在當時也有深入的討論。同時在「今日的問題」系列推出之時，八月一日即刊載了〈反攻大陸問題〉的社論，明白指出衡諸主客觀因素，「反攻大陸」在「相當時期內」並沒有太大「公算」，並批評政府以「馬上就要回大陸」的心態在臺灣施政，已經「弊害橫生」。這也是當時以團體（雜誌）的名義，質疑國民黨當局立基於不切實際的「反攻大陸」基本國策，影響臺灣正常發展之代表性言論。

【資料來源】

《自由中國》，十七卷三期～十八卷四期社論，一九五七年八月一日～一九五八年二月十六日。

一九五七年十一月五日　文星雜誌創刊

一九五七年十一月五日，在一九六〇年代臺灣文化界深受矚目的《文星》雜誌創刊。這份刊物創刊之初雖以「文學的、藝術的、生活的」作為雜誌基調，而後則逐漸重視有關思想層面的論述。一九六〇年《自由中國》停刊後，臺灣思想界的活力大受影響，《文星》則自一九六一年底開始，大力推動西方科學與民主思想的提倡、宣揚工作，並批評中國傳統文化。在李敖掌舵《文星》的時代，刊載殷海光、李聲庭等人對自由、民主問題的討論，以及持續引進西方人權、法治理念，基本上延續了《自由中國》的民主啓蒙工作。雖然其對現實政治的討論並不若《自由中國》深入，文化雜誌的色彩較濃，嚴格說來並非政論雜誌，但其言論卻仍得不到當年國民黨當局的寬容，在遭到停刊一年處分之後，以「不宜復刊」收場。

【資料來源】

《文星》，一：一，一九五七年十一月五日。

李筱峰，《臺灣民主運動四十年》（臺北：自立晚報，一九八七年），頁八五～八九。

一九五七年十二月二十三日 監察院通過彈劾行政院長俞鴻鈞

一九五七年十二月二十三日，監察院通過彈劾行政院長兪鴻鈞案，並將其移送公務員懲戒委員會，這是繼該月十日監察院成立「行政院長兪鴻鈞違法失職處理小組」之後，通過的審查報告。其中對於兪鴻鈞違反失職的部分，首先爲兪氏不能夠處理過去監察院所通過的糾彈案，包括未能調整美援機構職員待遇過分優厚等問題，其次則爲兪氏未能調整待遇杜絕浪費，和兪氏接任中央銀行總裁之職後，其作爲有浪費情事等等。此案件雖然包括上述種種理由，根據部分學者研究指出，其中最關鍵的原因，主要是兪鴻鈞未能到監察院報告所致。換句話說，此一結局乃是因爲中華民國憲法中，國會的部分權限屬於監察院，使監察院在當時的形式上，有類似民主國家上議院的性質。另一方面，行政院依據憲法是對立法院負責，而不是對監察院負責。而針對擔任行政院長的兪鴻鈞可能至監察院報告，當時的立法委員也早已提出質詢，認爲此舉將嚴重傷害中華民國憲政體制，換言之，兪鴻鈞遭到監察院的彈劾，在某種意義上是中華民國憲政體制定位不清彼此矛盾的結果。雖然如此，俞鴻鈞的彈劾案是中華民國憲政史上，監察院對行政院長所通過的唯一一件彈劾案，在一般認為監察院只打蒼蠅不打老虎的印象中，俞鴻鈞的彈劾案無疑是一件重大例外。而此一案件之所以能夠通過，在於監察委員對於行政院長不能至監察院報告普遍感到不滿，以及監察院長為黨國大老于右任，故能抗拒層峰的壓力所致。

【資料來源】
《臺灣新生報》，一九五七年十二月二十四日，第一版。

一九五八年一月十七日 通過公務人員保險法

一九五八年一月十七日，立法院完成「公務人員保險法」的立法。此後臺灣的公務人員便擁有立法保障的社會安全制度，這對於當時所得偏低的公務人員而言，自然是一種相當重要的福利政策。不過相對而言，在公務人員系統外，更多國人因為沒有相對的保險制度規劃，而被排除在國家所提供的社會安全福利制度之外，這也影響了此後直到今日臺灣社會福利項下的支出，相當偏重於公務人員的範疇，而忽略了人數更多、受僱於私人部門的受薪者（雇員）。此一現象在全民健保開辦以後，得到一定程度的矯正，不過在臺灣整體社會福利制度未能進一步健全之前，全民享有相類的社會安全制度，仍是未能實現的夢想。

【資料來源】
《中央日報》，一九五八年一月十八日，第一、二版。

一九五八年一月二十五日 配合冬防，防止竊盜方案公布

一九五八年一月二十五日，臺灣省高等法院檢察處邀請臺北衛戍總部、憲兵司令部、保安司令部、省警務處、省社會處、刑警總隊、臺北市警察局會商擬定之「防止竊盜方案」公布，以配合本日開始實施的「冬防」。其中有關司法部分的規定，不僅展現了「用重典」的政策取向，甚至有傷害司法獨立的問題。根據此一方案，凡竊盜嫌犯「嫌疑重大證據確鑿」者，偵查中一律收押禁見。偵查終結起訴後，審判過程中亦不得輕率交保候傳。至於嫌犯若是「惡性重大或累犯」，則要求酌依法定最高刑度判刑，累犯更加重其刑。若是一審判決「苟無違誤」，二審則應維持原判。由於當時地方法院及高等法院仍違憲隸屬行政院，此一嚴重干預司法審判的規定，也就具有相當可行性。

【資料來源】

《中央日報》，一九五八年一月二十六日，第三版。

一九五八年二月十日 總統府臨時行政改革委員會成立

一九五八年二月十日，基於當時擔任考試院副院長的王雲五曾將赴美考察結果向權責單位提出相關報告，頗受蔣介石總統重視，蔣介石總統指定聘請王雲五等九人組成「總統府臨時行政改革委員會」。此一委員會係以行政改革為目的，但對於影響正常行政運作的政府組織結構，包括職權重疊、機關的法制化等問題

亦著墨不少。省政府組織的合法化及地方自治事務，皆為其關注重點。特別是其提出的報告中，指出地方法院、高等法院隸屬於行政院司法行政部的違憲問題、行政機關濫用總動員體制，以及要求根據憲法規定保障人權。雖然最後實施結果，有關省政府組織合法化、保障人權問題部分都幾乎無法落實，但此一委員會可算是此時國民黨當局內部要求政治改革的代表。

由於當時臺灣省政府與中央政府職權重疊問題相當嚴重，因而當三月十日「總統府臨時行政改革委員會」正式成立之時，擔任副總統的陳誠便明白指出，對於行政院與臺灣省政府職權重疊的問題，行政院各部會不應該跳過省政府，直接指揮省政府下屬相關各廳處，而應該透過行政院與臺灣省政府體制上的互動，才能建立合理的制度，並避免行政系統自身行政混亂的情形。

【資料來源】
《中央日報》，一九五八年二月十一日，第一版。
《中央日報》，一九五八年三月十日，第一版。
《中央日報》，一九五八年三月十一日，第一版。

一九五八年五月十五日　臺灣警備總司令部成立

一九五八年五月十五日，歷經由臺灣省警備總司令部、臺灣省警備司令部、臺灣省警備總司令部、臺灣省保安司令部多次改組，在戒嚴時期掌控臺灣治安重要的軍事情治單位臺灣警備總司令部，於本日正式成立，並由原臺北衛戍總司令黃鎮球擔任第一任總司令。臺灣警備總司令部除了承繼了戰後以來臺灣省警備總司令部的系統，更將保安司令部之外的臺北衛戍總司令部、臺灣防衛總司令部、臺灣省民防司令部一併納入組織架構之內，除了達成當時蔣介石總統所指示的「簡化治安機構、統一指揮權責」外，其權力較前更爲增強。

【資料來源】

《中央日報》，一九五八年五月十五、十六日，第一版。

一九五八年六月三日　省議會要求立法院愼重審議出版法修正案

一九五八年六月三日，臺灣省臨時省議會針對立法院當時審理出版法修正案的問題，通過吳三連、郭雨新、李萬居、黃運金、許世賢等五位省議員的提案。提案中表示：言論出版自由爲人民最基本之合法權利，關係著國家憲政及地方自治之興替，臺灣省議會作爲民意機關受全臺灣省人民付託自不能不寄以關注。並且進一步表示，這次行政院向立法院提出的出版法修正案，不無牴觸憲法之點，似有不合民主憲政之精神，同時也批評立法院對出版法修正案採祕密審議的方式，與法定程序與民主原則皆未盡符合。因此，他們建議立法院本諸民主憲政保障言論出版自由之基本精神，進行修正案的審查，以維護憲法之尊嚴，並且以出版法案關係人民權利義務爲由，要求舉行公開會議審議以昭公允，以表現民主的態度。雖然此一提案當時並未發揮實質的影響力，但是卻表現當時臺灣省議會作爲臺灣當時擁有民意正當性的最高議會，重視人民權利甚於立法院的立場。

【資料來源】《聯合報》，一九五八年六月四日，第一版。臺灣省臨時省議會祕書處（編印），《臺灣省臨時省議會第三屆第三次大會專輯》（臺北：編者，一九五八年），頁五八四～五八七。

一九五八年六月二十日　立法院通過出版法修正案

一九五八年六月二十日，執政黨的國民黨不顧黨內亦有上百名立法委員的反對，透過黨政運作完成備受爭議的「出版法修正案」立法程序。自從行政院於一九五八年三月二十八日提出該法修正草案以後，就被輿論批評爲將原本違法的行政命令合法化。而完成立法程序後，既賦予主管官署可以藉著行政裁量，使自己不滿意的報刊，永遠不能獲得登記的許可，且對於過去原本在施行細則中變相封閉報刊的規定，更明文的在此一出版法修正案中增列撤銷登記一條，使得行政機關可以於法有據地宣告報刊停刊。由於此一修正案嚴重侵害了言論自由，當時《自由中國》一再地以社論主張政府必須撤回修正案，及立法院應該嚴正審核修正案，而民間的報業包括臺北報業公會也表達相當的反彈。但是蔣介石總統在一九五八年四月二十一日的陽明山革命實踐研究院擴大總理紀念週中，卻批評所謂的民主自由乃是共產黨的東西，對於民間反對出版法修正案的事件表示憤怒，宣示此一修正案乃是其意志的展現。結果立法院被迫對出版法修正案採取祕密審查的方式進行，因此引起包括臺灣省議會以決議的方式表達反對的立場。縱使如此，一九五八年五月二十一日，國民黨中常會仍根據蔣介石總裁的意志，決議限立法院在該屆會期內照原案通過出版法修正案。面對黨部明確的指令，立法院則決定以延長會期的方式進行審查，最後在國民黨黨紀及動員雙管齊下，終於在六月二十日完成立法程序。此一修法的完成代表著過去國民黨當局以行政命令限制言論自由的方式，改成以法律手段限制人民言論自由。整體而言，出版法修正案從提出到審議再到通過，國民黨當局先是悍然拒絕當年立法委員七十五人正式提案，又要求立法院對原本出版法施行細則違法各點，採取行動「法制化」，也就是說，修正違反母法的子法，正式以法律箝制言論自由，因而《自由中國》批評此舉為中華民國的出版自由敲下了最後的喪鐘。

【資料來源】
《中央日報》，一九五八年六月二十一日，第一版。
薛化元，《「自由中國」與民主憲政》（臺北：稻鄉出版社，一九九六年），頁二七三～二七七。

一九五八年七月一日　臺灣警備總司令部正式行使職權

一九五八年七月一日，臺灣警備總司令部正式行使職權，接管原臺灣省保安司令部、臺灣省民防司令部、臺北衛戍總司令部的任務，以及臺灣防衛總司令部有關臺灣本島戒嚴的事務。根據當時國防部的宣布，臺灣警備總司令部隸屬於國防部，但是受臺灣省主席之指導、監督，充分暴露了中華民國體制下中央與臺灣省權責不清、定位不明的制度困窘。其中地方行政官署關於軍事事項部分，警備總司令部便可以報請以統帥的名義通知臺灣省主席執行，此時有點類似中央與地方的關係；但是對於有關人民權利事項，卻是除法令另有規定之外，必須報請臺灣省政府主席同意後執行，此時卻有點像臺灣省政府之下的機構。這樣的狀況，正展現了一九五〇年以降臺灣整體行政組織權責畫分不明的基本現象。

【資料來源】
《臺灣新生報》，一九五八年七月一日，第一版。
薛化元，〈從反共救國會議到陽明山會談（一九四九～一九六一）：對朝野互動的一個考察〉，《法政學報》，第七期，一九九七年一月，頁六三～六五。

一九五八年七月十一日　勞工保險條例制定通過

一九五八年七月十一日，立法院制定通過「勞工保險條例」，完成當時已實施有年的勞工保險制度的法制化工作，這對臺灣整體社會安全制度的建立而言，有劃時代的意義。當年立法院同時決議，失業保險應由主管機關從速籌擬計畫，於最近期間完成立法程序。只是有關失業保險的部分，直到一九九八年才正式通過立法，得以落實。

【資料來源】
《臺灣新生報》，一九五八年七月十二日，第一版。
《立法院公報》，二一：一九，一九五八年八月十二日，頁一三二～一四〇。

一九五八年八月二十三日　八二三炮戰

一般稱為「第二次臺海危機」的八二三炮戰在一九五八年八月二十三日開打，中華人民共和國人民解放軍與數百門大炮於當日下午五點三十分同時向大小金門大擔、小擔等島，進行密集性的炮擊，在短短八十五分鐘內共發射了三萬多發炮彈，炮戰並持續到一九五九年一月七日。總計人民解放軍向金門等地炮擊的數量超過四十萬枚，無論數量或是密度，都在人類戰史上可占一席之地。作為捍衛臺澎金馬的指標戰役，它在中華民國國軍戰史上是重要的一頁，特別是與古寧頭之役不同，臺籍戰士在此戰役中亦扮演重要的角色。

炮戰發生之後，為了因應中華人民共和國強烈的攻擊，美國國防部在次日旋即發表第七艦隊在臺灣海域進入戰鬥態勢，此後第七艦隊除了協助我國海軍補給團赴金門補給外，並且與空軍、海軍陸戰隊、陸軍舉行一連串防空兩棲作戰聯合演習，並派駐F-104A星式戰鬥機及勝利女神飛彈營至臺灣，同時也在臺灣成立作戰指揮中心。而為了直接有效壓制來自人民解放軍的持續炮擊，美國軍方並且提供火力強大的新型「巨炮」至金門，果然在其後雙方的炮戰中充分發揮其功效。中華民國軍方雖然在八二三炮擊當日遭到嚴重的損失，包括金防部副司令官吉星文中將等殉職，不過在美方後續協助下，終究可以在火力上與人民解放軍抗衡，甚至進而可以壓制其火力。更重要的是，自當年九月起，持續在臺海及金門島發生的空戰中，國軍持續取得制空權，並擊落二十多架米格戰鬥機，中華人民共和國明顯地無法取得制空權。在此狀況下，人民解放軍實際上無法透過武力占領金門。中華人民共和國的領導高層，也放棄占領國軍駐防的中國大陸沿海諸島的計畫。

八二三炮戰發生後，美國方面先是希望中華民國政府自金馬撤軍，十月美國國務卿杜勒斯與蔣介石總統會談，發表「聯合公報」，表示將不主動「武力反攻」。最後中華人民共和國宣布「單打雙不打」的炮擊金門政策，第二次臺海危機正式落幕。

【資料來源】

李福鐘，〈「解放臺灣」與臺海危機——一九四九年以來的中國對臺政策〉，收入：《現代學術研究》，專刊八（臺北：財團法人現代學術研究基金會，一九九七年），頁二二一～二五一。

一九五八年九月十八日　高雄港擴建工程開工

自一九五八年九月十八日開工的高雄港擴建工程，歷經十一年，於一九六九年九月十八日完工。此一名列當年臺灣七大建設之一的擴建工程，是十大建設之前，政府在臺灣推行的少數基礎建設中重要的代表。不但高雄加工出口區建於此一工程的新生地上，還新增了二十七座深水碼頭位置，以及貨櫃碼頭基地和油港區，並爲以後的一貫作業大煉鋼廠進行基地整備。基本上，這也是高雄港及南部工業區日後發展的重要憑藉。

【資料來源】

《中央日報》，一九五八年九月十九日，第四版。

一九五八年十月三日　司法院大法官會議法施行細則公布

根據中華民國制憲時的原本設計，大法官會議的釋憲權乃是攸關人權保障的重要制度。但是，行憲以後的大法官會議規則，卻規定只有政府（憲法）機關可以申請釋憲，使人民權利受損時，幾乎全無自求救濟的可能。而一九五八年十月三日司法院公布「司法院大法官會議法施行細則」，才使得當年七月完成立法的「大法官會議法」所規定的新制得以由新任命的第二屆大法官落實。此後，人民若是有關憲法所保障的人權遭到違憲的法令侵害，透過法定訴訟程序，即有聲請釋憲的權利與可能。但在實際運作上，直到第三屆大法官任滿，總共僅完成一件人民聲請的釋憲案。

【資料來源】

《立法院公報》，二十一卷一〇期，一九五八年五月二十日，頁九二。

《司法專刊》，九十一期，一九五八年十月十五日，頁三九〇〇。

翁岳生，〈論司法院大法官會議之功能〉，收入：《法治國家之行政法與司法》（臺北：月旦出版社，一九九五年），頁三五八。

一九五八年十月二十三日　蔣介石與杜勒斯發表聯合公報

一九五八年十月二十三日，總統蔣介石與美國國務卿杜勒斯發表蔣、杜聯合公報，在此一公報中，對於中華民國政府武力「反攻大陸」問題，有相當重要的宣示：「中華民國政府認爲，恢復大陸人民之自由乃其神聖使命，美國相信此一使命的基礎，建立在中國人民之人心，而達成此一使命之主要途徑，為實行孫中山先生之三民主義，而非憑藉武力。」由於有關「非憑藉武力」的說法出現在官方文獻上，使蔣介石總統領導的中華民國政府一貫的（以武力）「反攻大陸」政策是否改變，成為各方關注的焦點。為此，時任外交部長的黃少谷對合衆國際社記者所發表之意見中，特別表明：中華民國政府並未宣布放棄，一旦遇到「大陸爆發革命」時，將「使用武力光復大陸」。對此，當時代表在野言論的《自由中國》便以社論表示，黃少谷的說明證實了中華民國已經「放棄軍事反攻大陸」的「主動權」，只「保留響應大陸革命」的用武權而已。以此為基礎，所謂的「反攻無望論」正式成形。

【資料來源】
《中央日報》，一九五八年十月二十四日，第一版。
社論，〈論放棄主動使用武力之承諾〉，《自由中國》，一九：九（一九五八年十一月五日），頁五～六。

一九五八年十一月二十五日 行政院核定勞工教育實施辦法

一九五八年十一月二十五日，行政院在邀請各部處會商後，核定「勞工教育實施辦法」，並指令內政部公布實施。根據此一辦法，各公民營廠礦企業應按工人數編列經費，作為勞工教育之用，而勞工教育措施，則由職工福利金中提撥百分之十至二十五支應。如果落實規定，工人人數超過二百人以上的廠礦企業便要正式開班，授課時數每日不得少於一小時（時間分配一半列入工作時間，一半列入休息時間），修業期滿，教育廳會同社會處甄試及格後，再發予同等學歷證明。此一制度設計雖與一九一九年德國威瑪體制相近，但除精神可嘉之外，對此一制度未立法規範，而業主提供勞工進修的制度，也始終未能落實。

【資料來源】
《中央日報》，一九五八年十一月二十六日，第四、六版。

一九五八年十二月五日 臺灣銀行允許棉紡業貼現

一九五八年十二月五日，臺灣銀行針對棉紡織業，實施貼現業務，並擴展至其他行業，以充裕我國企業界的資金週轉。由於在一九五〇年代，臺灣的經濟型態正處於進口替代時期，棉紡織業更是其中最具代表性的行業，政府並曾先後以限制生產規模、關稅壁壘、代紡代織等方式，促使業者在國內市場迅速獲利。但是，直到一九五八年紡織業朝向出口擴張轉型之際，資金不足仍是一個問題。因此，貼現業務的展開，對業者的資金週轉而言，有相當大的助益。此後貼現業務的範圍及規模日漸擴大，對我國企業的資金調度，有相當正面的影響。

【資料來源】
《聯合報》，一九五八年十二月六日，第五版。

一九五九年一月五日　金融機構開辦儲蓄存款業務

一九五九年一月五日，彰化銀行、華南銀行、第一銀行、臺灣銀行、土地銀行及合作金庫同時辦理儲蓄存款業務，而各地的信用合作社、合會儲蓄公司、農會信用部及郵局，則同時開辦定期存款業務。由於儲蓄存款利率較原有的活期存款高，加強了金融機構吸收民間游資的能力。

【資料來源】
《中央日報》，一九五九年一月六日，第六版。

一九五九年一月十三日　省政府開放營業汽車牌照

一九五九年一月十三日，臺灣省政府第五七三次會議決定「全部開放」營業貨車及營業小汽車的牌照。當時政府依行政裁量嚴格限制營業車牌照，導致牌照奇貨可居，黑市頂讓的價格竟高達新臺幣三、四萬元。雖然省政府號稱開放牌照可使客貨汽車運輸業自由競爭，但是警備總司令部則顧慮若是數量開放過多，可能造成人力三輪車業者失業，形成治安問題，所以在「全部開放」下，包括陽明山區的臺北市，計程車仍維持已核定的一百三十輛，充分呈現當年縱使標舉「自由競爭」的名義，政府機關不依法行政的管制心態。

【資料來源】
《中央日報》，一九五九年一月十四日，第六版。

一九五九年一月二十四日　公務員懲戒委員會對奉命不上訴案作出決議

一九五九年一月二十四日，公務員懲戒委員會達成決議，將涉及著名的「奉命不上訴」案的延憲諒檢察官予以撤職處分。此一案件根據官方說法是延憲諒在擔任臺中地檢處首席檢察官任內，針對南投縣長李國楨案，向承辦檢察官批示「奉令不上訴」，引發爭議，再經司法行政部移送公務員懲戒委員會懲處。雖然表面上這是檢察官個人違法失職的案件，但是，此案件實際反映出強人威權體制的時代，司法受上級干預的事實。經由《自由中國》雜誌社工作同仁明查暗訪，不僅揭露此一案件非延憲諒一人所爲，甚至牽涉到主管的司法行政部介入干預檢察官行使職權的事實，因此《自由中國》一再以社論的形式，針對司法行政部長谷鳳翔的不法行爲加以批判，而延憲諒個人遭到懲處，或許只是此一事件的代罪羔羊而已。從當時連高等法院及普通法院都隸屬於司法行政部的體制來看，由行政干預司法不僅只是一種可能性，在制度設計上也提供它干預的便利，這或許是當年臺灣司法未能獨立的另一個重要的原因。

【資料來源】

社論，〈如此司法——「奉命不上訴」〉，《自由中國》，一九：一〇（一九五八年十一月十六日），頁二～三。

社論，〈從官方的報導再論「奉命不上訴」〉，《自由中國》，一九：一一（一九五八年十二月一日），頁七～八。

史濟人，〈「奉命不上訴」的新論證〉，《自由中國》，一九：一一（一九五八年十二月一日），頁三一。

社論，〈三論谷鳳翔對「奉命不上訴」案應負的法律責任——又一證據谷鳳翔難逃教唆罪嫌〉，《自由中國》，一九：一二（一九五八年十二月十六日），頁七～八。

社論，〈「奉命不上訴」案為何「不予起訴」？〉，《自由中國》，二〇：二（一九五九年一月十六日），頁五～七。

《中央日報》，一九五九年一月二十六日，第四版。

一九五九年二月二十三日 整理臺北市南京東路市容

一九五九年二月二十三日，臺北市政府以南京東路為松山機場通往市區之要道，該路之市容影響國際之觀瞻甚大，因此決定予以整頓，特准南京東路兩旁的空地蓋建樓房，至當年三月二十日止為申請期限，當時市政府並有附帶條件，謀求建造樓房必須在領到執照十個月內將房屋建成才算合法，由此案例可見當時政府對於人民財產權之強力控制。

【資料來源】

《中央日報》，一九五九年二月二十五日，第四版。

一九五九年四月十三日 蔣夢麟發表人口問題演講

一九五九年四月十三日，中國農村復興委員會主任委員蔣夢麟在農復會的記者招待會中，發表著名的「讓我們面對日益迫切的臺灣人口問題」，呼籲全民節育。由於在孫中山的遺教中，一再提及中國必須面對人口不足所會產生的危機，因此，蔣夢麟的此篇演講，無異於正面衝擊國民黨當局原有的人口政策，也面對批評者以遵循孫中山遺教為由的強力反對。不過，蔣夢麟的呼籲乃是針對人口增加趨勢所造成的社會經濟壓力而來，有其現實的背景，加上蔣夢麟個人在國內外有相當重要的政治地位，因而並未因此一演講而遭到不利的待遇。然而，政府機構也遲遲不能採取適切的行動，直到一九六八年四月十八日，行政院通過所謂的

「人口政策綱領」時，才以類似優生保健等理由逐次展開臺灣新的人口政策，蔣夢麟的呼籲也才有了更進一步的發展。

【資料來源】

《中央日報》，一九五九年四月十四日，第四版。

李永熾、薛化元（主編），《臺灣歷史年表（Ⅱ）》（臺北：業強出版社，一九九四年），頁四九。

一九五九年五月一日　公布男女勞工同工同酬公約

一九五九年五月一日，總統蔣介石明令公布「男女勞工同工同酬公約」，並開始施行。此一公約原爲一九五一年六月二十九日在國際勞工組織第三十四屆會議中訂定，我國立法院則於一九五七年十二月三日通過，總統在一九五八年三月一日批准，並於五月一日送國際勞工局登記，同時公布正式實施，以履行作爲國際勞工組織會員國的義務。此一公約明白保障凡是做同等工作之勞工，其報酬率不因性別而有所差別，當時《中央日報》並宣稱我國工廠法之規定與公約之精神不謀而合。然而有趣的是，男女同工同酬問題在部分產業直到今天仍然是臺灣社會一個值得注意的問題。

【資料來源】

《中央日報》，一九五九年五月一日，第一版。

《總統府公報》，第一〇一四號，一九五九年五月一日，頁二～四。

一九五九年六月二日　冤獄賠償法通過

一九五九年六月二日，立法院通過「冤獄賠償法」，並訂於同年九月一日起開始實施。此一法律的通過對於因爲冤獄而喪失人身自由的受害人，得以依據本法請求國家賠償的權利，就人權保障而言，自是一種進步。但美中不足的是，此一法律適用的範圍，已依刑事訴訟法受理的案件爲限，換句話說，在戒嚴體制下，受軍法審判造成的冤獄部分，仍不在救濟之列。

【資料來源】

《中央日報》，一九五九年六月三日，第三版。

《立法院公報》，二三：一六，一九五九年六月二十二日，頁一四三～一四五。

一九五九年六月九日　實施文武合一教育，訂定大專暑期集訓等辦法

一九五九年六月九日，教育部以實施文武合一教育政策，要養成文武兼備優秀人才爲由，會同國防部、救國團及臺灣省政府訂定「學校軍訓教育改進計畫大綱」、「大專學生暑期集訓辦法」，通令全國各學校實施。在這兩項辦法之中，最重要的目的乃是希望學校軍訓制度與國軍預備幹部制度，能夠進行銜接，而大專學生暑期集訓待遇比照陸軍二等兵的待遇，其集訓成績不及格者，就無法列入畢業後預備軍官徵訓的對象，並規定大專學生暑期集訓在本質上相當於入伍軍官的訓練教育。此種在暑期集訓的方式，對於整體預備幹部

的養成，固然有其意義，接受集訓的大專學生，以後也可以扣抵入伍服役的時間，不過大專學生暑期集訓在訓練的過程中，要求服從等同軍事化的訓練，在某種意義上，也有助於當時校園安定的政治目標。除此之外，在當時《中央日報》的報導中，未曾提及在改進計畫大綱中，明白列入主義、領袖、國家、責任、榮譽等五大信念。而這五大信念本來是救國團在學校扮演學生動員，鞏固強人威權體制統治重要的理念，此時則放進教育部負責的軍訓教育範疇內，更有進一步透過行政系統強化其社會化的功能，因此，《公論報》曾在一九五九年六月十四日的社論提出批評。

【資料來源】
《中央日報》，一九五九年六月十日，第五版。
《公論報》，一九五九年六月十四日，第二版。

一九五九年六月十二日　李萬居主張立法委員應盡速改選

一九五九年六月十二日，針對政府遷臺以後，中央民意代表任期屆滿多年卻未曾改選的現象，李萬居在省議會總質詢中，提出立法委員應該盡速改選的主張。質詢中強調根據合理的方式，應該按照各省籍在臺人數的比例，進行改選，若不能如此，至少臺籍人士應該選出百分之五十的立法委員。當時提出國會全面改選主張，李萬居並非唯一的一個。不過當時其他有關國會全面改選的主張，往往是按照中國大陸各選區的人數，由臺灣原大陸省籍人士按省、市進行改選，因此，縱然進行改選，代表人數與選民之間未必能夠公平合乎比例的原則；反之，李萬居強調必須尊重臺灣住民中臺籍人數的比例問題，在當時是少數能充分表現臺灣人主體意識，並貼近民主政治理想的體制內主張。

【資料來源】

臺灣省議會祕書處（編印），《臺灣省省議會第一屆第一次大會專輯》（臺中：臺灣省議會祕書處，一九五九年），頁二〇八四～二〇八五。

一九五九年六月二十四日　臺灣省臨時省議會更名臺灣省議會

一九五九年六月二十四日，第三屆臨時省議會第五次大會期間，省主席周至柔在議會宣布，奉行政院命令將臺灣省臨時省議會改爲臺灣省議會，並將臨時省議會第三屆第五次大會改爲臺灣省議會第一屆第一次大會。此一更名雖然符合臺灣省議員長久以來期待取消「臨時」，使省議會「正式」化的主張，但是不僅省議會的權限未能大幅更張，而且就在取消臨時省議會之前，從一九五七年八月周至柔擔任省主席開始，臺灣省政府歷經黃杰、陳大慶等三位軍人出身的省主席，在中央強人威權體制、臺灣省當局則由軍人主政的狀況下，改名後的臺灣省議會，仍然難以發揮參與決策、監督行政的功能。因此，曾有學者指出此一時期是臺灣省議會議政發展的困頓期。

【資料來源】

《中央日報》，一九五九年六月二十五日，第三版。

鄭牧心，《臺灣議會政治四十年》（臺北：自立晚報，一九八七年），頁一七四～一七七。

一九五九年七月十五日 改善民間習俗辦法公布

一九五九年七月十五日，臺灣省政府針對民間寺廟祭典及宴客、婚喪慶典之方式，公布「改善民間習俗辦法」。對前者而言，包括普度統一於農曆七月十五日舉行，各寺廟庵觀每年原則上可以舉行祭典一次，但同一鄉鎮市供奉同一主神者仍應合併辦理。對後者而言，則要求祭典日每戶宴客不得超過三席，並要求未滿六十歲不祝壽，六十歲以上者舉行壽禮亦以不宴客為原則，以及喪葬不宴客等等。雖然官方以節約為由，合理化前述的限制措施，但是，原有民間透過祭典、宴客、婚喪慶典進行的社會功能卻也遭到壓抑。而官方試圖將權力滲透到社會的底層、強化控制的取向，亦展現無疑。

【資料來源】

《中央日報》，一九五九年七月十五日，第三版。

一九五九年八月三十一日 因應八七水災，總統頒布緊急處分令

一九五九年八月七日，由於熱帶性低氣壓帶來豪雨，造成二十世紀臺灣中南部最嚴重的「八七水災」。八月三十一日，經行政院會之決議，總統蔣介石針對「八七水災」復興重建之需要，根據動員戡亂時期臨時

條款之規定，頒布（至一九六〇年六月三十日有效）十一項緊急處分（第二次行使緊急處分權），其內容包括：政府得變更預算，限制國民消費，以及營利事業所得稅、綜合所得稅等九種稅課，與電力費、電信費、鐵公路票價均附徵建設捐等等。這也是政府遷臺後，第一次發布緊急處分令。

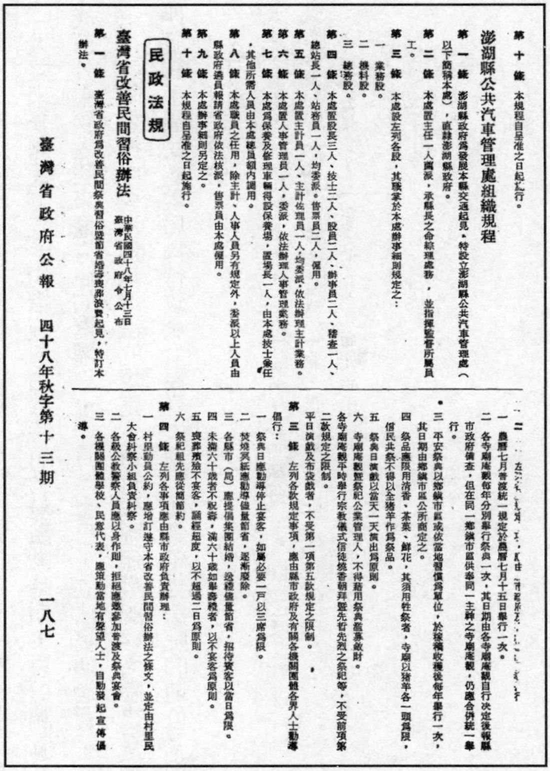

第十條　本規程自呈准之日起施行。

澎湖縣公共汽車管理處組織規程

第一條　澎湖縣政府為發展本縣交通起見，特設立澎湖縣公共汽車管理處（以下簡稱本處），直隸澎湖縣政府。

第二條　本處置主任一人薦派，承縣長之命綜理處務，並指揮監督所屬員工。

第三條　本處設左列各股，其職掌於本處辦事細則規定之：

一　業務股。

二　機料股。

三　總務股。

第四條　本處置股長三人、技士二人、股員二人、辦事員二人、稽查一人、總站長一人、站務員一人，均委派。售票員二人，僱用。

第五條　本處置主計員一人、主計佐理員一人，均委派，依法辦理主計業務。

第六條　本處置人事管理員一人，委派，依法辦理人事管理業務。

第七條　本處為保養及修理車輛得設保養場，置場長一人，由本處技士兼任，其他所需人員由本處總員額內調用。

第八條　本處職員之任用，除主計、人事人員另有規定外，委派以上人員由縣政府遴員報請省政府依法核派，售票員由本處僱用。

第九條　本處辦事細則另定之。

第十條　本規程自呈准之日起施行。

民政法規

臺灣省改善民間習俗辦法

中華民國四十八年七月十三日
臺灣省政府令公布

第一條　臺灣省政府為改善民間祭典習俗暨節省婚壽喪葬浪費起見，特訂本辦法。

臺灣省政府公報　四十八年秋字第十三期　一八七

第二條　[illegible]

一　農曆七月普渡統一規定於農曆七月十五日舉行一次。

二　各寺廟庵觀每年分別舉行祭典一次，其日期由各寺廟庵觀自行決定後報縣市政府備查，但在同一鄉鎮市區供奉同一主神之寺廟庵觀，仍應合併統一舉行。

三　平安祭典以鄉鎮市區或依當地習慣為單位，於稼穡收穫後每年舉行一次，其日期由鄉鎮市區公所商定之。

四　祭品應限用清香、茶菓、鮮花，其須用牲祭者，寺廟以豬羊各一頭為限，信民共祭不得以全豬羊作為祭品。

五　祭典日演戲以當天一天演出為原則。

六　寺廟庵觀暨祭祀公業管理人，不得藉用祭典濫募斂財。

各寺廟庵觀平時舉行宗教儀式信徒燒香朝拜暨先哲先烈之祭祀等，不受前項第二款規定之限制。

平日演戲及布袋戲者，不受第一項第五款規定之限制。

第三條　左列各款規定事項，應由縣市政府及有關各機關團體各界人士勸導倡行：

一　祭典日應勸導停止宴客，如屬必要一戶以三席為限。

二　焚燒冥紙應勸導儘量節省，逐漸廢除。

三　各縣市（局）應提倡集團結婚，婚禮儘量節省，招待賓客以當日為限。

四　未滿六十歲者不祝壽，滿六十歲如舉壽禮者，以不宴客為原則。

五　喪葬殯殮不宴客，誦經超度，以不超過二日為原則。

六　祭祀祖先應從簡節約。

第四條　左列各事項應由縣市政府負責辦理：

一　村里動員公約，應增訂遵守本省改善民間習俗辦法之條文，並定由村里民大會糾察小組負責糾察。

二　各級公教警察人員應以身作則，拒絕應邀參加普渡及祭典宴會。

三　各機關團體學校、民意代表，應策動當地有聲望人士，自動發起宣傳倡導。

圖二十一　臺灣省改善民間習俗辦法（臺灣省政府公報，民國四十八年秋字第十三期）

【資料來源】
《臺灣新生報》，一九五九年九月一日，第一版。

一九五九年十一月十一日 戶口總校正，兼辦大陸來臺國民調查

一九五九年十一月十一日，進行臺灣戶口總校正時，在事前未經公布的狀況下，於原有法規之外忽然有「大陸來臺國民調查」的措施。由於時值動員戡亂時期，戶口調查又往往被認為與安全調查有關，此舉遂造成部分中國大陸來臺人民的驚懼。十一月二十日，立法院通過青年黨籍立法委員李公權領銜的臨時動議，要求行政院依據中央法規標準法的規定，將行政院頒發的「大陸來臺國民調查實施要點」函送立法院。此一事件暴露了國民黨當局以行政命令侵害人權，而當年立法院的地位又相當弱勢的現象。

【資料來源】
《中央日報》，一九五九年十一月十一日，第四版。
《聯合報》，一九五九年十一月十一日，第一版。
《立法院公報》，二四：七，一九四九年十二月四日，頁六七～六八。

一九五九年十二月八日　立法院通過外國人投資條例修正案

一九五九年十二月八日，立法院通過「外國人投資條例」修正案，此一條例通過之目的，乃爲了積極吸引外資投入臺灣的生產事業。因此，將原有的規定，做了相當的修正，其重點包括：放寬外國人投資所得的利潤或者孳息結匯的限制，取消過去每年匯出金額，不得超過其投資總額百分之十五的限制；同時，也放寬外國人投資的範圍；並將投資的資本計算種類，納入建廠輸入物資的經費，改變其資本總額的計算方式；同時，針對過去申請核定時效過長，也做了一定程度的改善，規定在申請手續完備之後，四個月內便必須核備，以便利投資。另外，針對自一九五二年到一九五八年，外國人在臺灣投資的項目中，技術合作占了相當比例的現象，此次修法將技術合作一項另行立法，而給予技術合作投資的便利，這對於當年臺灣吸引外資而言，爲相當重要的變革。

【資料來源】

《中央日報》，一九五九年十二月九日，第一版。

《立法院公報》，二四：九，一九五九年十二月二十二日，頁八六～八八。

一九六〇年二月十二日　大法官會議釋字八十五號：開啟總統三連任的方便門

一九六〇年二月十二日，司法院大法官會議針對國民大會代表總額問題作成釋字第八十五號解釋。根據此一解釋，認為所謂國民大會代表的總額，必須以能應召集的代表人數作為計算標準，使得國民大會代表總額急速下降到一千多名。由於總額大幅降低，出席國民大會的代表占總額比例大增，此後在臺灣召開的國民大會，便取得了形式上合法進行修憲程序的可能性（原先出席人數無法達到修憲所需人數的下限）。大法官會議通過此一解釋，在當時最具現實意義的便是：原本中華民國憲法規定總統只能連任一次，透過此一解釋令，使得國民大會可以透過修憲程序賦予蔣介石總統三連任的合法基礎。一九六〇年三月十一日，國民大會通過修正「臨時條款」，總統連任次數無限制，三月二十一日，蔣介石總統三連任。此後國民大會在形式上採取修改「動員戡亂時期臨時條款」的方式來進行憲政體制的修改，著力的方向除了後來有關臺灣增額中央民意代表的選舉以外，主要的重點便在於總統的擴權與國民大會的擴權。因此，此一解釋不止影響了當時總統的三連任，更是後來兩蔣統治期間臺灣整體憲政體制發展，越來越背離制憲本旨的重要關鍵。

【資料來源】

《中央日報》，一九六〇年二月十三日，第一版。

司法院釋字第八五號解釋，《司法院公報》，二：三，一九六〇年三月十一日，頁六。

一九六〇年三月十八日　立法院通過華僑投資條例修正案

一九六〇年三月十八日，為了吸引更多的華僑到臺灣投資，立法院通過「華僑投資條例」的修正案。所謂的華僑投資條例，基本上與「外國人投資條例」可以說是姊妹法，皆是希望吸收外來資金投入國內生產，因此它的立法原則及條文的體例大致相同。不過，由於當時認爲華僑本質上與國內人民相同，凡是國內人民所能經營的事業，華僑回國在基本上也應該可以經營，所以條例所規定的投資範圍較外國人投資更廣，包括一般服務業及公用事業皆在其投資的範圍之內。不過，也因爲如此，華僑在金融體系及國內服務業的投資方面所占的比例遠高於在一般產業的部分。因此，對於臺灣產業的發展而言，其投資的貢獻就比不上美國、日本等外來資本的貢獻。在另一方面，由於擁有服務業及金融業的投資特許，反而使得華僑在許多行業的投資方面比起臺灣本地的資本擁有更多的優惠及便利，如投資當時本地資本家無法經營的金融業，特別是銀行，便是其中最爲顯著的一環。

【資料來源】

《中央日報》，一九六〇年三月十九日，第三版。

《立法院公報》，二五：四，一九六〇年四月五日，頁一〇一～一〇四。

一九六〇年三月二十七日　行政院核定臺灣省省級機關與縣市級機關權責畫分方案

一九六〇年三月二十七日，在臺灣實施所謂的地方自治十年以後，行政院核定「臺灣省省級機關與縣市級機關權責畫分方案」，開始交由臺灣省政府試辦，其中方案的內容，大抵上可以分成四個方向：（一）畫分自治事項與委辦事項；（二）確立省縣財政關係；（三）明定指揮監督系統；（四）提高縣市長人事任免獎懲的權責。當時官方針對此一方案，曾經提出說明：此一方案的提出乃是因爲臺灣實施地方自治以來，雖然名義上縣市已經成爲自治團體，依法可以處理地方事務，但實際上，上級政府對於縣市的指揮相當嚴格，無法培養地方自治的機能，使得省與縣市之間事權糾纏不清，因此才分爲前述四個部門提出改進的措施。當年此一辦法之頒布反映了臺灣早年所謂的地方自治，官派省主席主控的省政府欠缺完整的自治權責，省以下的縣市，首長及議員雖全由民選產生，正當性超過省，但實際上地方欠缺自主權的問題卻更爲嚴重。

【資料來源】

《中央日報》，一九六〇年三月二十八日，第三版。

一九六〇年五月十二日　行政院通過戒嚴期間無線電臺管制辦法

一九六〇年五月十二日，行政院核定通過由國防部所提的「戒嚴期間無線電臺管制辦法」。透過此一辦法使得國家機關對無線電臺的管制、監控工作，在體制上完全交由警備總司令部執行。民營電臺的概況、機件、人事、廣播節目等項，都必須按月向臺灣警備總司令部報告備查，而警備總司令部也得以派員至各電臺進行檢查工作，軍方對於無線電臺媒體的掌控得到進一步的發展。

【資料來源】

《中央日報》，一九六〇年五月十三日，第一、六版。

一九六〇年五月十八日　在野人士籌組地方選舉改進座談會

一九六〇年蔣介石三連任之後，臺灣地方選舉中無黨無派、在野黨派的選舉候選人，再度面對因爲國民黨當局掌控選舉機器不公而失利的問題。不滿蔣介石三連任的自由派人士與強烈反彈選舉不公的本土菁英，開始進行雙方結合的動作。五月十八日，民、青兩黨及無黨派人士，舉行了該屆選舉檢討會，與會者幾乎一致抨擊國民黨舞弊違法，並且將討論的焦點由檢討選舉轉到組織新黨的討論。會議中決定組織地方選舉改進座談會，至於另組新的、強大的反對黨問題，再由座談會與民、青兩黨協商進行。此一決議乃是一九六〇年中國民主黨籌組行動的正式開端。此時由於經過了蔣介石的三連任，與韓國三月政變的影響，《自由中國》的實際負責人雷震對於臺籍菁英籌組反對黨的行動，已經由一九五七年的保留態度轉爲積極投入，他並且鼓勵其他來自中國大陸的自由民主人士投入組黨的行動中。雷震態度轉變的理由是，如果不參加組黨的行動，臺灣本土的地方菁英面對選舉舞弊及韓國政變的鼓舞，仍然可能組黨，而在欠缺大陸籍人士參與的情況下，可能造成情勢的惡化。

【資料來源】

〈在野黨及無黨無派人士舉行本屆地方選舉檢討會紀錄摘要〉，《自由中國》，二十二卷十一期（一九六〇年六月一日），頁二四。

雷震，一九六〇年五月十九日日記，《雷震全集（冊四〇）》（臺北：桂冠出版公司，一九九〇年），頁三一一。

薛化元，《「自由中國」與民主憲政》（臺北：稻鄉出版社，一九九六年），頁三六九～三七〇。

一九六〇年六月三日　陳誠表示：希望有個代表人民利益的反對黨

一九六〇年六月三日，副總統兼行政院長陳誠在記者會中，針對當時臺灣在野人士籌組反對黨問題，表示希望臺灣有一個強有力的反對黨。他指出組黨最要緊的是：有主義、有政策、有立場，並且能眞正代表人民的利益，而且表示：只要不破壞反共抗俄的國策、不破壞建設臺灣的目標，希望能夠有一個強而有力的反對黨。陳誠的談話代表行政院對於籌組中的反對黨，抱持著審愼、歡迎，或至少並未完全排斥的態度。但是雖然陳誠以副總統兼行政院長、中國國民黨副總裁的身分，表達了前述的看法，理論上應該能表達當時執政者的意見，但是由蔣介石主導的國民黨當局與陳誠的意向剛好相反，對於當時籌組的反對黨抱持相當的敵意，根本不願意見到反對黨的成立，因而稍後才有雷震案的發生與中國民主黨籌組行動的胎死腹中。透過此一事件可以發現，作爲當時黨政第二號人物的陳誠對於政府的決策，並不能充分掌握，因此呈現整體政府決策制度化不足，而陳誠似乎已有漸次淡出權力核心的問題。

【資料來源】
《聯合報》，一九六〇年六月四日，第一版。

一九六〇年六月三日　立法委員聯合質詢陳誠續任行政院長程序

一九六〇年六月三日，針對蔣介石總統以慰留方式使陳誠續任行政院長一事，包括著名學者薩孟武、張金鑑、藍文徵在內的一百六十二位立法委員聯合提出書面質詢，表示根據憲法第五十五條的規定，總統的慰留不能代替憲政體制的提名過程。此一少見的大規模聯合質詢案雖然對於陳誠擔任行政院長並無實質的影響，但卻也表現了縱使在強人威權體制之下，立法院仍有相當多的委員認為新任總統就職以後，應該根據憲政體制重新提名行政院長人選送交立法院同意。相對的，在國內也有人以此次總統的作為是一憲政慣例，而在一九九六年支持李登輝總統以類似的方式，使原任行政院長連戰續任，但是時空環境已然不同，遂引發了朝野之間的憲政爭議，最後連戰卸任行政院長一職，專任副總統。

【資料來源】

《聯合報》，一九六〇年六月四日，第二版。

一九六〇年六月二十六日　李萬居、高玉樹、雷震宣布籌組新黨

一九六〇年六月二十六日，選舉改進座談會自籌組以來積極推動的新黨籌組行動，有了進一步的發展。當日發言人李萬居、高玉樹、雷震正式宣布開始籌組新黨。這是自中華民國政府遷臺以後，第一次在臺灣土地上進行的反對黨籌組行動，也是臺灣民主運動試圖衝擊當時的強人威權體制，希望建立機制以制衡國民黨的努力。不過面對國民黨當局強力的壓制，此一新黨籌組行動，終在雷震案爆發以後受到致命的打擊，雖然籌組行動勉強維繫到一九六一年，最後仍胎死腹中，也為一九五〇年代臺灣反對運動畫下休止符。

【資料來源】

《自由中國》，二十三卷一期（一九六〇年七月一日），頁一六。

李筱峰，《臺灣民主運動四十年》（臺北：自立晚報，一九八七年），頁七六。

一九六〇年七月二十七日　貨品管制進口準則公布實施

一九六〇年七月二十七日，行政院外匯貿易審議委員會公告「貨品管制進口準則」。本來在「進口替代」政策下，政府以關稅壁壘、管制進口商品的方式促進臺灣本土工業產品生產取代進口商品，是工業化的重要政策，因此「貨品管制進口準則」在此時公告，正凸顯了過去政府工業與貿易政策未能制度化配合的現象。

【資料來源】

《臺灣新生報》，一九六〇年七月二十八日，第五版。

一九六〇年八月十五日　大法官會議釋字八十六號：高等法院以下各級法院隸屬行政院被宣告違憲

一九六〇年八月十五日，在行政院長與司法院長根據蔣介石總統批示的總統府臨時行政改革委員會決議，會商達成共識後，大法官會議通過釋字第八十六號解釋。針對高等法院及地方法院長期以來隸屬行政院司法行政部之下的現象，主張根據憲法規定，應該改隸司法院。此一解釋基本上已經明白指出當時中華民國憲政體制下由行政權統轄包括地方法院、高等法院的制度，違背憲法體制的設計精神。但是，蔣介石總統對於政府體制被宣告違憲，卻採取以不變應萬變的態度，強力要求此一改革行動暫緩，直到其過世為止，完全沒有積極的作為以維護憲法的尊嚴。直到一九八〇年七月一日，政府才進行體制的調整，推動審檢分立，使地方法院與高等法院，改隸司法院，檢察系統則仍隸屬於行政院的法務部之下。由於權力分立制衡原則，是民主憲政體制下政府組織的基本原理，因此無論當時中華民國的司法體制是否違憲，（高等法院以下）法院隸屬行政系統的制度已經嚴重牴觸民主國家組成的原則，使得國民黨主政下的國家體制無法具足民主國家的要件。也由於司法的獨立不能確立，造成司法可能配合執政者國策，當時司法成為政治工具的問題益見凸顯。《自由中國》在以〈今日的司法〉為題的社論中，便批評當時的司法「比日據時代還不如」。

【資料來源】

《中央日報》，一九六〇年八月十六日，第一版。

司法院釋字第八十六號解釋，《司法院公報》，二：九，一九六〇年九月十一日，頁一〇。

社論，〈今日的司法〉，《自由中國》，一七：一，一九五七年七月一日，頁三～五。

一九六〇年八月二十五日 在野派省議員質詢反對黨等問題

一九六〇年八月二十五日，當時在野派的省議員包括李萬居、郭雨新、郭國基、許世賢、李源棧、李秋遠等人，針對臺灣政治體制提出質詢，要求政府尊重人權、開放報禁；並在保障人民集會結社自由的條件下，不應阻止組黨；而且要求政府根據憲法（在中央民意代表無法改選的情況下）落實省級的地方自治、民選省長。這是當年在野派籌組反對黨之時，在野派議員在省議會體制內提出的重要改革主張。

【資料來源】

《徵信新聞報》，一九六〇年八月二十六日，第二版。

一九六〇年八月三十一日 獎勵投資條例通過

一九六〇年八月三十一日，立法院三讀通過「獎勵投資條例」。本條例適用於國內外資本，並撤銷原先對外資持股的限制，放寬有關外資利潤匯出款的限制。至於其鼓勵投資意願的訴求重點，則在於對投資、儲蓄和出口的優惠措施，其中以租稅的優惠最爲重要。一般研究者認爲此條例的制定，對創造臺灣有利的投資條件，吸引投資、促進出口，皆有相當貢獻。不過，由於政府是以公權力介入，以扭曲臺灣經濟資源的分配作爲代價，推動此一經濟政策，相關決策人士對此亦有相當體認，因此制定之初即有十年落日條款的規定。然而，政府爲持續貫徹既有政策，不僅條文多次修改以配合實際需要，施行的期限也一延再延，直到一九九〇年底才由新通過的「促進產業升級條例」取而代之。

【資料來源】

《中央日報》，一九六〇年九月一日，第一版。

《中央日報》，一九九〇年十二月二十九日，第二版。

一九六〇年九月四日　雷震遭逮捕

一九六〇年九月四日，《自由中國》負責人雷震因涉嫌叛亂，遭警備總部逮捕，同案被捕的還包括傅正、馬之驌、劉子英。當晚，國民黨中常委陶希聖等人宴請報社負責人，即散發「《自由中國》半月刊違法言論摘要」。此一文件指控的文章甚多，涉及層面甚廣，因此，不久後即不再流傳，也未以此為根據，造成更嚴重的政治案件。而其後在蔣介石總統事先召開會議，指示雷震刑期不得少於十年之後，軍法審判對雷震的判決除「連續以文字為有利於叛徒之宣傳」外，再加以「知匪不報」，共判處十年徒刑。當年「雷震案」之所以發生，與其籌組中國民主黨有相當密切的關係，當時雷震是新黨籌組人士中，本土政治菁英與來自中國大陸政治菁英的重要溝通橋梁。雷震被捕後，外省籍的政治菁英如齊世英等人，對於由臺籍政治人物主導新黨籌組便深具戒心；相對地，本土政治菁英也沒有強力的組黨行動，中國民主黨遂告流產。經此事件，「黨禁」的問題也因而明顯化，組黨成為政治人物的禁忌。臺灣一直到一九八六年民進黨組黨，才出現有力的反對黨。

而由雷震主持的《自由中國》雜誌，係當年最重要的在野政論雜誌，國民黨當局亦藉機強力介入，使其不久後被迫停刊。

【資料來源】
《中央日報》，一九六〇年九月五日，第一版。
薛化元，《「自由中國」與民主憲政》（臺北：稻鄉出版社，一九九六年），頁三六九～三七一。

一九六〇年九月三十日 《自由中國》社論撰稿人對「雷震案」發表共同聲明

一九六〇年九月三十日，《自由中國》社論撰稿人殷海光、夏道平、宋文明發表共同聲明，表示在「拜讀警備總部的雷案起訴書」及國民黨散發的「《自由中國》半月刊違法言論摘要」之後，知悉他們所撰寫的文章被認爲是「違法言論」，因此，他們表明不「規避」應負的「言論責任」，同時將其言論「訴諸讀者的理智、常識和良心」，要求大衆對其言論作「公道的評判」。在白色恐怖時代面對雷震案，相關社論的作者「現身」願意負責的態度，表現了相當的道德勇氣，也使軍事審判中由雷震獨負文責的判決基礎有所鬆動。此舉雖然終究未能減輕雷氏的刑期，卻是當年少見的佳話。

【資料來源】
《中央日報》，一九六〇年十月一日，第五版。
雷震，《雷震全集》（臺北：桂冠出版公司，一九九〇年），頁六〇二～六〇七。

一九六〇年十月十三日　檢察官發表對法院改隸司法院的看法

一九六〇年十月十三日，由於高等法院及地方法院隸屬行政院的「憲政特例」，已經大法官會議八十六號解釋指出「高等法院以下各級法院及分院應隸屬於司法院」，此舉對當時臺灣司法界造成相當衝擊。面對司法體制可能進行的調整，全國各級檢察官提出「全國檢察官對於法院改隸問題之意見」，主張法院應包括審判及檢察兩部分，而一併歸屬於司法院，這是檢察官力爭自己應定位為法院一部分的具體行動。

【資料來源】

《中央日報》，一九六〇年十月十四日，第三版。

司法院釋字第八十六號解釋，《司法院公報》，二：九，一九六〇年九月十一日，頁一〇。

一九六〇年十一月十一日　公論報改組訴訟案，李萬居敗訴

一九六〇年十一月十一日，《公論報》負責人李萬居，在《公論報》改組糾紛訴訟案中，初審敗訴。此一訴訟案起因於一九五九年《公論報》受限於外在政治經濟環境不利其經營，而發生財務的困難。因此，國民黨籍的臺北市議會議長張祥傳便在《公論報》增股改組的過程中，入股進入報社。而在一九六〇年七月一日未經董事長、發行人兼社長李萬居同意下，逕行改組《公論報》，而引發衝突，進而對簿公堂。本日地方法院的判決，除判決李萬居敗訴外，並准許張祥傳提供四十萬元的擔保，即准予「假執行」，而李萬居則必

須提供兩百萬元，始可免予假執行，使李萬居面對失去《公論報》主導權的危機。

【資料來源】
《臺灣新生報》，一九六〇年十一月十二日，第三版。
楊錦麟，《李萬居評傳》（臺北：人間出版社，一九九三年），頁三五七～三六三。

一九六〇年十二月六日　土地銀行委託農會信用部代辦儲蓄存款業務

一九六〇年十二月六日，臺灣土地銀行通過實施辦法，正式委託各農會信用部代辦儲蓄存款業務。本來農會辦理金融業務，乃是國民黨當局當年一方面不准設立銀行，又迫於地方上的需求所採取的政策，而由地方派系掌控的農會，也藉此得到在金融領域進一步發展的可能。此一辦法開放農會信用部辦理儲蓄存款業務，由於儲蓄存款利率較高，使得其在吸收存款業務上，取得較開放前更好的競爭地位。

【資料來源】
《臺灣新生報》，一九六〇年十二月七日，第五版。
《中央日報》，一九六〇年十二月七日，第六版。

一九六〇年十二月二十九日　黨外人士組織助選團全臺助選

由於雷震案發生，使中國的民主組黨工作遭到嚴重挫折，但反對派人士仍然繼續活動，在一九六〇年十二月二十九日，由中國民主黨籌備委員會兩位發言人李萬居、高玉樹（原本還包括雷震）表示，將組成助選團為全臺各地的（新黨）候選人助選。助選團成員包括李萬居、高玉樹、郭雨新、許世賢、郭國基、楊金虎、王地、黃玉嬌、許竹模、李秋遠、李連麗卿，這是戰後臺灣選舉史上在野人士首次的全臺造勢、串連行動。結果一九六一年一月第五屆縣市議員選舉中，「新黨」人士當選百分之二十左右，成果相當可觀。不過，此後中國民主黨籌委會便未再舉行任何活動，此一助選團的組成，也成為一九七〇年代黨外力量崛起之前的絕響。

【資料來源】

《聯合報》，一九六〇年十二月三十日，第二版。

李筱峰，《臺灣民主運動四十年》（臺北：自立晚報，一九八七年），頁八二。

一九六一年三月五日　公論報被迫停刊

李萬居在面對前述張祥傳對《公論報》提出的「假執行」，國民黨當局介入斷絕其部分友人的資金援助，加上官方媒體又發布「本案暫不執行」的報導等不利情勢下，最後勉強才湊足法院要求的兩百萬元。但是，一九六一年三月二日，臺北地方法院在《公論報》改組糾紛訴訟過程中，首先裁定李萬居所繳交由官方發行的八七水災復興建設儲蓄券的部分，不得以面額計算（面額十元，法院查估其市價只有兩元，或云僅得以十分之一計算），使其籌款不足，而難以對抗假執行。繼而在三月三日至《公論報》假執行，使得《公論報》在三月五日被迫停止出刊。此事件可以說是繼二二八事件後臺灣省行政長官公署查封報館之後，第二次查封報館的歷史事件。三月五日的暫停出刊，使得這份李萬居所主導的在野媒體，畫下休止符。

【資料來源】

《中央日報》，一九六一年三月五日，第四版。

楊錦麟，《李萬居評傳》（臺北：人間出版社，一九九三年），頁三五七～三六三。

一九六一年三月三十日　行政院頒令取締內銷聯營

一九六一年三月三十日，行政院採納經濟部的建議，正式發布命令表示將由警務機關依違警罰法的規定，處罰產品內銷聯營的現象。希望改善部分產業的廠商透過聯合運銷的方式，主導市場價格，甚至損及消費者權益。相關的命令發表之後，對於臺灣內銷聯營之風確實發生了一定程度的遏阻效果。相對於此一取締命令，當時政府的經濟政策，實際上卻鼓勵部分行業採取變相的內銷聯營方式，因而類似水泥業當時仍採取聯合壟斷的經營型態，呈現了此一政策的局限性與矛盾性。

【資料來源】
《中央日報》，一九六一年三月三十一日，第六版。

一九六一年六月一日　查禁流行歌曲

臺灣警備總司令部通令全國，自一九六一年六月一日起查禁國語歌曲「三年」等兩百五十七首流行歌曲。這兩百五十七首禁歌核訂過程，是警備總司令部會同內政部、教育部、交通部、國防部總政治部、國立音樂研究所、中華民國音樂協會、臺灣省警務處等有關機關，共同審查核定的，查禁的理由共有十項，其中除了涉及中共政權及妨礙風化仍有爭議之外，其他限制的理由明顯過度干涉人民的表現自由。而且縱使查禁有理，在沒有法律規定下，透過行政裁量查禁歌曲，限制表現自由，也往往違背民主憲政體制的法律保留原則，這也是非常時期人權容易受到侵害的一個例子。

【資料來源】
《中央日報》，一九六一年六月一日，第三版。

一九六一年七月一日　中央銀行在臺復業

一九六一年七月一日，中央銀行正式在臺灣復業。根據當時復業方案的規定，臺灣銀行發行資產及負債與發行費用，均屬於中央銀行。這是爲適應所謂非常時期特殊的情勢，故仍將當時並非國幣的地方貨幣新臺幣委託臺灣銀行代理發行。另外，中央銀行雖然復業，但聲明基本上則絕不經營普通銀行業務，而集中全部力量致力於中央銀行本身業務的經營，希望成爲「銀行的銀行」，負責調節金融、調度外匯、發行貨幣、經營國庫。整體而言，中央銀行的復業，也正象徵著中央政府加強對臺灣貨幣政策與外匯政策掌控的重要里程碑。

【資料來源】

《臺灣新生報》，一九六一年七月一日，第一版。

一九六一年七月一日　首次陽明山會談開幕

一九六一年七月一日，從一九五〇年代初期開始一再傳出即將召開以團結海內外朝野人士的反共救國會議，有了初步的結果。在蔣介石總統三連任及雷震案爆發，政府形象在國際間遭到嚴重傷害之際，國民黨當局終於在陽明山召開沒有決策性質，也非政治協商，而類似一九七〇年代以後國建會議性質的陽明山會談。在七月一日開始的這個會談中，主要著重在財經部分，而將衆所注目的政治部分，排訂在第三階段進行。不過，可能因爲原本官方有意邀請的重量級在野黨派領袖，如張君勱等人拒絕與會，不易形塑政治團結的形象，而政治改革的議題又更具敏感性，最後有關政治改革的第三次會議胎死腹中，最後並沒有舉行。

【資料來源】
《中央日報》，一九六一年七月一日，第一版。

一九六一年九月十八日　雲林縣議員蘇東啟遭逮捕

一九六一年九月十八日，在野派省議員李萬居的重要支持者雲林縣議員蘇東啓，因涉嫌參與被情治單位指控叛亂的張茂鐘案而被警備總部逮捕，他的被捕使雲林的反對力量遭到一定程度的打擊。值得注意的是，在白色恐怖時代，人人對叛亂案問題避之惟恐不及，蘇東啓卻得到當時雲林縣議員公開聯名的聲援，而本案的覆審也推翻初審死刑的判決，改判無期徒刑。由於此一案件，一九七七年的省議員選舉中，其妻蘇洪月嬌以受難者（家屬）要求平反作爲重要訴求，高票當選，是臺灣用選票重新檢驗政治案件開先河者。

【資料來源】
《聯合報》，一九六一年九月二十一日，第三版。
《聯合報》，一九七七年十一月二十日，第三版。

一九六二年二月九日　臺灣證券交易所正式營業

一九六二年二月九日，由辜振甫擔任董事長的臺灣證券交易所正式營業。雖然臺灣早在土地改革的過程中，政府便推動四大公司（臺泥、臺紙、農林、工礦）的民營化，將四大公司的官股大量釋出，不過，整體證券交易的秩序及相關制度的建立卻始終未能完全。一九六二年證券交易所的成立，可以說是臺灣證券發展一個非常重要的里程碑。當時證交所的交易時間包括前後兩次，上午從九點半到十一點半，下午則從一點到三點，星期六則仍有上午的營業，收盤的時間較目前一點半晚。

【資料來源】

《中央日報》，一九六二年二月九日，第三版。

一九六二年二月十五日　行政院通過運用退除役官兵擔任經常建設工作並安置其就業實施方案

一九六二年二月十五日，行政院通過「運用退除役官兵擔任經常建設工作並安置其就業實施方案」，由退除役官兵輔導委員會會同經濟部、臺灣省政府負責推動實施。透過此一方法使當時退除役官兵擔任經常性建設，包括海埔地墾殖、新建高山林道等二十一種，而這些工作可安置榮民一萬三千人以上就業。由於此一方案及相關的政府政策，使得退輔會在國內經濟舞臺取得有利的競爭條件，這使得退輔會所屬的事業單位，於臺灣黨國資本主義發展歷程中，扮演一定的角色。

【資料來源】

《中央日報》，一九六二年二月十六日，第一版。

《聯合報》，一九六二年二月十六日，第二版。

一九六二年二月十五日　行政院核定「財政部授權中央銀行檢查全國金融機構業務辦法」

一九六二年二月十五日，行政院核定「財政部授權中央銀行檢查金融機構業務辦法」。當時授權中央銀行檢查的金融機構有：（一）國家行局、省銀行、地方銀行、商業銀行等；（二）信託公司、合作金庫；（三）信用合作社、合會儲蓄公司、農會信用部等；（四）保險公司的授信部門；（五）郵政局的郵政儲金匯兌部門。同時規定中央銀行對全國金融機構每一單位，每年至少檢查一次，而且應以金融業務檢查報告作為金融決策調度的依據。另外也規定財政部在必要時，亦得對全國金融機構直接派員檢查，或會同中央銀行檢查，呈現此一金檢業務的多頭馬車性格。當時中央銀行總裁徐柏園便表示：這是一件不很容易做好的工作，除了與財政部密切配合外，更須與內政部（主管信用合作）、交通部（主管郵匯局）、經濟部（保險授信部分）、地方政府（地方銀行）聯繫合作，依照方針，分工合作。

【資料來源】

《中央日報》，一九六二年二月十六日，第一版。

一九六二年六月一日 通過教職員退休條例

一九六二年六月一日，立法院針對公立學校教職員退休問題，完成「教職員退休條例」的立法工作，使得教職員退休問題取得了法律保障。其中除了退休的相關規定之外，退休金的給予也規定服務滿十五年以上者，可以在一次退休金與月退休金之間作一選擇，目前公立學校教職員的月退制度，透過此一條例的立法，正式確立。

【資料來源】
《中央日報》，一九六二年六月二日，第一版。
《立法院公報》，二九：一一，一九六二年六月十五日，頁一四六～一四七。

一九六二年九月九日 民間醫療糾紛鑑定委員會成立

一九六二年九月九日，蘇振輝、魏火曜、杜聰明等醫界聞人成立（民間）「醫療糾紛鑑定委員會」。根據規定，本來法官審理有關醫療糾紛案件時，可以指定委託醫療機構或其他適合的單位進行鑑定，而且可以依「自由心證」決定是否採信鑑定結果。當時擔任臺灣省醫師公會理事長的蘇振輝與前述醫界重量級人士，乃籌組此一團體。至於其籌組背景，則與醫療糾紛日增，醫界希望「協助司法當局審判醫療業務責任」案件的表現有關。

【資料來源】

《中央日報》，一九六二年九月十日，第三版。

一九六二年九月二十一日 工商團體發動不收付期票運動

一九六二年九月二十一日包括西藥業、百貨業、紡織業及一般公司行號對於工商團體發動的「不收付期票運動」，表示熱烈地支持。這是因為戰後遠期支票使用的習慣從上海傳入，臺灣商界使用遠期支票成為交易的重要方式，但是，此一使用形式不僅不合支票「見票即付」的特性，而且在信用制度不健全的狀況下，更容易發生跳票。支持運動的業者也表示希望銀行業可以配合使用承兌匯票、本票等票據。此一事件反映了所謂的「臺灣經濟奇蹟」在發展過程中，國民黨當局在財經制度的建設相對地不足。不僅對於有利經濟發展的外在條件準備工作未能完成，甚至早年歷次票據法的修正，不僅未修正所謂的遠期支票，反而企圖以官方主動移送法辦，佐以對「跳票者」課以刑責，來建立支票的公信力，而造就當年占刑事案件百分之五十以上，更曾高達百分之七十以上的票據犯罪奇蹟。

【資料來源】

《中央日報》，一九六二年九月二十二日，第三版。

薛化元、薛兆亨，〈戰後臺灣票據制度之發展——以支票為中心〉，《臺灣商業傳統論文集》（臺北：中研院臺史所，一九九五年），頁四〇六。

一九六二年十月十日　臺灣電視公司開播

一九六二年十月十日，臺灣電視公司開播，臺灣正式進入電視時代。不過開播之時因爲硬體設備的限制，只有北部觀衆可以收看到電視節目，一九六五年十月十日，透過設備的改善，中南部及外島開始成爲電視傳播的區域。隨著收視戶（人）數的增加，電視臺作爲大衆傳播媒體的角色也日趨重要。不過，當時不僅電視新聞的內容，不時會收到有關單位的指示，甚至連電視新聞的影片也必須先送檢才能播出，控制相當嚴密。

【資料來源】

《中央日報》，一九六二年十月九日，第四版。

《聯合報》，一九六二年十月十日，第一版。

《中央日報》，一九六五年十月十日，第七版。

盛竹如，《螢光幕前》（臺北：新新聞，一九九五年），頁六一～六二。

一九六二年十二月二十五日　十二月二十五日行憲日定為國定假日

一九六二年十二月二十五日，政府以該日「適逢開始行憲之日」，開始將行憲紀念日列爲國定假日，由於十二月二十五日是西方的聖誕節，因此，民間放假的重點也往往成爲慶祝聖誕節。三十多年後，臺灣推動隔週休二日，民間傳統重要節慶成爲國定休假日的依據之一，而行憲紀念日與一般政治慶典相似，原本被排除在外，然而直至二〇〇〇年十二月二十五日仍經行政院核定休假一日，這與一九六二年開始列入假日，倒令人有異曲同工之感。

【資料來源】
《中央日報》，一九六二年十二月二十五日，第一版。

一九六三年一月十一日 行政院修正核定簡化警察業務方案

一九六三年一月十一日，臺灣省政府為加強警察主要業務，減少協辦業務，提出的簡化警察業務方案，本日由行政院修正核定。其中移交衛生機關者，計有公共場所之衛生稽查等六項業務；移交建設機關者有違章建築拆除隊之指揮監督等六項業務；移交稽徵機關有協助催繳稅收等三項，加上移交民政機關、社政機關、教育機關、農林機關、新聞機關、區鄉市鎮公所、警備機關、電信機關等合計二十六項工作。雖然如此，時至今日警察機關協辦業務過多的問題，仍然是警政工作檢討時，經常被提及的項目。有趣的是，行政院雖然認識到警察業務過於繁雜而核定此一方案，但其中規定警察機關移交的業務，卻有一些係當時中央法令所明定者，顯見當時依法行政的觀念仍亟待落實。

【資料來源】
《中央日報》，一九六三年一月十二日，第三版。

一九六三年四月六日　大專院校採聯合方式招生

一九六三年四月六日，攸關大學入學方式的大專聯招，在當時九位大專校長通過採取聯合招生方式舉辦入學考試後，正式成形，臺灣也在一九六三學年度進入了大學聯招的時代。

【資料來源】
《中央日報》，一九六三年四月七日，第四版。

一九六三年十月三十日　影星凌波抵臺受到熱烈歡迎

一九六三年十月三十日，主演《梁山伯與祝英臺》一片，深受臺灣影迷喜愛的反串影星凌波抵臺。自動展開歡迎行動的影迷，自臺北松山機場、敦化路、南京東路、中山北路兩旁夾道歡迎，規模之大，為當年民間自主行動之僅見。由於群眾壅塞，使交通受阻，凌波的行程亦因此被迫更改。她並於次日沿重慶北路、民權路、延平北路、博愛路、愛國西路到羅斯福路遊行，答謝影迷。

【資料來源】
《中央日報》，一九六三年十月三十一日，第八版。

一九六四年一月二十一日　湖口兵變

湖口兵係指一九六四年一月裝甲兵副司令趙志華在湖口裝一師做年度裝備檢查時，試圖動員裝一師北上臺北「清君側」的事件。本來，當趙志華要求官兵呼應其主張之時，即為政戰官宋寶康所制服，裝一師師長徐美雄並隨即命令憲兵將趙押走，取得部隊的指揮權。可是，可能是政戰系統誤報，當時第一軍團已進行動員，反裝甲炮封鎖湖口至臺北的道路，甚至連空軍都準備出動。當事人趙志華雖被處死刑但未執行，蔣介石總統逝世後舉行大赦，改為無期徒刑。不過，湖口兵變雖未眞正發動，主導裝甲兵系統的蔣緯國將軍及裝甲軍系統，卻因此在國內的政治及軍系發展上受到相當大的影響。

【資料來源】

汪士淳，《千山獨行——蔣緯國的人生之旅》（臺北：天下文化，一九九六年）。
吳興墉，〈「湖口兵變」親歷記〉，《傳記文學》，七一：二，頁五七～六一。
趙鄭培坤，〈湖口事件的始末——湖口事件主角趙志華將軍夫人的回憶〉，《傳記文學》七一：一，頁三〇～三六。

一九六四年一月二十七日　法國宣布與中華人民共和國建交，並聲明無意與我斷交

一九六四年一月二十七日，由於戴高樂主政的法國政府宣布與中華人民共和國政府建交，並表示願意與中華民國政府維持邦交。針對法國的政策，外交部本日再次重申向法國政府提出嚴重抗議，並堅拒「兩個中

國」的立場。在此一「漢賊不兩立」的國民黨當局思考模式下，戴高樂與北京當局歷經折衝，以求維持與中華民國邦交關係的努力終告失敗。不過，相關資料則顯示法國政府內部的決策，在一定程度上原本就期待國民黨當局能堅持「漢賊不兩立」政策，主動與其斷交。

【資料來源】
《中央日報》，一九六四年一月二十八日，第一版。
王萍訪問、官曼莉記錄，《杭立武先生訪問紀錄》（臺北：中研院近史所，一九九〇年），頁六一～六二。

一九六四年四月一日　臺灣文藝創刊

一九六四年四月一日，由吳濁流創辦的《臺灣文藝》創刊。這是臺灣本土新文學傳統於戰後初期遭到壓制，與歷經一九五〇年代黯淡歲月之後，再一次出發的里程碑。而《臺灣文藝》此後成為臺灣本土文學雜誌的代表性刊物，提供臺灣本土資深文人重要發表的園地，也培養了為數可觀的臺灣文學新生代。

【資料來源】
葉石濤，《臺灣文學史綱》（臺北：文學界，一九八七年），頁三〇五。

一九六四年四月六日　第五屆縣市長選舉揭曉

一九六四年四月二十六日，臺灣第五屆縣市長選舉出二十一席新任縣市長，國民黨占有十七席，無黨籍四席。其中最令人注目的是臺北市長無黨籍的高玉樹再次當選市長，這在強人威權體制下的時代，可算是國民黨在地方選舉上的一個重大挫敗。由於第四屆縣市長選舉時，許多有實力的在野黨派或無黨籍政治人物紛紛採取退選、抵制的行動，以抗議國民黨掌控選舉機器不公的情形，因而此次的選舉，根據部分當事人的回憶，如臺北市就允許非國民黨籍候選人推介部分監察人員，較過去的選舉有相當大的改善，使無黨籍政治人物參選意願提高，當選的席次也有一定程度的增加。

【資料來源】

《中央日報》，一九六四年四月二十七日，第一版。

《聯合報》，一九六四年四月二十七日，第一版。

江大樹等，〈高玉樹資政訪問紀錄（二）〉，《省虛級化後臺北市政因應對策之研究》（臺北：臺北市政府研考會，一九九八年），頁二～三。

一九六四年五月五日　「國軍退除役官兵輔導條例」通過

一九六四年五月五日，立法院在退除役官兵輔導委員會成立多年之後，正式通過「國軍退除役官兵輔導條例」。其中對於退除役官兵傷殘或年老無工作能力者，予以安置就養；而志願就學並且合於資格者，則輔導就學；至於有意參加資格考試或就業考試者，分別予以優待；而政府列有管制限制的各種事業或營業執照，則允許優先申請。除此之外，更規定政府舉辦的各項建設工程如水利、公路、鐵路、隧道、橋涵、港灣、碼頭、營建及軍事工程，皆優先由退輔會所設的機構議價承辦，至於政府機關、公營事業及公立學校，常年招商承製後的委託加工的物品，也優先由退輔會所屬的機構議價承辦或承製。過去退輔會在臺灣取得許多特許的事業經營權，可以說是透過此一條例的通過，而得到法律的保障。

【資料來源】

《中央日報》，一九六四年五月六日，第一、三版。

一九六四年九月二十日 彭明敏、謝聰敏、魏廷朝遭逮捕

一九六四年九月二十日，臺灣大學教授彭明敏與其學生謝聰敏、魏廷朝因為意圖散布「臺灣人民自救宣言」而遭逮捕。在他們起草的「自救宣言」中，明白以「一個中國、一個臺灣」的「一中一臺」主張作為解決臺灣國際定位問題的訴求，並公開要求：以臺灣一千兩百萬人民自由選舉產生的政府，取代蔣介石總統領導欠缺民意基礎的政權。在此宣言中，提出以對外確立主權，對內追求民主憲政的三個基本目標：（一）「團結全島人民，不論其出生地」，「建立一個新的國家和新的政府」；（二）「制定新憲法」，建立「保障基本人權，實現眞正民主」的制度；（三）以新會員國身分加入聯合國。由於彭明敏在國際法學界的地位，加上他本是國民黨政府器重的極少數臺灣本土「傑出青年」，因此，他的被捕在國內外都受到相當重

視。相對地，「臺灣人民自救宣言」的言論，也成爲當年所謂臺獨主張代表作。

【資料來源】

彭明敏，《自由的滋味》（臺北：前衛出版社，一九八八年），頁一三七～一三九。

伊原吉之助，《臺灣の政治改革年表・覺書（一九四三～一九八七）》（奈良：帝塚山大學，一九九二年），頁一六八。

一九六四年十一月二十日　毋忘在莒運動

一九五二年蔣介石總統以「毋忘在莒」四字題於金門太武山上，一九六四年十二月二十日太武山下的駐軍聯名發起毋忘在莒運動。國防部隨即研擬〈毋忘在莒運動綱要〉，經蔣介石總統核定後，通令三軍展開實際行動。文件中強調三軍應發揮戰國時齊國莒和即墨軍民具備的「堅忍不拔、精誠團結、研究發展、以寡擊衆」四大精神，即可與當年的齊國擊敗燕國相似，完成反共復國的使命。其後，蔣介石總統並以毋忘在莒運動的意義和啓示爲文闡述，其積極性目的，包括自軍中而言，是「以軍作家」的再展開；自社會而言，是「革新、動員、戰鬥」的再擴大；自青年而言，是「青年自覺」的再號召；自黨而言，是「黨的戰鬥體」的新生。整體而言，此一運動乃是以中國戰國時代的「毋忘在莒」故事作爲藍本，由軍中開始發起，透過黨政的運作而形成社會鼓吹反攻大陸精神運動的一環。

【資料來源】

蔣介石，〈「毋忘在莒運動」的意義和啟示〉，《中央月刊》，二卷五期，一九七〇年三月。

一九六五年三月五日　陳誠病逝

一九四九年中華民國政府敗退到台灣後，陳誠基本上是僅次於蔣介石的第二號政治人物，他先在一九五〇年接任行政院長，再於一九五四年擔任副總統，也是不利於蔣介石安排蔣經國接班的重要因素。

一九五七年十月，他先當選國民黨副總裁，次年再以副總統兼任行政院長。一九六〇年蔣介石總統修改「臨時條款」三連任，也終結他接任總統的可能性。一九六三年十二月因健康欠佳，遵照醫師囑咐辭去行政院長兼職，減少其在政壇第一線的活動。此後，蔣經國才在行政院國防部擔任副部長之職（尋接任部長）。一九六四年十月發現肝硬化症合併肝癌，而醫療團隊以「支持其體力以及減除其痛苦，儘可能予以延長其安適而無苦楚之生命」為治療之準則，一九六五年三月五日過世。

陳誠過世後，蔣經國的接班態勢更為明顯，於一九六九年接任行政院副院長，一九七二年五月任行政院長，成為中華民國行政體系實質的領導人。

資料來源

《中央日報》，一九六五年三月六日，第一版。

陳故副總統紀念委員會，《陳故副總統紀念集》（台北：陳故副總統治喪辦事處，一九六六），頁四一～四二。

陳三井訪問，《熊丸先生訪問紀錄》（台北，中央研究院近代史研究所，一九九八），頁一二〇。

一九六五年四月二十三日　立法院通過財政收支畫分法修正案

一九六五年四月二十三日，立法院通過「財政收支畫分法」修正案。透過此一法案的立法，使得臺灣地方與中央財源的畫分在法律層次上作了修正。此次立法之後，就現實的政治運作而言，主要是一定程度減少了臺灣省政府所能掌控的統籌款，特別是在屠宰稅、房屋稅等相關的稅收上面。在另一方面，則各縣市稅收有稍微增加，其中最重要的是，由於國民教育屬於地方自治事項，各縣市政府實際上在國民教育經費的支出方面，往往就已經超過憲法規定總預算百分之三十五的規模，使得原本困窘的財政更形困難，此次修法授權各縣市在地方教育預算超過百分之三十五以外的部分，可以徵收教育捐，以紓解財源分配導致的地方財政困難，維持國民教育的正當運作。縱然如此，教育捐的開徵只是化解嚴重資源扭曲下地方國民教育預算的部分難題而已，財源的畫分直到今天爲止仍是尚待解決的問題。

【資料來源】

《中央日報》，一九六五年四月二十四日，第一版。

一九六五年五月十一日　立法院通過電業法修正案

一九六五年五月十一日，立法院修正通過「電業法」修正案相關條文，在修正條文中，最值得注意的是有關電價核定的部分，要求必須以必要成本及合理利潤作爲基礎，建立電價計算標準或者公式，以作爲官方調整電價時的依據，減少有關單位以主觀裁量決定電價。不過，既規定所謂合理的「利潤」作爲考量電價的重要依據，也就是以法律保障臺電公司無論績效如何，在獨占狀況下仍將擁有相當的盈餘。

【資料來源】

《中央日報》，一九六五年五月十二日，第一版。

一九六五年六月十五日　政府整頓證券市場，改組證管會

一九六五年六月十四日，經濟部長李國鼎表示，由於臺灣證券市場已有不正常的發展趨勢，證管會原有業務和人事亦須加以調整，因此下令改組證管會，重新檢討改進方案。針對當時證券市場的不正常發展現象，基於防止妨害公益和影響金融安定的考量，他並依法決定自六月十五日至二十四日，證交所市場暫停交易十天，這也是臺灣證券史上相當罕見的停止交易事件。

【資料來源】

《中央日報》，一九六五年六月十五日，第一版。

一九六五年十一月二十五日　駐越美軍開始抵臺休假

一九六五年十一月二十五日，駐越美軍開始抵臺休假。此後，臺灣成爲駐越美軍度假的重要地點。美軍

來臺度假，不僅帶動臺灣與美國文化的交流，使得美國文化如西洋流行音樂在臺灣更為盛行。而對當年外匯並不充裕的臺灣，更透過美軍來臺度假觀光帶來了外匯。相對地，以美軍作為主要對象的特種營業場所，也因而興起，甚至成為法律外官方特許的事業。這是當年臺灣無煙囪產業發展之初，較具爭議性的部分。

【資料來源】

《聯合報》，一九六五年十一月二十六日，第四版。

一九六六年二月七日　國民大會通過行使創制、複決權的法源

一九六六年二月七日，國民大會臨時會接受審查委員會的建議，通過不進行修憲的決議，而僅完成「動員戡亂時期臨時條款」修正案的三讀工作。早在二月一日蔣介石總統於國大臨時會開幕大會致詞時，即已明白指出反對國民大會在當時行使創制、複決兩權的態度。他甚至明白表示，硬性規定行使創制、複決兩權並使國民大會成為常設機構、規定固定的會期，不但違背了孫中山的遺教，且根本牴觸了憲法第二十七條與第三十條的基本精神。只是，蔣介石的態度固然堅定，國大代表意圖爭取創制、複決兩權的心意也沒有因此動搖。據傳在二月六日，蔣介石更以中國國民黨總裁的身分召集黨籍國民大會代表，再次說明其反對的態度，並希望黨籍國大代表能夠顧全大局，貫徹黨的決策。因而在二月七日，國大臨時會決議不進行修憲，在表面上雖是給足了蔣介石總裁的面子，不過，就臨時條款的內容來看，卻是完全違背了蔣介石的意志。其中明白規定動員戡亂時期國民大會得制定辦法，創制中央法律原則與複決中央法律，不受憲法第二十七條第二項之

限制。這也暴露了縱然是強人蔣介石，爲了爭取國大的支持以鞏固其政權形式上的合法性基礎，也不得不面對國大政治上的要脅與勒索，而無法強力運作阻止相關條文闖關。事後，國民黨當局才透過黨政的運作，使取得行使創制、複決權的國民大會，從來無法眞正行使該權力。不過，國民大會爭取立法權限的態度則始終沒有改變。

【資料來源】
《自立晚報》，一九六六年二月六日，第一版。
《聯合報》，一九六六年二月七日，第一版。
《中央日報》，一九六六年二月八日，第一、三版。

一九六六年三月十七日　臺灣省議會建議改選臺灣福建立監委及國大代表

一九六六年三月十七日，臺灣省議會通過省議員謝清雲等人所提的臨時動議，建議政府增訂臨時條款，改選政府行政權所及地區之全部中央民意代表。決議通過後，除由省政府轉呈中央政府外，並送國民大會。此一臨時動議的提出，乃是針對當時國民大會修訂臨時條款的過程中，原本行政部門的提案未能得到國民大會代表接受所致。當時，在提案中原本規定依選舉產生之中央公職人員因人口增加或任期屆滿，而在當時能增選或改選之自由地區及光復地區，能舉行選舉時，均得制定辦法實施之。此一提案由於牽涉到中央民意代表改選的問題，雖然其範疇所指的僅是臺、澎、金、馬地區，但實際上卻攸關整個中央民意代表的法統及正當性問題，因此引起資深國民大會代表的反彈，只願提出根據臺灣所增加之人口及出缺之中央民意代表進行增補選。此舉不但與民主政治本來精神相距甚遠，而改選問題更攸關臺灣住民公民權的行使。由於國民大會主導的臨時條款修正案有意推動中央民意代表選舉制度，較國民黨中央的態度更為保守，因而關心臺灣籍中央民意代表改選問題的省議會不滿，而提出此一提議。但是，手握修憲大權的國民大會仍然在三月十九日修正動員戡亂時期臨時條款，除了以增補選的方式來充實中央民意代表，並把原來授權總統調整中央政府機關的提案，限縮原提案的範圍，修改成調整中央政府之行政與人事機構（不含民意機關），避免蔣介石總統調整中央民意機關的可能性，以確保資深中央民意代表繼續行使職權。

【資料來源】
《中央日報》，一九六六年三月十八日，第三版。
《中央日報》，一九六六年三月二十日，第一版。

一九六六年三月二十二日　總統令公佈：修訂臨時條款全文

一九六六年三月國民大會第四次會議，再一次修改臨時條款。二十二日蔣介石總統下令公布此次的修正結果：動員戡亂時期，本憲政體制授權總統得設置動員戡亂機構，決定動員戡亂之大政方針，並處理戰地政務。總統為適應動員戡亂之需要，得調整中央政府之行政與人事機構，並對依選舉產生之中央公職人員，因人口增加或因故出缺，而能增選或補選之自由地區及光復地區，經得訂頒辦法實施之。

透過此一體制的修正，除了提供中華民國政府統治區域因為人口增加，以及中央民意代表的出缺的增選補選的規定外，主要提供設置國家安全會議和人事行政局的「憲法位階」依據。原本沒有法源的國防會議，變身為有太上行政院之稱的國家安全會議。其後設置人事行政局，則削減了考試院的權限。不過，必須指出的是，在強人威權體制之下與國民黨內的權力結構運作關係，往往超越體制設，國民黨的領袖在決策的過程中，是最具實權的政治人物。因此，在嚴家淦擔任總統、蔣經國擔任行政院長期間，由於蔣經國身兼中國國民黨的主席，實際上仍由其主導整個政府的施政。

資料來源

《中央日報》，一九六六年三月二十三日，第一版。

《第一屆國民大會實錄（第五篇）》，頁三〇七、三三六～三四〇、三四三。

一九六六年八月五日 行政院長說明盜賣黃豆案等五案

一九六六年八月五日，由於出賣黃豆案、日片配售案、復興公司取代大秦產業案、東亞公司貸款案、各行局鉅額呆帳案五案，受到普遍的關切，除監察院提案彈劾財政部長陳慶瑜及經濟部長李國鼎（一九六〇、七〇年代最後一次對部長的彈劾案）外，行政院長嚴家淦也率領相關部會首長及省政府祕書長等官員赴立法院列席報告。

【資料來源】
《臺灣新生報》，一九六六年八月六日，第一版。

一九六六年十二月三日　高雄加工出口區興建完成

一九六〇年代為了因應臺灣引進技術，促進出口的經濟政策，政府開始推動設置加工出口區的計畫，而在一九六三年修改「獎勵投資條例」時，增訂了加工出口區的規定。一九六五年一月二十五日，立法院進一步通過「加工出口區設置管理條例」，三月十八日行政院先核定「高雄加工出口區綱要計劃」，繼而在六月二十三日公布「高雄加工出口區准許設立外銷事業種類及優先次序」，並在七月一日通過「加工出口區設置管理條例施行細則」。而在高雄加工出口區完工前，由於行政院所提的草案編制過大，又享有優渥的美援待遇，立法院曾在一九六六年四月二十九日決議擱置「高雄加工出口區管理處組織條例」的審查，經過黨政運作之後，才在七月一日通過此一條例，完成高雄加工出口區後來運作的法制化工作。

一九六六年十二月三日，高雄加工出口區興建完成，是亞洲第一個加工出口區。享有優厚的租稅減免，藉以吸引外資投資，引進技術，而配合出口導向的政策，成立之初園區商品，全部外銷，收到相當良好的效果。而在一九八六年才開始逐漸放寬內銷比例，最後才在自由貿易的改革下，於一九九七年取消內外銷比例限制。

【資料來源】

李永熾監修，薛化元主編，《臺灣歷史年表終戰篇I》，臺北：國策中心，一九八九年。

張怡敏，〈加工出口區〉，臺灣大百科網站 http://taiwanpedia.culture.tw/web/content?ID=3931&Keyword=%E5%8A%A0%E5%B7%A5%E5%87%BA%E5%8F%A3%E5%8D%80，二〇〇九年十一月二十八日擷取。

一九六七年一月十三日　刑事訴訟法修正案通過

一九六七年一月十三日，立法院經過十多年的討論，通過「刑事訴訟法」的修正案，就體制而言，此法律的修正對於臺灣的人權保障有相當程度的改善。首先，在被告訴訟權的保障方面，將最輕本刑三年有期徒刑的嫌疑犯，納入公設辯護的案件之中，使得被控告三年以上有期徒刑者，擁有公設辯護的權利。其次，對於當時過度濫押的現象，有一定程度的限制：規定若要拘提被告須有足夠的證據，同時在客觀認定上必須具備有逃亡之虞或可能湮滅、僞造證據，可能與共犯、證人串供種種疑慮之下，才可以拘提。反之，若不合乎前述的羈押條件，涉嫌人應該予以釋放或者具保責付或者限制居住；同時規定最重本刑十年以下有期徒刑的被告納入停止羈押的規定之中，以求進一步保障人權。在司法的採證及訴訟部分，除對長期以來濫刑羈押的方式加以改善之外，同時規定不得用強暴、脅迫、利誘、詐欺或其他不正當的方法，強迫被告自白，而且不得僅以被告之自白作爲有罪判決之唯一證據，若是未經被告自白又無證據，不得因被告拒絕陳述或保持緘默而推斷其罪嫌。在判決之後，要求法院必須於宣示的第二天就通知被告人並公告，判決書的內容也不能只記載有罪的事實及理由，更必須說明爲何不採取對被告有利證據的理由。這些有關刑事訴訟的規定，比原有的制度更符合憲法保障人權的基本精神。不過，透過此一修正案也正反映了在一九六七年本法修正以前，臺灣司法界在依法辦案的前提下可能造成對人權的違憲侵害。至於修法後實際的運作，不僅在整個強人威權體制的時代，改善仍然十分有限，甚至直到今日，依靠有違法取得之嫌的自白作爲判決的主要依據，導致有冤假錯案的重大爭議，在制度上仍未解決。

【資料來源】

《臺灣新生報》，一九六七年一月十四日，第二版。

一九六七年一月十三日　總統任命高玉樹為臺北市長

一九六七年一月十三日，總統蔣介石發布人事令，任命原本民選產生的省轄市（臺北市）長高玉樹擔任「臺北市市長」，此舉乃意味著高玉樹的職位轉變爲院轄市市長。問題是：臺北市在同年七月才正式升格，當時的改制工作尚未完成，而民選的省轄市市長，在一紙命令下，已成爲省轄市的官派院轄市長。此項命令正暴露出威權體制下，強人意志往往超越制度而存在。

【資料來源】

《臺灣新生報》，一九六七年一月十四日，第二版。

一九六七年二月一日　動員戡亂時期國家安全會議組織綱要公布

一九六七年二月一日，蔣介石總統明令根據「動員戡亂時期臨時條款」第四項之規定，設置國家安全會議，並公布「動員戡亂時期國家安全會議組織綱要」。此後由黃少谷擔任祕書長，蔣經國負責主要工作的國家安全會議，正式成爲體制內的組織。國家安全會議由總統擔任主席，副總統、總統府祕書長、參軍長、戰略顧問委員會主任、副主任、行政院院長、副院長、國防部長、外交部長、經濟部長、財政部長、參謀總長、國安會祕書長及總統指定人員出席的會議，由於參與層級及決策權力高於行政院，因而有太上行政院之稱，而研究者也以此作爲蔣介石總統擴權的重要里程碑之一。不過，縱然沒有臨時條款授權，沒有完成立法程序，蔣介石總統早在一九五〇年代就已經下令成立與國安會性質相類的國防會議，此時不過將其擴權的機構加以法制化而已。

【資料來源】

《中央日報》，一九六七年二月二日，第一版。

一九六七年五月十一日　行政院通過臺北市改制成為院轄市

一九六七年五月十一日，行政院通過臺北市於當年七月一日改制成爲院轄市，並於五月二十三日成立改制籌備委員會，由高玉樹市長擔任主任委員。此一改制案的通過，使臺北市成爲與臺灣省平等的地方行政組織。成為院轄市之後，臺北市自治的權力以及財源的取得，都較過去有大幅度的增加，不過，成為院轄市的同時，臺北市長也由民選改為官派，一直要等到一九九四年「直轄市自治法」通過之後才恢復民選。換句話說，臺北市升格後雖然財源自主及自治權限皆有提高，不過來自民意的正當性基礎卻因為行政首長官派而呈現相對薄弱的情形。針對當時臺北市改制的決策過程，據部分人士的回憶指出，係因為國民黨在臺北市的選舉，難以阻擋無黨籍的高玉樹再次連任，因此才有臺北市的升格，此後由官派市長主掌市政，首都也不至於在選戰中再度淪陷。

【資料來源】

《聯合報》，一九六七年五月十二日，第二版。

《中央日報》，一九六七年五月十二日，第三版。

江大樹等，〈高玉樹資政訪問紀錄（一）〉，《省虛級化後臺北市政因應對策之研究》（臺北：臺北市政府研考會，一九九八年），頁三。

一九六七年七月二十七日　總統發布命令，設置行政院人事行政局

一九六七年七月二十七日，總統蔣介石發布設置行政院人事行政局的命令。此一設置命令，使得原本主管全國公務人員考銓人事的考試院職權遭到一定程度的削弱，轉移部分主管業務給行政院，考試權是否需要獨立存在，也有更多思考的空間。而蔣介石總統之所以能夠下令調整政府組織及職權，正表現了在動員戡亂體制之下，總統權力擴張的現實。此一政治制度調整的「合法性」根據，則是第一屆國大代表在一九六六年

三月國民大會第四次會議中，授權總統在動員戡亂期間，得以在適應戡亂的情況下，調整中央政府的行政及人事機構。由於當時資深中央民意代表已多年未曾改選，其權力的正當性急遽消退，而總統又由國民大會代表間接選舉產生，正當性基礎更為薄弱，卻擁有調整中央政府組織、職權之權，權力與正當性基礎明顯不合比例。

【資料來源】
《中央日報》，一九六七年七月二十八日，第一版。
《總統府公報》，第一八七四號，一九六七年七月二十八日，頁一～二。

一九六七年八月二十六日　行政院頒令明年實施九年國民義務教育

一九六七年八月二十六日，在沒有法律作為依據的情況下，蔣介石總統透過國家安全會議下令，行政院放棄原先的推動規劃，正式頒令自明年開始實施九年國民義務教育。國民學校改稱國民小學，初級中學則稱國民中學，仍採六、三兩級學制。但是自行政院正式決定九年國民教育政策到政策的實施只有一年的時間，正規的師資培育管道及相關的軟硬體配合都出現問題，必須以「非常」的方式進行。因此國民教育延長為九年雖然是臺灣教育史上的里程碑，不過，其欠缺充分準備便以主政者意志來貫徹教育改革，使得相當比率的國中教師日後必須再進修，才能合乎教學的要求，成為歷史的殷鑒。

【資料來源】
《中央日報》，一九六七年八月二十七日，第五版。

《自立晚報》，一九六七年八月二十六日，第二版。

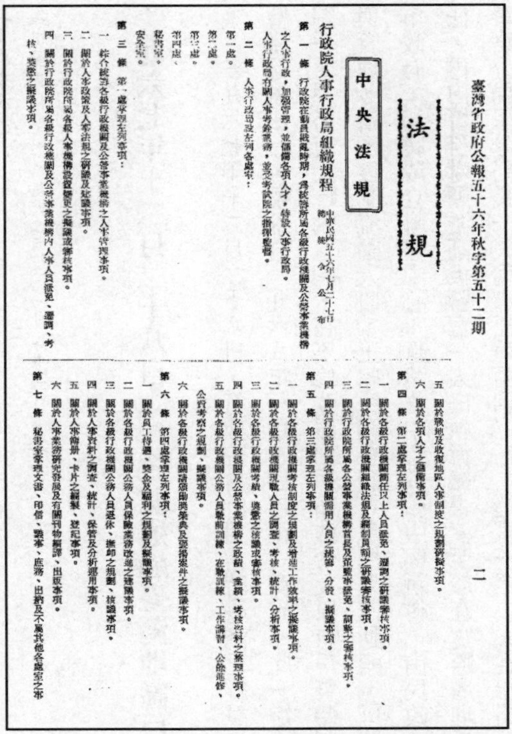

臺灣省政府公報五十六年秋字第五十二期

法規

中央法規

行政院人事行政局組織規程　中華民國五十六年七月二十七日 總統令公布

第一條　行政院在動員戡亂時期，為統籌所屬各級行政機關及公營事業機構之人事行政，加強管理，並儲備各項人才，特設人事行政局。人事行政局有關人事考銓業務，並受考試院之指揮監督。

第二條　人事行政局設左列各處室：

第一處。

第二處。

第三處。

第四處、

秘書室。

安全室。

第三條　第一處掌理左列事項：

一　綜合規劃各級行政機關及公營事業機構之人事管理事項。

二　關於人事政策及人事法規之研議及建議事項。

三　關於行政院所屬各級人事機構設置變更之擬議或審核事項。

四　關於行政院所屬各級行政機關及公營事業機構內人事人員派免、遷調、考核、獎懲之擬議事項。

五　關於戰地及收復地區人事制度之規劃研擬事項。

六　關於各項人才之儲備事項。

第四條　第二處掌理左列事項：

一　關於各級行政機關簡任以上人員派免、遷調之研議審核事項。

二　關於各級行政機關組織法規及編制員額之研議審核事項。

三　關於行政院所屬各公營事業機構首長及副首長派免、調整之審核事項。

四　關於行政院所屬各級機關需用人員之統籌、分發、擬議事項。

第五條　第三處掌理左列事項：

一　關於各級行政機關考核制度之規劃及增進工作效率之擬議事項。

二　關於各級行政機關現職人員之調查、考核、統計、分析事項。

三　關於各級行政機關考績、獎懲之核議或審核事項。

四　關於各級行政機關及公營事業機構之政績、業績、考核資料之整理事項。

五　關於各級行政機關公務人員職前訓練、在職訓練、工作講習、公餘進修、公費考察之規劃、擬議事項。

六　關於各級行政機關請頒勛獎榮典及褒揚案件之擬議事項。

第六條　第四處掌理左列事項：

一　關於員工待遇、獎金及福利之規劃及擬議事項。

二　關於各級行政機關公務人員保險業務改進之建議事項。

三　關於各級行政機關公務人員退休、撫卹之規劃、核議事項。

四　關於人事資料之調查、統計、保管及分析運用事項。

五　關於人事簿冊、卡片之編製、登記事項。

六　關於人事業務研究發展及有關刊物編譯、出版事項。

第七條　秘書室掌理文書、印信、雜事、庶務、出納及不屬其他各處室之事

二

圖二十二　行政院人事行政局組織規程（臺灣省政府公報，民國五十六年秋字第五十二期）

一九六七年十二月二十二日　加工出口區設置管理條例修正通過

一九六七年十二月二十二日，立法院完成「修正加工出口區設置管理條例第五條」的修法程序。本法修

正的背景，乃是因爲當年臺灣的電器業已日趨發達，規模日大，但許多關鍵零件仍不能自製，而加工出口區的外資廠商生產的產品雖爲國內電器業廠商所需要，卻因爲加工出口區的產品不得內銷的限制，使其反而必須增加成本自國外進口。因而修正本條文，使區外的廠商得以向出口區廠商購買關鍵零件，而毋庸進口，以降低其成本，促進電器業的發展及出口的競爭力。

【資料來源】

《中國時報》，一九六七年十二月二十三日，第六版。

一九六七年十二月二十八日　行政院通過臺灣地區戶警聯繫辦法

一九六七年十二月二十八日，行政院會針對當時臺灣已經試辦一年的戶警聯繫工作，通過「臺灣地區戶警聯繫辦法」，要求自一九六八年一月一日起正式實施。此一辦法乃貫徹「戶警合一」制度，要做到「人必歸戶，戶必有人」的目的，在不修改原由戶籍法令及原有戶警體制下，採取戶警聯繫的型態，加強戶籍登記與管理，嚴密控制流動人口，正確戶籍登記，掌握人口動態，以適應所謂動員戡亂的需要。其中在省市及縣市政府，均將成立聯繫中心，臺灣省中心設於中興新村，由民政廳長兼任主任，而由警務處副處長兼任副主任，再由警務處調派高級警官一人任執行祕書。至於在實際處理戶籍工作部分，則由鄉鎮區長兼戶籍主任，警察分局派分局長一人爲專任戶籍副主任，巡官一至二人爲聯絡幹事，至此臺灣的戶口制度，正式由警察機關扮演主導的角色，對整體戶口的掌握與控制，也更爲加強。

【資料來源】
《中央日報》，一九六七年十二月二十九日，第三版。
《聯合報》，一九六七年十二月二十九日，第二版。

一九六八年一月十九日　九年國民教育實施條例通過

一九六八年一月十九日，立法院通過「九年國民教育實施條例」，使得臺灣的國民教育正式從六年延長至九年，也補充提供了行政部門相關政策的法律依據。本來國民教育的延長代表著一個國家尊重國民受教育的權利，也意味著國家文化水平的提升，是相當值得肯定的。但是臺灣在延長國教過程中，其決策卻帶有太濃厚的強人意志，缺少足夠的事前規劃，因此胡適之在生前批評臺灣政壇部分人士，在未經周詳準備之餘，貿然推動延長國民教育所可能產生的弊病，在此時就難以避免。在此外在條件下，九年國民教育實施初期，不僅在硬體設備上有所欠缺，更嚴重的是當時的師資整備也出現不足，影響實施初期國中的教學水準。

【資料來源】
《中央日報》，一九六八年一月二十日，第一版。
胡頌平（編），《胡適之先生晚年談話錄》（臺北：聯經出版公司，一九八四年），頁三〇三。

一九六八年二月二十二日 廢止高中生保送大專辦法

一九六八年二月二十二日，教育部宣布廢止原有「高中生保送大專辦法」，使得一般學生透過保送進入大專的只剩下高職與師範院校畢業生。此一當時行之多年的制度之所以廢除，是因爲教育部採納臺灣省教育廳、臺北市教育局的意見，認爲高中優秀畢業生的保送大專辦法，很難做到絕對公允，反而有損教育風氣。當時主張廢除的官方理由，部分至今仍值得國人思考，其內容包括：（一）有了保送制度，學生爲了求取最高分，爭取保送資格，常疏忽不列入保送計分的其他活動，影響正常教育發展；（二）家長和教師爲了爭取保送榮譽，常產生不正常心理，易肇弊端；（三）學校與學校之間，由於保送名額的不同，無形中區分出等級，造成了彼此間的惡性競爭；（四）保送學生資格是依據在校三年成績的總分平均來核定，由於評分標準各校不同，即使是同一學校、同一年級、同一科目，由於任課教師很多，計分的方法也就無法一致，因此，依照這一標準來決定學生保送與否，事實上很難公允；（五）經查保送制度實行以來，很多過分熱心的家長，常從高一起，就用人情來包圍任課老師，爲學生的保送鋪路，這樣有失公平，也有損教育的風氣。

【資料來源】

《中央日報》，一九六八年二月二十三日，第三版。

一九六八年三月十四日　行政院核定鄉鎮縣轄市民代表任期延長一年

一九六八年三月十四日，行政院核定第九屆鄉鎮縣轄市民代表任期延長一年。此一命令，由於僅涉及鄉鎮縣轄市民代表的任期，在層級上雖不算高，但是以行政院透過行政命令的方式，來決定地方民意代表的任期，卻充分展現了臺灣在戰後地方自治長期欠缺法律依據，而以行政機關的行政命令來推動的體制問題。也就是說，由於欠缺法律的依據，使得在臺灣所進行的地方自治欠缺法律保障，使行政機關的意志可以主導，甚至連民選公職人員的任期也可由上級行政裁量改變，國民黨當局推動所謂的「地方自治」，其跛腳性質也就一覽無遺了。

【資料來源】

《聯合報》，一九六八年三月十五日，第二版。

一九六八年四月十六日　證券交易法通過

一九六八年四月十六日，立法院通過了「證券交易法」。「證券交易法」的基本精神乃是希望維護投資大眾利益，保障投資安全，並促進企業資本的加速形成，因而對有價證券之募集、發行、買賣及其管理與監督皆在法律中加以規定，而隨著「證券交易法」的通過，原有的交易所法也走入歷史。在「證券交易法」的立法過程中，曾經發生行政院撤回原草案，重擬草案的過程。之所以如此，主要是因爲行政院於一九六三年底提出本草案後，一九六五年臺灣證券交易市場發生風暴，股市長期下跌，而使得行政院覺得必須重新改弦易轍，制定新的草案。這也反映了在一九六〇年代世界經濟景氣一片繁榮中，臺灣的經濟發展固然也有其成果，不過，在整個證券交易制度未臻完善之際，股市的炒作乃至股市功能的發揮，亦有其基本的問題尚待解決。

【資料來源】
《中央日報》，一九六八年四月十七日，第七版。

一九六八年四月三十日　國民生活須知頒行

一九六八年四月三十日，兼任中華文化復興委員會會長的蔣介石總統，核准頒行該會訂定的「國民生活須知」，並且透過行政教育系統，使此一生活須知得以社會化。生活須知的內容，包括一些禮儀規範，也有許多傳統的中國文化部分，是否妥當本已有異議，更重要的是，此種未經過政府正常行政、立法體系制定完成，在實際上屬於民間團體的決議，居然以會長具有「領袖」的身分便可以頒行[3]，可見在強人威權體制的運作之下，強人的意志事實上是超越整個體制的運作而存在，國家機關的運作情況，自然難以正常化。

【資料來源】
《中央日報》，一九六八年五月一日，第三版。

臺灣省政府公報五十七年冬字第六十二期

財政金融

臺灣省政府財政廳令　(57)11 28財稅一字第九五九一八號

事由：核釋鐵路局外購彈簧鋼塊不屬課稅貨物，令轉知照。

受文者：各稅捐稽征處

一、奉　財政部五十七年十一月五日(57)臺財稅發字第一三四六二號令臺北市國稅局副本：「一、(57)9 2財北國稅叁字第〇四七七〇五號呈悉。二、本案臺灣省政府鐵路管理局擬標購之彈簧鋼塊40%×75×1200至1350一批，係尚未製成片形、帶形、條形或絲形，應歸入進口稅則第174號，不屬課征貨物稅範圍。三、令希知照。」

二、令希知照。"

廳長　周　宏　濤

税務處處長　黃　錫　和　決行

臺灣省政府財政廳令　(57)11 28財稅一字第九六七六七號

事由：為核定老共同美術印刷廠外銷新詳高等地圖書皮退稅標準成品數量打字有誤，核予更正一案，令仰知照。

受文者：各稅捐稽征處（所）

一、奉　財政部五十七年十一月八日(57)臺財關發字第一三五九六號令海關總稅務司署副本：「查本部(57)臺財關發字第二八一七號令核定老共同美術印刷廠外銷新詳高等地圖書皮退稅標準案原附發製成品所需主料規格數量表，成品數量應爲一〇〇、〇〇〇册誤打爲一、〇〇〇、〇〇〇册應予更正。」

二、查　財政部五十七年二月二十九日(57)臺財關發字第〇二八一七號令前經本廳以(57)3 26財稅一字第四三八五四號令轉行有案。

三、令仰知照。"

廳長　周　宏　濤

税務處處長　黃　錫　和　決行

一〇

教育文化

臺灣省政府教育廳令　(57)12 10教五字第七九四一二號

事由：為轉發「民衆團體推行國民生活須知要點」及「公民營企業機構暨廠礦場所推行國民生活須知要點」各一份，令希知照。

受文者：省立各級學校及社教機關

一、奉　臺灣省政府(57)10 29府教五字第九二四六〇號令：「一、本府教育廳案呈教育部臺(57)化字第二一五五六號令：『一、准有關單位函稱：「一、爲配合中華文化復興運動推行委員會積極推行國民生活運動，使全體國民生活趨於合理化、現代化，經於六月二十一日及七月十一日先後舉行『中華民國各級民衆團體推行國民生活須知擴大會議』暨『中華民國公民營機構暨廠礦場所推行國民生活須知專案座談會』通過各級民衆團體及公民營企業廠礦場所推行國民生活須知要點草案兩種，並經中華文化復興運動推行委員會核定。二、茲檢附該項要點二種，敬請查照轉知所屬有關單位積極督導推行。」等由。二、除分行外，希就有關事項積極督導推行爲要。』二、査採用修正核定之『國民生活須知』標準本一案，本府經以(57)9 27府教五字第七一一二四號令轉知在案。茲抄發『中華民國各級民衆團體推行國民生活須知要點』及『中華民國公民營企業機構暨廠礦場所推行國民生活須知要點』各一份，希就有關事項切實督導推行。三、令仰遵照。四、副本（含附件）抄送行政院秘書處、內政部、經濟部、教育部、中華文化復興運動推行委員會、中國國民黨中央委員會第四、五組、臺灣省黨部、臺灣省議會、中華文化復興運動推行委員會臺灣省分會，抄發省立各級學校暨社教機關。」

二、抄發「民衆團體推行國民生活須知要點」及「公民營企業機構暨廠礦場所推行國民生活須知要點」各一份，令希知照。"

廳長　潘　振　球

中華民國各級民衆團體推行「國民生活須知」實施要點

一、關於基本要求方面：

(一)從本身做起，從家庭做起，推己及人。

(二)從團體負責人做起，以影響全體職員會（社）員。

(三)從上級團體做起，逐漸向下推行。

(四)顧及空間，掃除死角，使國民生活運動，推及任何偏僻地區。

圖二十三　國民生活須知實施要點（臺灣省政府公報，民國五十七年冬字第六十二期）

一九六八年八月二十五日　紅葉少棒隊擊敗日本少棒隊

一九六八年八月二十五日，紅葉少棒隊以7A比0擊敗來訪的和歌山日本少棒隊（當年報導是世界少

【3】按，總統不能頒布行政命令。

棒賽冠軍），使紅葉隊在臺灣棒球史上留下不朽的一頁。雖然當時比賽並非採用世界少棒聯盟規定的球具，因此日本隊失敗之後，也曾表示「非戰之過」。但是，此戰卻激起國人對棒球的狂熱，爲此後臺灣棒球運動的復甦、發展，奠下良好的基礎。就某種意義而言，戰後臺灣棒球史也在此時開始廣受國人注意。

【資料來源】

《聯合報》，一九六八年八月二十六日，第三版。

一九六九年一月八日　長濱文化遺址在臺東出土

一九六九年一月八日，臺灣目前發現最古老的舊石器文化——長濱文化——遺址在臺東縣長濱鄉八仙洞出土。長濱文化距今約二、三萬年左右，後來在臺南縣左鎮鄉出土的左鎮人可能是長濱文化時代的人類。不過，長濱文化與後來的新石器時代文化（如大坌坑文化）並沒有承繼的關係。

【資料來源】

《聯合報》，一九六九年一月八日，第三版。

《聯合報》，一九六九年一月九日，第二版。

張勝彥等，《臺灣開發史》（臺北：國立空中大學，一九九六年），頁四。

一九六九年七月一日　戶警合一制度正式展開

一九六九年七月一日，戶警合一制度正式展開。此一制度推動之基本目的在求戶口登記與戶口查察事權之統一，希望有效掌握戶籍之動態與靜態，徹底消除空戶漏戶及加強預防犯罪，希望透過嚴密的戶口管制以確保社會安定。此一制度的採行，基本上也正象徵著警政系統對戶政控制力的加強。由於此種制度與民主體制的運作有所不合，因而一九九二年七月一日，戶政業務便再由警察機構交由民政機關接管，警方仍然只負責戶口查察、通緝協尋通告等業務。

【資料來源】

《中央日報》，一九六九年七月一日，第三版。

李永熾、薛化元（主編），《臺灣歷史年表（V）》（臺北：業強出版公司，一九九八年），頁二七一。

一九六九年七月三十一日　行政院財政經濟金融會報成立

一九六九年七月三十一日，時任行政院副院長的蔣經國兼任新成立的財政經濟金融會報主任委員一職，正式掌握我國財政經濟金融的決策體系。值得注意的是，當時的行政院長嚴家淦雖然是財經官僚出身，有深厚的財經背景，卻未主導財經政策。除此之外，並修正「經合會組織章程」及組織的改組，亦由蔣經國兼任主任委員，主管國際經濟合作發展的相關事宜。

一九六九年八月四日蔣經國就任行政院國際經濟合作發展委員會（經合會）主任委員，並於八月六日主持首次「財政經濟金融會報」，正式主導行政院的財經事務。由於這是蔣經國取得行政部門主導權的重要里程碑，因此日本的臺灣現代史研究者伊原吉之助稱之爲「蔣經國時代的到來」。本來自一九四九年七月起即逐漸掌控國內情治系統的整合及主導權，又在一九五〇年國民黨改造工作展開以後，初次躋身黨的決策核心，並藉著主管組訓業務而建立個人在黨內的人脈及影響力。同時，也主導在軍中建立政工系統的組織，使其影響力亦深入軍中。只是此時蔣氏在行政系統中仍未能扮演重要角色。一直要到陳誠死後，蔣經國接班的阻力大減，才逐漸走向幕前。此時行政院長嚴家淦雖然出身財經官僚，但是，卻在行政組織改組中，將財政、經濟、金融的決策主導權讓予蔣經國。蔣經國接任經合會主任委員及召集、主持「財政經濟金融會報」，正是其掌控財經部門，爲其日後全面接班建立另一個重要基礎。

【資料來源】
《中央日報》，一九六九年八月一日，第一版。
《聯合報》，一九六九年八月一日，第一版。
《中央日報》，一九六九年八月五日，第一版。
《中央日報》，一九六九年八月七日，第一版。

一九六九年九月十二日　國民黨馬超俊等五名高齡幹部自請退休

一九六九年九月十二日，國民黨通過響應國民黨蔣介石總裁指示的「黨員依例自退運動」，超過七十歲的中央紀律委員會主任委員馬超俊等五人的退休案。而國民黨中常會除了對他們表示嘉勉外，並希望「年高從政同志響應」，以促進政府人事的新陳代謝。問題是，後續的跟進行動並不熱烈，加上萬年國會未能改選，臺灣政治結構的年輕化，並未有明顯進展。

【資料來源】

《中央日報》，一九六九年九月十三日，第一版。

一九六九年十二月二十日　臺灣舉行中央公職人員增選補選選舉

一九六九年十二月二十日，臺灣舉行中央公職人員增選補選選舉，共計選出國民大會代表十五名，立法委員十一名。此一選舉，基本上是為了因應自一九四八年以後，中央民意代表長期未能改選，而臺籍政治人物欠缺參與中央政治的管道，而進行的有限度國會改革。其選舉的依據是根據臨時條款的授權，以臺灣自一九四八年以後，人口大幅增加，原有的中央民意代表因故去職者亦不少，因而以原有的中央民意代表員額配合人口增加所新產生的員額，來進行此次的選舉，選舉結果所產生的中央民意代表，與第一屆中央民意代表權利義務相同，這跟一九七〇年代以後進行的增額中央民意代表改選，性質上全然不同。此次選舉的結果，國民黨大獲全勝，不過在立法委員選舉中，無黨籍取得了三個席次，其中臺北市產生的黃信介，及第二選區選出的郭國基，皆帶有相當濃厚的反對派色彩，這也是一九四九年以後，臺籍政治菁英第一次透過選舉得以進入中央民意機構。

【資料來源】
《中央日報》，一九六九年十二月二十一日，第一版。
《中國時報》，一九六九年十二月二十一日，第一版。

一九七〇年一月一日　世界臺灣獨立建國聯盟成立

世界臺灣獨立建國聯盟（World United Formosans for Independence，簡稱WUFI，一般稱爲臺獨聯盟），是海外支持鼓吹臺灣獨立團體的結合。由日本臺灣青年獨立聯盟、加拿大臺灣人權委員會、全美國臺灣獨立聯盟、歐洲臺灣獨立聯盟，以及島內所謂臺灣自由聯盟共同組成，一九七〇年一月一日對外公布成立。首任主席爲蔡同榮，總部則設於紐約。臺獨聯盟以臺灣獨立建國做爲目標，並於一九七二年發表五大宣言：「推翻蔣家外來政權，建立臺灣共和國；反對摧殘人權，維護人性尊嚴；消滅地域歧視，建立全民政治；消除特權剝削，實現社會主義經濟；反對強權侵略，確立獨立自主外交。」一九七三年張燦鍙出任臺獨聯盟主席後，曾長期領導此一組織，一九八七年更名爲臺灣獨立建國聯盟。隨著臺灣島內反對運動的發展，臺獨聯盟的領導人亦突破黑名單的限制，紛紛偷渡返臺，並將總部遷回臺灣，聯盟領導人張燦鍙、郭倍宏、李應元等人，亦在此一行動中被捕下獄。目前臺獨聯盟總部設在臺灣，以臺灣爲直屬本部，另外設有美國本部、日本本部、加拿大本部、歐洲本部及南美本部。

【資料來源】
陳佳宏，《臺灣獨立運動史》（臺北：玉山社，二〇〇六年）。

一九七〇年二月二十三日　內政部發布查扣不良出版品數字

一九七〇年二月二十三日，行政院內政部表示在民國五十八年度依法查扣不良出版品，達到四百二十二萬九千五百八十三件，其中在一九六九年五月臺北市舉行「清本專案」中查扣即高達三百二十八萬九千六百零四件，可見臺北市當時所謂不良出版品的製作、銷售市場之規模。

【資料來源】
《中央日報》，一九七〇年二月二十四日，第三版。

一九七〇年四月十日　教育部召開九年國教會議

一九七〇年四月十日，教育部召開九年國教會議決定：除對私立中小學及私立中學部分加強輔導之外，並不准增設私立小學及初級中學，同時則輔導原有私立高中改辦高等職業學校。換句話說，透過教育部的行政裁量，不僅屬於國民教育範疇的私人興學遭遇到變相的禁止，而且連私立高級中學的部分也受到明顯的抑制，這當然是國家權力違反「法律保留」原則，對私人興學權利不當的限制。除此之外，這件事也反映了當時政府有意增加高職學生的人數，調整高中職學生的比例，爲了避免國家興辦高職必須投入更多的經費，轉而透過輔導的方式，希望透過私校轉型，來達成國家在此部分的教育政策目標。

【資料來源】
《中央日報》，一九七〇年四月十一日，第四版。

一九七〇年四月二十四日 四二四（刺蔣）事件

一九七〇年四月二十四日，屬於美國臺灣獨立聯盟的黃文雄及鄭自才兩人，爲抗議國民黨當局在臺灣的統治，計畫對當時訪美的行政院副院長蔣經國採取暗殺行動。他們原定趁蔣經國預定出席美東工商協進會舉行午餐會之時，由黃文雄負責開槍試圖行刺。雖然黃文雄在服兵役時有豐富的手槍射擊經驗，但行刺之時，因美方安全人員阻止，槍擊未中，是謂四二四事件。黃文雄及鄭自才被捕後，先經臺灣同鄉會協助交保，後又棄保逃亡。在黑名單陸續開放之後，黃文雄並且成爲海外黑名單的最後一人，而其偷渡返臺也宣告海外黑名單的終結。

【資料來源】
續伯雄，〈蔣經國在美遇刺目擊記〉，《傳記文學》，七十二卷二期（一九九八年二月），頁十五～十八。

一九七〇年五月五日　于長城兄弟在菲被控陰謀顛覆罪，遣送抵臺

一九七〇年五月五日，在菲律賓辦報被菲國政府控告陰謀顛覆罪的于長城兄弟，經菲國政府判處遞解出境，由專機遣送抵臺。由於于氏兄弟牽涉到所謂共產思想，因而在臺灣亦遭到相關法律的制裁。不過于長城兄弟的身分是報業經營者及從業人員，此舉使臺灣原本在國際新聞界即遭到批評的新聞自由，再一次面臨新的挑戰。不僅被批評以政治的考量干預新聞的自由，並且有迫害新聞自由之嫌，因而使原本在國際新聞界形象就已不佳的國民黨政府，形象更加惡化。這也是當時由菲律賓將于長城兄弟遞解來臺進行審判時意外的後遺症。

【資料來源】

《中央日報》，一九七〇年五月六日，第三版。

《聯合報》，一九七〇年五月六日，第三版。

王麗美，《報人王惕吾——聯合報的故事》（臺北：天下文化，一九九四年），頁一五三～一六二。

一九七〇年五月十五日　「陸海空軍官服役條例」修正案通過

一九七〇年五月十五日，針對預備及常備軍官服役年限的問題，立法院修正通過「陸海空軍官服役條例」。經過此一修正以後，原本規定常備軍官服役年限爲十年，此後則除了自願留營者外，政府也得依軍事

需要延長服役年限三至五年。由於此一修法牽涉溯及既往的原則，規定權責單位可以對在一九五九年八月十三日之前，已擔任常備軍官者，根據此一條例延長其服役年限，使原本預期可以退伍的常備軍官，面臨被迫延役的問題，因此在當時也引起相關人員一定程度的反彈。

【資料來源】
《中央日報》，一九七〇年五月十六日，第一版。

一九七〇年六月二十三日 行政院決定調整普通中學與職業學校比例

一九七〇年六月二十三日，行政院通知教育部五年內改善普通中學與職業學校增班設校比例，從原本之六比四，改爲四比六，此一政策性的宣示，對臺灣技職教育的發展有相當決定性的影響。此後職業教育體系日漸蓬勃發展，也提供了臺灣較高水準的技職工人。但是，部分研究指出高中畢業生的發展狀況較高職畢業生佳，因此，一九九〇年代的教改訴求中，要求廣設高中、延後分流，便成爲教改主張的重要項目。

【資料來源】
《聯合報》，一九七〇年六月二十四日，第一版。

一九七〇年九月十七日　家庭計畫正式納入省政府編制

一九七〇年九月十七日，臺灣省政府基於中央政府已立法確定人口政策，同時顧及其後五、六年中，戰後出生的嬰兒已屆生育年齡，人口增加率可能回升，決定將過去由民間組織辦理家庭計畫研究所正式納入省府組織，不再以美援款項作爲開銷費用。

【資料來源】

《臺灣新生報》，一九七〇年九月十八日，第三版。

一九七〇年九月三十日　臺灣省議會決議：建議政府維護釣魚臺群島的主權

釣魚臺主權的爭議肇端於一九四五年二次大戰結束後，美軍將琉球群島及釣魚臺列島占領。一九六〇年代大陸礁層公約生效，其後釣魚臺附近又發現可能的石油蘊藏，釣魚臺群島的重要性日受矚目。而隨著美國與日方，針對琉球群島歸還問題進行談判，釣魚臺主權爭議問題亦正式浮上檯面。一九七〇年九月二十五日，行政院長嚴家淦在立法院表示，決心維護釣魚臺群島的權益，三十日省議會通過全體議員動議，建議政府堅持立場，維護釣魚臺群島的主權。一九七一年美國保釣運動日漸蓬勃發展，除四月十日全美華人二千五百人於華盛頓舉行示威遊行外，各地紛紛舉行有關保釣的遊行、討論。四月十四日，臺灣大學學生數十人至日本大使館呈遞抗議書，次日，三百多名大專學生再至美國大使館抗議美國對釣魚臺主張。整體而言，由於釣魚臺主權的爭議，當時臺灣及美國興起一陣對釣魚臺主權的討論，及中國民族主義風潮。而中華人民共和國政府亦趁機以民族主義相號召，使得在美國參與保釣運動的臺灣至美留學生，有部分政治立場發生改變，甚至回歸中國大陸。一九七二年五月十五日，美國將琉球（及釣魚臺）施政權歸還日本，成立沖繩縣。

【資料來源】

梁成皋編製，〈釣魚臺大事紀〉，《中國論壇》三十一卷二期，民國七十九年十一月，頁九～二二。
林孝信，〈二十年保釣有感〉《中國論壇》三十一卷二期，民國七十九年十一月，頁二四。
《中央日報》，一九七〇年九月二十六日，第一版。
《中央日報》，一九七〇年十月一日，第三版。
《臺灣新生報》，一九七一年四月十一日，第一版。
《中央日報》，一九七一年四月十五日，第三版。
《中央日報》，一九七一年四月十六日，第三版。
《臺灣新生報》，一九七二年五月十五日，第四版。

一九七〇年十月八日　警備總部加強取締嬉皮、奇裝異服與長髮

一九六〇年代在國外風行一時的「披頭熱」，於一九七〇年代初傳入臺灣。當時臺灣尚未開放觀光，國人與世界流行風潮互動較少，民風較為保守，加上執政者當年又以「復興中華文化」自居，對披頭熱更以奇

裝異服視之，便以公權力介入取締。一九七〇年十月八日，警備總部針對「全國性取締嬉皮、奇裝異服、長髮等怪行」，由警總政戰部主任白萬祥主持座談會。當時除了文化局、省市教育廳局、省警務處、臺北市警局、安全局、總政戰部等政府機關外，中視、臺視兩家電視臺亦派代表與會。會中決議以「奇裝異服、蓄留過長頭髮，影響社會善良風尚」為由，「不能容許其在國內流傳」，而要求治安、教育單位「加強取締」。同時更對藝人「奇裝異服」、「蓄留長髮」情事，「一律嚴格取締」之外，並禁止其演出。由警總主導此一座談會，可以看出軍方當時在臺灣扮演相當重要的角色，甚至伸展至所謂社會風氣的範疇。而直到一九七六年十月六日還有千名演藝人員簽署生活自律公約，公約內容仍有「不穿奇裝異服，不蓄不雅長髮」之規定。

時至隔年九月十六日，臺北市警局便邀請各有關單位及大專訓導單位會商取締標準，除對長髮、喇叭褲、耳墜及暴露的服飾訂立規範外，並且要求媒體配合取締，甚至連夜總會表演人員亦一體適用。當時，不僅警察機關從街道進行取締奇裝異服的「掃街」行動時有所聞，海外歸國留學生甚至大學教授亦有被取締者。

【資料來源】

《中央日報》，一九七〇年十月九日，第六版。

《聯合報》，一九七六年十月七日，第九版。

《聯合報》，一九七一年九月十七日，第三版。

一九七〇年十月十三日　我國與加拿大斷交

一九七〇年十月十三日，我國與加拿大斷交。此次外交關係的轉變，事實上正反應當年國際情勢丕變的轉捩點。此時中華人民共和國建國已二十年，在國際外交舞臺也一定程度突破被圍堵的格局，但卻因為中華人民共和國在與其他國家談判建交事宜時，不合國際法原則地要求建交國承認其從未統治過的臺灣是其領土的一部分，而出現瓶頸。此次加拿大與中華人民共和國則達成協議：「中國政府重申：臺灣是中華人民共和國領土不可分割之一部分。加拿大政府留意（take note）中國政府這一立場。」類似的方式，使中華人民共和國減少了參與國際舞臺的困難，而開始在外交領域，以另一方式來壓縮臺灣的空間。

【資料來源】
《聯合報》，一九七〇年十月十四日，第一版。
戴天昭著，李明峻譯，《臺灣國際政治史》（臺北：前衛出版社，一九九六年），頁五五四。

一九七〇年十月三十日　國防部組織法制定通過

一九七〇年十月三十日，立法院通過國防部組織法。當時主審此案的法制委員會召集委員張子揚，在本案完成立法後表示：國防部組織法的特色，乃明定在國防部之下，設參謀本部，國防部長由文人擔任，建立以政統軍的制度。但是，此法立法之後，中華民國的國防軍事制度卻並未朝向立法的本意發展，國防部長直到二〇〇〇年政黨輪替為止，只有李登輝總統任內的陳履安、孫震等人是文人出身，民進黨執政後，陳水扁政府時期也只有最後一位國防部長蔡明憲是文人，國防部長大體上仍由軍人出任。此外，國防部與參謀本部的統屬關係，也仍然因為統帥權問題而未能釐清與法制化。

【資料來源】

《中央日報》，一九七〇年十月三十一日，第一版。

一九七〇年十二月二十四日　獎勵投資條例修正案通過

一九七〇年十二月二十四日，立法院通過「獎勵投資條例修正案」，修正內容包括擴大獎勵範圍，及稅捐減免的規定。但是，更重要的是本法在一九六〇年制定後，原訂十年的施行期間即將屆滿，因而透過修法延長十年的有效期限。一九七四年十二月二十七日，立法院通過的新修正案，更使基本金屬製造工業、重機械工業、石化工業、資本密集及技術密集等生產事業，皆列入獎勵的範圍，以促進相關產業的發達。

【資料來源】

《中央日報》，一九七〇年十二月二十五日，第一版。

《中央日報》，一九七四年十二月二十七日，第一版。

一九七一到一九八七年

一九七一年在歷經長期聯合國席次的保衛戰之後，在國際局勢日趨不利的狀況下，面臨即將失去聯合國的中國代表權，甚至聯合國的席次都難以維持的困局，中華民國政府的代表團宣布退出聯合國。不過在聯合國的正式紀錄中，則是通過了阿爾巴尼亞提出的二七五八號決議案，決議恢復中華人民共和國的權利，而將蔣介石代表非法占據的席次驅逐出去，換言之，在聯合國的體系內，中華人民共和民國已然繼承中華民國在聯合國的席次。對此一重大國際變局，臺灣內部包括民間的臺灣基督長老教會，則要求政府進行國會全面改選，並確保臺灣的安全，同時呼籲國際必須尊重臺灣人的人權，進而在一九七七年要求美國必須尊重臺灣人自決的權利，而主張成立新的獨立國家。

在另一方面，以雷震為代表的來自中國大陸的自由主義者中，有一些人看到中華人民共和國在國際上繼承中華民國的事實，為了避免侵害自由、人權更嚴重的中華人民共和國以繼承中華民國為由，要求領有臺灣，除了雷震主張應該在臺灣成立一個新而獨立的國家，建立中華臺灣民主國，確立臺灣獨立於中華人民共和國之外，也有人主張「兩個中國」或是改國號以求自保，這些主張當然沒有為國民黨政府所接受。

相對的，為了補強統治臺灣的正當性，從一九七二年開始，國民黨當局在蔣經國主導下，建立了增額中央民意代表制度，透過少數而定期改選的中央民意代表，使得臺灣菁英得以透過選舉進入中央政府，進而補強其統治的正當性基礎。而在選舉中，反對派菁英則逐漸結合、茁壯，成為所謂的黨外人士，在選舉中向人民訴求，在議會中則向國民黨當局要求政治改革。

在另一方面，在蔣經國統治期間，臺灣的經濟也有一定程度的發展，特別是他統整了從一九六〇年代末期以來的基礎建設，宣布展開九大建設（後來增為十大建設），是戰後臺灣第一次大規模的基礎工程，這對其後臺灣的經濟發展也有一定程度的貢獻。

不過在政治及本土社會文化方面，則國民黨當局強化控制、打壓行動不斷。而黨外要求持續的政治改革，其主張與國民黨當局的政治底線發生衝突，最後發生了一九七九年的美麗島事件。不過，臺灣整個內外部的政治、經濟情勢已然不同。隨著經濟的發展以及新興中產階級的逐漸崛起，臺灣內部要求政治經濟的呼聲進一步展開，而取得這些要求改革社會力量的支持，反對運動很迅速的在美麗島事件後復甦，並持續提出政治改革的要求，包括要求臺灣人民自決以及解嚴、國會全面改選等之後，突破了國民黨的黨禁限制，組成了民主進步黨。

而美國則在一九七二年開始，明白採取聯合中華人民共和國圍堵蘇聯的政策，臺灣的戰略位置重要性呈現下降，而美國對臺灣的自由民主發展則採取較過去更爲重視的態度，特別是一九七九年美國與中華人民共和國的關係正常化，不再承認中華民國，而以臺灣關係法規範美國與臺灣之間的關係。此後，美國對於臺灣整個自由民主的發展，採取較積極支持的態度，例如在臺灣國內發生美麗島事件、陳文成事件，美國皆採取持續關心的立場，而蔣經國領導的國民黨當局，面對國外的情勢以及臺灣內部要求改革的壓力，最後在一九八七年採取了解除戒嚴、開放報禁的政策，這對於臺灣的自由化發展，是關鍵性的一步。但是，戡亂體制依然存在，使得自由化的改革未能完全落實；至於戒嚴時期受到軍法審判的人員，則以國安法凍結其上訴的權利，迴避了轉型正義在體制內落實的可能。而在人民政治參與部分，則希望以增加增額中央民意代表，配合資深中央民意代表的凋零，補強統治臺灣的正當性基礎，而在國會改革尚未展開前，蔣經國旋及過世，進入了新的時代。

一九七一年二月十八日　大專社團活動範圍限於校內

一九七〇年代，臺灣在國際舞臺受到打壓的情形日益明顯。一九七一年二月十八日，有鑑於在類似釣魚臺群島主權問題等國際外交事務上臺灣一再進退失據的困境，日益受到國人重視；而各大專院校學生社團又有跨校際聯合串連的現象，爲了安定校園的考量，繼一九六六年及一九七〇年兩次公布規定後，政府再次強調，各大專院校學生社團活動範圍應該以在校內爲限，不得有跨校組織，不應該參加校外團體活動，希望藉由此舉避免大學生因爲關心公共事物而走出校園。不過由於當年臺灣所面臨的國際危機相當嚴重，因此無法達到完全禁絕的效果。

【資料來源】
《中央日報》，一九七一年二月十九日，第四版。

一九七一年三月四日　廣播及電視無線電臺設置及管理規則修正通過

一九七一年三月四日，行政院院會通過「修正廣播及電視無線電臺設置及管理規則」，將原本規定中央政府所在地，電視、電臺之設置不得超過四座的規定修正爲不得超過三座。因此根據此一規則，當臺灣出現臺視、中視、華視之後，第四座無線電視電臺的設置便面臨行政命令的限制，這也是除了官方掌控頻道不願釋出的限制之外，對於臺灣電視電臺發展的另一個限制。當然，由於此舉牽涉到人民的基本人權，因此以管理規則來限制電視無線電臺，在本質上，便違反了法律保留原則，有明顯的違憲嫌疑。

【資料來源】

《中央日報》，一九七一年三月五日，第三版。

一九七一年十月二十五日　聯合國通過二七五八號決議案

雖然中華民國政府長期以來宣稱：一九七一年是在國際情勢不利的狀況下「退出」聯合國，但是實際上則是在聯合國大會，由於有利中華民國的議案皆遭否決，情勢相當不利，中華民國代表團宣布退出聯合國後，聯合國大會仍表決通過阿爾巴尼亞的提案。因此，聯合國的立場是以此一決議案，對中國代表權的問題作了處理。根據此一決議案，聯合國決定「恢復中華人民共和國的一切權利，承認她的政府代表爲中國在聯合國組織的唯一合法代表，並立即把蔣介石的代表從它在聯合國組織及其所屬一切機構中所非法占據的席位上驅逐出去」。

換言之，對聯合國及國際社會而言，這才是解決中華民國政府與中華人民共和國政府有關聯合國中華民國（中國）代表權問題的正式決議。此後中華人民共和國便成爲聯合國中國的代表，更清楚地說，聯合國創始會員國中華民國的代表是中華人民共和國政府。此後，國際上的「一個中國」所指的也就是中華人民共和國。

2758 (XXVI). Restoration of the lawful rights of the People's Republic of China in the United Nations

The General Assembly,

Recalling the principles of the Charter of the United Nations,

Considering that the restoration of the lawful rights of the People's Republic of China is essential both for the protection of the Charter of the United Nations and for the cause that the United Nations must serve under the Charter,

Recognizing that the representatives of the Government of the People's Republic of China are the only lawful representatives of China to the United Nations and that the People's Republic of China is one of the five permanent members of the Security Council,

Decides to restore all its rights to the People's Republic of China and to recognize the representatives of its Government as the only legitimate representatives of China to the United Nations, and to expel forthwith the representatives of Chiang Kai-shek from the place which they unlawfully occupy at the United Nations and in all the organizations related to it.

1976th plenary meeting,
25 October 1971.

圖二十四　二七五八號決議案

【資料來源】
聯合國網頁：http://www.un.org/chinese/ga/ares2758.html
薛化元，《臺灣地位關係文書》（臺北：日創社文化，二〇〇七年），頁一四三～一四四。

一九七一年十一月三十日　政府決定停止接受信託投資公司之設立

一九七一年十一月三十日，財政部接奉行政院命令，宣布自即日起停止接受信託投資公司之設立。行政院決定不再受理國人申請設立信託投資公司的案件，使得國內的信託投資公司成爲具壟斷性的特許行業，並凍結新的信託投資公司成立的可能性。此種以行政命令禁止人民經營企業項目的作法，基本上違反了「法律保留原則」，也表現了國民黨當局當年在經濟層面不依法行政的狀態。

【資料來源】

《經濟日報》，一九七一年十二月一日，第一版。

《聯合報》，一九七一年十二月一日，第五版。

一九七一年十二月十五日　中國銀行開放民營，改名中國國際商銀

一九七一年十二月十五日，中國銀行形式上開放民營，並且改名爲中國國際商銀。此一行動並不如外表上所顯示的，公營銀行民營化般的單純。事實上，它是反映了中華民國喪失聯合國席次以後，在國際外交舞臺上所面對的窘境。因爲中國銀行乃是自中國大陸國民政府時代，就已存在的老牌銀行，當聯合國決議中華人民共和國繼承中華民國的席次之後，臺灣國營的中國銀行便必須面對中華人民共和國以政府繼承的原則，要求由中國大陸的中國銀行繼承臺灣的中國銀行（海外）資產的壓力。因此，透過改名及形式改制開放民營

之舉，使得實際上仍由中華民國政府掌控多數股權的中國銀行，在當時形式上民營化，藉以確保我國政府對於海外中國銀行資產的權利。這也是中華民國官方機構被迫以改名的方式，以保護資產被中華人民共和國所屬機構繼承、併吞的重要案例。

【資料來源】
《中央日報》，一九七一年十二月十六日，第一版。
《聯合報》，一九七一年十二月十六日，第二版。
《中國時報》，一九七一年十二月十六日，第二版。

一九七一年十二月十六日　長老教會發表對國是的聲明與建議

一九七一年十二月十六日，臺灣基督教長老教會總會常置委員會決議通過「對國是的聲明與建議」，此一聲明提出的背景，乃在於中華民國政府喪失了聯合國的席位，臺灣的生存因而也面對空前的危機。當時有些國家主張將臺灣歸併於中華人民共和國，也有人主張由臺北跟北京直接談判。長老教會認爲這些主張基本上已出賣臺灣的人民，反對任何國家罔顧臺灣地區一千五百萬人民的人權意志，作出任何違反人權的決定，並強調臺灣人民有權利決定自己的命運。另一方面，長老教會也要求執政當局，必須在所謂的自由地區，進行中央民意代表的全面改選，以求徹底革新內政，維護我國在國際間的正義與地位。最特別的是，長老教會當時所主張的國會全面改選，乃是採取類似西德、東德分立時期，西德以制憲的方式，使西德的人民得以選出代表，組成國會，作爲比較法的依據，在某種意義上，這也是兩德模式出現在思考臺灣前途問題上的重要開端。

【資料來源】

《長老教會公報》，一〇七六期，一九七一年十二月，頁一〇。

一九七一年十二月二十六日　國民黨籍教授發表「反共愛國救國宣言」

一九七一年十二月二十六日，全國大專院校以國民黨籍教授爲主的三百餘位教授，發表了一項反共愛國救國宣言，題爲：「我們對於時局的認識和主張」。此一宣言的發表，乃是因爲當時中華民國已經被迫失去聯合國的中國代表席位，中華民國統治下臺灣的國際生存空間，面臨了空前未有的挑戰。在這一份宣言之中，總共舉出十點，其中與民主政治最爲相關的是第一點「要求革新中央民意機構」。這些以國民黨籍教授爲主的大學教授，也已經提出了中央民意代表機構新陳代謝的問題，使得無論是來自國民黨外民主的要求，或是國民黨內教授的主張，都指出原有的中央民意代表機構，有迫切進一步改革的必要。其後舉行的增額中央民意代表選舉，則是回應改革要求，補強國民黨政府正當性的表現。

【資料來源】

《中國時報》，一九七一年十二月二十七日，第二版。

《中央日報》，一九七一年十二月二十七日，第三版。

一九七二年一月十日　雷震將救亡圖存獻議送交蔣介石、蔣經國等五位政府領導人

一九七一年聯合國通過二七五八案決議，由中華人民共和國繼承聯合國中華民國的中國代表權。在國際上中華民國已在中華人民共和國繼承的背景下，十二月十三日雷震以國際情勢日益惡化，決定寫一個「條陳」給執政者，力主「改制以自保」，並改國號為「中華臺灣民主國」。一九七二年一月十日，以臺灣遭遇到一九四九年以後最嚴重的危機，雷震進一步對蔣介石、蔣經國等五位政府政治權力核心人士，提出〈救亡圖存獻議〉。

在文中雷震除了要求改國號為「中華臺灣民主國」（The Democratic State of China-Taiwan），並認為以臺灣地區「一千四百萬人民」成立一個國家，「乃是天經地義、正大光明的」，如果能「實行民主政治，保障人權而又有言論自由」，則不僅將得到各個民主國家的承認，並且各國將與中華臺灣民主國建立正式的外交關係。而對於執政者長久以來的「一個中國」主張，雷震則要求執政者放棄背離傳統政治學國家三要素（土地、人民、主權）的「神話」，不要再宣稱對中國大陸有「主權」。除了改國號之外，雷震同時也要求同步組織制憲會議，「制定『中華臺灣民主國』憲法」。

整體而言，雷震基於此後「一個中國」即是中華人民共和國的認知，深恐臺灣在國際社會失去中國代表權的中華民國統治下，將使中華人民共和國取得領有臺灣的合法性依據。就國際法而言，也就是中華人民共和國依政府繼承之原則，要求領有臺灣。因此，才主張在臺灣成立一個獨立於中華人民共和國之外的「中華臺灣民主國」。

【資料來源】
薛化元，〈雷震與中華民國的國家定位〉，《二十世紀臺灣歷史與人物——第六屆中華民國史專題論文集》（臺北：國史館，二〇〇二年）。

一九七二年二月五日　大專聯招進行變革

一九七二年二月五日，教育部宣布當年度大專聯招將進行變革，將大學院校及專科學校分開考試。改革的原因是基於大學是深造教育，訓練學術研究的人才，專科是職業教育，注重技術人才的訓練，目標不同，招生對象也就不同，因此認爲命題方式不應該一樣，而必須分開。教育部此舉在一定意義上，是對當時無法明確定位專科學校究竟是技職教育體系或是高等教育體系問題的改革。

【資料來源】
《中央日報》，一九七二年二月六日，第三版。
《聯合報》，一九七二年二月六日，第二版。

一九七二年二月十一日　國光人壽保險公司破產

一九七二年二月十一日，臺北地方法院以六十一年度破字第四號裁定書宣告國光人壽保險公司破產。這與國民黨當局處理體制內經營不善的金融機構，往往由官方介入，或是協調其他民營金融機構接手的方式，大異其趣。當時國光人壽保險公司是因經營不善造成虧損，無法清償所欠債務，經清算人向地方法院提出申請後，而有此一破產宣告，這是戰後臺灣人壽保險業出現經營問題的重要案例。國光人壽董事長係當時立法院長黃國書之妻，而黃國書本人也擔任常任董事。因爲此案，黃國書辭去立法院長一職，也造成當時政局的變動。

【資料來源】
《中央日報》，一九七二年二月十二日，第三版。
《聯合報》，一九七二年二月十二日，第三版。

一九七二年二月二十七日　中華人民共和國與美利堅合眾國聯合公報（上海公報）簽訂

一九七二年二月二十七日美國總統尼克森訪問中國大陸，並與中華人民共和國領導人發表聯合公報。在此一公報中，已經實際指出美國將承認中華人民共和國的基本立場，甚至還包括逐步減少美國駐臺的軍事人員及設備。換言之，如果政策沒有改變，美國與中華人民共和國建交，已是明顯的趨勢。

美國方面聲明：美國認識到，在臺灣海峽兩邊的所有中國人都認爲只有一個中國，臺灣是中國的一部分。美國政府對這一立場不提出異議，並重申它對由中國人自己和平解決臺灣問題的關心。考慮到這一前景，它確認從臺灣撤出全部美國武裝力量和軍事設施的最終目標。在此期間，它將隨著這個地區緊張局勢的緩和逐步減少它在臺灣的武裝力量和軍事設施。

【資料來源】

薛化元，《臺灣地位關係文書》（臺北：日創社文化，二〇〇七年），頁一四五～一五六。

一九七二年三月十七日　動員戡亂時期臨時條款修訂通過

一九七二年三月十七日，國民大會全票通過動員戡亂時期臨時條款的修訂案，擴大對總統的授權，並建立中央民意機構充實辦法的憲法位階根據。這也是自蔣介石為尋求違憲三連任而採取修正臨時條款的方式以來，臨時條款的修正與人民的參與產生密切關係的里程碑。因為透過此一修正案，臺灣所謂的增額中央民意代表的選舉才得以展開，並定期改選。只是此次臨時條款的修訂，固然使人民得以透過定期的改選影響中央的立法，使臺灣的政治體制多少增加了一些民主的色彩，不過，卻在修正的同時，透過臨時條款第六項，賦予第一屆中央民意代表不需改選，即可以繼續行使職權的明文保障，此舉又無疑是為以後臺灣朝向自由化、民主化的政治發展的歷程上，預留下了崎嶇難行的伏筆。

【資料來源】

《中央日報》，一九七二年三月十八日，第一版。

一九七二年四月十二日　越南美軍停止集體來臺度假

一九七二年四月十二日，由美國官方辦理駐越美軍集體來臺度假於本日中止，結束了以美軍度假為重心的觀光業發展階段。根據統計，自一九六五年十一月駐越美軍來臺度假起，六年多之內共計約一萬一千多個美軍來臺休假，是此時期臺灣觀光業重要的收入來源。

【資料來源】
《中央日報》，一九七二年四月十三日，第三版。
《中央日報》，一九六五年十一月二十六日，第四版。

一九七二年六月七日　堅持「一個中國」政策，希臘斷交

一九七二年年六月五日希臘與中華人民共和國建交，但是表示只要中華民國政府不再代表中國，而是代表台灣，便可以維持官方關係。根據當時駐希臘大使杭立武的回憶，他事前接到希臘政府的訊息後，迅速回報台灣，但是政府沒有積極的作為，終究選擇在六月七日斷交撤館。

資料來源
《台灣新生報》一九七二年六月六日四版。
《中國時報》一九七二年六月八日一版。
王萍訪問，官曼莉紀錄，《杭立武先生訪問紀錄》（台北，中研院近史所，一九九〇年）。

一九七二年六月八日　行政院長蔣經國提出十項革新指示

一九七二年六月八日，行政院長蔣經國在行政院會針對當時臺灣國家機關的公務處理以及行政人員的工作態度、生活言行，提出了著名的十項革新主張，強調必須節省國家財力，杜絕鋪張應酬，人人確實負責，著重實際效果。而其內容包括各機關接受視察時，不得招待視察人員，進行迎送、張貼標語，乃至要求各部會首長及全體行政人員一律不得設筵招待賓客、謝絕應酬及各界剪綵的邀請。這十項革新固然曾經雷厲風行一時，不過有些規定基本上過於嚴苛，而且在實質上並沒有實施長期追蹤的考核，以至於到最後大多成爲具文，淪落爲歷史文件。

【資料來源】

《中央日報》，一九七二年六月九日，第一版。

一九七二年九月二十九日　中華人民共和國政府和日本國政府聯合聲明

在中華人民共和國政府取代中華民國政府在聯合國的中國（中華民國）代表權之後，日本國內除了一些在野政黨之外，執政的自民黨也改變原有的外交方針，在田中角榮首相的主導下，推動承認中華人民共和國並與其建交的行動。一九七二年九月二十九日，至中國訪問的日本首相田中角榮與中國國務院總理周恩來發表聯合聲明，表達日本已「充分理解和尊重」表達對中華人民共和國「一個中國」論述的態度。而對於臺灣的歸屬問題，日本既已在舊金山和約放棄，在此也未提及臺灣與中華人民共和國的關係，而以「遵循波茨坦公告第八條的立場」帶過。

【資料來源】

《中央日報》，一九七二年六月九日，第一版。

一九七二年十一月十五日　農復會廢除「肥料換穀」制度

一九七二年十一月十五日，中國農村復興委員會對於戰後以來臺灣的農業政策方向，作出重大的「轉向」，宣示自次年起廢除「肥料換穀」制度，結束對臺灣農村剩餘的壓榨。同時，此一制度的廢除也象徵著臺灣傳統以米糖爲中心的農業生產已大不如前，而必須尋求多角化經營的轉型。本來自日本時代開始，臺灣已經進行「綠色革命」，農業生產與化學肥料有相當密切的關係。而工業在日治時期重要性日增，一九三九年工業產值曾超越農業生產總值。戰後囿於政府政策，使得需要投入更多資金與資源的工業復甦速度不如農業，而使農業成爲臺灣產業的重心，同時亦是執政者收奪經濟資源的重點。因此自一九四八年制定「臺灣省政府化學肥料配銷辦法」以後，「肥料換穀」制度便告確立。當時糧食局規定肥料一律必須用穀來交換，大體上以一對一的重量來進行。根據研究，臺灣本土（臺肥）生產的肥料價格只是稻米價格的二分之一，至於由政府獨占的進口肥料價格更只有稻米價格的二分之一到四分之一，因此政府從此一交換過程獲致龐大的潛在利益，便不言可喻。而農民因爲使用肥料增加的所得仍超過取得肥料的成本，因此仍在「肥料換穀」制度下購買（交換）了二十多年的肥料。

【資料來源】《自立晚報》，一九七二年十一月十五日，第三版。隅谷三喜男、劉進慶、涂照彥，《臺灣之經濟──典型NIES之成就與問題》（臺北：人間出版社，一九九五年），頁二二、七一。

一九七二年十一月十七日　省政府針對電子工廠安衛設施展開普查

由於飛歌、三美等電子工廠傳出「工安」問題，臺灣省政府在一九七二年十一月十七日開始檢查全省一百八十二家電子工廠的安全、衛生設備，並分兩階段實施。第一階段檢查工廠使用有機熔劑是否有害人體及通風、照明設備，第二階段則使用儀器檢查通風量及有害氣體的濃度。這是官方第一次對電子工廠進行普遍性的工安、衛生檢查。

【資料來源】《中央日報》，一九七二年十一月十六日，第三版。

一九七二年十二月二十三日　第一次增額中央民意代表選舉

一九七二年十二月二十三日，臺灣第一次增額中央民意代表及地方公職人員選舉，此後的定期改選，開啓了臺灣本土政治菁英參加全國性政治事務的管道。而此次選舉中，康寧祥、許世賢、黃順興、張淑眞（青年黨）當選立委，使得具有民意基礎的在野人士，在立法院的數目有相當的成長。另外，黃天福及張春男則當選國大代表。至於當時爲國民黨提名參選省議員的許信良，也順利當選，正式走上政治舞臺的第一線。而一九七〇、八〇年代民主運動中風光一時的康寧祥，也自此時成爲全國性的政治人物。

【資料來源】
《中央日報》，一九七二年十二月二十四日，第一、三版。

一九七二年十二月二十六日　日本交流協會成立

正式名稱爲日本財團法人交流協會，於一九七二年十二月二十六日成立，係爲因應一九七二年日本與中華民國斷交之後，處理兩國經貿、文化相關事務的日本方面「非官方組織」，在一定程度上，取代原有日本大使館的功能。成立之時，交流協會由堀越禎三擔任會長，臺北事務所所長由前日本駐華大使館伊藤博教公使擔任，高雄事務長則由前日本駐高雄總領事田中重英擔任。其功能除協助日本人民在臺出入境外，並保障其生命、財產、權益及子女的教育權利。而交流協會提供臺灣留日學生的獎學金，資助學者赴日研究、交流的經費，對臺日學術交流頗具重要性。

【資料來源】

《中央日報》，一九七二年十二月二十七日。

一九七三年一月二十五日　兒童福利法通過

一九七三年一月二十五日，立法院通過「兒童福利法」，全文共三十條。「兒童福利法」所保障對象是指十二歲以下兒童，但是由於當時少年福利法並未完成立法工作，所以也規定十二歲至十八歲的少年也可以準用。「兒童福利法」的立法要旨，主要是培育兒童身心健康，並減少少年事件。不過，就其立法內容而言，可以發現對於兒童的保護措施是最值得注意的事項之一。法中對於養父母或父母未能妥善照顧兒童，甚至傷害兒童身心之不正當行為，明定政府機關可以介入，使得兒童福利主管機關成為兒童福利重要的守護神。但是由於學校單位在處理相關事件時並不十分積極，導致兒童福利法的第一線通報單位，至今仍未能有效運作，而影響了「兒童福利法」的實施成效。

【資料來源】

《中央日報》，一九七三年一月二十六日，第三、六版。

一九七三年一月二十六日　遺產與贈與稅法通過

一九七三年一月二十六日，立法院通過「遺產與贈與稅法」，取代原來的遺產稅法。此一新的立法不僅提高免稅額，並合理調整稅率，同時加重罰則，以符合輕稅重罰的原則。至於原來草案規定有過重處罰的部分，則比照所得稅法的處理方式加以減輕。更重要的是，課贈與稅可使過去逃避遺產稅的狀況得以減輕，並促進我國稅賦的合理化。對於過去未依遺產稅法繳交遺產稅的民眾，也依法律從新從輕之原則，准予其補繳免罰，一定程度化解長久以來民眾未依法繳納遺產稅所造成的社會問題。

【資料來源】

《自立晚報》，一九七三年一月二十七日，第三版。

一九七三年三月四日　日華關係議員懇談會成立

一九七二年日本與中華民國斷交，次年日本自民黨中政治態度與中華民國較為接近的一百五十二位議員組成日華關係議員懇談會，三月四日並在自民黨本部召開成立會議。懇談會的創會會長為灘尾弘吉眾議員（兩任眾議院院長），副會長為藤尾正行眾議員，總幹事則由玉置和郎參議員出任。雖然懇談會成員人數相當可觀，對於當時田中角榮領導的首相內閣外交轉向亦不以為然，然而在日本政府「事大主義」的政策思考下，懇談會主要的功能是日本、臺灣國會議員的交流，並不易扭轉日本的外交政策，因此縱使其成員曾有多人先後入閣，但有關臺灣關係的理念仍無法成為日本的外交政策。

【資料來源】

馬樹禮，〈懷念外交戰友沈昌煥〉，《中外雜誌》，二〇〇一年。

一九七三年五月十五日　票據法修正通過

一九七三年五月十五日，立法院完成「票據法」的修正案。但是，修正之後不僅未能使支票回歸「見票即付」的本質，反而進一步強化遠期支票的法律地位，同時對於不能兌現支票的懲罰，既維持了原有的公訴制度，且加重了刑期，這無異於以國家公權力進一步介入私人的交易行為，企圖用刑期來維持票據的信用。雖然在一般人的印象中有許多妻子開設支票存款帳戶供丈夫使用，因而違反票據法入獄，是一大問題，但是根據官方的統計資料，絕大多數尚有財力的票據犯，則繳交了票據面額三成的罰金給政府以免除刑罰。而在司法體系運作之中一罪不能兩罰，導致只付三成的罰金即可免於受到詐欺罪的追訴，得以逍遙法外，這或許也是臺灣經濟發展過程中制度發展的一大奇蹟吧！

【資料來源】

《中央日報》，一九七三年五月十六日，第一版。

《聯合報》，一九七三年五月十六日，第一版。

《中國時報》，一九七三年五月十六日，第二版。

薛化元、薛兆亨，〈戰後臺灣票據制度之發展——以支票為中心〉，《臺灣商業傳統論文集》（臺北：中研院臺史所，一九九五年），頁四三二～四三三。

一九七四年六月十七日　中小企業信用保證基金會成立

一九七四年六月十七日，中小企業信用保證基金正式成立，由財政部次長王紹堉主持，並於六月底前展開作業。中小企業信保基金對於臺灣中小企業廠商融資的問題提供了信用保證，對於合乎一定標準的中小企業取得銀行融資有相當的便利。之所以如此，乃是根據「財團法人中小企業信用保證基金運用與管理細則」，凡是合乎它作業辦法中的中小企業，向經濟部中小企業聯合服務中心或各金融機構申請融資，經診斷或徵信調查合格，因為信用或擔保不足而未能取得融資者，可以向信保基金申請信用保證。萬一此類貸款發生呆帳情事，融資的金融機構無法對貸款者取得完全之賠償，則由信保基金負責代為清償，如此金融業的風險大為減低，因此對該中小企業取得融資有相當的助益。

【資料來源】

《中央日報》，一九七四年六月十八日，第三版。

一九七四年十一月四日　青年公司冒貸案波及臺灣教育界

一九七四年曾在臺灣教育文化事業扮演重要角色的青年公司，爆發冒貸案，被捲入的國中達到三百多所。十一月四日，教育廳長許智偉繼指出三百九十二所國中向青年公司購買教具、儀器後，更表示涉及冒貸案的校長，將予以免職。時任省主席的謝東閔則在閱報後，對冒用國中名義的巨額貸款案表示不解，而於五日下令財政、教育單位迅速調查眞相。

【資料來源】

《聯合報》，一九七四年十一月三日，第二版。

《聯合報》，一九七四年十一月五日，第三版。

一九七五年四月五日　蔣介石去世

身兼中華民國總統、國民黨總裁及國軍「領袖」的政治強人蔣介石，因爲心臟病發，於一九七五年四月五日過世。由於自一九五〇年代以來，蔣介石即積極扶植長子蔣經國接班，接班安排早已成熟。因此，當時副總統嚴家淦雖根據憲法繼任總統，但是黨、政、軍實權則由擔任行政院長的蔣經國接掌。其後蔣經國先出任國民黨主席，再接任總統，實至名歸地成爲中華民國的國家領導人，臺灣政治也正式進入新的時代。

官方爲了表達對這位政治強人的尊崇與追思，四月六日即以總統令的方式，公布「誌哀辦法」。其內容包括：

（一）全國軍、公、教人員綴佩喪章一個月。

（二）全國各部隊、機關、學校、軍艦及駐外使館等應自即日起下半旗誌哀三十日。

（三）各要塞、部隊及軍艦均應自升旗時起至降旗時止，每隔半小時鳴放禮炮。

（四）全國各娛樂場所，應停止娛樂一個月。

在這樣的氛圍下，不只學生被要求綴佩喪章，大衆傳播媒體停播娛樂節目，電視節目也由彩色變成黑白，而蔣公紀念歌的教唱，一時之間則成爲全民運動。當年的四月五日適逢清明節日後，帶有某種神化意涵的，蔣介石逝世紀念日也每年隨著清明的節氣變動，並不固定。

【資料來源】

《總統府公報》，第二八六九號，一九七五年四月七日，頁四。

伊原吉之助，《臺灣の政治改革年表・覺書（一九四三〜一九八七）》（奈良：帝塚山大學，一九九二年），頁一九七。

一九七五年九月七日　臺灣省政府公布嚴重水汙染地區

一九七五年九月七日，由於臺灣汙染問題日趨嚴重，臺灣省政府公布嚴重水汙染地區，由北至南爲：基隆港；臺北的淡水河、新店溪、基隆河；桃園的南崁溪；苗栗的中港溪、後龍溪；彰化的大肚溪；雲林的北港溪；嘉義的朴子溪；臺南的八掌溪[4]、急水溪、曾文溪；高雄的後勁溪及高雄港。只是雖然官方已意識到水汙染的嚴重性，改善成效卻相當有限，而且原本未受嚴重汙染的其他主要河川，日後也紛紛出現汙染警訊。

【資料來源】

《中央日報》，一九七五年九月八日，第七版。

《聯合報》，一九七五年九月八日，第二版。

一九七五年十一月十八日　長老教會通過我們的呼籲宣言

臺灣長老教會「教會與社會研究會」於一九七五年九月二十八日通過「我們的呼籲」，十一月十八日臺灣長老教會常置委員會進一步通過此一宣言。此一宣言中，強調必須「促進居住在臺灣的人民和諧與團結」，主張「面對當前困難局勢」，應該使人民「享有權利與義務平等之機會」，以「消除省籍黨籍之差異，不應存在彼此之優越感」，也要求政府「採取有效措施以保障人民之安全與福利」。然而此宣言更重要的意義是，以長老教會本身所面臨的官方壓力為核心，提出落實憲法保障的基本人權及突破外交困境的要求。前者乃是因為國民黨當局為了貫徹「國語政策」，打壓其他族群語言，沒收包括長老教會傳教使用的原住民語聖經及「白話字」聖經。因此，長老教會要求「維護憲法所賦予人民宗教信仰之自由」，認為「每一

---

[4] 按：該溪為臺南、嘉義兩縣交界，公告原文為臺南。

個人應享有自由使用『自己的語言』去敬拜上帝」，同時政府也應該准許「出版任何語言的聖經」。後者則是因爲國民黨當局不願面對國際局勢，堅持「漢賊不兩立」原則，不允許「教會自由參加普世教協等國際性教會組織」，使民間力量自行走入國際舞臺，推展國民外交的努力，不僅得不到駐外官方機構的助力，反而在國內先遭到官方的阻礙。所以，長老教會特別呼籲，要求執政者改弦易轍，以「突破外交孤立困境」。

【資料來源】

《長老教會公報》，一二三〇期，一九七五年十一月。
《長老教會公報》，一二三八期，一九七五年十一月。

一九七五年十二月二十日　第二次增額立法委員選舉

一九七五年十二月二十日，臺灣舉行第二次增額立法委員的選舉，在這一次選舉中，以黨外爲名參與競選而當選的立法委員包括連任的康寧祥，彰化的黃順興，及嘉義的許世賢。不過，在宜蘭、基隆、臺北第一選區參與選舉的臺灣省議會黨外五虎將之一的郭雨新，則不幸落選。雖然郭雨新是以八萬多票的票數落選，不過，在開票的過程中，卻傳出了爲數相當可觀，可能超過十萬以上的廢票，郭氏乃因國民黨作票而落敗。因此，引起了宜蘭地方民情沸騰，在十二月二十三日，郭雨新沿著宜蘭謝票之時，參與的群衆多達兩萬人，甚至幾乎釀成群衆的暴動。在此次選舉中，透過郭雨新的參選與落選，對臺灣的民主運動，產生了劃時代的意義，首先是由於郭雨新落選案所引發的賄選官司，使得林義雄及姚嘉文兩位律師，透過接辦此一選舉訴訟案，開始投入臺灣的現實政治，成爲日後黨外運動的重要角色。在另一方面，有許多大學生投入郭雨新的選舉陣營，包括周弘憲、吳乃仁、林正杰、謝明達、蕭裕珍等人。這些大學生的加入，使得黨外助選員的形象，有了相當程度的改善，同時他們也爲日後的黨外運動，注入了新血。

【資料來源】
《中國時報》，一九七五年十二月二十一日，第二版。
李筱峰，《臺灣民主運動四十年》（臺北：自立晚報，一九八七年），頁一二〇～一二二。

一九七六年十月十日　王幸男郵包爆炸案

一九七六年十月十日，臺灣省主席謝東閔在拆開郵包時，被炸彈炸傷左手。當時還有李煥、黃杰等國民黨黨政要人也收到郵寄的炸彈包裹，但因未直接開啓而未受傷。事發後，情治單位採取過濾指紋資料的方式偵辦，鎖定王幸男涉案，進而逮捕王的親屬好友四人。而原本已不在臺灣的王幸男也被迫於一九七七年一月返臺投案，同年一月二十八日經軍事法庭依懲治叛亂條例判處無期徒刑。由於此一事件背後還有臺獨聯盟的策畫問題，新聞局曾表示緝捕涉及本案在美國的臺獨聯盟領導人張燦鍙及林振昌等人。

【資料來源】
薛化元（編），《臺灣歷史年表Ⅱ》，一九九四。

一九七六年十一月十日 韓愈第三十九代孫韓思道控《潮州文獻》誹謗

《潮州文獻》發行人郭壽華，由於在該刊撰寫〈韓文公、蘇東坡與潮州後人觀感〉一文，涉及韓愈是否曾在潮州感染風流病之問題，被韓氏第三十九代孫韓思道在一九七六年十一月十日向臺北地檢處提起「誹謗」之訴。韓思道提出告訴係根據刑事訴訟法第二百卅三條第二項的規定：「被害人死亡者，得由其配偶、直系血親、三親等內之旁系血親、二親等內之姻親或家長、家屬告訴。」就此一規定而言，由於未限定直系血親之親等，故有此一千年歷史的誹謗案發生，法界人士中亦有提出應加以修正者。另一方面，歷史研究本身難免涉及對人物、事件的評斷，由於歷史資料不可能完全重建當時的實況，若是不能容許學者根據史料進行翻案，或作歷史判斷，則將嚴重限制歷史研究及學術自由。

【資料來源】

《聯合報》，一九七六年十一月十一日，第三版。

一九七七年二月二日 平均地權條例公布

一九七七年二月二日，總統公布「平均地權條例」，次日行政院發布命令，規定臺灣省及臺北市自實施「都市平均地權條例」修正為「平均地權條例」生效之日（二月四日）起，仍為該條例之施行區域，此後臺灣開始依法全面實施平均地權，並且從該年九月一日開始公告地價，臺灣土地交易的規範也較為一致，不會出現都市、非都市地區截然兩種不同的稅制。

【資料來源】

《中央日報》，一九七七年二月五日，第一版。

《中央日報》，一九七七年二月七日，第一版。

第七十六條　出租耕地經依法編為建築用地者，出租人為收回自行建築或出售作為建築使用時，得終止租約。

依前項規定終止租約，實際收回耕地屆滿一年後，尚未依照使用計畫建築使用者，直轄市或縣（市）政府得照價收買之。

第七十七條　耕地出租人依前條規定終止租約收回耕地時，除應補償承租人為改良土地所支付之費用及尚未收穫之農作改良物外，其為自行建築者，應就終止租約當期之公告土地現值，預計土地增值稅，並按該公告土地現值，減除預計土地增值稅後餘額三分之一給予補償；其為出售供他人建築者，給與該土地繳納土地增值稅後餘額三分之一之補償。

公有出租耕地終止租約時，應依照前項規定補償耕地承租人。

第七十八條　依第七十六條規定終止耕地租約時，應由土地所有權人或會同該土地之承購人，檢具土地建築使用計畫書圖，以書面向直轄市或縣（市）政府提出申請，經審核其已與承租人協議成立者，應准終止耕地租約；尚未與承租人達成協議者，應即邀集雙方協調。承租人拒不接受協調或對補償金額爭議時，由直轄市或縣（市）政府，依前條規定標準計算承租人應領之補償，及估計其為改良土地所支付之費用，與尚未收穫農作物之價金，並通知領取。其經領取或依法提存者，准予終止耕地租約。耕地租約終止後，承租人拒不返還耕地時，由直轄市或縣（市）政府移送法院裁定後，強制執行之，不受耕地三七五減租條例，關於租佃爭議調解調處程序之限制。

第七十九條　被徵收及收買土地，應納未納之土地稅捐及滯納金，由該管直轄市或縣（市）政府主管單位於發放補償金時，代為扣繳，並以其餘款，交付被徵收土地之所有權人。

第七章　罰　則

第八十條　土地所有權移轉或設定典權之權利人及義務人，不於第四十七條規定期限內，申請為土地權利變更登記或設定典權登記者，每逾十日，處應納登記費一倍之罰鍰，以納至二十倍為限。因可歸責於權利人或義務人之事由，致未如期申請者，其罰鍰應由有責任之一方繳納。

前項罰鍰，經通知限期繳納，逾期仍未繳納者，由主管機關移送法院強制執行。

本條例施行前土地經一次或數次移轉，迄未申請登記者，應定期准其補辦登記，並免處罰鍰。

第八十一條　土地買賣未辦竣權利移轉登記，承買人再行出售該土地者，處應納登記費二十倍以下之罰鍰。

第八十二條　本條例施行後，違反第七十條之規定，將承租之公有建築基地轉租或頂替者，除終止租約外，並處原轉租或頂替人以該項土地年租金五倍以上、十倍以下之罰鍰。

前項罰鍰，經通知限期繳納，逾期仍未繳納者，由主管徵收機關移送法院強制執行。

第八十三條　以經營土地買賣，違背土地法律，從事土地壟斷投機者，處三年以下有期徒刑，並得併科七千元以下罰金。

第八章　附　則

第八十四條　本條例施行前，已依法通知限期自行出售之私有超額尚未建築土地，於本條例施行後，該土地仍為第七十一條之建築用地者，其限期自行出售之期限，仍自原通知限期之日起算。並依本條例之規定辦理。

第八十五條　本條例施行區域，由行政院以命令定之。

第八十六條　本條例施行細則，由行政院定之。

第八十七條　本條例自公布日施行。

政　令

一般行政

臺灣省政府函　中華民國六十六年三月七日　六六府民地二字第一六〇三九號

受文者：各縣市政府　本府所屬各機關學校

主旨：實施都市平均地權條例業經　總統於六十六年二月二日公布修正為平均地權條例，並奉行政院指定本省與臺北市自實施都市平均地權條例修正為平均地權條例生效之日起，仍為該條例之施行區域，請查照。

說明：

一、依據行政院六十六年二月十六日臺六十六內一二六三號及內政部66 2 14臺內地字第七二三一四七號函辦理。

臺灣省政府公報六十六年春字第五十四期　七

圖二十五　平均地權條例（臺灣省政府公報，民國六十六年春字第五十四期）

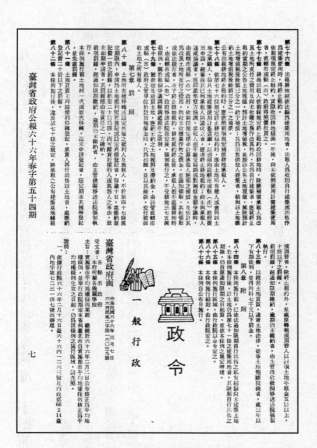

一九七七年二月六日　政府官員除法定及專案報准，不得兼職

一九七七年二月六日，中央社報導針對外界批評政府官員兼職一直過於浮濫問題，行政院已分函所屬各單位，明令除法定及專案報准之外，一律不得兼職，至於原有違背規定兼職的人員，則必須在三月一日前免去兼職，同時，各機關必須在三月十五日前將兼職人員處理情形，報行政院核備。只是高級公務人員兼職過多的情形，始終未能完全去除，嚴重的甚至還違反利益迴避原則，這也是我國公務員體系中一個尚待徹底解決的重要問題。

【資料來源】
《中央日報》，一九七七年二月七日，第一版。
《聯合報》，一九七七年二月七日，第二版。

一九七七年八月十六日　長老教會發表人權宣言

一九七七年八月十六日，長老教會發表著名的「人權宣言」，向美國卡特總統、有關國家及全世界教會表示：在「面臨中共企圖併吞臺灣之際，基於我們的信仰及聯合國人權宣言」，堅決主張「臺灣的將來應由一千七百萬住民[5]決定」。同時「促請政府於此國際情勢危急之際面對現實，採取有效措施」，使臺灣成爲「新而獨立的國家」。這是在動員戡亂時期，主張成立「新國家」的少數先覺文件，也是教會與強人威權體

制關係緊張化的展現。當時在這份歷史宣言上署名的，除了總幹事高俊明、出國的總會議長趙信恩之外，還有代行議長職權的副議長翁修恭。

【資料來源】

伊原吉之助，《臺灣の政治改革年表・覺書（一九四三〜一九八七）》（奈良：帝塚山大學，一九九二年），頁二一三。

一九七七年十一月十九日　中壢事件爆發

一九七七年十一月十九日，臺灣同時舉行五項地方公職人員選舉。此次選舉規模不僅是臺灣地方選舉史上前所未見，也是當年黨外人士進行全臺灣串連的開始，關鍵人物為時任立法委員的黃信介與康寧祥。選舉結果，黨外人士及無黨籍人士得到相當的成果，不僅在桃園縣、臺中市、臺南市、高雄縣擊敗國民黨提名的候選人，拿下縣市長的寶座，也取得二十一席的省議員席次，及六席臺北市議員，這是一九七〇年代非國民黨籍人士在政壇的重大突破。全臺性的黨外運動，也自此時開始持續發展，直到黨禁突破為止。值得注意的是，部分當年被視為黨外運動成員的民選公職人員，以後卻成為國民黨的黨友，甚至加入國民黨。換言之，直到一九七七年為止，在野陣營於選戰上已有重大突破，不過在野陣營內部成員對自我定位卻相當不一致，對在野立場的拿捏也有所不同，因此評估當年黨外力量的成長，存在相當程度灌水的現象。就在一九七七年

[5] 按：當時的臺灣人口。

選舉的開票過程，由於中壢發生作票疑案，引起一萬多名群眾抗議選舉不公，而與警方發生衝突。在衝突中有群眾死亡，使狀況更加嚴重，警局及警車遭到群眾的攻擊。這也是一九六〇年代以來，臺灣發生最嚴重的群眾暴動事件。另一方面，群眾的力量吸引了黨外運動者的注意，部分的政治菁英則抱持群眾力量可以迫使國民黨當局讓步，加速臺灣民主運動的看法。不過，黨外菁英對此的看法不一，而究竟如何看待群眾，如何定位群眾運動，也成為黨外政治路線的重要爭議點。

【資料來源】
《中央日報》，一九七七年十一月二十日，第三版。
《聯合報》，一九七七年十一月二十日，第三版。

一九七八年三月十六日　新聞局暫停受理雜誌申請一年

一九七八年三月十六日，行政院新聞局通知臺灣省和臺北市政府新聞處，暫停受理雜誌申請一年。由於此時臺灣有所謂的報禁，加上無線媒體無論是電視臺或廣播電臺也不可能申設，所以雜誌是人民爭取新聞自由所憑藉的最重要工具。行政院新聞局以行政裁量的形式通知臺灣省和臺北市新聞處，沒有任何具體的理由便暫停受理雜誌申請，使得當時臺灣人相當有限的閱聽自由受到了進一步的限制。就當時的歷史脈絡來看，一九七七年的五項公職人員選舉，加上中壢事件，使得在野力量無論在聲勢上或現實政治舞臺上都取得了較過去更多的資源，而一九七八年原定要進行中央增額民意代表的選舉，因此新聞局在此時宣布暫停受理雜誌的申請，可以視爲國民黨當局意圖箝制黨外力量宣傳工具，打壓其發展的重要具體措施。

【資料來源】

《聯合報》，一九七八年三月十七日，第二版。

一九七八年七月七日　國防部組織法修正通過

一九七八年七月七日，立法院修正通過「國防部組織法」修正案，同日並完成「國防部參謀本部組織法」的立法。參謀本部在立法後成爲正式的法定機關，總統經由參謀總長，行使統帥權指揮軍隊，也才有正式的法律規範。至於在過去臺灣情治單位中具有關鍵地位的警備總司令部，亦因國防部組織法的修正，而正式取得法律依據。

【資料來源】

《中國時報》，一九七八年七月八日，第二版。

一九七八年十月三十一日　南北高速公路全線通車

一九七八年十月三十一日，南北高速公路全線通車，完成十大建設中一項重要的基礎建設。雖然當時臺灣交通運輸的需求較小，在興建過程中引發相當的批評，但是，比起鐵路電氣化及核能電廠，甚至十大建設中部分的產業建設，高速公路在今日看來，不僅沒有太多爭議，而且已成爲臺灣的一條大動脈，對貫通臺灣南北交通而言，有不容取代的地位。

【資料來源】
《中央日報》，一九七八年十月三十日，第六版。

一九七八年十一月二日　開放人民出國觀光

一九七八年十一月二日，行政院決定人民自次年一月一日即可出國觀光，使國人藉出國觀光的機會，可以多接觸外界的資訊，是臺灣社會控制鬆綁重要的一步。由於欲參加當年進行的中央民意代表增額選舉的黨外候選人，已先將此點列爲共同政見，而在選戰未正式開打之際，執政當局便迅速作出回應，實爲臺灣政治發展歷程中所罕見。

【資料來源】
《中央日報》，一九七八年十一月三日，第一、三版。
李筱峰，《臺灣民主運動四十年》（臺北：自立晚報，一九八七年），頁一二八。

臺灣省政府公報六十八年春字第二十六期

法　規

中央法規

國民申請出國觀光規則

中華民國六十七年十二月三十日
國防部六七金純字第四三六二號令
內政部六七臺內秘劍境字第一〇二四號令

第一條　爲便利國民出國觀光，加強國際民間交流，特訂定本規則。

第二條　凡在臺灣地區設籍居住之中華民國國民，除左列男子外，均得申請出國觀光：

一、年達十六歲之當年一月一日以後尚未服完兵役者。

二、年達三十歲之當年十二月三十一日以前之後備軍人及國民兵。

第三條　出國觀光，暫以每人每一年申請二次爲限。但以其他事由申請出入境者，應依照有關規定辦理。

第四條　出國觀光地區，以前往自由國家及地區爲限。不得前往共產國家及地區。

第五條　出國觀光時間，每年合計不得超過三個月。

第六、條　一般國民出國觀光，得由申請人自行向內政部入出境管理局辦理或委託交通部觀光局認可之甲種旅行社代辦。

公務人員、公立學校教職員及其眷屬出國觀光，應經由其服務之權責單位核轉內政部入出境管理局辦理。

國軍人員及其眷屬出國觀光，另依國防部之規定辦理。

未滿十六歲之人出國觀光，應隨同直系血親尊親屬申請，合領出入境證及護照。

第七條　出國觀光者，應塡具出國觀光出入境申請書一件、出國資料卡一件，繳全部戶籍謄本一份、最近正面半身脫帽照片四張、工本費；並繳驗國民身分證（當時驗畢退還）。

第八條　出國觀光，除前往香港地區，持用出入境證外，凡前往其他國家地區者，由內政部入出境管理局函請外交部簽發護照。其出境證效期以六個月爲限，因故未出境者，得申請延期一次六個月。

第九條　出國觀光者，不得在國外改變護照領照事由及延期加簽。並不得在香港申請護照轉往其他國家或在國外申請換發護照。

第十條　本規則自發布日施行。

輸美彩色電視機出口配額處理辦法

中華民國六十八年一月十七日
經濟部發布

第一條　爲處理輸美彩色電視機出口配額，依貨品出口審核準則第十一條及第十四條之規定，訂定本辦法。

第二條　輸美彩色電視機出口配額之分配、管理與執行，由經濟部國際貿易局（以下簡稱貿易局）依本辦法規定辦理之。

第三條　本辦法所稱輸美彩色電視機出口配額，係依照「中美彩色電視機貿易協定」之規定，其種類（包括整台及底盤）、期限及限額數量如左：

一、所稱整台係指美國關稅號列者即六八五・二〇二五、六八五・二〇二六、六八五・二〇二七、六八五・二〇二八、六八五・二〇二九、六八五・二〇三一、六八五・二〇四四、六八五・二〇四六、六八五・二〇五五、六八五・二〇六一及六八五・二〇六二等十一項，其第一設限年度自六十八年二月一日至六十八年六月三十日止，限額爲一二七、〇〇〇台，第二設限年度自六十八年七月一日至六十九年六月三十日止，限額爲三七三、〇〇〇台。

二、所稱底盤係指美國關稅號列六八五・二〇六四者，其設限年度自六十八年二月一日至六十八年六月三十日止，限額爲二七〇、〇〇〇台。

第四條　輸美彩色電視機出口配額分爲基本配額與自由配額二種。

第五條　基本配額之核配以從事經營彩色電視機生產及出口業務之合格外銷工廠爲限。

第六條　合於前條規定之工廠得按左列規定申請基本配額：

一、第一、二年設限年度輸美彩色電視機配額之核配以各該工廠民國六十七年度全年輸美出口實績爲準，並按比例核配之。

二、申請工廠應檢具六十七年度通關出口後之輸出許可證第六聯影本向臺灣區電工器材工業同業公會申報列表核轉貿易局核定公告之。

第七條　自由配額之核配以合於本辦法第五條規定之工廠爲限。

第八條　自由配額指因停工停業或其他原因收回之配額。前項自由配額出口不計實績，其核配辦法另定之。

二

圖二十六　國民申請出國觀光規則（臺灣省政府公報，民國六十八年春字第二十六期）

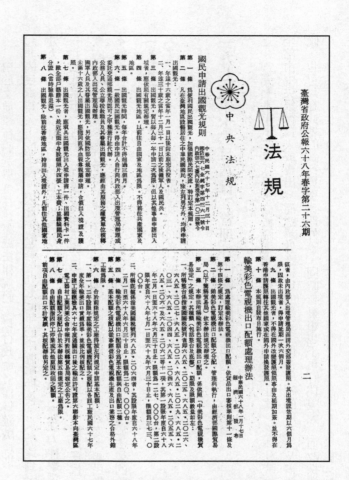

一九七八年十一月十七日　最高法院檢察署表示：中央民意代表增額選舉辦法優於法律

由於之前舉行的選舉，往往欠缺法律規範，以行政命令作爲遊戲規則，又往往有不當的限制，而引起非國民黨籍人士的不滿。因此，歷經一九七七年的中壢事件後，氣勢達到一九六〇、七〇年代高峰的黨外人士，面對預訂於一九七八年舉行的增額中央民意代表選舉，遂強力抨擊選舉未能依法律進行。對此，一九七八年十一月十七日當時最高法院檢察署長王建今表示，增額中央民意代表的選舉辦法，係根據臨時條款的規定，授權總統訂定，因此「具有優於普通法律的地位」。換言之，國民黨當局此時爲了行政的便利，不僅用行政命令限制人民的（參政）權利，而且更企圖建構其位階高於法律的論述。

【資料來源】

《中央日報》，一九七八年十一月十八日，第一版。

一九七八年十二月八日　管理外匯條例修正通過

一九七八年十二月八日，立法院通過「管理外匯條例」修正案。在本法完成修法之後，臺灣的外匯不再全部由中央銀行買入或賣出，而透過外匯市場的建立，使得外匯的所有人及需要人，可以在外匯市場買賣外匯，也可以在此地的銀行買賣遠期外匯，同時新臺幣也不再盯住美元，而改採機動匯率制度。此一制度的改變，對於臺灣外匯市場的建立，提供廠商針對匯率波動進行的避險及外匯操作的管道，以及朝向自由化的發展，是一個重要的里程碑。不過值得注意的是，本條例通過，對政府而言，也希望指定銀行及進口商持有的部分外匯，可以減緩由於持續對外的出超，所引起中央銀行快速的外匯累積，以及隨之而來貨幣供給額增加的壓力。

【資料來源】

《中央日報》，一九七八年十二月九日，第一版。

《聯合報》，一九七八年十二月九日，第五版。

一九七八年十二月十六日　美國宣布即將與中華人民共和國建交

一九七八年十二月十六日，由於美國宣布將於次年一月一日，與中華人民共和國建交，並與中華民國終止外交關係，不再承認中華民國，使得中華民國政府統治下的臺灣面臨了再一次國際舞臺上生存的重大考驗。當時國民黨臨時中常會便決定，以臨時條款中的規定爲根據，由總統動用緊急處分權，中止當年即將投票的增額中央民意代表選舉。同時，要求全國同胞團結奮鬥，共渡難關。不過直到此時，蔣經國總統仍然表示，絕對不放棄光復大陸的神聖使命，表現出當時國民黨雖然面對重大的外交挫折，對於如何提出有效的應變方案，以維持臺灣的生存，仍然沒有決定性的政策。值得注意的是，根據王惕吾的回憶錄指出，此次美國政府宣布與中華人民共和國建交，他早已向政府轉達此一訊息，只是由於外交部門對於當時的外交困境並沒有充分的掌握，使得政府未能及早因應，而由於此次的斷交，外交部長沈昌煥也正式辭去了部長的職務，結束了他在檯面上主導外交事務的時代。

【資料來源】
《自立晚報》，一九七八年十二月十六日，第一版。
《中央日報》，一九七八年十二月十七日，第一版。
《聯合報》，一九七八年十二月十七日，第一版。
王麗美，《報人王惕吾——聯合報的故事》（臺北：天下文化出版公司，一九九四年），頁一六三～一八〇。

一九七九年一月九日　「所得稅法」修正通過

一九七九年一月九日，立法院通過所得稅法修正案，修正重點包括：國民中學、私立初中教職員薪資免納所得稅；因贈與而取得的財產免納所得稅；納稅人自動補報者免罰；以及爲避免營利事業對外捐贈過於浮濫，降低其捐贈列支限度。其中，政府未就原本國民小學（學校）教師薪津免稅問題是否合理進行檢討，反而將國民中學、私立初中教職員薪資納入免稅的範疇。直到今日國民中、小學教師與軍人的免稅問題，仍然是稅制改革的一個重點。

【資料來源】
《中國時報》，一九七九年一月十日，第二版。

一九七九年一月十八日　總統蔣經國發布緊急處分令，原有增額中央民意代表繼續行使職權

一九七九年一月十八日，總統蔣經國根據臨時條款發布緊急處分令，在增額中央民意代表選舉延期舉行期間，仍由原增額選出之中央民意代表繼續行使職權，至定期舉行選舉所選出之增額中央民意代表開始行使職權之日為止。這是中華民國在一九四八年制定動員戡亂時期臨時條款賦予總統在行政院會議通過以後，行使緊急處分權以來，第三次動用此一權力。第一次是在中國大陸的金融危機，第二次是一九五九年的八七水災，這一次則是以美國宣布即將不承認中華民國（不只是斷交），並與中華人民共和國建立大使級外交關係而導致的政經危機為理由，而發布此一緊急處分。但是，如此一來也正意味著原本臺灣人民透過增額中央民意代表的選舉，多多少少有限度反映民意的制度運作，卻因為美國與中華人民共和國關係正常化及不再承認中華民國，而遭到不定期的延遲，此一現象是否能夠以國家處於緊急狀態來認定，在民主憲政體制下自然大有商榷的餘地。相對地，當時的黨外人士失去了選舉的舞臺，轉而朝向群眾運動的方式，來訴求其政治主張。朝野的對立情勢，也更為強烈。

【資料來源】

《中國時報》，一九七九年一月十九日，第一版。

《總統府公報》，第三四六二號，一九七九年一月十九日，頁一。

一九七九年一月二十二日　橋頭事件

一九七九年一月二十二日，黨外人士爲了聲援涉嫌叛亂被逮捕的前高雄縣長余登發及其子余瑞言，在高雄橋頭展開示威，此即著名的橋頭事件。這是一九四九年國民黨在臺灣實行戒嚴以來，臺灣第一次發生的政治性示威遊行。當時參加遊行者包括許信良、林義雄、施明德、邱連輝、姚嘉文、陳婉眞、陳菊、黃順興、王拓、陳鼓應、張春男、邱茂男等人。而此次政治性示威遊行，尙引發了一連串的後續反應。首先是臺灣省政府針對桃園縣長許信良參加橋頭示威一事，以許信良廢弛縣長職務，而依據公務員懲戒法之規定，移送監察院查察，四月，監察院更以許信良擅離職守、簽署汙衊政府不當之文件、參與非法遊行活動，並違法助選爲由，將其移送公務員懲戒委員會，最後在七月一日，參加遊行的許信良更因此遭到停職處分，而未能繼續其桃園縣長的任期。不過當時最重要的意義在於余登發父子被逮捕，使得全臺一千多名黨外知名人士預備在一九七九年的二月初，爲余登發舉辦的生日晚會流產，這也意味著黨外人士試圖以余登發作爲主要的領導人物，集結黨外力量的企圖遭到挫折。

【資料來源】

《中國時報》，一九七九年一月二十二日，第一版。

《中國時報》，一九七九年十三日，第三版。

李筱峰，《臺灣民主運動四十年》（臺北：自立晚報，一九八七年），頁一四〇～一四一。

一九七九年四月四日　宣示三不政策

一九七九年美國與中華人民共和國正式建立外交關係後，蔣經國總統主政的中華民國政府對中共政權採取三不政策。當時中華人民共和國擬以和平方式解決臺灣問題來取代原有解放臺灣的口號，積極對臺灣展開所謂「和平統一」的攻勢，對此蔣經國總統曾在聲明中提及：「中華民國不論在任何情況下絕對不與中共政權交涉，並且絕對不放棄光復大陸解救同胞的神聖任務，這個立場絕不會變更。」而在四月四日國民黨中常會中，前述蔣經國的談話更進一步成爲所謂不接觸、不談判、不妥協的三不政策的內涵。

【資料來源】
若林正丈等，《臺灣百科》，一九九五。

一九七九年四月十日　美國制定「臺灣關係法」

一九七九年四月十日，面對美國不承認中華民國（斷交）以後，彼此間的非邦交關係，美國國會完成制定「臺灣關係法」的立法，並由美國總統卡特於本日簽署，以維持雙方商務及文化關係，以便在沒有外交關係的情況下，美國能夠提供臺灣防禦性的武器。不過，或許基於某些考量，四月十一日出刊的《中央日報》並沒有提到「臺灣關係法」五個字，而改以所謂「中美關係法案」的名稱來稱呼此一法案。在某種程度上，這也反映了當時國民黨官方對現實外交困境仍無法以務實的態度面對，同時對以臺灣爲名的相關外交安排亦持保守的心態。

【資料來源】
《中央日報》，一九七九年四月十一日，第一版。
《中央日報》，一九七九年四月十二日，第二版。

一九七九年四月二十日　監察院彈劾許信良

一九七九年四月二十日，監察院以桃園縣長許信良參加高雄橋頭示威，聲援余登發案為由，指稱許信良參加集會未經准假，加以彈劾，隨後並將之移送公務人員懲戒委員會。這在當時意味著，國民黨當局對於黨外運動的一種彈壓，因為同一時期國民黨籍官員參加黨內會議，基本上也未完成請假之手續，卻無人過問，因此此一處分案有打壓反對運動之嫌。此一事件除反應出當時國民黨的特殊地位外，究竟民選公職人選是否應與公務員一般，可由監察院彈劾，公懲會再處以休職或撤職處分，在學理上也有再斟酌的空間。

【資料來源】
《中國時報》，一九七九年四月二十一日，第三版。

一九七九年八月三日　鹽分地帶文藝營開辦

在臺南縣南鯤鯓舉辦的鹽分地帶文藝營於一九七九年八月三日開辦，此後此一文學盛會的定期活動，對臺灣本土文學的延續與發展，有相當的貢獻。但是受限當年特殊的時空背景，在營隊的課程安排中，除了與臺灣本土文學相關的課程外，也排有「滿地荊棘的大陸文藝生活」的主題演講。

【資料來源】

《自立晚報》，一九七九年八月五日，第二版。

一九七九年八月十六日　美麗島雜誌創刊號出刊

一九七九年八月十六日，由黃信介擔任發行人，許信良擔任社長，張俊宏擔任總編輯，施明德擔任總經理的《美麗島》雜誌創刊號出刊，發行五萬冊（至第四期發行已達十四萬冊），掀起臺灣政論雜誌空前的高潮。當時《美麗島》雜誌社的成員包括呂秀蓮、黃天福、林義雄、姚嘉文等黨外人士的代表人物，遂成為黨外勢力集結的展現，而其雜誌也被視為黨外言論的重要代表。其後《美麗島》雜誌社在各地設分社，更被視為黨外力量組織化的重要表徵，因而成為中華民國政府遷臺以後，臺灣本土政治菁英結合政治實力與輿論之力試圖制衡國民黨當局的重要行動。

【資料來源】

《美麗島》，一：一（一九七九年八月十六日），頁一。

李筱峰，《臺灣民主運動四十年》（臺北：自立晚報，一九八七年），頁一四四。

伊原吉之助，《臺灣の政治改革年表・覺書（一九四三～一九八七）》（奈良：帝塚山大學，一九九二年），頁二三七。

一九七九年九月八日　中泰賓館事件

一九七九年九月八日，當《美麗島》雜誌於中泰賓館舉行創刊酒會時，勞政武、蕭玉井、沈光秀三名反共義士率領右派《疾風》雜誌成員及其支持者，於中泰賓館外舉行「抗議」行動。此一抗議行動之初係懸掛聲討「叛國賊陳婉眞」等標語展開，而後群衆圍觀漸多，同時中泰賓館內外也形成《美麗島》及《疾風》兩個不同政治主張團體成員的對峙。當時，警方採取隔離的方式，而黨外人士主張警方應先驅走「非法集會」的「抗議」群衆，警方則未有積極的回應。直到晚上七時，「抗議」群衆才被警方勸導離去，結束此一事件。不過，透過此一事件顯示了當年力量快速成長的黨外人士，已有右派敵對群衆力量的挑戰，國內政治情勢緊張度亦隨之日益增高。

【資料來源】

《中央日報》，一九七九年九月九日，第三版。

一九七九年九月二十五日　黃信介等人提出加強民意機構的聯合質詢

雖然在一九七〇年代初期，中央民意代表全面改選的呼聲逐漸受到重視，一九七八年的黨外陣營於增額中央民意代表的選舉中也將之列爲政見。但是，在當時的體制內卻幾乎沒有相類的呼應。一九七九年九月二十五日立法委員黃信介、康寧祥、費希平提出加強中央民意機構的聯合質詢，是少數的例外。在此一質詢中，除了爲「遠程」的立法院、監察院委員產生的方式有所建議外，在「近程計畫」上則主張建立立委、監委的退休制度，來達到民意機構新陳代謝的目標。其中最重要的是年滿八十歲自動退休的設計，因爲當時距「資深」委員的選舉已三十二年左右，大部分委員的年齡亦已在七十歲上下，如果依其意見，便可在既有體制下逐年達成中央民意機構合理化的主張。

【資料來源】

《自立晚報》，一九七九年九月二十五日，第二版。

一九七九年九月三十日　因應夏令時間調整，全臺灣火車就地停駛一小時

由於夏季日出時間較早、日照時間較長，夏令節約時間即是因應此一自然界的特性，在夏令節約時間，將臺灣的時間撥快一小時，希望藉此提早上班上學，節約能源。但是夏令時間與標準時間的調整，則是一個問題。一九七九年十月一日，自當日凌晨零時起，由夏令節約時間恢復爲標準時間，因此出現九月三十日與

十月一日之間有一個小時的「空檔」。為調整這一小時的時差，鐵路局決定九月三十日二十四時起正行駛中的列車，一律在原地停駛一個鐘頭，以期火車可以根據標準時間準時抵達目的地。

【資料來源】
《中央日報》，一九五三年九月二十九日，第六版。

一九七九年十一月六日　師範教育法通過

一九七九年十一月六日，立法院通過「師範教育法」，同時廢止「師範學校法」。透過此次立法，一方面提高國小師資水準至大學程度；同時也使師範大學及師範學院可以開設教育學分進修班，招收一般大學畢業生修習教育學分，以取得教師資格；並獎勵教師進修。然而透過此次修法，並配合教育主管機關的行政裁量，使得臺大、政大、中興等大學原本在校內開設的教育學分課程，譜下休止符，師範系統壟斷師資培育的狀況更為明顯。直到一九九〇年代要求師資來源多元化的呼聲揚起後，教育行政當局才修法，使一般大學也能開設教育學程，進行師資養成教育。

【資料來源】
《中央日報》，一九七九年十一月七日，第四版。

一九七九年十二月十日　高雄發生美麗島事件

一九七九年十二月十日，高雄發生美麗島事件。十三日清晨起，治安單位開始逮捕美麗島雜誌首要分子，林義雄、姚嘉文、張俊宏、陳菊、呂秀蓮等人紛紛被捕，黃信介也在十四日立法院同意警總要求後遭到逮捕。逃亡一時的施明德，則在翌年一月八日被捕，掩護其逃亡的高俊明、林文珍、張溫鷹等人最後亦遭移送軍法審判。這一事件使得自一九七七年五項公職人員選舉／中壢事件以來，不斷成長的黨外力量遭到嚴重的打擊。《美麗島》雜誌各地普設分社、服務處，並以群衆性演講擴張勢力，希望整合全臺反對勢力，甚至組黨的企圖，卻在此事件後遭到嚴重的挫敗。雖然事件發生的經過，官方與黨外人士的說法出入甚大。不過前一日（十二月九日）發生警察機關濫捕《美麗島》雜誌工作人員的鼓山事件，即已造成衝突。根據當時及事後審判過程的報導，可以發現美麗島舉辦國際人權日紀念大會不被國民黨當局接受，黨外人士照常舉行活動，而情治單位則以鎮暴部隊加以封鎖，當日的行動中，情治單位可能先對群衆採取鎮壓行動，而引發「先鎮後暴」的嚴重衝突。值得注意的是，此一衝突事件僅是導火線，被逮捕的人甚至與此事件無涉（如魏廷朝），事發當時人在國外的許信良也在起訴名單之內。可見，國民黨當局有意藉此打壓成長中的反對勢力，才是影響歷史發展的主要因素。

【資料來源】

《中央日報》，一九七九年十二月十一日，第六版。
《中國時報》，一九七九年十二月十一日，第三版。
李筱峰，《臺灣民主運動四十年》（臺北：自立晚報，一九八七年），頁一五一～一五二。

一九八〇年二月二十八日　林宅血案

一九八〇年二月二十八日身分不明的匪徒闖進因美麗島事件被捕的原省議員林義雄家裡，刺殺林氏的母親及其三名女兒，除長女林奐均重傷急救後倖存外，其母及一對孿生女兒均告死亡。雖然經過治安單位追查，除了有關單位曾將無辜的外籍臺灣政治研究者大鬍子家博視爲嫌犯，且經媒體渲染報導外，始終未能查出兇嫌，而成爲懸案。此一事件發生，時值美麗島事件軍法審判的敏感時期，又是臺灣史上敏感的二二八，傳言甚多。由於發生血案前一日，林義雄母親在會見林義雄之後，批評情治單位偵辦美麗島事件時，對相關人士刑求。而當時林宅處於全天候情治單位的監控之下，竟然發生兇嫌無著的滅門血案，自然有人質疑是情治單位或國民黨當局內部的極右派策動此一血案，但直到今日仍無確切的證據足以破案。此一事件發生以後，國民黨當局透過沈君山出面，先使林義雄交保處理善後。隨即更向林義雄表示，可以使他不必參加軍法審判。唯林義雄始終拒絕，獲准交保的他，並在軍法大審開始時由兩位辯護律師陪同，要求准予同時參加審判。

【資料來源】

美麗島事件口述編輯小組（編），《珍藏美麗島（口述史Ⅲ）：暴力與詩歌》（臺北：時報文化），頁三〇二～三一五。

一九八〇年三月十八日　軍事法庭公開審理高雄美麗島事件

一九八〇年三月十八日，警備總司令部軍事法庭開始公開審理高雄美麗島事件黃信介等八名被告。由於高雄事件深受國內外矚目，來自國外的壓力對於國民黨當局構成了相當程度的困擾，因此採取公開審理的方式。此舉在臺灣有關政治犯的軍事審判而言，無疑是少數的例外。而此一例外的結果，不僅是多少有助於對被告人權的保障，更重要的是，透過公開的審理，高雄事件被告的政治理念得以透過媒體廣泛的為國內外所知，使得高雄事件的被告政治理想得到相當程度的彰顯，而多少化解了其被官方及其媒體醜化為暴力分子的形象，不僅對黨外的政治理念宣傳有相當程度的幫助，也對於美麗島事件之後，黨外運動的重新出發具有相當正面的功能，不致如同一九六〇年的新黨運動一樣，在國民黨一鎮壓之後便宣告煙消雲散，而能以前仆後繼的方式，擴展臺灣民主政治發展的成果，使得此一審判在臺灣民主運動史上，留下不可磨滅的關鍵地位。

【資料來源】
《中國時報》，一九八〇年三月十九日，第三、四版。

一九八〇年四月十八日　中華民國退出國際貨幣基金會

一九八〇年四月十八日，由於中華人民共和國獲准加入國際貨幣基金會，中華民國政府宣布退出此一國際上最重要的貨幣組織。本來，自中華人民共和國繼承中華民國在聯合國的席位以後，中華民國的國際空間雖受到嚴重壓縮，仍然能在重要的經貿組織維持原有的席次。只是官方仍抱持「一個中國」立場，未能事先積極尋求對臺灣有利的會籍安排。此次，政府在中華人民共和國申請加入國際貨幣基金會的過程中，企圖反對其入會，未能成功後，又以一貫漢賊不兩立的思考方向，採取了退出的行動，未能積極為保護會籍而努力，使得臺灣在國際經濟舞臺官方領域的活動範圍又再度緊縮，這也是當年僵化的外交政策所導致的不良後果之一。不過官方當時並未正視此一問題對臺灣未來的意義，由於當時石油危機之後金價大漲，反而宣稱退出國際貨幣基金會後將可取回黃金，政府得因此取得財政的利益。

從另一個角度來看，自從一九七一年中華人民共和國政府成為聯合國內中國唯一合法代表後，中華民國政府仍能在美國支持下，維持原有國際財金舞臺的地位，卻未能尋求較佳的存續位置，因應國際政治情勢的變化，反而在美國與中華人民共和國關係正常化、國際情勢對中華民國政府地位更不利之際，僵化回應，使臺灣國際地位更為孤立。

【資料來源】

《中國時報》，一九八〇年四月十九日，第一版。

一九八〇年五月六日　動員戡亂時期公職人員選舉罷免法通過

一九八〇年五月六日，立法院通過「動員戡亂時期公職人員選舉罷免法」，此法的通過結束了戰後臺灣長期以行政命令規範選舉制度的時代，而給了選舉罷免公職人員的法律依據。但是就本法的內容而言，仍然對人民行使選舉權，以及選舉活動有相當不合理的限制。換句話說，雖然國家不再違反法律保留原則，以行政命令不當侵害人民的選舉權與被選舉權，卻仍然以法律侵害了憲法本來保障人民的參政權。其中最爲明顯的是，合乎選舉權與被選舉權資格的學生，因爲學生的身分，便被剝奪了候選人與助選員的資格。就世界民主發展的制度來看，大學往往是最先具有選舉權的場域之一，而在臺灣卻反其道而行，限制具有較高學歷的大學以上學生參與政治，是一個與歷史潮流不符合的政策。不僅如此，在選舉活動的舉辦上，也規定分爲公

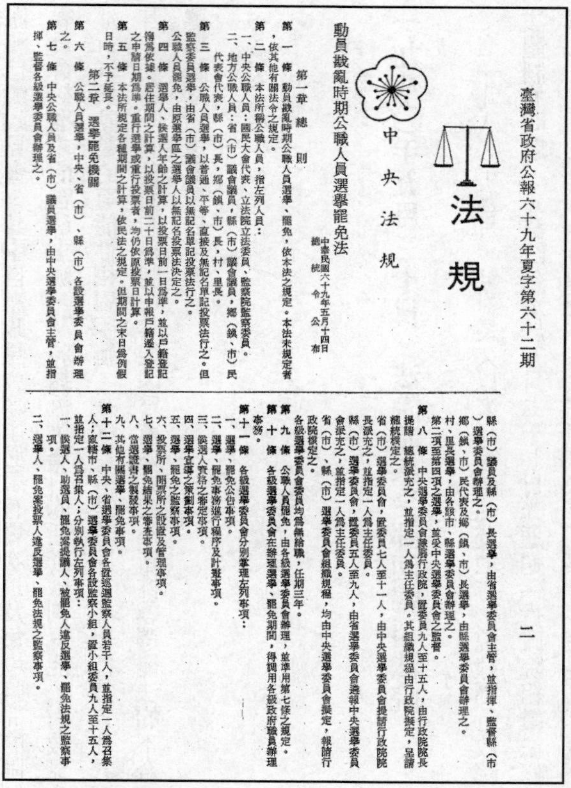
臺灣省政府公報六十九年夏字第六十二期　二

法　規

中央法規

動員戡亂時期公職人員選舉罷免法

中華民國六十九年五月十四日 總統令公布

第一章　總則

第一條　動員戡亂時期公職人員選舉、罷免，依本法之規定。本法未規定者，依其他有關法令之規定。

第二條　本法所稱公職人員，指左列人員：

一、中央公職人員：國民大會代表、立法院立法委員、監察院監察委員。

二、地方公職人員：省（市）議會議員，縣（市）議會議員，鄉（鎮、市）民代表會代表，縣（市）長，鄉（鎮、市）長，村、里長。

第三條　公職人員選舉，以普通、平等、直接及無記名單記投票法行之。但監察委員選舉，由省（市）議會議員以無記名單記投票法行之。公職人員罷免，由原選舉區之選舉人以無記名投票法決定之。

第四條　選舉人、候選人年齡之計算，以投票日前一日爲準，並以戶籍登記簿爲依據。居住期間之計算，以投票日前二十日爲準，並以申報戶籍遷入登記之申請日期爲準。重行選舉或重行投票者，均仍依原投票日計算。

第五條　本法所規定各種期間之計算，依民法之規定。但期間之末日爲例假日時，不予延長。

第二章　選舉罷免機關

第六條　公職人員選舉，中央、省（市）、縣（市）各設選舉委員會辦理之。

第七條　中央公職人員及省（市）議員選舉，由中央選舉委員會主管，並指揮、監督各級選舉委員會辦理之。縣（市）議員及縣（市）長選舉，由省選舉委員會主管，並指揮、監督縣（市）選舉委員會辦理之。鄉（鎮、市）民代表及鄉（鎮、市）長選舉，由縣選舉委員會辦理之。村、里長選舉，由各該市、縣選舉委員會辦理之。第二項至第四項之選舉，並受中央選舉委員會之監督。

第八條　中央選舉委員會隸屬行政院，置委員九人至十五人，由行政院院長提請　總統派充之，並指定一人爲主任委員。其組織規程由行政院擬定，呈請　總統核定之。省（市）選舉委員會，置委員七人至十一人，由中央選舉委員會提請行政院院長派充之，並指定一人爲主任委員。縣（市）選舉委員會，置委員五人至九人，由省選舉委員會遴報中央選舉委員會派充之，並指定一人爲主任委員。省（市）、縣（市）選舉委員會組織規程，均由中央選舉委員會擬定，報請行政院核定之。

第九條　公職人員罷免，由各級選舉委員會辦理，並準用第七條之規定。各級選舉委員會委員均爲無給職，任期三年。

第十條　各級選舉委員會在辦理選舉、罷免期間，得調用各級政府職員辦理事務。

第十一條　各級選舉委員會分別掌理左列事項：

一、選舉、罷免公告事項。

二、選舉、罷免事務進行程序及計劃事項。

三、候選人資格之審定事項。

四、選舉宣導之策劃事項。

五、選舉、罷免之監察事項。

六、投票所、開票所之設置及管理事項。

七、選舉、罷免結果之審查事項。

八、當選證書之製發事項。

九、其他有關選舉、罷免事項。

第十二條　中央、省選舉委員會各置巡迴監察人員若干人，並指定一人爲召集人；直轄市、縣（市）選舉委員會各設監察小組，置小組委員九人至十五人，並指定一人爲召集人；分別執行左列事項：

一、候選人、助選員、罷免案提議人、被罷免人違反選舉、罷免法規之監察事項。

二、選舉人、罷免案投票人違反選舉、罷免法規之監察事項。

圖二十七　動員勘亂時期公職人員選舉罷免法（臺灣省政府公報，民國六十九年，夏字第六十二期）

辦和自辦政見會，其中自辦政見會除了必須有場次以及每場時間的限制之外，還規定必須在三日前函報選舉委員會核准才能合法主辦，又將靠近選舉日的活動限制只能公辦政見會，如此使得以政見爭取人民支持以及進行群衆動員的可能性相對困難。在動員戡亂時期，此舉當然有利於選舉的安定順利，不過對於民主競爭而言，則是一個負面的限制。其後因為黨外人士不斷挑戰選罷法的不合理規範，國民黨當局陸續同意修正，使選舉制度的規範較為合理。

【資料來源】

《中央日報》，一九八〇年五月七日，第一、六版。

一九八〇年五月三十日　法院體系全部回歸司法院

一九八〇年五月，針對長久以來高等法院及地方法院隸屬行政院，嚴重違反權力分立原則及中華民國憲法體制的問題，立法院分別於五月二十七日先通過「行政院組織法修正案」，將「司法行政部」改稱「法務部」。五月三十日，再通過「司法院組織法修正案」，使得高等以下法院自七月一日起正式改隸司法院，至於原有的檢察系統則隸屬於法務部之下。此一司法體制的調整，距離一九六〇年被大法官會議釋字八十六號解釋違憲已二十年。因此，制度的調整固然有助於臺灣司法獨立或是權力分立制度的運作，但是拖延二十年才調整，卻表現了執政者對於大法官會議作成違憲解釋的制度漫不經心，甚至長期敷衍的心態。

從另一個角度來看，這也是國民黨當局面對美國與中華人民共和國關係正常化的衝擊，希望透過進行一此一國內政治改革，強化其統治正當性的作爲之一。

【資料來源】
《中央日報》，一九八〇年五月二十八日，第一版。
司法院釋字第八十六號解釋，《司法院公報》，二：九，一九六〇年九月十一日，頁一〇。
《立法院公報》，六九：四三，一九八〇年五月二十八日，頁二九～三二。
《立法院公報》，六九：四四，一九八〇年五月三十一日，頁五一～五五。

一九八〇年六月十八日　違規遊覽車將納入正軌行駛高速公路

一九八〇年六月十八日，針對違規遊覽車大量行駛高速公路，與公路局客運業（臺汽客運、國光客運的前身）形成競爭的問題，政府並無意採取開放措施，反而由交通部長林金生宣布，公路局將採租用違規遊覽車的方式，將其納入行駛高速公路的行列。換言之，政府仍然希望由公路局來壟斷當時高速公路的客運業，而不願見到自由競爭的出現。然而違規遊覽車雖爲公路局所租用，但在有厚利可圖的情況下，遊覽車業者又購進或租用新的遊覽車，繼續行駛高速公路路線，使政府的政策難以貫徹。最後，由於難以取締，才允許其組成統聯公司，正式合法營運，打破之前一家獨占的局面。

【資料來源】
《中央日報》，一九八〇年六月十八日，第三版。
《中國時報》，一九八〇年六月十九日，第三版。

一九八〇年六月二十日　國家賠償法制定通過

一九八〇年六月二十日，立法院制定通過「國家賠償法」。此後，臺灣針對國家機關或公務人員的過失，導致民眾權益的受損，民眾便可依據本法求償，對於民眾的權益較過去有更多的保障。

【資料來源】
《中央日報》，一九八〇年六月二十一日，第一版。
《中國時報》，一九八〇年六月二十一日，第一版。

一九八〇年六月三十日　紅毛城收回

淡水紅毛城是臺灣北部現存最古老的城堡之一，一般傳聞為西班牙人所建，然此城實非西班牙所建的聖多明各城，而是荷蘭人逐走西班牙人之後所築的新城。一八六一年英國在此設立領事館，並自一八六七年起，與清廷簽定租約。直到一九七二年英國撤館，乃將此城委託美國代管。美國與我國斷交後情勢再變，經我國與英方交涉達成協議，於一九八〇年六月三十日透過英國委託的代表律師端木愷，指定其助理廖修三律師，將紅毛城移交給中華民國國有財產局北區辦事處處長方長洋。紅毛城收回之時，交通部曾有意拆除部分，以拓寬道路，經淡水鎮公所極力爭取，此一古蹟才得以保存。

【資料來源】

《中央日報》，一九八〇年七月一日，第三版。

一九八〇年七月二十二日　私立學校教職員保險條例通過

一九八〇年七月二十二日，立法院三讀完成「私立學校教職員保險條例」的立法。此後私立學校的教職員亦可享有部分公立學校教職員的福利，並正式被納入國家社會安全體系，但是距一九五八年公務人員保險的開辦（公立學校教職員可享有的）卻已經晚了二十二年。

【資料來源】

《中央日報》，一九八〇年七月二十三日，第三版。

《立法院公報》，六九：五九，一九八〇年七月二十三日，頁四～六。

一九八〇年十一月一日　消費者文教基金會成立

一九八〇年十一月一日，在臺北市國際青年商會極力推動下，消費者文教基金會正式成立。當初成立的目的，即在於推廣消費者教育，增進消費者地位和保護消費者權益。而基金會成立之後，確實在消費者運動上扮演重要的角色。因此，它雖然不是臺灣第一個消費者保護團體，卻是目前最具影響力的團體。不過，成立之初由於受限於「非常時期人民團體組織法」同一性質的人民團體只能成立一個的不當限制，在臺灣已有其他消費者團體先成立的狀況下，便不能合法結社，使當時的消費者運動必須採取成立基金會的途徑。消費者文教基金會由消費者保護的議題切入，進行對以中產階級爲主的啓蒙，凝聚消費者權益的意識，在某種意義上，這也是臺灣市民運動活力展現的開始。

【資料來源】

《中央日報》，一九八〇年十一月二日，第六版。

一九八〇年十二月十五日　新竹科學園區正式揭幕

一九八〇年十二月十五日，新竹科學園區正式揭幕。此一科學園區係以電子資訊業作爲主要的生產事業，因此它也是臺灣整個經濟體質改變的重要里程碑。以後隨著新竹工業園區的日益發展，臺灣的電子資訊業的產值，不僅在臺灣GDP所占的比重日益增加，甚至超過原有的龍頭石化業。在另一方面，新竹科學園區的設立也奠定了今天臺灣電子資訊業，在國際市場上占有一席之地的基礎。由於科學園區帶來龐大的產值，以及相關財稅優惠等配套措施，有利招商，促成電子資訊產業的發展。一九九〇年代以後，其他科學園區陸續推動，且成爲國際競爭對手仿傚的目標。

【資料來源】

《中央日報》，一九八〇年十二月十五日，第一版。

《中央日報》，一九八〇年十二月十六日，第一版。

一九八一年七月三日　陳文成事件

任教於美國卡內基美侖大學數學系的陳文成博士，一九八一年七月三日，被發現陳屍於臺灣大學校園內，死因爲何至今未明，是爲陳文成事件。由於陳文成在美國支持臺獨運動，並曾捐款給《美麗島雜誌》，引起情治單位的注意。返臺以後，於七月二日被警備總部約談，未曾返家，隨即被發現陳屍臺灣大學研究生圖書館旁，引起海內外的震驚。陳文成任教的卡內基美侖大學，也有兩位教授應邀來臺了解陳文成命案。其中比較奇怪的是，事後情治單位負責人曾經指出，有關陳文成死亡前後，曾有人目擊其被害，只是囿於保障目擊者的隱私，而沒有公布。

【資料來源】

伊原吉之助，《臺灣の政治改革年表・覺書（一九四三～一九八七）》，頁二五六。

一九八一年九月二十三日　美聯社記者周清月在臺採訪權遭新聞局暫停

一九八一年九月二十日，美聯社記者周清月在報導中引述陳文成父親陳庭茂的談話，指出美國病理學家魏契曾對陳文成的屍體進行驗屍。新聞局長宋楚瑜對此大爲不滿，要求美聯社更正。美聯社與新聞局溝通，但不接受。九月二十三日美聯社記者周清月遭到新聞局以報導不實爲由，暫時停止他在臺灣的採訪權。這是該記者自美麗島事件大審以後，再次因爲報導美國卡內基美侖大學教授來臺進行檢視陳文成屍體與新聞局的口徑不合，而遭到官方的處分。問題是：新聞局在臺灣當時固然能採取強勢作爲，卻不可能阻止魏契等人返美之後，九月二十四日在記者會中，公開提出與周清月報導內容相類，他曾經針對陳文成的屍體進行驗屍，而與新聞局不同的說法。

【資料來源】
《中央日報》，一九八一年九月二十四日，第三版。
《自立晚報》，一九八一年九月二十五日，第二版。

一九八二年二月十四日　臺灣人公共事務協會成立

臺灣人公共事務協會（Formosan Association for Public Affairs），民國七十一（一九八二年）二月十四日於美國洛杉磯正式成立，根據英文縮寫而簡稱的FAPA，則成爲通稱，是海外臺灣人以國會遊說及外交影響政治作爲其主要工作的團體。

七十一（一九八二年）年底臺灣關係法的修法中，當時海外臺灣人社團運用其影響力，遊說美國國會議員，先成功出售武器給臺灣，與關心臺灣人權的問題並列。次年一月，在處理移民配額的相關法案中，再度遊說成功，將臺灣移民配額與中國分開列舉。這兩件法案的通過是美國臺灣人社團透過對國會遊說，而得到具體、重大成果的里程碑，因而在黃彰輝牧師的大力鼓吹下，由蔡同榮出面，邀集彭明敏、陳唐山、郭雨新、羅福全、楊嘉猷、王桂榮等人，籌組以推動臺灣國民外交爲主要目的的組織，而FAPA的成立則是組織化的成果。其宗旨包括：（一）配合島內民主力量，促進臺灣的自由和民主；（二）宣揚臺灣人民追求民主自由的決心，造成有利於臺灣住民自決和自立的國際環境；（三）維護及增進海外臺灣人社會之權益。首任會長爲蔡同榮，名譽會長爲彭明敏。

【資料來源】

《中央日報》，一九八二年九月二十四日，第三版。

一九八二年七月二十三日　刑事訴訟法修正通過

一九八二年七月二十三日，立法院三讀通過「刑事訴訟法」部分修正條文，明定被偵查的對象可以在偵查過程中即選任律師擔任其辯護人。此舉對於過去由於偵查過程中沒有律師可以擔任嫌犯的辯護人，以至於偵查過程中嫌犯應有之權益遭到偵查機關（人）侵害情事時有所聞的狀況，得以有相當程度的改善。但是，縱然嫌犯在偵查過程得以選派律師，對於家貧或是欠缺足夠法律知識的嫌犯而言，其保障的程度仍相對不足。而且整體而言，當時由於長年以來政府對律師高考錄取名額採取相當嚴格的控制，使得臺灣律師人數明顯不足，鄉間更明顯欠缺律師來執行前述業務。雖然一九九〇年代律師錄取率已大幅提升，但是如何在制度設計上如先進國家一般，至少使嫌犯皆可以得到類似公設辯護人的協助，保障其法定權益，避免刑求或其他非法取供所導致的「冤案」，仍有待進一步司法改革的推動。

【資料來源】

《立法院公報》，七一：五九，一九八二年七月二十四日，頁四九～五二。

一九八二年八月十七日　美中簽署八一七公報

一九八二年八月十七日，美國與中華人民共和國簽署聯合公報（八一七公報）。該公報為美國與中華人民共和國之間三個公報中對臺灣最不利的一個，雙方除了「重申上海公報和建交公報中雙方一致同意的各項原則」之外，美國政府還聲明：「它不尋求執行一項長期向臺灣出售武器的政策，它向臺灣出售的武器在性能和數量上將不超過中美建交後近幾年供應的水準，它準備逐步減少它對臺灣的武器出售，並經過一段時間導致最後的解決。」此一公報當然相當程度表現了雷根總統主政下美國政府的外交態度，不過，美國政府仍然必須根據臺灣關係法「依法行政」。所以在美國政府一再宣稱根據臺灣關係法及美國與中華人民共和國之間三個公報，作為處理美、中、臺三角關係的依據時，基於臺灣自衛的實際需要，美國對臺軍售方向，近年來根本與此一公報的內容大相逕庭，無論是質或量都有相當明顯的成長。

【資料來源】

薛化元，《臺灣地位關係文書》（臺北：日創社文化，二〇〇七年），頁一九七～二〇二。

一九八二年九月二十八日　臺北市黨外市議員促成市政研討聯誼會

一九八二年九月二十八日，由臺北市議會黨外市議員促成的「市政研討聯誼會」，提出六項主張。主要包括：臺灣的前途應由臺灣一千八百萬人民共同來決定；依據憲法精神，制定國家基本法、解除戒嚴、國會改造、開放黨禁和報禁。其內涵除要求朝向自由化、民主化的方向改革外，亦提出包括住民自決及「制憲權」的主張。

【資料來源】
《民眾日報》，一九八二年九月二十九日，第三版。
《中國時報》，一九八二年九月二十九日，第二版。

一九八二年十月二十二日　三民主義統一中國大同盟成立

三民主義統一中國大同盟成立於一九八二年十月二十二日。就其成立大會的成員而論，在形式上包括具有國民黨、青年黨、民社黨及宗教界、學術界、新聞文化、工商界、民間團體身分等一千六百多人。然而就其成立的背景來看，則可以視爲蔣經國對一九七九年中華人民共和國人大常委會發表「告臺灣同胞書」以後，一系列和平統戰的回應。蔣經國先於一九八〇年六月提出用「三民主義統一中國」的主張，其後，此一主張並成爲中國國民黨第十二次全國代表大會的政治綱領，至於三民主義統一中國大同盟則是此一主張在社會上的具體落實。一九八三年三民主義統一中國大同盟進一步成立三民主義統一中國大同盟基金會，使大同盟與工商企業界進一步結合。一九九一年三民主義統一中國大同盟正式由政治團體改爲社會團體，進入另一個階段。

【資料來源】
《中央日報》，一九八二年十月二十二日，第一、二版。
《中央日報》，一九八三年三月十一日，第三版

一九八二年十一月二十三日　王迎先命案宣判

一九八二年十一月二十三日，轟動一時的王迎先命案，臺北地方法院以妨害自由、違法拘禁、施刑逼供、過失殺人爲由，判決涉案的詹俊榮等五名刑警有罪。此一事件導因於李師科搶劫土地銀行，而承辦員警根據線報，懷疑王迎先及其友人涉嫌犯案。依當時刑事訴訟法之程序，通知王迎先及其女到案，進行調查。而在要求王氏自白犯案不成後，再施以刑求逼供。王氏不堪刑求，遂表示參與搶案，並帶領詹俊榮等人起贓。但因王迎先本未犯案，遂無結果，而在難以配合前述非法自白的壓力下，於秀朗橋佯稱小解，跳橋身亡。就在王迎先被逼外出取出犯案證據之時，犯案的李師科已被捕獲，王氏的冤曲亦告大白，不致淪爲「畏罪自殺」收場。此案承辦檢察官以「妨害自由致人於死」將涉案員警起訴，最低本刑爲七年以上有期徒刑，而法官以王氏並非刑求致死，乃變更法條，改判「過失致人於死」。雖然如此，此一案件當時對非法刑求辦

案仍多少產生警示的作用，也是戒嚴時期少數刑求辦案被施以刑罰的案例。

【資料來源】
《中央日報》，一九八二年十一月二十四日，第三版。
《聯合報》，一九八二年十一月二十四日，第三版。

一九八三年九月九日　黨外雜誌編輯、作家組成的編聯會成立

一九八三年九月三日，黨外雜誌編輯、作家召開會議通過「黨外編輯作家聯誼會組織章程」，九月九日黨外「編聯會」正式成立。當時由於黨外的政治資源相當有限，擔任「抬轎」的黨外新生代對公職人員掛帥主導的黨外運動，有相當的不滿。而在一九八三年黨外後援會籌組過程中，新生代即與當時康寧祥等公職主流有所衝突。「編聯會」的成立，意味著當年黨外新生代與公職人員之間的緊張關係已浮上檯面，「編聯會」與公職人員掛帥的「公政會」互動，也成爲當時黨外運動內部整合的重點。此外，編聯會籌備之時，便已經將「住民自決」納入其主張中，成爲黨外運動朝向自決論發展的另一個動力。

【資料來源】
《中國時報》，一九八三年九月十日，第二版。

一九八三年九月十八日 黨外中央後援會成立，推薦立委選舉候選人

一九八三年九月十八日，黨外中央後援會成立，黨外勢力朝組織化發展邁進一步。十月二十三日，中央後援會推薦候選人，但是由於各選區有意參選人士互不相讓，而出現許多徵召參選及報備參選的情況。同時，黨外中央後援會針對本次選舉，所提出的共同政見，超越一九八一年的「民主、制衡」的主調，除了延續一九七八年選舉時「臺灣黨外人士助選團」提出的「十二項政治建設」主張基調，要求解嚴、落實憲法之外，共同政見第一條更明白以「臺灣的前途，應由臺灣的全體住民共同決定」作爲訴求。這也是黨外人士透過中央民意代表選舉宣傳臺灣住民自決理念的開始，而臺灣前途及國家定位的爭議，至此也成爲我國政治舞臺上的重要問題，延續至今。

【資料來源】

《中國時報》，一九八三年九月十九日，第二版。

《民眾日報》，一九八三年十月二十三日，第二版。

《自立晚報》，一九八三年十月二十三日，第二版。

《自立晚報》，一九八三年九月十八日，第二版。

李筱峰，《臺灣民主運動四十年》（臺北：自立晚報，一九八七年），頁一九〇～一九二。

一九八三年十月二十七日 環亞飯店無照開幕營業

一九八三年十月二十七日，號稱當時全臺最大觀光旅館的環亞飯店，在沒有全部完工，消防及衛生設施不合勘驗標準的情況下，由董事長鄭綿綿主持開幕典禮。原本環亞飯店在開幕前二十天即已開始無照營業，在開幕後正式「無照」違規營業的情況，更受到各方矚目。

【資料來源】

《中國時報》，一九八三年十月二十八日，第七版。

一九八四年二月十五日 李登輝被提名為副總統候選人

一九八四年二月十四日，中國國民黨第十二屆二中全會在陽明山召開。次日，通過提名蔣經國競選連任總統，並通過蔣經國提名的李登輝作爲副總統候選人。此一攸關後蔣經國時代政治發展最重要的人事布局，至此拍板定案。當時李登輝出任副總統，多少出乎政壇人士的意料。至於原本被認爲可能擔任副總統熱門人選之一的行政院長孫運璿，則在不久後因中風淡出政治舞臺。由於一九八八年蔣經國總統在任內去世後，李登輝副總統依憲法成爲總統，並主政十二年，故此一人事安排成爲影響臺灣政治發展最主要的事件之一。

【資料來源】

《自立晚報》，一九八四年二月十五日，第一、三版。

一九八四年二月十七日 財政部要求國泰集團退出華僑銀行

一九八四年二月十七日，由於傳聞國泰集團的蔡辰男已控制中國華僑銀行半數的股權，引發財政、金融主管機關的關切與介入。當時政府規定華僑銀行的股份，華僑必須占有百分之七十，而本地的公司及個人則不得超過百分之三十，因此當時財政部便表明希望國泰企業能賣出超額持有的股份。但是，當時以蔡辰男為代表的國泰集團，乃是在形式上合法的條件下，大多數股權由華僑代表，進而控有華僑商銀二十一席董事中的十一席，而有能力掌控華僑商銀未來的營運權。財政部此舉無異於要蔡辰男放棄掌控華僑商銀的企圖。面對金融主管機關的壓力，蔡辰男系統的國泰集團最後將十一席中的七席透過人事轉介的關係賣給海外的華僑，至於剩下的四席則由行政院所掌控的中國國際商業銀行出面承購，使此事件告一段落。不過，此一事件事實上暴露了當時臺灣金融界的一大問題，即是自一九五〇年代以來，華僑可以在臺灣經營銀行，而本土的人士或是財團（無論省籍）卻無法成立新銀行或經營商業銀行。因此，雖然有信用合作社或是其他非商業銀行的金融機關，可以解決他們一部分金融參與或是資金來源的問題，但是終究不若銀行便利。所以，蔡辰男系統的國泰集團此舉事實上是希望在合乎欠缺正當性的遊戲規則要求下，以掌控華僑銀行的方式來突破國民黨當局不當的限制。由於當時強人威權體制仍然有力的運作，面對政治上的壓力，蔡辰男最後不得不退出華僑商銀，而本土企業經營銀行的期待，也必須等到一九八九年政府修法開放新銀行的設立，才正式得到實現。

【資料來源】
《中央日報》，一九八四年二月十八日，第六版。
《中央日報》，一九八四年三月八日，第六版。

一九八四年五月二十日　公共電視開播

一九八四年五月二十日，公共電視開播第一個節目「大家來學三字經」，此一節目的開播，象徵著官方主導、籌備公共電視臺的行動，往前跨進了一大步。在商業電視臺之外，由獨立的公共電視製播公益性節目，由臺視、中視、華視「三臺」撥時段來放映，成為當時臺灣公共電視的一種固定的形態。

【資料來源】
《中央日報》，一九八四年五月二十一日，第九版。

一九八四年七月十九日　立法院通過勞動基準法

一九八四年七月十九日，立法院通過「勞動基準法」，將當時臺灣三百萬勞工的基本權與生存權納入此一法律的保障之下。雖然根據一九八六年一月二日司法院的決議，勞動基準法的退休金規定，不可以溯及既往，不過，相對於過去私人企業勞工沒有提撥退休金的現象，在本法實施以後，在此一部分，得到了相當程度的改善。然而，比較遺憾的是，由於大部分的勞工，在退休金的提撥，資方提撥的比例往往不足，或是下限，因而也影響了勞工的給付。特別是，在臺灣中小企業本身存活時間較短的狀況下，也有相當比例的勞工無法在原服務的公司退休，使其退休的保障仍顯得不足。可攜式勞工退休金提供之後，才得到改善。整體而言，在「勞動基準法」實施之後，除了對勞工權益保障有相當大的進展外，對臺灣勞工權益意識的覺醒，有相當的促進作用，而勞工自己組織工會的比例，也比以前提高。

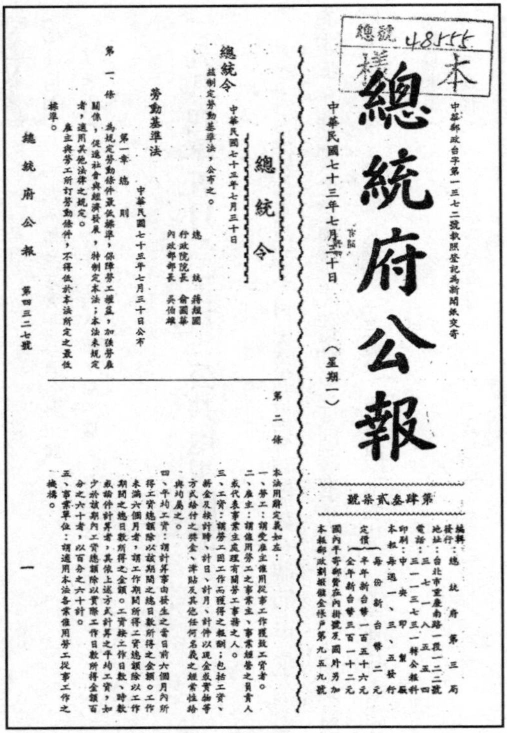

總號 48555
樣本

中華郵政台字第一三七二號執照登記為新聞紙交寄

總統府公報

中華民國七十三年七月三十日（星期一）

第肆叁貳柒號

編輯 發行：總統府第三局
地址：台北市重慶南路一段一二二號
電話：三七一八五五四 三一一三七三一轉公報科
印刷：中央印製廠
本報每週一、三、五發行
定價 每份新台幣二元 半年新台幣一百五十六元 全年新台幣三百一十二元
國內平寄郵費在內掛號及國外另加
本報郵政劃撥儲金帳戶第九五九號

總統令

總統令 中華民國七十三年七月三十日

茲制定勞動基準法，公布之。

總統 蔣經國
行政院院長 俞國華
內政部部長 吳伯雄

勞動基準法

中華民國七十三年七月三十日公布

第一章 總則

第一條 為規定勞動條件最低標準，保障勞工權益，加強勞雇關係，促進社會與經濟發展，特制定本法；本法未規定者，適用其他法律之規定。

雇主與勞工所訂勞動條件，不得低於本法所定之最低標準。

第二條 本法用辭定義如左：

一、勞工：謂受雇主僱用從事工作獲致工資者。

二、雇主：謂僱用勞工之事業主、事業經營之負責人或代表事業主處理有關勞工事務之人。

三、工資：謂勞工因工作而獲得之報酬；包括工資、薪金及按計時、計日、計月、計件以現金或實物等方式給付之獎金、津貼及其他任何名義之經常性給與均屬之。

四、平均工資：謂計算事由發生之當日前六個月內所得工資總額除以該期間之總日數所得之金額。工作未滿六個月者，謂工作期間所得工資總額除以工作期間之總日數所得之金額。工資按工作日數、時數或論件計算者，其依上述方式計算之平均工資，如少於該期內工資總額除以實際工作日數所得金額百分之六十者，以百分之六十計。

五、事業單位：謂適用本法各業僱用勞工從事工作之機構。

總統府公報 第四三二七號 一

圖二十八　勞動基準法（總統府公報，民國七十五年，第四三二七號）

【資料來源】

《經濟日報》，一九八四年七月二十日，第一版。

《經濟日報》，一九八六年一月三日，第一版。

一九八四年九月二日　黨外公政會正式掛牌

一九八四年九月二日，「黨外公職人員公共政策研究會」於臺北市青島東路會址正式掛牌。本來早在當年年初，黨外公職人員即有意以「公共政策研究會」爲名，使黨外進一步組織化。但是，有部分學者搶先以「中華民國公共政策學會」爲名向內政部登記。由於當時「依法」（非常時期人民團體組織法）同性質團體只能成立一個，使黨外籌組「公政會」難以合法登記，不過，黨外「公政會」仍然於五月十一日成立。當時國民黨當局一再放話要取締此一未「依法」登記的團體，「公政會」內部亦對是否登記發生爭議。最後，九月二日在未登記的狀況下正式掛牌，黨外朝向組織化邁進一步，而國民黨當局雖然拒絕承認，卻也未加以取締，「公政會」便持續運作下去。

【資料來源】

《民眾日報》，一九八四年十一月二十二日，第一版。

伊原吉之助，《臺灣の政治改革年表・覺書（一九四三～一九八七）》（奈良：帝塚山大學，一九九二年），頁二八三。

一九八四年十月十五日　江南案發生

一九八四年十月十五日，旅居美國舊金山以撰寫《蔣經國傳》聞名的作家江南（本名劉宜良），於自宅被暗殺。而在美方尚未破案之際，十一月十二日內政部長吳伯雄在警政署宣布開始展開一清專案，針對國內主要的幫派及流氓進行掃黑，竹聯幫的首腦陳啓禮、吳敦亦被捕。結果經過舊金山市警察局及聯邦調察局的調查，行兇者是竹聯幫的陳啓禮、吳敦及董桂森，使一清專案的時機及意涵更受矚目。至於命令陳啓禮等三人暗殺江南的是國防部情報局局長汪希苓中將、副局長胡儀敏少將，及第三處副處長陳虎門上校。而董桂森在海外的證詞，更直接指名國家安全會議副祕書長蔣孝武是此一暗殺事件的主謀。由於牽涉到情治單位的高層，此一事件造成我國情治單位的重組，汪希苓、胡儀敏、陳虎門在軍事法庭被判刑（出獄後升任少將）。至於陳啓禮和吳敦則先在一清專案被逮捕，移送法辦之後，經普通法院判刑確定。此一事件發生以後，被指涉案的蔣孝武固然得以全身而退，然而也因此逐漸淡出政府決策的核心。特別是一九八五年八月十六日蔣經國總統在接受美國《時代》雜誌專訪時，更明白指出中華民國國家元首依憲法選舉產生，從未考慮由蔣家人士繼任，或許也受到江南事件的影響。一九九〇年十月二十五日，江南案在美國庭外和解，中華民國政府同意支付一百五十萬美元人道慰問金給江南遺孀。

【資料來源】

伊原吉之助，《臺灣の政治改革年表・覺書（一九四三～一九八七）》（奈良：帝塚山大學，一九九二年），頁二八六。

一九八四年十月二十三日　中小企業信保基金擴大保證範圍

一九八四年十月二十三日，中小企業信保基金為加強對中小企業的授信保證，決定將金融機構對中小企業辦理的票據貼現業務，納入基金信用保證的範圍。由於當時中小企業囿於資本及企業規模，不易以交易取得的票據向金融機構貼現，而國內交易習慣使用（遠期）票據，使得其現金週轉相對困難。信保基金將其票據貼現納入保證範圍內，使得金融機構對中小企業貼現的風險急遽下降，在此制度下，中小企業較易取得授信，資金運用也有相當的改善。

【資料來源】

《中央日報》，一九八四年十月二十四日，第二版。

一九八四年十月二十三日　經濟部檢討紡織品配額制度

一九八四年十月二十三日，針對國內原有的紡織品配額永久持有，甚至可以繼承的制度，造成生產不足的配額擁有者可能利用配額得利，而原本未有配額或配額較低的廠商，縱使生產量較大，或產品的單價（附加價值）較高卻無法取得（新）配額順利出口，甚至必須付出額外的代價，以取得配額的不合理現象，經濟部終於決定修正原有的配額制度，摒除配額永久持有的概念。

【資料來源】
《中央日報》，一九八四年十月二十四日，第二版。

一九八四年十一月二十二日 一清專案

一九八四年十一月二十二日內政部長吳伯雄在警政署宣布開始展開一清專案，針對國內主要的幫派及流氓進行掃黑。不過，由於當時一清專案的掃黑行動，係以戒嚴時期「取締流氓辦法」的行政命令為依據，且遭到逮捕的流氓毋需經過法院的審判，即可裁定管訓，使得此一行動雖然得到各方的支持，卻明顯有違反「法律保留原則」及中華民國憲法第八條的規定及精神，未能兼顧憲政體制保障人權的基本原則。而在管訓之後，也傳出被管訓者彼此結交，恢復自由後又組織新團體的問題。此次掃黑行動中竹聯幫的首腦陳啓禮、吳敦亦被捕，由於他們是奉派在美國暗殺江南的主嫌，犯案回臺後即成爲此次掃黑行動的重要對象，使得一清專案更受矚目。

【資料來源】
《中國時報》，一九八四年十一月十四日，第一版。

一九八四年十二月七日　特殊教育法通過

一九八四年十二月七日，立法院通過「特殊教育法」，對於資賦優異及身心障礙國民接受教育給予法律的保障，同時對於二者在各個階段教育入學年齡及修業年限方面，也都使其更具彈性。另外也規定，政府對接受特殊教育的身心障礙國民，除得減免學雜費外，政府並得給予公費待遇。此法固然是我國特殊教育的重要里程碑，但是，許多身心障礙的國人卻往往取得政府補助，但未進入體制內學校就讀，這與原本保障特殊

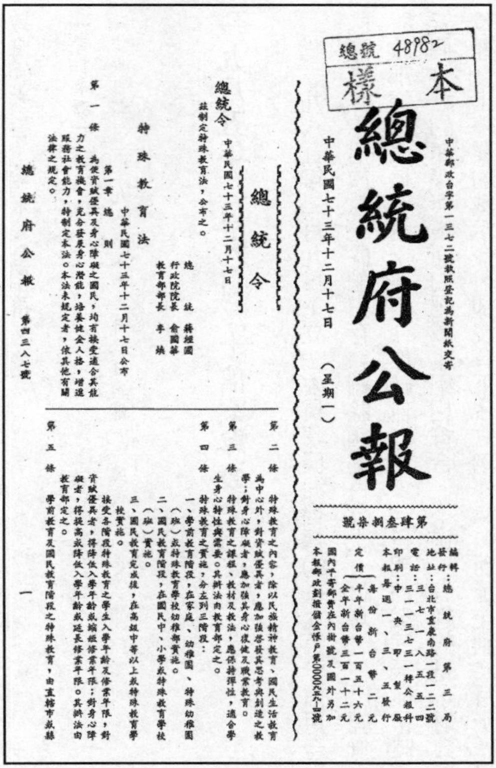
中華郵政台字第一三七二號執照登記為新聞紙交寄

總統 4898[2]
樣本

總統府公報

中華民國七十三年十二月十七日（星期一）

第肆叁捌柒號

編輯：總統府第三局
發行：
地址：台北市重慶南路一段一二二號
電話：三七一八五五四　三一一三七三一轉公報科
印刷：中央印製廠
本報每週一、三、五發行
定價　每份新台幣二元　半年新台幣一百五十六元　全年新台幣三百一十二元
國內平寄郵費在內掛號及國外另加
本報郵政劃撥儲金帳戶第〇〇〇〇六五六一四號

總統令

總統令　中華民國七十三年十二月十七日

茲制定特殊教育法，公布之。

總統　蔣經國
行政院院長　俞國華
教育部部長　李煥

特殊教育法

中華民國七十三年十二月十七日公布

第一章　總則

第一條　為使資賦優異及身心障礙之國民，均有接受適合其能力之教育機會，充分發展身心潛能，培養健全人格，增進服務社會能力，特制定本法。本法未規定者，依其他有關法律之規定。

第二條　特殊教育之內容，除以民族精神教育、國民生活教育為中心外，對資賦優異者，應加強啓發其思考與創造之教學；對身心障礙者，應加強其身心復健及職業教育。

第三條　特殊教育之課程、教材及教法，應保持彈性，適合學生身心特性與需要。其辦法由教育部定之。

第四條　特殊教育之實施，分左列三階段：
一、學前教育階段，在家庭、幼稚園、特殊幼稚園（班）或特殊教育學校幼稚部實施。
二、國民教育階段，在國民中、小學或特殊教育學校（班）實施。
三、國民教育完成後，在高級中等以上或特殊教育學校實施。
接受各階段特殊教育之學生入學年齡及修業年限，對資賦優異者，得降低入學年齡或縮短修業年限；對身心障礙者，得提高或降低入學年齡或延長修業年限。其辦法由教育部定之。

第五條　學前教育及國民教育階段之特殊教育，由直轄市或縣

總統府公報　第四三八七號　一

圖二十九　特殊教育法（總統府公報，民國七十五年十二月十七日，第四三八七號）

教育的本旨，並未完全相符。

【資料來源】

《中央日報》，一九八四年十二月八日，第一、二版。

一九八五年二月九日　十信案爆發

一九八五年二月九日，立法委員蔡辰洲經營的臺北第十信用合作社爆發嚴重違規弊案，根據當時財政部的調查，十信放款總餘額占存款總餘額的百分之一百零二，已經無支付能力，繼續經營有重大問題。因此，財政部便依法核定第十信用合作社自二月十一日起停業三天。當時第十信用合作社不良放款超過五十億元，五個分社的庫存與帳面的記載也不相符合。不過，有趣的是，財政部早在當年的二月八日便已經發現問題嚴重而發出停業的裁示令，卻沒有下令立刻停業，而延後到二月十一日停業，期間又發生第十信用合作社有鉅額資金被提領轉出的現象。此一時間的落差爲何會發生，又有誰在出金過程中避免損失，是當時新聞媒體報導的重點。此後受到十信事件的波及，國泰信託也在擠兌之後發生危機，其兄蔡辰男亦被迫放棄國泰信託的經營權。然而由於國泰集團蔡家已經進行分產，因此除了十信及國泰信託之外，原有的國泰集團其他分支仍能夠保留其實力，不致因爲第十信用合作社事件遭到牽連而導致全面的崩解，進而發展成霖園、富邦兩大集團。十信經營出現問題，主事人固然責無旁貸，但是，相較於當時前後臺灣的非本土財團的金融機構（如亞洲信託）發生經營危機，不僅能得到有關單位的助力，在事件之後經營者仍能維持其地位，二者際遇卻有相當大的不同。

【資料來源】
《中國時報》，一九八五年二月十日，第一、三版。

一九八五年五月十六日　抗議預算違法，黨外省議員十四人集體總辭

一九八五年五月十六日，包括游錫堃、蘇貞昌、謝三升、蔡介雄、傅文正、余玲雅、陳啓吉、廖枝源、周滄淵、蘇洪月嬌、黃玉嬌、簡錦益、陳金德、林清松等十四名黨外省議員，在審查預算時，以臺灣省政府違反省政府組織法的規定，超編省府委員員額預算，而國民黨掌控的省議會卻以多數決否決他們刪除預算的主張，強行通過違法預算，因而集體向省議會提出辭職。對於國民黨當局而言，認爲省政府的預算乃是以臺灣省政府合署辦公施行細則的行政命令作爲依據，縱使違反省政府組織法，仍有其合法性。而黨外議員對於長久以來，臺灣不能根據憲法之規定，推動臺灣省的地方自治，本來就抱持著不滿的態度，加上省政府組織的法制化遙遙無期，因此，遂藉著原有省政府組織規範彼此矛盾的問題，以集體辭職的方式凸顯其訴求，以藉此凝聚體制上的改革動力。他們的主張固然在當時沒有實現，空前的十四名反對派議員集體辭職，卻衝擊著臺灣政局的發展，也使得臺灣自治的法律依據問題，在媒體廣泛報導此一事件後，受到國人的關注。

【資料來源】
《中央日報》，一九八五年五月十七日，第二版。

一九八五年七月十日　動員戡亂時期檢肅流氓條例通過

一九八五年七月十日，立法院完成「動員戡亂時期檢肅流氓條例」的三讀。在臺灣早已行之有年的檢肅流氓工作，從此才勉強合乎法律保留原則的要求，相關人權的保障，也較原本的狀況有所改善。但是，由於對流氓的認定，傳喚到案以及裁定感訓處分的流程，比起一般司法程序寬鬆，對人權保障較為忽視，因此爭議始終不斷。值得注意的是，所謂的流氓，根據本法的定義，其行為往往已經違反刑法及相關法律，因此本

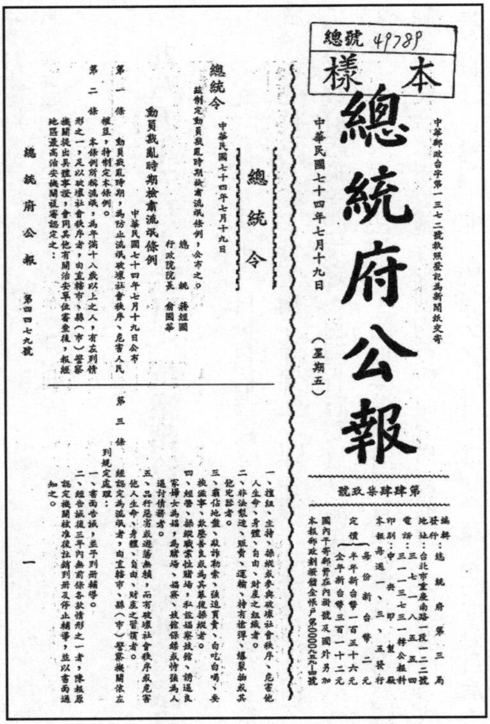

總號 49789
樣本

總統府公報

中華郵政台字第一三七二號執照登記為新聞紙交寄

中華民國七十四年七月十九日（星期五）

第肆肆柒玖號

編輯
發行：總統府第三局
地址：台北市重慶南路一段一二二號
電話：三一一三七三一 三七一八五五四
印刷：中央印製廠
本報每週一、三、五發行
定價：每份新台幣二元 半年新台幣一百五十六元 全年新台幣三百一十二元
國內平寄郵費在內掛號及國外另加
本報郵政劃撥儲金帳戶第0000九五九一四號

總統令

總統令　中華民國七十四年七月十九日

茲制定動員戡亂時期檢肅流氓條例，公布之。

總統 蔣經國
行政院院長 俞國華

動員戡亂時期檢肅流氓條例

中華民國七十四年七月十九日公布

第一條　動員戡亂時期，為防止流氓破壞社會秩序、危害人民權益，特制定本條例。

第二條　本條例所稱流氓，為年滿十八歲以上之人，有左列情形之一，足以破壞社會秩序者，由直轄市、縣（市）警察機關提出具體事證，會同其他有關治安單位審查後，報經地區警備治安機關複審認定之：

一、擅組、主持、操縱或參與破壞社會秩序、危害他人生命、身體、自由、財產之組織者。
二、非法製造、販賣、運輸、持有槍彈、爆裂物或其他兇器者。
三、霸佔地盤、敲詐勒索、強迫買賣、白吃白喝、要挾滋事、欺壓善良或為其幕後操縱者。
四、經營、操縱職業性賭場，私設娼寮妓館、誘逼良家婦女為娼，為賭場、娼寮、妓館保鏢或恃強為人逼討債務者。
五、品行惡劣或遊蕩無賴，而有破壞社會秩序或危害他人生命、身體、自由、財產之習慣者。

第三條　經認定為流氓者，由直轄市、縣（市）警察機關依左列規定處理：
一、書面告誡，並予列冊輔導。
二、經告誡後三年內無前條各款情形之一者，陳報原認定機關核准後註銷列冊及停止輔導，並以書面通知之。

總統府公報　第四四七九號　一

圖三十　動員勘亂時期檢肅流氓條例（總統府公報，民國七十四年，第四四七九號）

可依法審判處分，但卻另闢處理途徑，使得檢肅流氓便宜行事的性質更為凸顯。

【資料來源】
《臺灣新生報》，一九八五年七月十一日，第三版。

一九八五年八月十四日　行政院針對十信弊案懲處財經官員

一九八五年八月十四日，行政院公布臺北第十信用合作社弊案有關人員行政責任調查報告，對於應負責的十五位財經官員分別予以申誡、記過、記大過或免職處分。次日，財政部長陸潤康為臺北第十信用合作社弊案負政策責任請辭，成為一九八五年二月十信案爆發後，第二位去職的財經首長（第一位為經濟部長徐立德）。

【資料來源】
《中國時報》，一九八五年八月十五日，第一版。
《中央日報》，一九八五年八月十五日，第一版。

一九八五年八月十六日　總統蔣經國表明未來國家元首不考慮由蔣家人擔任

一九八五年八月十六日，時任總統的蔣經國接受美國《時代》雜誌訪問時指出，未來的國家元首依憲法選舉產生，並表明從未考慮由蔣家人士繼任總統。由於當時蔣經國的健康已大不如前，其對接班人產生方式的意見，對於其後強人威權體制的鬆動、解體，有正面的意義。在另一方面，也正是因為憲法體制的「法制」仍然未能完全確立，人治的色彩濃厚，當年才會有此篇專訪答問的產生。

【資料來源】
《中國時報》，一九八五年八月十七日，第一版。

一九八五年九月二十八日　黨外選舉後援會召開候選人推薦大會

「一九八五年黨外選舉後援會」於九月二十八日在中泰賓館召開候選人推薦大會。雖然此次是縣市長及省（直轄）市議員的地方選舉，不過後援會不僅如一九八三年增額立委選舉一般提出共同政見，而且一樣將「臺灣前途應由臺灣全體住民共同決定」、廢除臨時條款、解嚴等訴求列為政見。而以共同政見為基礎，「新黨新氣象，自決救臺灣」也成為此次黨外人士在選舉中的訴求。此一現象表現了：當時黨外人士一方面透過各種選舉，不斷宣傳其基本理念，另一方面縱使是地方選舉，無論是候選人或選民，對於國家整體定位亦十分關心，而不致僅局限於地方事務。

【資料來源】
《中國時報》，一九八五年九月二十九日，第二版。
李筱峰，《臺灣民主運動四十年》（臺北：自立晚報，一九八七年），頁二一六。

一九八六年四月一日　新制加值型營業稅正式實施

一九八六年四月一日，新制加值型營業稅正式實施。臺灣原本實施的營業稅，一項產品產銷層次越多，就有稅賦越重的問題。此次的加值型營業稅，就形式而言，並非以產品的銷售價格課稅，而是根據各個產銷階段的產品價格增加的部分來課稅，較爲符合「租稅中性」原則，也可減少重複課稅的問題。然而，雖然此一制度的實施是以稅制改革的面貌呈現，不過，加值型營業稅在某種程度上會造成物價的上漲，而且會增加國內消費者的負擔，因此當日本國會討論類似稅制時，曾經引起在野黨強力的反對與杯葛，相較之下，臺灣當時從立法到實施之順利，可謂異數。

【資料來源】

《中央日報》，一九八六年四月一日，第一版。

《中央日報》，一九八六年四月二日，第一版。

一九八六年四月二十一日　政府決定不參加亞洲開發銀行理事會

一九八六年四月二十一日，外交部表示由於中共政權於三月十日獲准加入亞洲開發銀行，而亞銀將我國之名稱改爲中國臺北，嚴重損害我基本立場與權益，因此決定不派員參加本年度第十九屆亞銀理事年會，並表示希望亞銀能重新考慮本案，以謀一公平合理之解決辦法。此一方式比起國民黨當局原有的「漢賊不兩立」思考模式固然稍具彈性，然而竟因此不積極參加國際官方組織的運作，也充分展現了蔣經國提出彈性外交政策的實質，比起「彈性」一詞的字面意涵，顯得僵化許多。

【資料來源】

《臺灣日報》，一九八六年四月二十二日，第一版。

一九八六年五月二日　通過管理外匯條例修正案

一九八六年五月二日，立法院通過「管理外匯條例」修正案，將黃金白銀排除在外匯之外。此舉一方面為放寬臺灣的外匯管制做了適當的準備工作，在另一方面由於黃金與白銀被排除在外匯之外，使得中華民國計算外匯存底與其他國家不同，未將中央銀行所存的黃金列入計算，藉以降低官方公布的外匯存底。這在當時固然是我國面對外匯存底過高所帶來的新臺幣升值壓力，而採取的一種應變措施，不過黃金、白銀的管制措施得到鬆綁，國人喜歡的金飾市場也進入新的階段。

【資料來源】

《中國時報》，一九八六年五月三日，第一版。

一九八六年五月三日　王錫爵駕機事件

一九八六年五月三日中華航空公司B一九八波音七四七貨機機長王錫爵在從曼谷經香港飛臺北途中，將飛機降落於廣州白雲機場，並要求在中國定居，同機的還有副駕駛董光興、機械師邱明志二人。同日，中國民航局便致電中華航空公司，請華航盡早派人至北京商談有關飛機貨物，及其他人員的處理問題。由於當時臺灣仍處於動員戡亂體制下，且政府秉持「三不政策」，使雙方協商人、機、貨物歸還問題出現困難。最後，雙方折衝結果，由華航與中國民航兩造於五月十七至二十日，在香港進行交涉並簽下歷史性的協議。二十三日，華航貨機順利降落香港啟德機場，再由華航與中國民航員工進行人、機、貨的交接手續，並簽署交接書。王錫爵則依其意願，在中國定居，此事件乃正式告一段落。

【資料來源】
《自立晚報》，一九八六年五月四日，第一版。
《自立晚報》，一九八六年五月二十三日，第一版。

一九八六年五月九日　鄭南榕發起五一九綠色行動

一九八六年五月九日，鄭南榕等人以五一九是陳誠在一九四九年公布戒嚴令的日子，因此是戒嚴令實施的週年紀念日，發起了抗議常期戒嚴體制的「五一九綠色行動」，成立「五一九綠色行動委員會」，要求解嚴並追求民主化。他們在五月十九日集結在萬華龍山寺，準備遊行到總統府請願，遭到治安單位以千餘名優勢警力築成的人牆圍擋，僵持十多個小時，並不斷提出「要自由、要民主、不要戒嚴」，此舉也是黨外激進派對與國民黨溝通路線不滿的表現。

次年由於戒嚴令仍未解除，而國民黨則提出要制定國家安全法的主張，民進黨再於一九八七年五月十九日，在臺北市中山堂舉行抗議活動，提出「只要解嚴、不要國安法」、「反對制定國安法」、「解除戒嚴、人人有責」、「百分之百解嚴」的口號，並計劃至總統府提出抗議書，但為強勢警力所包圍，而未能實施。同時「反共愛國陣線」則在南昌路公賣局體育館集合，對抗五一九行動，這種雙方的對抗也是其後發生「六一二事件」的重要背景。

【資料來源】

李筱峰，《臺灣民主運動四十年》（臺北：自立晚報，一九八七年）。

《中國時報》，一九八六年五月二十日，第二版。

《民眾日報》，一九八六年五月二十日，第二版。

《中國時報》，一九八七年五月二十日，第二版。

《自立晚報》，一九八七年五月十九日，第二版。

伊原吉之助，《臺灣の政治改革年表．覺書（一九四三～一九八七）》（奈良：帝塚山大學，一九九二年），頁三一八、三四五。

一九八六年五月十日　黨外公政會成立分會

一九八六年五月十日，陶百川、李鴻禧、胡佛、楊國樞等四名中介人士，在國民黨與黨外人士針對「黨外公政會」成立分會問題爭執不下之際，邀請雙方人士進行餐會溝通，希望化解雙方對峙的氣氛，也期盼減緩國民黨可能對「黨外公政會」採取立即強硬行動的可能性。不過，當時的黨外人士對於政治制度不當限制的突破有相當迫切的期待，因而就在舉行餐會之日，以顏錦福、陳水扁為首的黨外公職人員，便宣布成立「黨外公政會臺北分會」。此舉自然促使其他黨外人士跟進，十七日康寧祥也在臺北成立了「首都分會」。此後「黨外公政會」的分會便紛紛成立，至此以公職人員為首的黨外組織由中央到地方也已然齊備。

【資料來源】
《自立晚報》，一九八六年五月十日，第二版。
《中國時報》，一九八六年五月十一日，第二版。
《民眾日報》，一九八六年五月十一日，第二版。

一九八六年五月三十日　蓬萊島雜誌誹謗案宣判

一九八六年五月三十日，由於《蓬萊島》雜誌報導原臺大哲學系事件當事人之一馮滬祥的論文有抄襲之嫌，引發馮滬祥控告《蓬萊島》雜誌毀謗的官司判決確定，發行人黃天福、社長陳水扁、總編輯李逸洋三人各被判處有期徒刑八個月。此一判決由於連發行人及社長一起被判處有罪，是臺灣有關雜誌報導內容訴訟中少數的特例，更使支持者相信政治迫害的說法。此一判決使得原預定六月七日由黨外代表作東邀請國民黨進行的溝通被迫流產。而以顏錦福爲首的公政會臺北分會爲黃天福、陳水扁、李逸洋在全省各地舉辦了七場的坐監惜別會，每次惜別會均有成千上萬的群衆與會，表達了群衆的支持。蓬萊島案判決引發的發展，使得當時國民黨與黨外人士的關係趨於惡化。

【資料來源】

《民眾日報》，一九八六年五月三十一日，第三、五版。

一九八六年六月二十日　立法院完成廢除支票刑罰的立法工作

一九八六年六月二十日，立法院完成票據法的修正工作，正式宣布支票刑罰自次年起廢除。一九八七年六月二十二日，立法院更通過原有之票據刑罰採從新從輕原則，將近四萬名票據犯因而免其刑責，服刑中或是通緝中的人犯數目，因而大幅減少，司法行政的壓力亦大告減輕。從日治時期以降的票據制度發展來看，本來支票的性質是見票即付，而戰後由於上海使用遠期支票的習慣傳入臺灣，行政部門又修改行政命令，將所有跳票的行爲一概主動移送法辦，導致票據案件過多，之後企圖以刑罰來扼止票據犯罪，因而導致支票功能扭曲與票據犯過多的現象。不僅如此，由於採用票據刑罰使得九成以上支票跳票的人，可以繳付罰金的方式給政府，而免除刑責。同時基於刑事訴訟法一罪不能兩罰的原則，而避免掉詐欺罪的訴訟，因此支票刑法的存在表面上是有利於票據秩序，但是，實際上除了政府有大量罰金收入，及比率很低人數很可能因繳不出罰金而入獄者外，反而使有意藉支票犯罪者有了圖利的空間，不利於票據的正常使用。此次修法基本上乃希望使票據問題回歸市場運作，以取代刑罰來制約票據（支票）合理使用。

【資料來源】

《中央日報》，一九八六年六月二十一日，第一版。

《中國時報》，一九八六年六月二十一日，第一版。

一九八六年八月八日　財政部取消完稅價格表

一九八六年八月八日，在美國以三〇一法案作爲報復工具的壓力下，財政部同意取消行之有年的「完稅價格表」，以避免可能的經貿制裁，因而從十月一日起，國人進口之商品將可依實際的商品價格課稅，不再由政府依完稅價格表規定的價格課稅。此舉對於我國關稅壁壘的改善，是一個重要的里程碑，而舶來品的成本也顯著地下降。但是此後「三〇一」的威脅，卻也成爲臺灣對美經貿揮之不去的經常性問題。

【資料來源】

《中國時報》，一九八六年八月九日，第一版

一九八六年八月二十二日 路徑怪異的中度颱風韋恩來襲

一九八六年八月二十二日，中度颱風韋恩來襲。其路徑之怪異，風力之強，皆創下臺灣氣象史的新紀錄。首先，韋恩是當時記錄有案的一百五十二次登陸臺灣的颱風中，唯一從濁水溪口登陸；其次，澎湖、臺中的風力也創下八十九年來的新高，澎湖風力更超過每秒七十公尺；再者，韋恩二十二日是接近香港附近再回頭襲擊臺灣，過境以後，於二十四日晚上又從臺東登陸，不僅氣象局發布兩次警報，韋恩也成爲第一個兩次侵襲臺灣的颱風。

【資料來源】
《自立晚報》，一九八六年八月二十二日，第三版。
《自立晚報》，一九八六年八月二十三日，第三版。
《聯合報》，一九八六年八月二十三日，第三版
《自立晚報》，一九八六年八月二十四日，第一版

一九八六年九月三日 林正杰誹謗案宣判

一九八六年九月三日，臺北市議員林正杰因議會質詢風波導致的「誹謗案」宣判，林正杰採取不上訴，而以「體制外」示威遊行的方式尋求支持。除了當天由康寧祥帶頭，與群衆步行，宣稱要走過總統府到市議會外。九月四日起，林正杰以「向市民告別」的方式，連續十幾天在街頭演講、沿街遊行，爲戒嚴時期所罕

見，也突破當時的一些政治禁忌。

【資料來源】

《自立晚報》，一九八六年九月四日，第二版。

李筱峰，《臺灣民主運動四十年》（臺北：自立晚報，一九八七年），頁二三三～二三七。

一九八六年九月二十八日　民主進步黨成立

一九八六年九月二十八日，全國黨外後援會大會先以變更議程的方式，通過組黨的議案，繼而在下午召開新黨發起人大會。就在新黨發起人大會中，立即組黨的意見得到與會人士的支持，戰後第一個「反對黨」——民主進步黨——突破黨禁正式成立。此一舉動衝擊國民黨當局的黨禁政策，而執政黨則一方面不承認反對黨已經組成，報刊亦以「╳進黨」稱之，另一方面則決定不立即採取高壓的箝制。而十月十五日國民黨中常會通過修改「非常時期人民團體組織法」的決議，更確立民進黨其後可以順利建黨成爲體制內反對黨的外在政治條件。

【資料來源】

《自立晚報》，一九八六年十月一日，第二版。

《自立晚報》，一九八六年十月二日，第二版。

李筱峰，《臺灣民主運動四十年》（臺北：自立晚報，一九八七年），頁二三八～二四三。

一九八六年十一月十日　民進黨召開第一次全國黨員代表大會

民進黨在宣布組黨之後，未獲國民黨當局承認，但透過學者的安排，仍然與國民黨保持互動。國民黨當局則在未加以取締的情況下，希望民進黨維持籌備的樣態。一九八六年十一月十日，民進黨召開第一次全國黨員代表大會，突破原有的僵局，選出江鵬堅爲黨主席，正式展開黨部的運作，同時，在黨綱中明列：臺灣的前途由臺灣全體住民，以自由、自主、普通、公正、平等的方式共同決定，標舉出住民自決的主張。民進黨的黨綱中雖採取住民自決的論述，但是對於臺灣未來的走向與國家定位並沒有明白的宣示，因此引起部分黨內人士的不滿。

【資料來源】

《自立晚報》，一九八六年十一月十日，第二版。

《自立晚報》，一九八六年十一月十一日，第二版。

一九八六年十一月三十日　中正機場事件

橋頭事件後許信良人赴國外，美麗島事件發生後，許卻遭起訴，由官方當時公布的資料可知，最晚至當時，許信良已被官方列爲黑名單，無法回國。一九八六年十一月三十日，許信良搭機抵達中正機場，挑戰黑名單，企圖闖關未成，遭到遣回。而大批支持群衆進行的合法接機行動，則遭到警方阻止，引發大批接機民衆與員警發生衝突。因為許氏當時仍遭到通緝，而治安單位卻不准其入境，並未完成依法逮捕、審判的工作，也引起法律學者的批判。換言之，縱使根據實定法的原則，國民黨當局的黑名單政策也欠缺足夠的合法性基礎。更何況，許多海外的臺籍菁英，僅因政治立場不見容於執政者，便名列黑名單，而無法返臺，更使黑名單正當性不足的窘態畢現。

【資料來源】

《自立晚報》，一九八六年十二月二日，第二、三版。

伊原吉之助，《臺灣の政治改革年表・覺書（一九四三～一九八七）》（奈良：帝塚山大學，一九九二年），頁二四七。

一九八七年一月十二日　內政部取消對一貫道的禁令

一九八七年一月十二日，內政部宣布決定取消數十年來，對一貫道布道的禁令。這是一九五二年由彭孟緝主導臺灣省保安司令部，以一貫道傳教活動中有違反法令的行為為由，提議行政院下令取締以後，一貫道第一次得到合法化。但是，雖然長久以來未曾合法，臺灣一貫道的信徒，根據當時學者的研究估計超過百萬人，是臺灣相當重要的民間宗教，在民間有相當大的影響力。因此在人民逐漸透過選舉能夠參與中央政府的決策以後，便有四十位立法委員對此提出質詢，而監察院內政委員會更在一九八七年一月十二日同步通過周哲宇委員所提的動議，調查內政部何以過去不准一貫道申請立案的問題，一貫道也逐步納入臺灣的社會體制之內，長久以來被侵害的信仰自由得到一定程度的改善。

【資料來源】
《中國時報》，一九八七年一月十三日，第三版。

一九八七年二月四日　二二八和平日促進會成立

促進會是在陳永興與《自由時代週刊》創辦人鄭南榕提倡下，由臺灣人權促進會、臺灣政治受難者聯誼會、臺灣基督教長老教會北區聯合祈禱會、黨外屏東聯誼會、黨外嘉義聯誼會、民進黨雲林籌備處，以及民進黨的主要幹部謝長廷、洪奇昌、許國泰、張貴木、張甲長、許榮淑等人的服務處等十三個團體聯合發起。一九八七年二月四日由三十個團體正式聯合組成，由陳永興擔任會長。其主要旨趣包括：究明二二八事件的眞相、恢復二二八事件冤罪者的名譽、以及以二二八做爲臺灣民衆永遠的和平祈念日。其後參與團體又有擴充，至二月十三日共計四十一個團體參與，並於同日發表宣言，主張將每年二月二十八日訂爲和平日。其宣言要旨包括：「在『二二八事件』發生的第四十週年，我們呼籲共同來紀念這個日子，並祈求和平早日降臨。我們呼籲對該事件，得以因了解而諒解，因諒解而和解，因爲和解就是邁向和平的開端。」並於次日開始進行二二八事件四十週年紀念活動。

【資料來源】
《民眾日報》，一九八七年二月十四日，第二版。

一九八七年二月二十日　公立醫院醫師專勤制度開始實施

一九八七年二月二十日，攸關我國公立醫院醫師值勤的醫師專勤制度開始生效，此後依照專勤制度值勤者可以得到一定程度經濟上的補償。公立醫院醫師專勤制度意指受公家僱用的醫師能夠不在外開業，僅在醫院專任，然而，公立醫院醫師一方面根據專勤制度領取不開業獎金，在另一方面則於執勤時間外繼續在外行醫的現象很難禁絕。因此，後來以此制度爲依據指控公立醫院醫師在外開業，違反制度的情形，也就時有所聞。

【資料來源】

《自由時報》，一九八七年二月二十日，第三版。

一九八七年三月十二日　美國杜邦公司宣布取消鹿港設廠計畫

一九八七年三月十二日，美國杜邦公司在面對鹿港反杜邦環保運動長期的壓力之後，評估其投資效應及設廠後可能面對的困難，宣布取消在鹿港設立二氧化鈦的計畫，這也是戰後臺灣民間基於環保的立場，抗拒反汙染工業投資第一個成功的案例。在強人威權體制之下，面對環保與工業投資之間可能存在衝突的案例，行政主導與經濟掛帥的力量較目前爲大，因此反杜邦環保人士的作爲已經不僅僅是環保而已，更是直接挑戰強人威權體制之下的政府經濟掛帥的政策，並得到成功，這在當時的歷史時空之下無疑是一個創舉。

【資料來源】
《自由時報》，一九八七年三月十三日，第一版。

一九八七年六月十二日 六一二事件

雖然國民黨主張，國安法的制定是為解嚴預作準備，但因其內容不乏對人民基本人權的限制，特別是所謂的國安法三原則：不得違反憲法、主張分裂國土及共產主義，更是攸關人民基本言論自由的限制事項。而且意欲以其在立法院絕對多數的席次（包括大量資深委員），強行主導完成立法程序，因此民進黨從六月十日到六月十二日，連續發動群眾在立法院前示威抗議。由於對示威抗議的反制行為並無任何法律規範，結果當時所謂的反共愛國陣線也發動支持國安法的人士到場進行反制行為，因而發生互毆的流血衝突事件，包括民進黨的謝長廷、洪奇昌、江蓋世等示威主要負責人與愛陣的領導人許承宗、吳東沂事後都遭到起訴。這是自一九七九年九月八日，《美麗島》雜誌在中泰賓館舉行創刊酒會時，會場外以《疾風》雜誌社成員為首的群眾反制，發生中泰賓館事件以來，要求民主改革的人士再一次與保守群眾發生嚴重的衝突。就體制上而言，此一問題之解決，必須在相關集會遊行的規範中針對反制行為進行制度上的規範，才能化解此種不同政治主張群眾發生群眾衝突事件的根本原因。

【資料來源】
《中央日報》，一九七九年九月九日，第三版。

《中國時報》，一九八七年六月十一日，第二版。
《中國時報》，一九八七年六月十三日，第三版。

一九八七年七月十五日　解除戒嚴，並實施國安法

一九八七年七月十五日，臺灣與澎湖（不含金門、馬祖）結束了自一九四九年以來長達三十八年的戒嚴。就戒嚴法而言，既然解嚴便應回復正常體制，但是臺灣長期的實定法體系不僅受戒嚴法的影響，而且亦受到動員戡亂時期（或非常時期）特別法體制的嚴重牽制，因此，戒嚴令的解除，只是解決戒嚴體制的牽絆，並不足以使臺灣的法律體系回歸民主憲政的常軌。就此而言，解嚴是臺灣脫離戒嚴體制，朝向自由化發展重要的一步，不過，自由化卻未因此而完成，而只是發端。另外，在世界最長紀錄的戒嚴時期下，戒嚴體制使爲數可觀的平民遭到軍法審判，其中冤、假、錯案固不在少數，政治性案件亦牽扯甚多，這些本可因解嚴而得到平反的機會。因爲戒嚴法制定之時，亦注意到戒嚴時期司法體制對人權的照顧不若平常，故戒嚴法規定戒嚴期間受軍法審判的平民，解嚴後可以申請再審。然而蔣經國總統主導的國民黨當局，卻因爲特殊的考量，不願使戒嚴時期人權受害的國人有依法再審的機會，遂以立法院壓倒性的國民黨籍資深中央民意代表及增額立法委員的優勢，透過國安法的制定，硬將上述戒嚴法的相關規定加以排除。如是，使得戒嚴時期人權受到損害者幾無合法管道可以尋求平反。

另一方面，蔣經國總統透過解嚴，使臺灣政治朝向自由化發展之時，亦透過國民黨在立法院的優勢，以所謂「三條件」來作爲自由化發展的限制：不得違背憲法、不得主張共產主義、不得主張分裂國土，作爲終

結戒嚴體制的條件，也展現了他對臺灣政治改革的限度。這三條件在國安法制定之初，固然引起在野人士的強烈反對，但是由於在國安法中並沒有相關的罰則，因此，時人有主張此僅為宣示性條文，並無實質拘束力者。不過，隨著「集會遊行法」、「人民團體組織法」、「公職人員選舉罷免法」皆在國民黨當局挾立法院多數席次強力通過以後，則對國內臺獨主張的活動舞臺，形成實質而有力的限制。由於「三條件」基本上限制了人民言論自由的表達，因此雖然透過立法取得合法性的根據，卻仍不無違憲之嫌。一九九二年七月十四

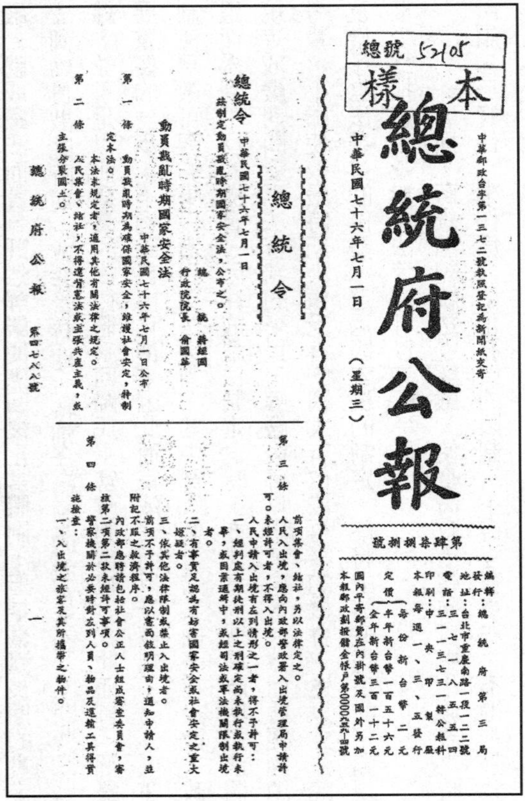
總號 52105
樣本

總統府公報

中華郵政台字第一三七二號執照登記為新聞紙交寄

中華民國七十六年七月一日（星期三）

第肆柒捌捌號

編輯發行：總統府第三局
地址：台北市重慶南路一段一二二號
電話：三七一一八五五四　三一一三七三一轉公報科
印刷：中央印製廠
本報每週一、三、五發行
定價：每份新台幣二元
半年新台幣一百五十六元
全年新台幣三百一十二元
國內平寄郵費在內掛號及國外另加
本報郵政劃撥儲金帳戶第0000六三九一四號

總統令

總統令　中華民國七十六年七月一日

茲制定動員戡亂時期國家安全法，公布之。

總統　蔣經國
行政院院長　俞國華

動員戡亂時期國家安全法

中華民國七十六年七月一日公布

第一條　動員戡亂時期為確保國家安全，維護社會安定，特制定本法。

本法未規定者，適用其他有關法律之規定。

第二條　人民集會、結社，不得違背憲法或主張共產主義，或主張分裂國土。

前項集會、結社，另以法律定之。

第三條　人民入出境，應向內政部警政署入出境管理局申請許可。未經許可者，不得入出境。

人民申請入出境有左列情形之一者，得不予許可：

一、經判處有期徒刑以上之刑確定尚未執行或執行未畢，或因案通緝中，或經司法或軍法機關限制出境者。

二、有事實足認為有妨害國家安全或社會安定之重大嫌疑者。

三、依其他法律限制或禁止入出境者。

前項不予許可，應以書面敘明理由，通知申請人，並附記不服之救濟程序。

內政部應聘請包括社會公正人士組成審查委員會，審核第二項第二款未經許可事項。

第四條　警察機關於必要時對左到人員、物品及運輸工具得實施檢查：

一、入出境之旅客及其所攜帶之物件。

總統府公報　第四七八八號　一

圖三十一　動員勘亂時期國家安全法（總統府公報，民國七十六年，第四七八八號）

日通過的集會遊行法的修正案中，除了前述的規定外，也依然保留對集會遊行採取許可制的現制，使得警政機關得以行政裁量限制人民的集會、遊行自由，仍存在不符比例原則的爭議。而一九九八年大法官會議在處理集遊法違憲爭議時宣布相關限制違憲，即是否定前述「三條件」的正當性、合法性基礎的重要開端。

【資料來源】

《自立晚報》，一九八七年七月十四日，第一版。

《中國時報》，一九八七年七月十五日，第一版。

司法院釋字第四四五號解釋，《司法院公報》，四〇：五，一九九八年三月，頁一～二八。

一九八七年八月三十日　臺灣政治受難者聯誼總會成立

一九八七年八月三十日，「臺灣政治受難者聯誼總會」在臺北國賓飯店舉行成立大會，選出魏廷朝擔任首屆會長。成立大會中通過包括主張「臺灣應該獨立」條文在內的會章，直接挑戰執政當局不容主張臺獨的政治禁忌。因此，內政部隨即表示其主張違反基本國策，將不准成立。九月五日，高檢署開始就有關「臺灣應該獨立」主張進行調查，最後蔡有全、許曹德二人便因此一明列「臺灣應該獨立」的會章再次下獄。這也說明解嚴以後，動員戡亂體制仍然持續，加上「懲治叛亂條例」及刑法一百條，毋須以「國安法」三原則為依據，即可強力箝制人民的言論自由。

【資料來源】

《自立晚報》，一九八七年八月三十一日，第二版。

許曹德，《許曹德回憶錄》（臺北：前衛出版社，一九九〇年），頁三六七～三六九。

一九八七年九月八日 民進黨宣布推動國會全面改選第一階段計畫

一九八七年九月八日，民進黨社運部與國大黨團、立院黨團共同召開記者會，宣布民進黨推動國會全面改選第一階段計畫，要求在直接普選、票票等值的原則下進行中央民意代表定期改選，主張立即廢止國代遞補制度。次日，以黃信介擔任主任、張俊宏為副主任（黃、張兩人出獄之初，尚未加入民進黨）、立法委員黃煌雄為執行長的「貫徹國會全面普選委員會」籌備會，於陳林法學基金會召開記者會，亦以推動國會全面改選為號召。當年這兩項行動皆表現了國會全面改選訴求的迫切性，同時黃、張二人在民進黨外另闢政治舞臺，當時也有在民進黨外向民進黨施壓之意，因此，此一活動多少也展現了民主運動不同流派當年彼此較勁的意味。

【資料來源】

《自立晚報》，一九八七年九月九日，第二版。

一九八七年九月九日　原住民抗議「吳鳳神話」

一九八七年九月九日，臺灣原住民團體至嘉義縣政府抗議，要求刪除教科書中的「吳鳳神話」，並更改吳鳳鄉名爲阿里山鄉。至九月十二日，由臺灣原住民權利促進會領銜的三十八個公益團體至教育部抗議。同日，教育部長毛高文決定刪除國小教科書的「吳鳳故事」，原住民的訴求得到回應，同時也凸顯了此時國家行政機關掌控教科書內容的現實狀況。

【資料來源】
《中國時報》，一九八七年九月十日，第三版。
《自由時報》，一九八七年九月十三日，第三版。

一九八七年十月十五日　開放赴大陸探親

一九七〇年代末期，中華人民共和國採取對外開放政策，使得臺灣來自中國大陸的離散家庭，透過第三國（地）聯絡的機會增加，甚至國民黨當局中、上層領導幹部中，原本來自中國大陸的人士也往往在第三國（地）與親人會面，這種情形刺激了長期未有機會與親人相見的來自中國大陸的老兵，而要求返鄉探親。爲了因應此一變局，在蔣經國主席主導下，國民黨中央開始擬議開放臺灣民眾赴中國大陸探親之原則，並於一九八七年十月十四日於國民黨中常會通過此一政策。次日，行政院院會正式通過赴大陸探親辦法，並自同年十一月二日開始受理登記。此後政府先是放寬一般民衆赴大陸探親的親等及次數限制，進而開放現職公務人員赴大陸探親。開放民衆赴中國大陸探親，不僅使臺灣海峽兩岸的交流進入新的階段，就體制而言，臺灣與中國大陸之間的隔絕關係，也正式突破。

【資料來源】
《民眾日報》，一九八七年十月十六日，第一版。

一九八七年十月十七日　救援許曹德、蔡有全系列抗議活動展開

一九八七年十月十七日起，由於許曹德、蔡有全兩位政治受難者再次因爲主張「臺灣獨立」遭到逮捕，即將面對再次受難的命運。一方面爲了聲援許、蔡二人，一方面爲了爭取主張臺獨的自由，一連串的救援活動系列展開。包括十月十七日在臺中，十八日在鳳山，三十日在臺北，皆有活動展開，而十九日臺灣基督長老教會主辦的聲援遊行，更因爲主張「人人有主張臺灣獨立的自由」，而與警方發生衝突。

【資料來源】
《中國時報》，一九八七年十月二十日，第三版。
許曹德，《許曹德回憶錄》（臺北：前衛出版社，一九九〇年），頁三六七～三六九。

一九八七年十一月一日　工黨成立

工黨成立於一九八七年十一月一日，是臺灣宣布解嚴後第四個登記的在野黨。其組織的背景主要是原民進黨的立法委員王義雄，對民進黨勞工運動的發展，以及臺獨主張方面，與黨內主流發生歧見，進而退黨，另組的新政黨。工黨黨旗為七星旗，一顆大星代表工人，六顆小星則為農民、漁民、婦女、少數民族、中小企業及知識分子，象徵七個群體的團結。而在政黨主張方面，主要包括擁護廣大勞動民衆利益的獲得，實現勞動大衆的民主、自由、平等，以及臺灣與中國的和平統一。首任黨主席為王義雄，副主席為羅美文，祕書長則為蘇慶黎；次年五月工黨內部發生分裂，統派色彩較為濃厚，強調勞工大衆屬性的黨員，在羅美文率領下先成立幹部聯誼會，最後脫黨，另組勞動黨。

【資料來源】

伊原吉之助，《臺灣の政治改革年表・覺書（一九四三〜一九八七）》（奈良：帝塚山大學，一九九二年）。

一九八七年十一月十日　民進黨以決議案形式通過臺獨主張

一九八七年十一月九日，民進黨召開第二次全國黨員代表大會，是否修正黨綱，納入「人民有主張臺灣獨立的自由」，成為爭議的焦點。會議中正反意見交錯，並發生「有主張臺灣獨立自由的」鄭南榕與朱高正的肢體衝突。次日，由於修正黨綱必須取得三分之二多數的支持，正反雙方折衝後遂以由尤清、費希平、康寧祥、郭吉仁、姚嘉文、游錫堃、蘇貞昌、謝長廷、周滄淵提出的以決議案的方式替代修正黨綱，並以一百七十七比六的多數通過。

【資料來源】
《自立晚報》，一九八七年十一月九日，第二版。
《自立晚報》，一九八七年十一月十日，第二版。

一九八七年十二月一日 新聞局宣告即將解除報禁

一九八七年十二月一日，行政院新聞局正式宣告我國的報禁即將在次年一月一日成爲歷史，同日新聞局將開始接受新報的登記與增加版面。由於報紙是平面媒體中最具影響力的大衆傳播媒體，因此，長久以來的報禁不僅使得既存的報紙呈現聯合壟斷的局面，新興的力量無法經營媒體，新聞自由因而受到侵害。另一方面，制度上的不當限制，也使得藉由報紙、輿論發揮的第四權，監督政府的功能不彰。而報禁的開放，基本上便是透過市場競爭，來決定各個報紙的發展，同時也提供滿足人民「知的權利」及輿論監督政府的更多可能性，是臺灣爭取新聞自由、言論自由的重要里程碑。有趣的是，新聞局長邵玉銘明白指出，早在一九五一年六月十日即限制報紙登記，而報禁的「實定法」依據，一般認爲是一九五二年十一月二十九日公布的「出版法施行細則」，這除了反應國民黨當局當年對言論自由的箝制，是無法可循的歷史事實，而所謂報禁何時展開，也成爲可以進一步研究的學術課題。

【資料來源】

《中央日報》，一九八七年十二月二日，第一版。

《中國時報》，一九八七年十二月二日，第一、二版。

《臺灣新生報》，一九五二年十一月三十日，第一版。

一九八八到二〇〇〇年

一九八八年蔣經國過世以後，臺灣進入了十二年李登輝主政時期。在此一時期中，臺灣對外的情勢也有了相當大的變化。

從蔣經國晚年宣布開放返鄉探親開始，臺灣與中國大陸的經濟開始浮上檯面進而逐漸加強。特別是在一九八九年發生天安門事件之後，國際資本對中國政府的作爲採取了制裁的態度，許多原有的投資退出，新的投資也暫停進入中國大陸，相對地臺灣資本在中國大陸的投資急速的增加。縱使到李登輝總統提出所謂戒急用忍的政策，一定程度減緩臺灣資本西進的速度與成長規模，但整體而言，從一九八八年到二〇〇〇年之間，臺灣與中國大陸的經貿成長，或是臺商赴中國投資的成長，都相當快速。到二〇〇〇年爲止，臺灣與中國的經貿依存度，或是臺灣在中國投資的金額所占的GDP比重都已經高居世界首位。

從另一個角度來看，從一九八八年到一九九一年，透過了終止動員戡亂，進行憲法增修體制，廢止了懲治叛亂條例，以及後續的修改刑法一百條，臺灣結束了過去動員戡亂體制，逐漸回歸憲政常軌，同時也結束了言論叛亂罪的時代，終結了白色恐怖，臺灣的自由化改革到此完成了階段性的任務。此後，政治的民主化在此一期間有相當明顯的發展，包括國會全面改選、地方自治法制化、總統直選，使得臺灣在一九九七年成爲自由之家評價中的完全自由國家。以後臺灣的自由民主化指標逐年改善，到二十一世紀初期達到高峰，曾經是領先全亞洲最先進的自由民主國家。

在此期間，臺灣參與國際社會部分，主要以經濟實力作爲背景，加入相關的國際組織。臺灣以經濟體的名義加入了亞太經合會（APEC），並且以臺澎金馬獨立關稅領域申請加入國際貿易總協定（GATT）以及其後身的世界貿易組織（WTO），而成爲觀察員。這些對臺灣在國際經貿舞臺的發展而言，是正式重返國際舞臺的重要一步。

最後，二〇〇〇年的政黨輪替，則是臺灣歷史上第一次透過選舉完成的政權交替，對於臺灣的民主化發展而言，也是值得重視的歷史里程碑。

一九八八年一月十一日　集會遊行法通過

一九八八年一月十一日，立法院通過「集會遊行法」，將人民集會、遊行權的行使予以法制化。在形式上，過去無法「合法」行使的集會、遊行，得到合法化的依據。但在實質上，卻因為此法立法內容賦予行政機關過大的行政裁量，可能導致對人民基本人權不當之侵害等問題，引發相當爭議。而在現實運作上，集會遊行法的規範，卻成爲解嚴以後臺灣社運團體領導人獲罪，甚至下獄失去自由的最主要因素。正由於集會遊行法存在前述對人民集會、遊行不當箝制的可能性，在憲法學理上，引發是否違憲的思考。主要爭議點包括：首先，由於本法採用許可制，使行政機關得以自由裁量集會、遊行能否舉行，有以行政裁量不當限制基本人權之虞。其次，對違反本法者處以刑事罰，由於構成要件不夠明確，本已違反罪刑法定主義，加上基本人權之行使縱然違反本法，即處以刑事罰（而非行政罰），亦有流於限制過嚴，超越適當之比例。最後，由於本法將國安法中宣示性質的三原則納入實質規範，使得有關所謂「分裂國土」（臺獨）、「共產主義」等意見表現自由層次的主張，並進行事前檢查，便有侵犯言論（表現）自由的問題，這也是一個爭議點。整體而言，前述的爭議正是臺灣從強人威權體制往自由社會發展過程中，有關人民基本人權事項的法制化，仍然存留許多對人權不當限制規定的結果。

【資料來源】

《自由時報》，一九八八年一月十二日，第一版。

《立法院公報》，七七：四，一九八八年一月十三日，頁二二～三七。

《總統府公報》，四八七七期，一九八八年一月二十日，頁一～四。

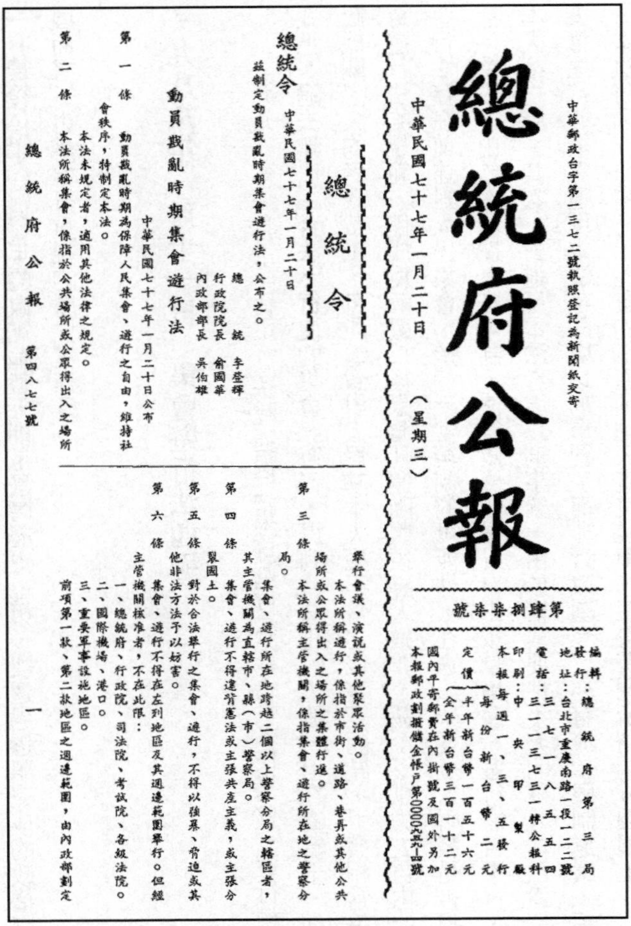

中華郵政台字第一三七二號執照登記為新聞紙交寄

總統府公報

中華民國七十七年一月二十日（星期三）

第肆捌柒柒號

編輯發行：總統府第三局
地址：台北市重慶南路一段一二二號
電話：三七一八五五四 三一一三七三一轉公報科
印刷：中央印製廠
本報每週一、三、五發行
定價 每份新台幣二元 半年新台幣一百五十六元 全年新台幣三百一十二元
國內平寄郵費在內掛號及國外另加
本報郵政劃撥儲金帳戶第〇〇〇〇九五九一四號

總統令

總統令 中華民國七十七年一月二十日

茲制定動員戡亂時期集會遊行法，公布之。

總統 李登輝
行政院院長 俞國華
內政部部長 吳伯雄

動員戡亂時期集會遊行法

中華民國七十七年一月二十日公布

第一條 動員戡亂時期為保障人民集會、遊行之自由，維持社會秩序，特制定本法。
本法未規定者，適用其他法律之規定。

第二條 本法所稱集會，係指於公共場所或公眾得出入之場所舉行會議、演說或其他聚眾活動。
本法所稱遊行，係指於市街、道路、巷弄或其他公共場所或公眾得出入之場所之集體行進。

第三條 本法所稱主管機關，係指集會、遊行所在地之警察分局。
集會、遊行所在地跨越二個以上警察分局之轄區者，其主管機關為直轄市、縣（市）警察局。

第四條 集會、遊行不得違背憲法或主張共產主義，或主張分裂國土。

第五條 對於合法舉行之集會、遊行，不得以強暴、脅迫或其他非法方法予以妨害。

第六條 集會、遊行不得在左列地區及其週邊範圍舉行。但經主管機關核准者，不在此限：
一、總統府、行政院、司法院、考試院、各級法院。
二、國際機場、港口。
三、重要軍事設施地區。
前項第一款、第二款地區之週邊範圍，由內政部劃定

總統府公報 第四八七七號 一

圖三十二　動員勘亂時期集會遊行法（總統府公報，民國七十七年，第四八七七號）

一九八八年一月十三日　蔣經國去世

繼蔣介石之後，身兼中華民國總統、國民黨總裁及國軍「領袖」的政治強人蔣經國，在一九八八年年一月十三日因突發大量出血，急救無效死亡。相較於蔣介石生前長期接班的安排，蔣經國對接班人則沒有明顯的安排，因此其過世後，國民黨當局便產生了明顯的權力競逐。蔣經國生前選任的副總統李登輝，先依憲法規定繼任總統，繼而在各方勢力角力下，出任國民黨代理主席、主席，成爲國民黨當局的領導人。或許爲了安定可能的政治變局，就在一月十三日除了以總統令發布，行政院院會通過的國喪三十日之外，同時也發布經行政院院會通過，自一九七八年美國宣布即將與中華人民共和國建交，不再承認中華民國以來，第一次的緊急處分令，規定「國喪期間聚衆集會、遊行及請願等活動，一律停止」。李登輝雖然其後逐漸成爲國民黨當局的實質領導人，但是強人威權體制已經鬆動，除了推動自由化、民主化的改革外，也一再遭到國民黨內非主流派的挑戰。

【資料來源】

《總統府公報》，第四八七四號，一九八八年一月十四日，頁二～四。

伊原吉之助，《臺灣の政治改革年表・覺書（李登輝時代）》（奈良：帝塚山大學，一九九〇年），頁四二。

一九八八年四月七日　朱高正立院衝突事件

一九八八年四月七日，立法委員朱高正爲中央政府總預算中的教科文總預算，未達憲法規定之百分之十五下限，但立法院卻在國民黨主導下欲強行表決通過一事，跳上議事桌強力杯葛議事的進行，並與主席劉闊才等人發生鬥毆事件。由於立場各異，四月十日，國民黨及民進黨在各地分別舉辦所謂護法、護憲集會。

【資料來源】
《中央日報》，一九八八年四月八日，第一版。
《中國時報》，一九八八年四月十一日，第一版。

一九八八年五月十日　政府決廢除戰士授田條例

一九八八年五月十日，國民黨當局決定廢除口惠而實不至的「戰士授田條例」，採取分期分批收購的原則，並以早期退伍自謀生活者為優先，來推動此一政策。由於早期退伍自謀生活的老兵在退伍之際，幾乎完全沒有領到政府給付的退休金，因此，收購他們所領得的授田憑證，帶有補償的性質。問題是「戰士授田條例」廢除之際，卻進行幾近全面性的收購，因此除了自謀生活老兵之外，包括後來發放其他的戰士授田證全部納入，而後者不僅有國家提供的較佳福利，且時序較後，使此舉已經踰越了合理補償的限度，因而引發爭議。

【資料來源】
《中國時報》，一九八八年五月十一日，第一版。

一九八八年五月二十日　五二〇農民運動

一九八八年五月二十日，由於面對農業開放導致權利可能受損問題，農權會主導南部農民北上遊行請願行動，在立法院前與警方爆發激烈衝突，警民雙方均有多人受傷，這是臺灣有史以來規模最大的農民請願行動，過程之激烈又為前所未見，因此，甚至引起國外媒體之廣泛報導。其後由於情治單位指控農民有預藏器具準備進行暴力行動的現象，加以抹黑，引起反對黨（派）及社運團體的不滿。最後，遂由學者介入進行所謂的五二〇調查報告，批評檢調單位指控不實，此後五月二十日，遂成為臺灣社運上的標竿日期。

【資料來源】
《中央日報》，一九八八年五月二十日，第二、三版。

一九八八年七月八日　李登輝當選國民黨主席

一九八八年七月七日國民黨第十三次全國代表大會揭幕，八日，李登輝當選國民黨第二任黨主席。由於一九五〇年國民黨改造以後，「以黨領政」、「以黨領軍」的組織運作十分明顯，而到了一九八七年蔣介石總裁的後繼者、蔣經國主席去世後，已無可和兩蔣相提並論的強人，加上已經解嚴，強人威權體制此時已有鬆動的現象，但是，整個黨國體制仍然是國家權力運作的核心，因此，是否擔任黨的領導人，攸關李登輝在繼任總統之後能否有機會掌握實權。自從蔣經國去世以後，國民黨權力核心的大老們，雖然依據憲法必須由時任副總統的李登輝出任總統，一開始卻對李登輝應否擔任黨的領袖一事，並沒有共識。因此，從李登輝擔任代主席的問題開始，直到十三全會開會爲止，原本的反對力量並沒有完全支持李登輝。直到十三全會會中要求票選黨主席未成之後，原有的反對力量乃暫告屈服。全體黨代表中，只有趙少康、李勝峰等人抗議起立表決方式，未起立表示支持。而李登輝在十三全會眞除黨主席，則是其鞏固權力基礎的開端。就以這次全國代表大會選出的中央委員作爲基礎，十三屆一中全會產生的中央常務委員中，臺灣籍人士的比重增加達十六人。整體而言，原本十二屆二中全會臺籍人士首次突破十人，在三十一位中常委中有十二人，到三中全會達到十四人，此時更占了過半數的十六席次。中國國民黨內部權力的重組後，臺灣籍政治人物形式上已擁有主導力量。

【資料來源】

《中國時報》，一九八八年七月七日，第一版。

《中國時報》，一九八八年七月九日，第一版。

伊原吉之助，《臺灣の政治改革年表・覺書（一九四三～一九八七）》（奈良：帝塚山大學，一九九二年），頁二八一、三一三。

伊原吉之助，《臺灣の政治改革年表・覺書（李登輝時代）》（奈良：帝塚山大學，一九九〇年），頁七一。

一九八八年九月二十四日　復徵證所稅風波

一九八八年臺灣股票市場交易熱絡，股價大幅上漲。因而政府並未一如往例，以行政命令停徵證券交易所得稅。九月二十四日財政部長郭婉容宣布，自次年元月一日恢復課徵證券交易所得稅，造成股市連日急遽下滑，無量下滑，甚至連開放型基金也因持有的股票無法在市場賣出，而面臨報請證管會「延緩給付買回價金」的窘態。這也造成在這一波臺灣股市大多頭行情中，因爲政府攻策導致股價大幅回檔的空前紀錄。而政府在壓力之下，隨即又透過調降證交稅及協調行庫、大戶進場護盤，最後復徵證所稅也成爲「未來式」，充分顯示了政府對股市「前後不一」的態度，以及政策的搖擺與不周延。

【資料來源】

《自由時報》，一九八八年九月二十五日，第一版。

一九八九年一月二十日　動員戡亂時期人民團體組織法通過

一九八九年一月二十日，立法院通過「動員戡亂時期人民團體組織法」，此一法律的通過，在當時最重要的意義便是使得臺灣的各個政黨得到依法成立的依據，因此被認爲是開啓了臺灣政黨政治的新紀元。不過，由於人團法基本上延續著國安法規定，將國安法中所謂的三原則納入規範，這對於政黨的政治主張而言，是否適當，基本上就大有商榷的餘地，這也是後來民進黨通過臺獨黨綱以後發生所謂解散危機的歷史源頭。由於在人團法中政黨的成立採行報備制，而政治團體、社會團體、職業團體採行許可制，因此使得我國政黨的組成比起人民團體的組成更爲容易，與其他民主國家相較之下，這也是一個比較奇怪的設計。當然在民主政治之下，人民組成政黨是一個基本的權利，此一權利的行使並不需要類似人團法的規範，不過在人團法通過之後，其他政黨便可以依法要求起碼形式上的平等地位，這對於政黨公平競爭而言，自然是一制度上的改良。

【資料來源】

《自由時報》，一九八九年一月二十一日，第一版。

《立法院公報》，七八：六，一九八九年一月二十一日，頁四一～五一。

《總統府公報》，五〇四二期，一九八九年一月二十七日，頁一～六。

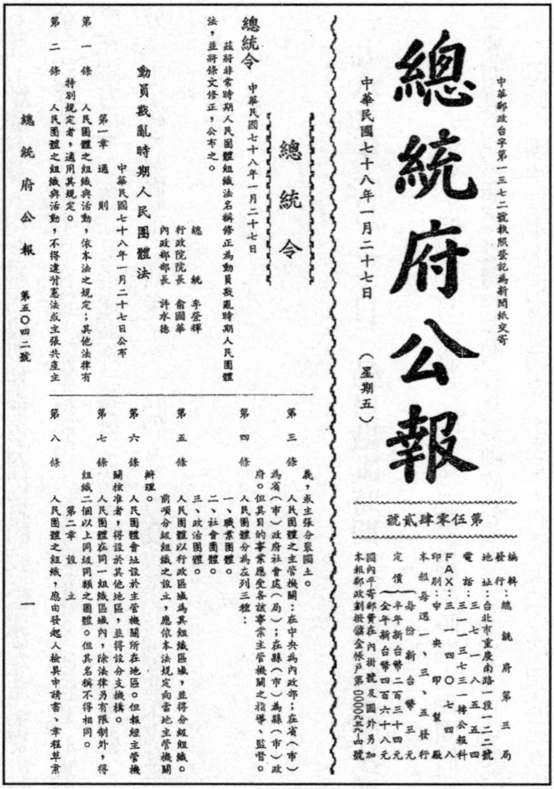

中華郵政台字第一三七二號執照登記為新聞紙交寄

總統府公報

中華民國七十八年一月二十七日（星期五）

第伍零肆貳號

編輯：總統府第三局
發行：
地址：台北市重慶南路一段一二二號
電話：三七一八五五四、三一一三七三一轉公報科
FAX：三一一四〇七四八
印刷：中央印製廠
本報每週一、三、五發行
定價　每份新台幣三元　半年新台幣二百三十四元　全年新台幣四百六十八元
國內平寄郵費在內，掛號及國外另加
本報郵政劃撥儲金帳戶第〇〇〇〇九五九－四號

總統令

總統令　中華民國七十八年一月二十七日

茲將非常時期人民團體組織法名稱修正為動員戡亂時期人民團體法，並將條文修正，公布之。

總　統　李登輝
行政院院長　俞國華
內政部部長　許水德

動員戡亂時期人民團體法

中華民國七十八年一月二十七日公布

第一章　通　則

第一條　人民團體之組織與活動，依本法之規定；其他法律有特別規定者，適用其規定。

第二條　人民團體之組織與活動，不得違背憲法或主張共產主義，或主張分裂國土。

第三條　人民團體之主管機關：在中央為內政部；在省（市）為省（市）政府社會處（局）；在縣（市）為縣（市）政府。但其目的事業應受各該事業主管機關之指導、監督。

第四條　人民團體分為左列三種：
一、職業團體。
二、社會團體。
三、政治團體。

第五條　人民團體以行政區域為其組織區域，並得分級組織。
前項分級組織之設立，應依本法規定向當地主管機關辦理。

第六條　人民團體會址設於主管機關所在地區。但報經主管機關核准者，得設於其他地區，並得設分支機構。

第七條　人民團體在同一組織區域內，除法律另有限制外，得組織二個以上同級同類之團體。但其名稱不得相同。

第二章　設　立

第八條　人民團體之組織，應由發起人檢具申請書、章程草案

總統府公報　第五〇四二號　一

圖三十三　動員戡亂時期人民團體法（總統府公報，民國七十八年，第五〇四二號）

一九八九年二月一日　陳永興召集展開二二八和平公義運動

一九八九年二月一日，陳永興擔任總召集人的二二八公義和平運動正式展開，要求政府必須公布眞相、平反冤屈、公開道歉、賠償、興建二二八紀念碑、釋放所有政治犯及制訂二月二十八日爲和平紀念日。這也是一九八七年二二八和平日促進會成立後，另一波要求平反二二八的重要行動。此後，李登輝總統領導的國民黨當局，在面對強大壓力下，逐漸接受當年二二八公義和平運動的重要訴求，並透過修法及行政作爲完成部分工作。不過，迄今由於檔案仍未完全公開，縱使根據官方檔案，二二八眞相仍未能完全揭露。

【資料來源】
《民眾日報》，一九八九年二月二日，第三版。

一九八九年二月三日　第一屆資深中央民意代表自願退職條例公布

一九八九年二月三日，李登輝總統公布「第一屆資深中央民意代表自願退職條例」，並於次日生效。此一法案在立法的過程中，亦即一九八九年一月二十六日，在國民黨當局強力主導下，立法院未經正常的三讀程序，即以全案表決的方式，通過「第一屆資深中央民意代表自願退職條例」。由於給予資深中央民意代表過多的優惠，甚至法律是否具有強制退職的意義都有爭論，因此在野黨曾經採取強烈杯葛的態度；如此一來，李登輝總統公布此一條例並使其於次日生效，便必須面對來自在野方面的批評。在另一方面，資深中央民意代表對於退職條例本身也有相當大的反彈，這使得國民黨內保守派的力量為之高昂，李登輝當時必須面對來自改革與保守兩方面的批評，而退職的成效也相當有限。只是，稍後大法官會議以釋憲的方式，使得中央民意代表的退職具有時限，一定程度地化解了爭議，也使得退職條例的功能得以彰顯。

【資料來源】
《中央日報》，一九八九年一月二十七日，第一版。
《自由時報》，一九八九年一月二十七日，第一版。
《中央日報》，一九八九年二月四日，第二版。
《總統府公報》，第五〇四五號，一九八九年二月三日，頁七。
司法院釋字第二六一號解釋，《司法院公報》，三二：七（一九九〇年七月），頁一～五。

一九八九年三月一日　證管會宣布放寬證券信用交易融券限額

一九八九年三月一日，證管會宣布信用交易融券限額由原有的四十萬元提高為八十萬元，這是臺灣實施融券制度以來第一次調高。此舉當時被認為是由於股價狂飆，政府增加空頭的工具，希望能夠緩和或抑制股價。但是整體而言，由於融資限額當時仍分為一百萬和三百萬元兩種，換句話說，經過此一制度調整後，臺灣證券市場有關資、券的規定仍是有利於多頭。

【資料來源】
《聯合報》，一九八九年三月二日，第六版。

一九八九年三月一日 中央銀行首次實施選擇性信用管制

一九八九年三月一日，針對臺灣當時土地與房地產價格嚴重飆漲，爲壓抑所謂房地產的投機買賣，降低購買的需求，中央銀行下令所有金融機構必須自本日起停止辦理購地之信用貸款，這是中央銀行來臺之後第一次選擇性的信用管制。

【資料來源】

《聯合報》，一九八九年三月一日，第一版。

一九八九年三月二十三日 司法審閱制度重大變革

一九八九年三月二十三日，司法首長會議決議變更臺灣原有的審閱制度。雖然此時合議庭所作之判決已毋庸在宣判之前送交首長審閱，但是其餘部分的審判仍屬於首長事先審閱的範圍，此次變更之後規定，實任推事所作的判決都不必在宣判前由首長審閱，只要於宣判後送閱即可，但是候補推事和試署推事則仍維持採宣判前審閱制度。當時司法首長會議中認爲，之所以要採取宣判前審閱制度，在於避免非實任推事的資淺法官審判發生錯誤。但是，如此應從司法制度中進行改革，使資淺的法官先在合議庭執勤，再調任地方法院的主審法官，以避免能力不足的法官獨力進行審判，而不應在制度上加以扭曲，以事前審閱的制度來干預法官的獨立審判。

【資料來源】
《中國時報》，一九八八九年三月二十四日，第三版。

一九八九年三月二十五日　一九四九年以來立法院院會首次流會

一九八九年三月二十五日，由於出席開會的委員人數不足，立法院院會發生自一九四九年以來第一次流會。由於當日適值週末，增額委員多返鄉進行選區經營，而天候不佳又影響了資深立委的出席狀態，才導致此一事件的發生。進一步分析可以發現，立法院的開議人數是以立法院成立之初全部立委的總額來計算，雖然爲了解決出席人數的問題，曾從最早的總額的五分之一改爲七分之一，不過自一九四九年以來，能夠執行權職的立委本來就與所謂的總額不符，初期雖有所謂的遞補政策，隨後可能因爲政治權力運作的考量（候選委員多爲當時與黨中央關係疏遠的C·C·派），而在第一屆立委任滿三年後加以停止，所以立委的人數相較於始終遞補不斷的國大代表自然顯得更爲不足，這也是當時政府一再不顧現實的需要，堅持所謂法統所導致的政治病態。

【資料來源】
《中國時報》，一九八九年三月二十六日，第一、二版。

一九八九年三月二十七日　中央銀行廢止中心匯率制

一九八九年三月二十七日，中央銀行正式宣布進一步放寬我國外匯制度的管制，廢止所謂的中心匯率制。此後中央銀行對於新臺幣的匯率不再採制度上的強迫規範，而以透過市場操作的方式來維持中央銀行的外匯政策。就此點而言，不僅大幅下降對市場的不當限制，而且透過市場的運作，中央銀行仍然可以在一定程度上維持匯率的穩定。

【資料來源】

《中國時報》，一九八九年三月二十八日，第一版。

一九八九年四月七日　鄭南榕自焚

一九八九年四月七日《自由時代週刊》發行人鄭南榕以追求百分之百的言論訴求，於情治單位以其涉嫌叛亂爲由欲加拘提之際，自焚以明志。鄭南榕自一九八四年三月創刊《自由時代週刊》（時代系列）以後，即以追求百分之百的言論自由作爲辦雜誌的宗旨。而他個人也強烈主張，人民有主張臺灣獨立的自由（權利）。其間，先於一九八六年發動五一九綠色行動，再因違反選罷法入獄後，一九八七年出獄又參加二二八和平日促進會。一九八八年十二月十日《自由時代週刊》刊出許世楷所起草的臺灣共和國憲法草案，被高檢署以涉嫌叛亂偵辦。鄭南榕認爲此事本屬言論自由的範疇，卻遭到執政的國民黨當局打壓，遂決定採取激烈抗爭，於接到法院的傳票後，宣布「國民黨捉不到我的人，只能抓到我的屍體」，而在雜誌社展開七十一天的自囚行動。最後，於臺北市中山分局人員欲強行拘提之際，以汽油彈自焚抗議。

【資料來源】

《中國時報》，一九八九年四月八日，第一、三版。

一九八九年四月二十五日 孫殿柏遺產繼承官司，政大敗訴

一九八九年四月二十五日，政治大學已故教授孫殿柏遺產繼承官司在臺北地方法院判決，認定孫殿柏在中國的妻子、子女有權利繼承孫殿柏的遺產。此一判決不僅承認中國大陸人民是中華民國人民，享有憲法所擁有之權利，同時中華人民共和國官方公證證明在臺灣具有法律效力。此一判決站在中華民國憲法領域而言，固然有其一定的脈絡所循，不過在現實政治上卻反應中華民國憲法領域的不切實際，並嚴重衝擊臺灣當時的政治體制。爲了化解承認中國大陸人民爲中華民國人民，並且享有一樣的權利義務，可能導致臺灣政治、經濟各方面受到的嚴重衝擊，一九九一年以後透過修憲體制，制定兩岸人民關係條例，賦予透過特別法律加以限制中國大陸人民權利的憲法依據，以求在體制內企圖化解類似繼承官司所帶來的問題。

【資料來源】

《中國時報》，一九八九年四月二十六日，第五版。

一九八九年五月一日　財政部長郭婉容率團至北京參加亞銀年會

一九八九年五月一日，當時擔任財任部長的郭婉容率團至北京參加亞銀年會，她的出席是自一九四九年以後中華民國現任部長第一次正式訪問中國大陸。在開幕式中，郭婉容及代表團團員與其他各國代表團一樣，當開幕式演奏中華人民共和國國歌時起立，因而引發國內部分人士抗議。但是對中華民國與中華人民共和國關係而言，郭婉容此次赴中國大陸無疑是一個重大突破，在某種程度也是李登輝總統「務實外交」的展現。

【資料來源】

《中國時報》，一九八九年五月一日，第一、二版。

一九八九年七月十一日　銀行法修正，開放新銀行申設

一九八九年七月十一日，立法院通過新的「銀行法」，是臺灣金融體系自由化一個重要里程碑。臺灣本土資本也突破四十年來不能投資、設立銀行的禁制，取得合法投入銀行體系的管道。隨著新銀行的成立，官方在銀行體系固然仍居主導地位，但是其影響力已告衰退。同時，利率與市場需求的互動關係也更趨明顯。至於當年令行政部門一時束手無策的地下投資公司取締問題，由於官方未援用動員戡亂體制介入管理，竟出現無法可管的現象，亦在此次修法之後，賦予行政部門依法處理的根據。此次銀行法的修訂固然對於金融體系的自由化、正常化有所助益，亦可將有意投入銀行業的國內資本導入常軌，卻仍無法化解多年來國民黨當

局與地方派系互動下，金融體系中信用合作社及農漁會信用部已存在的問題。因為在此之前，國民黨當局固然一方面禁止國內資本涉足銀行業，但是爲了安撫地方政治人物，並提供其政治、經濟資源，使得臺灣國內資本在信用合作社、農漁會信用部的活動相當活躍。由於在特殊的政治生態背景下存在，前述非銀行的民間金融體系有相當比例遂與地方派系關係十分密切，甚至其內部運作也呈現派系化的現象，加上相關法規制度設計未完備的情形下，財金監管系統功能有限，雖在強人威權體制時代，也時有擠兌風波，甚至造成類似臺北十信的金融風暴。

【資料來源】

《中央日報》，一九八九年七月十二日，第一版。

一九八九年八月四日　政府決定開辦部分公營事業股票出售事宜

一九八九年八月四日，由於公營事業的經營問題，以及黨國資本主義的爭議，逐漸受到重視，政府決定先就部分公營事業，採取售出股票，以官股降至百分之四十九以下的方式，推動民營化，但是，此時政府仍然未全盤處理公營事業民營化問題，因此批評之聲仍不絕於耳。而且，縱使採取此種模式來進行公營事業民營化，表面上好像政府部門的介入減少，對經濟自由化也有所助益，然而實際上如果官方持股僅降至百分之四十九以下，政府仍是公司（事業）的（最）大股東，並掌握經營的主導權，則名義上雖已民營化，但其實卻可藉此逃避立法機關的監督，而公營的本質卻未必有所改變。另外一個問題則是官股居多數的情況下，卻支持具有黨政關係的人士或財團取得事業的經營權，而引發爭議。根據政府政策推動公營事業民營化，除了當年備受批評的可能流弊外，最嚴重的是，在釋出股票完成民營化的過程中，由於制度設計不良，使得少數財團得以透過民營化的流程，掌控民營化以後公司的經營權，因此民營化的結果，不乏使原有公營公司財團化的現象。一九九五年八月三日，中工董事長陳朝威便因爲與入主的威京集團經營理念發生嚴重衝突，不惜掛冠求去。在其辭職聲明中，形容中工民營化之後員工像被賣出的「童養媳」，自己必須讓大衆認識民營化的眞相。

【資料來源】
《自由時報》，一九八九年八月四日，第六版。
《自由時報》，一九九五年八月四日，第十四版。

一九八九年十月二十三日 中華職棒聯盟成立

臺灣職棒早期的催生者中，以兄弟飯店負責人洪騰勝最爲重要。一九八七年十二月三十一日由棒球協會理事長唐盼盼兼任主任委員，洪騰勝爲執行祕書，成立了職棒推動委員會。同年十月二十三日，中華職棒聯盟正式成立，由唐、洪兩人分別任職棒聯盟會長、祕書長。在籌辦職棒之初，洪騰勝曾針對全國排名前一百名的企業，發出組隊意願邀請函。但是，除了兄弟飯店隊外，只有當時已擁有棒球隊的味全食品公司同意作爲創始球團。洪騰勝再向三商企業及統一公司遊說，取得支持成立職棒，不過兩支球隊的教練、球員及相關的建隊事宜，則由洪騰勝負責安排。如此，中華職棒四支（兄弟、味全、統一、三商）基本球隊終告成立。一九九三年時報、俊國加入中華職棒，一九九五年俊國易主為興農，同年那魯灣股份有限公司成立臺灣職棒大聯盟（Taiwan Major League），臺灣職棒進入兩聯盟時期。一九九六年和信加入中華職棒，成為七隊，但一九九八年時報，一九九九年三商、味全解散，成為四隊。二〇〇三年兩職棒聯盟合併為中華職棒大聯盟（Chinese Professional Baseball League），臺灣職棒大聯盟精簡為金剛、太陽兩隊加入，二〇〇四年分別由誠泰、La New 接手；二〇〇八年接手誠泰的米迪亞暴龍被除名，由和信改名的中信亦解散，回到僅有四隊的規模。

【資料來源】

職業棒球半月刊採訪組，《狂熱職棒：中華職棒一九九〇～一九九二選粹輯錄》，一九九三。

中華職棒大聯盟官方網站 http：//www.cpbl.com.tw/html/cpbl.asp。

臺灣棒球維基館網頁 http：//twbsball.dils.tku.edu.tw/wiki/index.php/%E5%8F%B0%E7%81%A3%E8%81%B7%E6%A3%九二%E五%A四%A七%E8%81%AF%E7%9B%9F。

一九八九年十一月三日　中國大陸人士來臺再婚，婚姻有效

自中國大陸來臺的鄧元貞於一九六〇年與吳秀琴結婚，由於其在中國大陸的元配陳鸞香提起撤銷鄧、吳婚姻之訴，並在一、二、三審均獲勝訴，鄧元貞提起再審，亦遭最高法院駁回，而受到社會的矚目。因為在此判決下，臺灣的婚姻關係中只要任何一方在一九四九年以前於中國大陸有配偶，臺灣的婚姻便有可能必

須面對無效的命運。而鄧元貞在一九八九年四月十三日向大法官會議聲請解釋，以求保住其與在臺妻子的婚姻。六月二十三日大法官會議作成第二四二號解釋，確認若仍准許中國大陸配偶撤銷在臺婚姻，將嚴重影響當事人及其親屬的家庭生活及人倫關係，也足以妨害社會秩序，而與憲法保障人民之自由及權利之規定有所牴觸。一九八九年十一月三日，最高法院依據大法官會議解釋，再審判定鄧元貞在臺婚姻有效，此舉才解除一九四九年中國大陸來臺人民若原本已有婚配，臺灣的婚姻將成為無效的可能危機。

【資料來源】

《中國時報》，一九八九年十一月四日，第一版。

司法院釋字第二四二號解釋，《司法院公報》，三一：八，一九八九年八月，頁一～九。

一九八九年十一月六日　新國家連線成立

一九八九年十一月六日，包括葉菊蘭、謝長廷、張俊雄、盧修一、洪奇昌等立委候選人組成新國家連線，由姚嘉文擔任工作委員會總召集人，當時的成員多屬新潮流系，並由林濁水擔任總幹事。新國家連線在當年年底選舉中，將展開「新國家運動」，主張制定新憲法，成為當年選舉中臺獨主張的重要代表。而除了候選人之外，新潮流系除林濁水擔任總幹事之外，邱義仁、吳乃仁等領導人亦列名工作委員會委員，因此，此一運動當時也被一些觀察家視為新潮流選舉的結盟。

【資料來源】
《中國時報》，一九八九年十一月七日，第二版。

一九八九年十一月二十二日　黑名單人士郭倍宏在臺公開露面

一九八九年十一月二十二日，因爲黑名單限制，因而採取偷渡方式返臺的臺獨聯盟美國本部主席郭倍宏，出現在中和市綜合運動場立法委員盧修一、省議員周慧瑛聯合政見會，大談臺獨主張，隨後並戲劇性脫離警方及情治單位的封鎖（因郭的現身已事先宣布，故警方與情治單位事先已部署大量人力）。由於此一事件深受大衆傳播媒體矚目，並以顯著的位置加以報導，使社會大衆對黑名單問題及臺獨議題，有更深入了解的機會。

【資料來源】
《中國時報》，一九八九年十一月二十三日，第一、三版。

一九八九年十一月二十五日　李登輝總統第一次發布軍事首長人事令

一九八九年十一月二十五日，總統李登輝發布繼任總統以後，影響深遠的一次軍事首長人事令。其中除內定出任國防部長的郝柏村，離開長期掌控軍令系統的參謀總長職位外，前任六軍團司令時任副參謀總長兼執行官的蔣仲苓，由於與郝同屬陸軍，依當時參謀總長由三軍輪流出任慣例，未接任參謀總長，而由空軍總司令陳燊齡出任，蔣仲苓則轉任總統府參軍長。此後蔣仲苓便成為李登輝總統掌控軍權的重要助手，而郝柏村則試圖繼續維持在軍令系統的強大影響力，雙方摩擦多年後，李登輝總統才成為名實相符的三軍統帥。

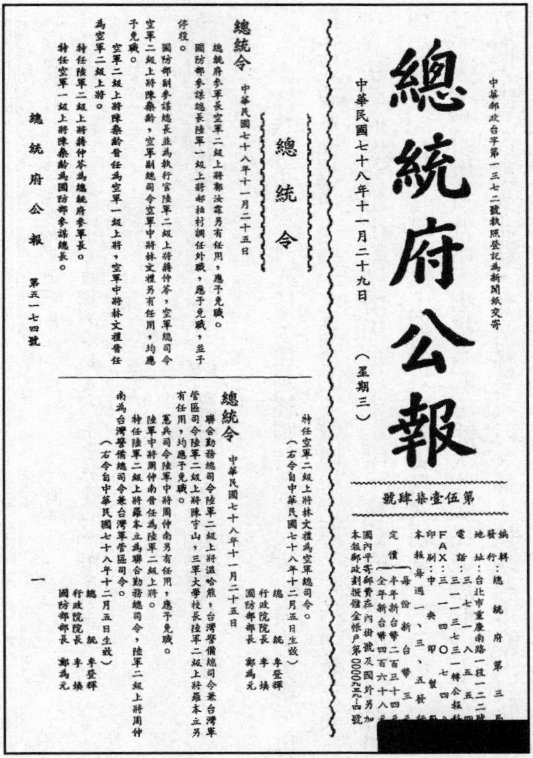

中華郵政台字第一三七二號執照登記為新聞紙交寄

總統府公報

中華民國七十八年十一月二十九日（星期三）

第伍壹柒肆號

編輯發行：總統府第三局
地址：台北市重慶南路一段一二二號
電話：三七一八五五四
三一一三一轉公報科
FAX：三一四〇七四
印刷：中央印製廠
本報每週一、三、五發行
定價：每份新台幣三元；半年新台幣二百三十四元；全年新台幣四百六十八元
國內平寄郵費在內掛號及國外另加
本報郵政劃撥儲金帳戶第0000九五九一四號
[redacted]

總統令

總統令　中華民國七十八年十一月二十五日

總統府參軍長空軍二級上將郭汝霖另有任用，應予免職。

國防部參謀總長陸軍一級上將郝柏村調任外職，應予免職，並予停役。

國防部副參謀總長並為執行官陸軍二級上將蔣仲苓，空軍總司令空軍二級上將陳燊齡，空軍副總司令空軍中將林文禮另有任用，均應予免職。

空軍二級上將陳燊齡晉任為空軍一級上將，空軍中將林文禮晉任為空軍二級上將。

特任陸軍二級上將蔣仲苓為總統府參軍長。

特任空軍一級上將陳燊齡為國防部參謀總長。

特任空軍二級上將林文禮為空軍總司令。

（右令自中華民國七十八年十二月五日生效）

總　　統　李登輝
行政院院長　李　煥
國防部部長　鄭為元

總統令　中華民國七十八年十一月二十五日

聯合勤務總司令陸軍二級上將溫哈熊，台灣警備總司令兼台灣軍管區司令陸軍二級上將陳守山，三軍大學校長陸軍二級上將羅本立另有任用，均應予免職。

憲兵司令陸軍中將周仲南另有任用，應予免職。

陸軍中將周仲南晉任為陸軍二級上將。

特任陸軍二級上將羅本立為聯合勤務總司令，陸軍二級上將周仲南為台灣警備總司令兼台灣軍管區司令。

（右令自中華民國七十八年十二月五日生效）

總　　統　李登輝
行政院院長　李　煥
國防部部長　鄭為元

總統府公報　第五一七四號　一

圖三十四　軍事首長人事令（總統府公報，民國七十七年，第五一七四號）

【資料來源】
《自由時報》，一九八九年十一月二十六日，第一版。
《總統府公報》，第五一七四號，一九八九年十一月二十九日，頁一。

一九八九年十二月二日　解嚴後首次公職人員選舉

一九八九年十二月二日，後蔣經國時代首次大規模的選舉，也是戒嚴令解除，在野黨可依「人團法」取得正式政黨地位後，第一次進行的多黨競爭選舉。包括增額立委、省市議員、縣市長投票同日舉行，民進黨在立法院的席次由十二席增加至二十一席；執政的縣市由一個增加至六個；省市議員席次也有相當的成長。值得注意的是，在黨外人士取得增額立委席次超過十席之初，國民黨當局曾提高立法委員提案成立的人數至二十人，以打壓黨外派人士提案的可能，此次民進黨取得二十一席，正式在立法院取得提案權。而在縣市長方面，由於取得臺北縣、高雄縣等人口大縣，執政縣市的人口將近臺灣總人口數的百分之四十。戰後臺灣史上，第一個可以有效制衡執政黨的反對黨，透過此次選舉已然確立。另一方面，被認為代表較急進臺獨主張的新國家連線候選人亦突破外在限制，取得了相當的席次，共有十九人當選公職，特別是推薦的六位臺北市議員候選人更是全數當選。

【資料來源】
《中國時報》，一九八九年十二月三日，第一、二版。

一九八九年十二月九日　法院組織法修正通過

一九八九年十二月九日，立法院通過「法院組織法」修正案，此一修正案除將推事改稱爲法官之外，並且規定各級法院及分院，應該定期出版公報，刊載裁判全文，以受公評。同時也規定，合議庭裁判時，記載各個法官意見的評議簿內容，自以前無條件的保密，改爲三年後可以公開，此點對於司法裁判接受公評而言，是一個非常重要的改革。同時，檢察官的席位，由臺上移到臺下，也使得檢察官與被告律師之間的關係，相對地在形式上較爲平等。

【資料來源】
《聯合報》，一九八九年十二月九日，第四版。
《自由時報》，一九八九年十二月九日，第五版。

一九八九年十二月二十九日　臺北縣長尤清迫使臺灣銀行出面協調計息

一九八九年十二月二十九日，針對長久以來公庫存款未計利息的不合理措施，甫上任的臺北縣長尤清，決定採行以轉存公庫存款爲手段，迫使臺灣銀行出面協調計息。而歷經折衝以後，地方政府的公庫存款，終於突破不合理的體制，得以計息，多少充裕地方政府短缺的財源。而過去地方首長爲突破原有限制，以個人名義存放公款獲取利息，被判圖利公庫的情事，也成爲歷史。

【資料來源】

《中國時報》，一九八九年十二月三十日，第三版。

一九九〇年一月四日　我正式申請加入關貿總協（GATT）

一九九〇年一月四日，經濟部發言人王建煊次長宣布，我國已正式以「臺灣、澎湖、金門、馬祖關稅領域」的名稱，申請加入GATT（國際關稅暨貿易總協定）。由於GATT的入會條件明訂可以「獨立關稅領域」申請，而不必一定以主權國家的身分入會。所以官方認為以獨立關稅領域加入GATT，既可免除類似香港以附屬於英國的殖民地身分加入，而能保全我國自主的地位，又因為不涉及主權國家問題，不致與中華人民共和國及其盟友發生嚴重衝突。加以臺灣的經貿地位日受重視，當較加入其他國際組織容易。但是，未以主權國家申請入會，縱使入會，在GATT的地位將與香港相類，無法受到主權國家的相同對待。而之後在加入GATT所改組的WTO時，一開始雖然根據其制度，保有類似主權國的尊嚴，但近年來則常遭到行政部門打壓，所有的待遇較主權國降級。而且當時部分官員以為只要獲得三分之二會員國同意即可入會，而未注意到GATT的實際運作是採「合意決」（共識決），因此只要香港或其他任何親中華人民共和國的國家（會員）延宕入會程序，臺灣便無法順利入會。這也反應出此時國民黨當局在國際外交、經貿縱使有心突破，但是囿於其政治立場以及資訊研究、掌握等問題，所提出的策略仍大有商榷的餘地。

【資料來源】
《中國時報》，一九九〇年一月五日，第一版。

一九九〇年一月十二日　「殘障福利法」修正通過

一九九〇年一月十二日立法院通過「殘障福利法」修正案，不僅擴大保障殘障者的範圍及於重要器官失去功能、顏面傷殘、植物人、老人癡呆症及自閉症患者，更明文規定保障其教育權與工作權。但是縱使法律強制規定公、私機構雇用殘障者的百分比，至今卻仍然有不少政府機關以人民繳納的稅金，繳交違法的罰金，而不能發揮帶頭的作用。此一現象對於國家制定法律要求人民遵守，相當具有嘲諷的意味，也說明國家機關對守法、尊重人權的概念，仍嫌不足。

【資料來源】
《中國時報》，一九九〇年一月十三日，第一版。

一九九〇年一月十九日　大法官會議釋字二五一號：違警罰法違憲

一九九〇年一月十九日，大法官會議通過釋字二五一號解釋，再度指出「違警罰法」違憲，並限定於一九九一年七月一日起失效，此一解釋令不僅宣告在臺灣行之有年，賦予行政機關未經合法的審判即剝奪人民自由的行徑乃是一種違憲的行爲，更重要的是，由於宣告違憲之後，並未使此一法律立即失效，而給一定程度的緩衝期，此舉對大法官會議而言，或有其不得已的苦衷，卻成爲日後大法官會議釋憲時經常出現的樣態。因爲包括過去違警罰法及一九五〇年代行政院下轄高等法院及普通法院被大法官會議宣告違憲以後，在國民黨當局的主導下，卻長期沒有進行合憲的調整，使得大法官的功能及其尊嚴受到相當程度的傷害。而早在一九八〇年大法官會議已經宣告違警罰法違憲，直到此時行政機關卻以違警罰法未被大法官會議宣布無效爲由，繼續適用，這自然是一個相當嚴重的違憲問題。因此大法官會議在此解釋中以「警告性裁判」的方式，課以立法者必須訂新法來取代違憲法律的義務，這對於臺灣違憲體制的調整有正面功能，且由於是警告性裁判，也給了執政者過渡的時間，有利於法律的安定性，此後，此種警告違憲並限令定期失效的解釋方式，就成爲臺灣法治史上大法官會議處理違憲法律的一種重要模式。

【資料來源】
《聯合報》，一九九〇年一月二十日，第一、二版。
司法院釋字第一六六號解釋，《司法院公報》，二二：一一（一九八〇年十一月十五日），頁三～四。
司法院釋字第二五一號解釋，《司法院公報》，三二：三（一九九〇年三月），頁三～五。

一九九〇年二月二十日　立法院正、副院長選舉被迫延期

一九九〇年二月二十日，立法院原訂舉行正、副院長選舉。由於資深立委當時不肯退職，仍然主控立法院，因此場外大規模群衆自清晨六時起開始集結，反對不具民意基礎的資深立委行使投票權，與警方發生自

一九八八年五二〇農民運動以來最大規模的衝突。而議場內民進黨團幹事長陳水扁主張根據「正副院長選舉辦法」，要求委員必須出示當選證書才能領票，以凸顯資深立委正當性不足問題，也使多年未曾依辦法改選的國民黨團束手無策，選舉因此被迫延期。

【資料來源】

《自由時報》，一九九〇年二月二十一日，第一、二、三版。

一九九〇年三月八日　立法院抗議國民大會擴權

一九九〇年三月八日，由於國民大會企圖利用修憲擴權，立法院通過正式的聲明，抗議國代擴權。根據當時立法院跨黨派提案所決議的決議文，所謂國民大會擴權的企圖，包括：每年集會行使創制、複決權；掌控動員戡亂時期終止的宣布權；增設大陸代表以及由國大自行審理預算等。當時最值得注意的是，國民大會是否逐漸走向每年集會的常態機關，並伺機企圖行使臨時條款體制下的創制、複決二權，以求成爲第二個立法機關。此一決議文的提出之所以得到跨黨派的支持，乃是因爲國民大會與立法院兩個機構在中華民國憲政體制同時並存，加上所謂的國父遺教與一般民主憲政學理不盡相符，使雙方關係具有先天制度性的緊張關係。而一九四六年制定的中華民國憲法固然對於國民大會的權利多所抑制，但是，手握修憲大權的國民大會卻可以藉修憲的程序自我擴權，甚至與立法院造成嚴重的憲政體制衝突。不幸的是，從一九九〇年以後，在修憲的過程中，立法院與國民大會正處於此種憲政對峙的局面。

【資料來源】
《民眾日報》，一九九〇年三月九日，第二版。

一九九〇年三月十七日 高速公路第一家民營客運公司開始營運

一九九〇年三月十七日，統聯客運公司開始營運，這是臺灣高速公路完工以後，第一家民營的巴士加入合法的營運，使得過去壟斷高速公路營運的公路局及其後身的臺灣汽車客運公司在高速公路的經營方面遭遇到了前所未有的挑戰，原有的壟斷局面也因而打破。這使得高速公路長途客運的經營，競爭的型態得以形成，一定程度的市場機制得以運作，國人在此一競爭之中也得到了更多選擇的機會。

【資料來源】
《臺灣文獻》，四一：三／四（一九九〇年十二月三十一日），頁四一八。

一九九〇年三月十八日 國民大會演出山中傳奇，引爆三月學運

一九九〇年三月十六日，由於國民大會企圖擴權，在陽明山演出「山中傳奇」，引起國內知識界的不滿，當日臺大學生在中正紀念堂發起靜坐抗議，不意其抗議之行動，吸引了廣大的注意，配合三月十八日在中正紀念堂舉行大規模的群眾運動，要求解散國大、總統直選，使得所謂的「三月學運」正式爆發。當時學

運分子提出解散國民大會、廢除臨時條款、召開國是會議、提出政經改革時間表的四大訴求，透過媒體的廣泛報導，得到了民間相當大的同情，而凝聚了臺灣進一步政治改革所需要的民間動力與支持。雖然李登輝總統當時正努力爭取國民大會代表的支持以求續任總統，因此一開始並未對學運的訴求採取積極的回應。不過，學運有關召開國是會議的提議，最後便得到李登輝的重視。三月二十一日國民黨的中常會正式通過李登輝所提召開國是會議的提議，正式揭開臺灣一九九〇年代憲政改革的序幕。

【資料來源】
《自由時報》，一九九〇年三月十九日，第二、三版。
李永熾、薛化元（主編），《臺灣歷史年表（V）》（臺北：業強出版社，一九九八年），頁七八～八二。

一九九〇年四月三日　臺權會公布在監政治犯名單

一九九〇年四月三日，臺灣人權促進會公布臺灣在監政治犯名單。此舉使得臺灣存在數十年的政治犯問題再一次受到國內外的重視，特別是解嚴以後，由於國民黨當局拒絕政治犯依戒嚴法之規定要求再審，使在監政治犯解嚴之後仍然平反無門，無法恢復人身自由，此一事件正凸顯了在此階段臺灣政治自由化發展的限度。

【資料來源】
《中國時報》，一九九〇年四月四日，第三版。

一九九〇年四月十九日　大法官會議釋字二六〇號：省議會、立法院無權為省級組織立法

一九九〇年四月十九日，大法官會議通過釋字第二六〇號解釋，指出依中華民國憲法之規定，立法院及省議會均無權限就特定之省政府及省議會組織制定法規。本來自一九五〇年政府以行政命令實施地方自治，但省級地方自治的運作長期違憲，甚至連預算編列都與訓政時期的法律不合，因此在一九八〇年代遭遇在野派省議員持續抨擊甚至杯葛。國民黨當局遂有意在不制定地方自治母法「省縣自治通則」的情況下，先將臺灣省地方自治法制化，而引發此一爭議。爲此臺灣省議會乃向大法官會議聲請釋憲。大法官會議解釋結果，則宣告執政者雖欲完成省級地方自治法制化的工作卻已時不我予。而大法官此一解釋雖然肯定原有之地方自治得以持續，但也正式宣告未來之地方自治法制化必須循憲法規範立法，才具有合法性的依據。

【資料來源】
《自由時報》，一九九〇年四月二十日，第二版。
司法院釋字第二六〇號解釋，《司法院公報》，三二：六（一九九〇年六月），頁二〇～二一。

一九九〇年四月二十四日　總統府設置發言人

一九九〇年四月二十四日，總統府正式設置發言人，定期舉行記者會，首任發言人由當時擔任總統府副祕書長的邱進益兼任。此舉不僅使得大眾傳播媒體更容易取得總統府的相關消息，了解總統府的官方立場，

而且有了正式的新聞管道，有利於當時總統府小道消息傳播現象的改善。國人透過大眾傳播媒體的報導，對於總統府的官方立場也能有進一步的認識。

【資料來源】
《中央日報》，一九九〇年四月二十五日，第一版。
《自由時報》，一九九〇年四月二十五日，第二版。

一九九〇年五月六日　高雄後勁地區針對五輕設廠進行公民投票

一九九〇年五月六日，高雄後勁地區針對五輕設廠進行公民投票，結果以四千四百九十九票比兩千九百票通過反對五輕設廠案。此舉對於當時中油在後勁設五輕廠的計畫並沒有造成實質的影響，也沒有影響政府繼續推動五輕建設的決心。但是，在臺灣而言，這卻是住民以環境參決權的形式，表達對地方建設的看法，有其重要的歷史意義。只是關於重大建設問題，本來就不是單單以數人頭來決定，正反雙方的意見如何充分的表達，甚至以制度的方式來規範設廠問題，才是釜底抽薪之道。當然任何解決建設與環境爭議的制度設計，假如排除了住民的參與，而侵犯到了住民對其居住土地之基本權利，便有侵害住民環境基本權之嫌。而後勁的五輕公投在制度不能配合的狀況下來舉行，固然有其先天失調之處，然而住民的參與，如何影響地方建設的方向，到今天仍然是一個值得深思的問題。

【資料來源】

《聯合報》，一九九〇年五月七日，第一版。

一九九〇年五月二十日　李登輝宣誓就任第八任總統，同日反軍人干政行動大規模展開

一九九〇年五月二十日，李登輝宣誓就任中華民國第八任總統，同日國民黨中常會並通過他提名郝柏村擔任行政院長的人事案。而早在五月二日，李登輝面對非主流的串連、李煥希望繼續擔任行政院長的情況下，決定提名郝柏村出任行政院長的非常之舉。此舉雖使非主流內部發生矛盾而無法進行整合，不再強力反對李登輝，但因為郝氏的軍人身分造成了一連串的政治風波。而郝柏村未待國民黨中常會通過，就表態將出任行政院長，也受到關注。同日，除了民進黨公開表示反對郝柏村組閣外，大學生也開始靜坐。五月六日，第一波反軍人干政遊行活動正式展開，五月十一日全國更有六十六個團體加入全民反軍人干政活動聯盟，五月十八日，反對郝柏村組閣的大學教授也展開了靜坐抗議的行動。五月二十日及五月二十九日，也就是郝柏村得到提名及立法院行使同意權的日子，反軍人干政遊行也同步大規模展開，這一連串的抗爭行動，固然無法阻擋郝柏村出掌行政院，但是卻使得郝柏村原本想以外職停役的方式組閣的願望破滅。到五月二十六日，由李登輝總統批准其除役，此舉使得郝柏村喪失了一級上將無年齡限制的軍職身分，連帶著這位中華民國有史以來任期最長的參謀總長在軍中所建立的龐大影響力，也自此日漸消退。相對地，李登輝總統的統帥權則得到進一步強化的契機。

【資料來源】
《聯合報》，一九九〇年五月二十一日，第一版。
《自由時報》，一九九〇年五月三十日，第一版。
李永熾、薛化元（主編），《臺灣歷史年表（Ⅴ）》（臺北：業強出版社，一九九八年），頁九〇、九二、九四、九六、九八。

一九九〇年五月二十日　總統李登輝頒布美麗島事件涉案者的特赦令

一九九〇年五月二十日，總統李登輝頒布特赦令，針對美麗島事件黃信介、施明德、許信良等人採取特赦的行動。此舉不僅使得在獄中的施明德、許信良等人可望獲釋，而且使得已恢復自由的其他人員，亦同時得到恢復公權的效果。此一特赦令之發布，在某種意義上也正意味著官方對美麗島事件處分上的一種平反行動。後來黃信介更因此重新得到立委資格，成爲被取消立委資格後，重新返回立法院的特殊案例。

【資料來源】
《聯合報》，一九九〇年五月二十一日，第一版。

一九九〇年六月十二日　國民黨黨營事業員工不再享有公保

由於自所謂訓政以來，國民黨與政府關係即密不可分，縱使行憲以後，也因爲國民黨長期掌握政權，對黨國不分的狀態，不僅難以改進，亦欠缺自省。一九九〇年六月十二日，面對外界的質疑，行政院長郝柏村宣布國民黨黨營事業員工不再享有公保，這雖是一種改進，卻也呈現長久以來黨國體制的不合理。

【資料來源】

《自立晚報》，一九九〇年六月十二日，第二版。

一九九〇年六月十三日　二二八事件將納入高中教材

一九九〇年六月十三日，國立編譯館表示將把二二八事件納入未來中學的教材當中，次日，並且決定在高中歷史教科書之中加入一百字左右的二二八事件，如此雖未必呈現二二八事件的完整面貌，卻使得臺灣長久以來的二二八禁忌得到一定程度化解，在歷史上具有劃時代的意義。雖然當時官方未進行史料公開及調查研究，使此舉與歷史眞相的追求固然有一定程度的距離。但是，透過政治、社會力的施壓，迫使教材納入部分有關臺灣的事件仍有其意義。不過，對於教育內容而言，此一改革卻仍然未觸及國家不應壟斷教育內容的核心問題。

【資料來源】

《中國時報》，一九九〇年六月十五日，第五版。

《自立晚報》，一九九〇年六月十四日，第一版。

一九九〇年六月二十一日　大法官會議釋字二六一號：第一屆資深中央民代，一九九一年底前退職

一九九〇年六月，針對國民黨企圖採取資深中央民意代表自願退職的方式，希望完成第一屆資深中央民意代表完全退出政壇，而由具有民意產生的增額中央民代主導臺灣國會運作的方案，在資深中央民意代表拒退的情況下，面臨跳票無法實施。大法官會議則於在六月二十一日，針對立法院由陳水扁領銜提出的釋憲聲請，完成釋字第二六一號解釋：規定資深中央民意代表應於一九九一年十二月三十一日前終止行使職權。透過此一解釋令，使得資深中央民意代表不管自願抑或是不願意，皆必須於期限之內退職，而完成國民黨憲政改革方案的目標。

【資料來源】

《自由時報》，一九九〇年六月二十二日，第一版。

司法院釋字第二六一號解釋，《司法院公報》，三二：七（一九九〇年七月），頁一～五。

一九九〇年六月二十八日　國是會議在圓山大飯店舉行

一九九〇年六月二十八日，國是會議在臺北圓山大飯店正式舉行。當時彭明敏、楊國樞、李鴻禧、胡佛、陳唐山、朱雲漢等人不願與會，民進黨的新潮流系也抱持強烈杯葛的態度。不過此一會議基本上是政府

遷臺以後第一次嘗試以政治協商的方式，希望對臺灣整體憲政改革的方向提出解決之道，仍有其特殊意義。然而，由於當時對具體憲政改革的方案並未達成共識，整個會議的主要結論卻只有一個「總統由全體人民選舉產生」的大方向，而沒具體的方案。因爲反對黨固然強力主張總統由人民直接選舉產生，國民黨在當時基本上仍傾向採取所謂的委任代表直接選舉的方式。總統直選仍要經過朝野折衝，才能在一九九六年總統大選時實現。

【資料來源】
《自由時報》，一九九〇年六月二十八日，第一版。
《自立晚報》，一九九〇年七月二日，第二版。

一九九〇年十月七日　國家統一委員會成立

一九九〇年十月七日，由於政治改革將觸及動員戡亂時期臨時條款，而此舉將牽動到動員戡亂的問題，而在動員戡亂時期終止後，對中華民國政府而言，與中國大陸中共政權的關係定位已進入新的階段，不再將中華人民共和國視爲叛亂團體的僞政權。因而政府在國民黨當局主導下成立國家統一委員會，以因應新時代的需要。而民進黨對於國統會成立預設與中國大陸統一的前提並不能同意，因此拒絕派政黨代表參加。

【資料來源】
《中國時報》，一九九〇年十月七日，第一版。

《中國時報》，一九九〇年十月八日，第一版。

一九九〇年十月七日　民進黨全代會針對臺灣主權作出決議

一九九〇年十月七日，民進黨全國代表大會針對臺灣主權問題作出決議，強調我國主權不及於中國大陸、外蒙古。就主張內容而言，此舉乃針對國民黨當局長久以來自我宣示主權包括中國大陸、外蒙古的政策及教育內容的批判，也是在未觸及臺灣國家定位的核心爭議下，嘗試強調在臺灣與中華人民共和國主權並未互相統屬的現實狀況。這是民進黨創黨以後，對臺灣主權問題表達進一步的立場。在某種意義下，中華民國政府在終止動員戡亂時期，實施憲法增修條款之後，也提供類似務實地處理和中華人民共和國間主權爭議的可能。而其具體的提出，則是李登輝總統的「兩國論」或是「特殊國與國關係」的主張。

【資料來源】

《中國時報》，一九九〇年十月八日，第一版。

一九九〇年十月十四日　山胞身分認定標準公布

此一身分認定標準，係內政部根據山胞保留地開發管理辦法第四條第二項規定制定，於一九九〇年十月十四日發布，其後隨著國內改用原住民取代山胞，內政部又將此一認定標準修正改名為原住民身分認定標準。大體上直到一九九四年為止，除了將山胞更名為原住民之外，其認定的標準主要分為山地原住民與平地原住民兩種，且認定之標準與族群無關，而以日治時期其戶口在山地行政區域內或平地行政區域內作為畫分標準。同時對於原住民身分的取得或喪失，基本上都以漢人的父系繼承作為主軸，再加入漢人社會類似招贅、收養等相關規定。在本辦法中也規定，不論原住民身分的取得、喪失或回復之申請，皆由當地的戶政機關負責受理，再轉請轄區內的鄉鎮市區公所審核，審核合於規定者再由戶政機關登記戶籍登記簿，以確認其身分之變更。

【資料來源】

《臺灣省政府公報》，一九九一年十一月二日。

一九九〇年十月二十一日　區運聖火船企圖繞境釣魚臺，遭日本自衛隊驅離

一九九〇年十月二十一日，我國區運聖火船企圖繞境釣魚臺海域，希望藉此宣示主權，遭到日本自衛隊驅離。次日，外交部正式向日本提出抗議。此後，民間採取類似繞境或登陸釣魚臺的方式，以宣示我國對釣魚臺的主權，成為常見的行動模式。但是，由於主權的擁有及行使，必須由中央政府代表，不僅民間團體，甚至連地方政府在主權爭議中所採取的行動，都未必具有國際法上的效力。換言之，無論聖火船繞境釣魚臺海域，或是民間人士闖關登陸釣魚臺插旗，縱使能夠成功，也僅是個人或個別團體的行為，就國際法而言，對於我國與日本有關釣魚臺主權的爭議，並不具實質意義。

【資料來源】
《中國時報》，一九九〇年十月二二日，第二、三、四版。
《民眾日報》，一九九〇年十月二三日，第一版。

一九九〇年十二月三日　廢除臨時條款及修憲工作，國民黨內部決議由現行國大進行

一九九〇年十二月三日，針對廢除臨時條款及修憲工作的進行程序，國民黨內部憲政法制分組成員意見分歧，而動用表決。結果主張由具有民意基礎的增額國代及新選出的國代進行此一重大憲改工程者，以七比十落敗，而決議以多年未改選的資深國代為主體的國民大會，進行廢除臨時條款及修憲工作。此舉表現了當時國民黨內部決策強調以既有結構為基礎，而相對忽略民意代表的正當性。

【資料來源】
《聯合報》，一九九〇年十二月四日，第一版。

一九九一年一月十四日　行政院長郝柏村以政府名義通過國軍全面戒備

一九九一年一月十四日，雖然總統李登輝鑑於國際發展（中東變局）影響，中華人民共和國可能乘機威脅臺灣，日前已透過參謀總長陳燊齡下達國軍全面戒備的指令，行政院長郝柏村本日仍然在行政院召開特別

會議後，以所謂「政府」的名義「通令國軍全面戒備」，除了呈現郝柏村軍事強人的色彩外，也引發三軍統帥權究屬總統或行政院長之爭議，及凸顯了中華民國憲法體制權責不清的問題。

【資料來源】
《自由時報》，一九九一年一月十六日，第二版。

一九九一年一月十八日　公平交易法通過

一九九一年一月十八日，立法院通過「公平交易法」，透過此一法令，對於臺灣過去長久存在的聯合壟斷、特權獨占等對消費者不公平的經濟體制，有了法律上的制衡空間。甚至在臺灣經濟逐步邁向自由化之後，財團彼此的聯合，乃至於壟斷的行爲，也都有了法律可以加以制裁。值得注意的是，此一法律乃在於保障買賣雙方的交易公平，並不只是針對消費者權益的保障，因此雖然對經常處於弱勢的消費者多少有些保障，不過它仍然不是消費者保護的法律，必須予以釐清。

【資料來源】
《自由時報》，一九九一年一月十九日，第二版。

一九九一年二月十三日　長老教會發表紀念二二八、建立新臺灣宣言

一九九一年二月十三日，長老教會「教會與社會委員會」發表「紀念二二八、建立新臺灣」宣言。長老教會在此一宣言中指出：臺灣人民只有抗拒外來政權之統治，自己當家作主，共同建立公義、和平與自由的新臺灣——就是以臺灣為主體的新人民、新文化、新國會、新憲法。宣言中表示，今後大家如能認同臺灣，同心協力建立一個新而獨立的國家，那麼二月二十八日，臺灣「國殤日」，終將成為「國慶日」。

【資料來源】

《自立晚報》，一九九一年二月十三日，第三版。

一九九一年三月六日　國民黨中常會討論國家統一綱領

一九九一年三月六日，國民黨中常會聽取行政院有關「國家統一綱領」的報告案，引起與會中常委熱烈的討論。當時「國家統一綱領」中規定統一首應尊重臺灣地區人民的權益，由於未採用尊重臺灣人民的「意願」語句，已造成民進黨及支持臺灣主體論述人士相當的不滿。但是與會的國民黨中常委包括沈昌煥、謝東閔、邱創煥及吳俊才卻有不同的思考，甚至更進一步主張應該考慮將此項改為：中國的統一，其時機與方式，「應尊重海峽兩岸人民的權益」。雖然最後因為此案僅為備查案，而沒有更動內容。但是，此舉已表現國民黨內部分中常委認為臺灣問題之解決，不能由臺灣本身的利益來決定，而必須考量所謂中國大陸人民權

益，展現了其以所謂全中國爲考量的範圍。這也表現了國民黨黨內部分核心人士的意見，與臺灣本土派的思維嚴重落差。

【資料來源】
《中央日報》，一九九一年三月七日，第一、二版。

一九九一年三月二十五日　我與澳洲簽訂航權協定

一九九一年三月二十五日，我國外交部與澳洲簽訂航權協定，由於航權屬於國家主權的範疇，而我國在國際舞臺上長久以來無法以主權國家的身分與其他國家互動，此次外交部與澳洲簽訂航權協定，雖然無法以正式的國家名稱進行，但是由於澳洲方面願意與我國外交部進行簽約，因此也創下臺灣與無邦交國簽約的新模式，亦凸顯了以中華民國爲國名在國際舞臺上推動正常國際事務的困難。

【資料來源】
《自由時報》，一九九一年三月二十七日，第十版。

一九九一年四月十七日　民進黨發動四一七遊行

一九九一年四月十七日，民進黨爲抗議不具民意基礎的資深國民大會代表主導修憲，發動大規模示威遊行，同時決定暫時退出立法院及省、市議會運作。由於此一訴求與社會對資深中央民意代表不願退職的不滿彼此呼應，所以大量民眾投入遊行，且持續不願解散而與警方等情治單位對峙，甚至出現緊張的狀態。由於國民黨當局迫於社會要求改革的壓力，民進黨方面則對可能發生衝突亦有所憂慮，最後雙方代表「合意」，發表共同聲明：有關國安會等機關存在效期加列「限時落日條款」，及資深國代將於年底前全部退職等兩項協商結果。但決議內容並未爲民進黨內部接受，稍後民進黨決議表明，不接受此一協議，但仍宣布結束遊行。此一結果導致非屬民進黨的制憲聯盟不滿，部分學生也爲此集會抗議。

【資料來源】

《中國時報》，一九九一年四月十八日，第一版。

《自由時報》，一九九一年四月十八日，第一版。

一九九一年四月十九日　無黨籍國代退出國民大會臨時會

一九九一年四月十九日，繼民進黨抗議國民黨未能採納在野黨意見，退出國民大會修憲後，無黨籍增額國代亦採取跟進的動作。當時在國大的議場上，固然亦有民社黨、青年黨的資深國大代表，但他們基本上與國民黨籍的資深國大代表一樣，皆已無足夠的民意基礎，也欠缺反對黨制衡的功能，因此隨著無黨籍增額國大代表退出修憲，吳豐山便批評修憲已淪爲國民黨一黨修憲。相對於一九四六年國民黨爲了營造民主的形象，雖然掌控了絕大多數的制憲國民大會代表席次，仍然必須與在野各政黨團體妥協，採取在野黨所能接受之制憲方案，以改進國民黨主政下的形象，此時的國民黨似乎更計較修憲結果是否能夠符合黨意，而不計較民主形象問題。

【資料來源】

《自由時報》，一九九一年四月二十日，第二版。

一九九一年四月二十二日 第一屆國民大會議決通過中華民國憲法增修條文及廢止動員戡亂時期臨時條款

中華民國自一九四七年開始動員戡亂，次年，第一屆國民大會在四月十八日依憲法修改程序，制定了動員戡亂時期臨時條款，使總統可以在行政院院會通過的條件下，進行緊急處分，而不受原來憲法的約束（包括戒嚴令的發布），也建構中華民國動員戡亂體制憲法依據的來源。一九六〇年為因應蔣介石總統三連任，動員戡亂時期臨時條款進行修正，使總統連任次數不受限制。一九六六年國民大會再次修改臨時條款，授權總統在動員戡亂期間得以設置動員戡亂機構，決定動員戡亂之大政方針，並授權總統得以調整中央政府的行政人事機構，使總統擴權得到合法性的依據。而針對中央民意代表長期沒有改選，則賦予根據人口的增加或是因故出缺的中央公職人員採取增選或補選的方式，另行充實的法源。一九七二年為了因為中華民國失去聯合國中國代表權的變局，補強統治的正當性基礎，臨時條款進一步修正，制定了中央增額民意代表的制度，也同時在條文中賦予資深中央民意代表繼續行使職權的「憲法」基礎。

此後，臨時條款即未曾修正，原有制度甚至成為自由化、民主化改革的障礙。雖然在李登輝繼任總統後，仍有部分人士主張透過修改臨時條款賦予政治改革的法源，但是對於在野改革力量及自由派學者而言，則將臨時條款視為憲法的違章建築，要求加以廢止，並回歸憲政體制。而在三月學運及其後國是會議中，終止動員戡亂時期已經成為朝野政治改革的共識。在李登輝總統主導下，由第一屆國民大會議決通過「中華民國憲法增修條文」及廢止「動員戡亂時期臨時條款」，成為一機關兩階段修憲的開端。直到一九九一年四月二十二日，國大臨時會三讀通過憲法增修條文，並廢止動員戡亂時期臨時條款。四月三十日，李登輝總統宣告，依據第一屆國民大會第二次臨時會的決議，五月一日公布廢止動員戡亂時期臨時條款，並公布中華民國憲法增修條文。

【資料來源】

薛化元，〈臺灣地方自治體制的歷史考察〉，收入：中央研究院臺灣研究推動委員會（主編），《威權體制的變遷：解嚴後的臺灣》（臺北：中央研究院臺灣史研究所籌備處，二〇〇一），頁一六九～二一二。

一九九一年五月四日　政府探討外蒙古定位問題

一九九一年五月四日，針對外蒙古定位問題，由行政院副院長施啓揚召集相關部會首長與會，參加的有法務部長呂有文、蒙藏委員會委員長吳化鵬、陸委會發言人馬英九、外交部次長章孝嚴、內政部次長居伯均。會中作成兩點重大結論：（一）外蒙獨立的事實，在我國制定憲法前便已存在，實際選出的國大代表亦全是來自內蒙地區，證明外蒙與中華民國憲法完全無涉。（二）民國四十二年立法院廢除中蘇友好同盟條約，並不代表我國已撤銷對外蒙獨立的承認。雖然做成這兩點結論，由於國民黨當局仍然受困於過去代表全中國主權的情結，以致實際政策的進展仍相當有限，我國政府對外蒙古的關係也無法完全定位爲對等的國際關係。二〇〇〇年政黨輪替以後，內政部則進行與外蒙古相關的國家地圖重劃思考，而我國與（外）蒙古國也已互設辦事處。

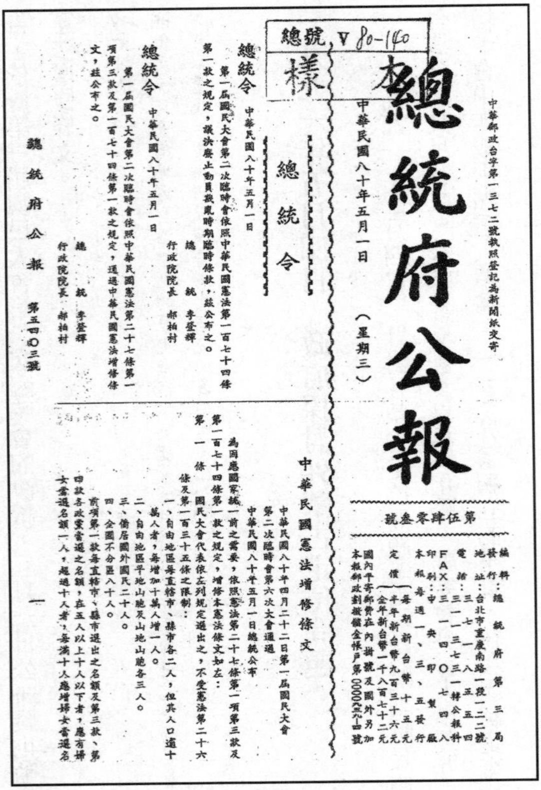

中華郵政台字第一三七二號執照登記為新聞紙交寄

總統府公報

中華民國八十年五月一日（星期三）

第伍肆零叁號

編輯：總統府第三局
發行地址：台北市重慶南路一段一二二號
電話：三七一八五五四
FAX：三一一三一一四
印刷：中央印製廠
本報每週一、三、五發行
定價（每期新台幣十五元／半年新台幣九百三十六元／全年新台幣一千八百七十二元）
國內平寄郵費在內掛號及國外另加
本報郵政劃撥儲金帳戶第〇〇〇〇九三九一四號

總號V 80-140

樣

總統令

中華民國憲法增修條文

中華民國八十年四月二十二日第一屆國民大會第二次臨時會第六次大會通過
中華民國八十年五月一日總統公布

為因應國家統一前之需要，依照憲法第二十七條第一項第三款及第一百七十四條第一款之規定，增修本憲法條文如左：

第一條　國民大會代表依左列規定選出之，不受憲法第二十六條及第一百三十五條之限制：
一、自由地區每直轄市、縣市各二人，但其人口逾十萬人者，每增加十萬人增一人。
二、自由地區平地山胞及山地山胞各三人。
三、僑居國外國民二十人。
四、全國不分區八十人。
前項第一款每直轄市、縣市選出之名額及第三款、第四款各政黨當選之名額，在五人以上十人以下者，應有婦女當選名額一人，超過十人者，每滿十人應增婦女當選名

一

總統令　中華民國八十年五月一日
第一屆國民大會第二次臨時會依照中華民國憲法第一百七十四條第一款之規定，議決廢止動員戡亂時期臨時條款，茲公布之。
總　統　李登輝
行政院院長　郝柏村

總統令　中華民國八十年五月一日
第一屆國民大會第二次臨時會依照中華民國憲法第二十七條第一項第三款及第一百七十四條第一款之規定，通過中華民國憲法增修條文，茲公布之。
總　統　李登輝
行政院院長　郝柏村

總統府公報　第五四〇三號

圖三十五　中華民國憲法增修條文（總統府公報，民國八十年，第五四〇三號）

【資料來源】
《聯合報》，一九九一年五月五日，第一版。

一九九一年五月九日　獨臺會事件

一九九一年五月九日，法務部調查局宣布偵破史明領導的臺獨組織「獨立臺灣會」在臺的地下組織，逮捕該組織成員陳正然、廖偉程、王秀惠、林銀福等四人。由於其中廖偉程係清華大學歷史研究所的研究生，而逮捕的行動是在沒有先知會校方的情形之下進行，使社會大衆產生情治單位對校園自主不尊重的感覺，因而引起了各方面的反彈。而以獨臺會事件作爲開端，促使了臺灣反對運動進一步思考「懲治叛亂條例」與「刑法一百條」相關規定是否合乎憲法規範的問題。

【資料來源】
《自由時報》，一九九一年五月十日，第一、二、三版。
《中國時報》，一九九一年五月十日，第一版。

一九九一年五月十二日　教授、學生靜坐聲援獨臺會

獨臺會事件發生後，部分大學教授及學生於五月十二日，先發起靜坐聲援，警方在驅離過程中，毆打臺

大教授陳師孟等人，引起更大不滿。十三日，「知識界反政治迫害聯盟」成立，同日，臺大法學院學生會發動學生集體罷課。千名大學生於臺北市火車站集結靜坐，要求廢止「懲治叛亂條例」，無罪釋放獨臺會案被捕四人。而立法院在國民黨當局也無意阻擋的狀況下，迅速在五月十七日廢止「懲治叛亂條例」，終結此一長期壓制反對者、侵害人權的法律。但「刑法一百條」仍然箝制思想、言論、結社自由，獨臺會事件的涉案人，依然未得到自由，主張廢除「一百條」者遂於五月二十日展開大規模的抗議遊行。「刑法一百條」終在歷經抗爭及朝野折衝之後，於次年五月十五日宣告修正。此後提出與執政者不同的言論主張不再構成叛亂的要件，白色恐怖的時代正式落幕。此後，國安法三原則成爲限制人民表現（言論）自由的主要依據。

【資料來源】

《聯合報》，一九九一年五月十四日，第一版。

《自由時報》，一九九一年五月十八日，第二版。

《自由時報》，一九九二年五月十六日，第四版。

一九九一年六月十四日　交通部批准長榮航空運輸業許可證

一九九一年六月十三日，交通部以行政裁量的方式，決定以兩年寬限期來改善當時民航法規的衝突，次日，並批准長榮航空運輸業許可證，使近兩個月來長榮航空起飛事件得到解決。當時部分新國民黨連線的立委，認爲交通部長簡又新以「行政裁量權推翻航空法」，要求交通部道歉。而交通部則在十八日以母法與子法發生衝突為由，針對當時民航法第十條中有關非中華民國航空器不得在中華民國申請登記的條文，修改為租機超過六個月亦可登記，並提報行政院。當時一些媒體多批評交通部給予長榮航空特權，不過，長榮航空公司當時所購買的飛機乃是自購，未能擁有中華民國國籍是受限於當時行政法規，因而發生問題，如果允許其將飛機登記為臺灣長榮航空公司所有，國籍問題自然可以解決。另一方面是當時臺灣最重要的航空公司——中華航空公司，也有相當數量的飛機係向國外航空公司租機，因此，如果要貫徹民航法，首先遭到停飛的應是華航部分的班機，因此，批評交通部獨厚長榮航空並不符合當時的事實。當然整體國家機關在華航違規多年之後，仍率由舊規，未能進行相關法規的修正而造成此次事件，政府行政部門及立法部門主動作為的能力都面臨考驗。

【資料來源】
《中國時報》，一九九一年六月十五日，第一版。
《自由時報》，一九九一年六月十五日，第三版。

一九九一年六月二十六日　十五家新銀行，獲准設立

一九九一年六月二十六日，財政部公布申請核准的十五家商業銀行名單，使得臺灣金融業的開放進入了新的里程碑，也宣告了長久以來由官營銀行及華僑資本所獨占的（商業）銀行業，將面臨臺灣本土資本投入此一行業的競爭。此後原本（商業）銀行業所擁有的壟斷特權，在競爭的狀況下成為歷史，銀行的高獲利時

代也告終結，但相對地，由於銀行業的競爭，使民間企業及消費者的權益日漸受到銀行業重視。

【資料來源】

《自由時報》，一九九一年六月二十七日，第三版。

《中國時報》，一九九一年六月二十七日，第一版。

一九九一年八月二十二日　長老教會發表臺灣主權獨立宣言

一九九一年八月二十二日，臺灣基督教長老教會總會基於臺灣面對「虎視眈眈」的「中國強權」，以及國際情勢當時的演變，表達對臺灣主權及前途「高度嚴重的關切」，發表了「臺灣主權獨立宣言」。內容主張「臺灣主權獨立」、「制定新憲法」、「進入聯合國」，強烈衝擊當時官方宣示的言論尺度，以致連比較重視在野陣營言論的報紙，甚至都遲至二十五日才有報導。

本來在一九七七年八月十六日長老教會發表的「人權宣言」，已經主張臺灣住民的自決權及建立「新而獨立」的國家，此次則進一步在歷史及國際法的脈絡中，提出更明確的臺灣獨立論述。其中以一九五一年舊金山和約日本放棄臺澎主權，並未提及主權讓予對象的「臺灣地位未定論」依據，強調根據人民自決的國際法原則，臺灣主權即屬臺灣全體住民。進而不僅如過去主張臺灣住民有權利決定臺灣的未來，更明白宣示「臺灣與中國是兩個不同的主權獨立國家」。而除了強調主權獨立、制憲及加入聯合國之外，對於臺灣與中國未來的關係，則除了希望能平等互惠、和平共存之外，更明白宣示：在未依據新憲法組織新政府，並經人民充分授權之前，臺灣「任何政權、黨派、團體或個人」，均無權與中國協商、決定影響臺灣安全與人民福址的重大政策。此舉對於當時所謂「黨對黨」（國共）談判的論調，提出強力的駁正。

【資料來源】

《長老教會公報》，二〇六〇期，一九九一年八月二十五日。

《自立晚報》，一九九一年八月二十五日，第二版。

一九九一年八月二十五日　人民制憲會議於臺大法學院召開

一九九一年八月二十四日，包括民進黨幹部、學者及社會各界代表於臺大校友會館召開人民制憲會議，並對原先提出的草案進行討論。其中草案第一條對於國名的規定問題，是否採臺灣共和國原案，或是以臺灣爲國名，會中有所討論，最後二十五日以四十三票對二十票通過草案第一條以臺灣共和國爲國名。這是透過會議決議方式，產生的第一部以臺灣共和國爲國名的憲法草案。

【資料來源】

《中國時報》，一九九一年八月二十六日，第七版。

一九九一年九月二十一日　一百行動聯盟成立

一九九一年九月二十一日，由臺大教授陳師孟、林山田、張忠棟、瞿海源及中央研究院院士李鎮源、比較法學會理事長陳傳岳等人發起主張廢除刑法一百條的「一百行動聯盟」正式成立，並由陳師孟擔任召集人。該聯盟宣言中強調，刑法一百條違背憲法對基本人權的保障又破壞法律體制，非廢除不可。並表示若要求未獲回應，將發動抵制當年閱兵，作為抗爭。而民間團體明白宣示不惜採取反閱兵行動，以追求主張的落實，也是臺灣史上第一回。

【資料來源】
《中國時報》，一九九一年九月二十二日，第四版。

一九九一年九月二十四日　赦免法部分條文修正案通過

一九九一年九月二十四日，立法院通過「赦免法部分條文修正案」，總統府收到公文，同日便連夜公布。其中最具實質政治意義的修正，在於規定因罪刑之宣告，而喪失職位的公職人員，經大赦或特赦後，當事人可以向主管機關申請回復。如此使美麗島事件被判刑入獄而失去立委資格的黃信介，在一九九〇年五月二十日李登輝總統頒布美麗島事件被判刑入獄的人士特赦令後，此時可以依法申請復職。二十七日，黃信介依法復職，成為第一位被註銷資格又依法回復資格的中央民意代表。

【資料來源】
《中國時報》，一九九一年九月二十五日，第一版。

一九九一年十月八日　一百行動聯盟進行靜坐示威

一九九一年十月八日起，以廢除「刑法一百條」爲訴求的一百行動聯盟，先後在總統府前、臺大醫學院基礎醫學大樓進行靜坐抗議，遭到憲警多次驅散。其中警方在未知會臺大校方的情況下，進入臺大校園進行驅離包括臺大教授在內的靜坐人士，更引起各方矚目。一九九一年十一月二日，針對十月十日軍警進入臺灣大學醫學院基礎醫學大樓一事，臺大校長孫震在校務會議表示：十月二十四日行政院長郝柏村的道歉即是對全體臺大師生而發。而臺大校務會議則通過嚴正聲明，抗議軍警擅入臺大校區。從臺大醫學院開始展開抗議警方進入校園的連署行動，以及行政院長郝柏村因此一事件對臺大校長孫震表達不滿，也引起各方的反彈。在此一抗議事件中，前臺大醫學院院長、中研院院士李鎮源的參與，開國內中研院院士參加政治抗議行動之先河。而一百行動聯盟則在一九九五年十月九日於任務完成後，舉行回顧展之後解散。

【資料來源】
《民眾日報》，一九九一年十月九日，第一、二版。
《自立晚報》，一九九五年十月十日，第三版。
《中央日報》，一九九一年十一月三日，第四版。

一九九一年十月十三日　民進黨通過臺獨黨綱

一九九一年十月十三日，民進黨第五屆第一次全國代表大會中，通過所謂的「臺獨黨綱」。當年由新潮流系要角林濁水提出將「臺獨條款」列入黨綱之中，正反雙方曾經發生熱烈的辯論。美麗島系在大會召開前知悉新潮流系將在大會中提案後，內部曾經討論，希望大會以決議或其他替代方案來取代原本的提案。其後，當年美麗島系在大會召開後的中執委選舉落居下風，在希望不影響黨主席選情的原則下，雖然在會中包括林文郎、徐明德等人發言反對在此次大會中通過此一提案，但是派系中的其他要角則傾向支持修正案。修正案係由陳水扁所提出，修正的重點在於強調「住民自決」，使建國、制憲的主張更爲緩和，從「唯一選擇」變成「選擇之一」。此一修正案提出前，陳水扁即先與林濁水、張俊宏等人磋商，最後在大會得到兩大派系的支持，而以壓倒性的多數通過。此後民進黨黨綱中的基本綱領——我們的基本主張——中的甲項即成爲「建立主權獨立自主的臺灣共和國」。

【資料來源】

《中國時報》，一九九一年十月十四日，第一、二、三、四版。

一九九一年十一月五日　臺北縣長尤清拒絕省府派任之教育局長

一九九一年十一月五日，臺北縣長尤清拒絕臺灣省教育廳派任的教育局長，造成省、縣之間對教育局長人事權的爭執「檯面化」。而尤清敦請擔任局長的師大教育系教授林玉体，雖擁有公務人員的任用資格，也無法得到臺灣省政府的認可。此一事件凸顯了自一九五〇年代以行政命令進行所謂地方自治以來，縣市自治權限受到上級機關侵奪，欠缺人事自主權的現象。而在日後「省縣自治法」、「地方制度法」先後完成立法程度後，縣市長對於人事、警察、會計、政風等特殊機關之外的首長任命已經掌握完整的主導權。

【資料來源】

《民眾日報》，一九九一年十一月六日，第九版。

一九九一年十二月十二日　私校法修正通過

一九九一年十二月十二日，立法院通過「私校法」修正案，透過此一修法，使得長久以來私立學校教職員工退休、撫卹、資遣的問題，得到一定程度的解決。根據此一法律的規定，私立學校可以在學費百分之二以下，向學生收取退撫經費，在配合董事會及學校相對提撥學費百分之一的經費，成立私立學校教職員工退休撫卹基金，來支付全數退撫資遣所需的經費。不過由於長久以來，私立學校此部分的制度並不健全，因此在此一法律中也明白規定，若是基金不足以支付私校教師全數的費用，不足的部分，由教育行政主管機關來負擔。透過學生、學校、政府共同負擔的方式，來解決私立學校教職員工退撫資遣制度，可能出現的經費缺口。甚至在萬一經費不足的狀況下，制度上則由國家行政機關負責保障私校教職員工的退休權益。

【資料來源】
《聯合報》，一九九一年十二月十三日，第六版。
《中國時報》，一九九一年十二月十三日，第六版。

一九九二年三月六日　各地議會正副議長要求總統直選

一九九二年三月六日，包括當時省議會議長簡明景，高雄市議會議長陳田錨等近二十名各地方議會正、副首長，在晚宴中取得共識，希望能尊重民意的反應，未來總統能由公民直選的方式產生。這也是當時臺灣地方議會首長在總統直選案無法在國民黨內順利拍板定案後，表達促進民主改革發展的意願。

【資料來源】
《民眾日報》，一九九二年三月七日，第一版。

一九九二年三月十五日　國民黨因總統選舉制度爭議，兩派對決

一九九二年三月十五日，國民黨十四屆三中全會針對總統直選一案，正反兩方經過協商結果，決定不以表決方式處理選舉制度。這對國民黨內部而言固然展現了雙方妥協的一面，不過，這也正表現了以李登輝主席為首的國民黨中央，當時在國民黨內部的決策上仍然未能取得完全的主導權，因此才在整個總統選舉方式

的決策上有所讓步。不過，由於總統直選案取得來自各地方民意機關的支持，加上李登輝個人的意志，最後終究成為國民黨的政策而得到實現。此後，國民黨內反對李登輝的非主流力量也越來越沒有能力挑戰其領導權，李登輝從此以後也取得了國民黨黨內決策的眞正主導權。

【資料來源】

《自由時報》，一九九二年三月十六日，第一版。

一九九二年四月十五日　法務部下令檢察官退出政黨活動

一九九二年四月十五日，法務部長呂有文在立法院表示，將要求檢察官退出政黨活動。本來司法中立在民主憲政體制下，乃屬於理所當然之舉，而中華民國憲法對於法官參加政黨一事亦有相當嚴格的規範，甚至有主張採取法官一律不得參加政黨的解釋。國民黨當局雖然一貫把審檢一併考量，甚至皆視為司法官，但在此時呂有文的談話中，卻可以發現檢察官不僅未能完全退出政黨，甚至還參與政黨活動，「司法中立」的說法在此受到強力的挑戰。

【資料來源】

《中國時報》，一九九二年四月十六日，第三版。

一九九二年四月十九日 民進黨舉行四一九公民直選總統遊行

一九九二年四月十九日，由於總統直選的訴求不能得到國民黨當局有效的回應，因此民進黨舉行四一九公民直選總統的遊行，持續向執政黨施壓，不願解散。二十四日警方採取強制驅離行動，而當時擔任遊行指揮的林義雄等人日後且遭到判刑。由於判決執行碰巧在總統直選確立之後，充分顯示反諷的味道。

【資料來源】
《自由時報》，一九九二年四月二十日，第一版。
《自由時報》，一九九二年四月二十四日，第一版。
《自由時報》，一九九二年四月二十五日，第一版。

一九九二年六月三十日 動員戡亂時期貪汙治罪條例改為貪汙治罪條例

一九九二年六月三十日，立法院通過將原「動員戡亂時期貪汙治罪條例」改爲「貪汙治罪條例」。除了完成原本行政院希望摘掉動員戡亂帽子的修法目的外，同時也刪除原有貪汙犯可處死刑失之過苛的立法規定，並允許貪汙犯得以與其他罪犯一樣，依法假釋。而爲了阻遏貪汙發生，因此大幅提高罰金爲十倍，並且增列對代爲收受、搬運財物者，可以處一年以上七年以下的有期徒刑。此一法律的通過使得原本罰則失之過苛甚至導致嚴刑難以禁絕的貪汙犯罪問題，得到較爲合理的刑罰規範。

【資料來源】《中國時報》，一九九二年七月一日，第一版。

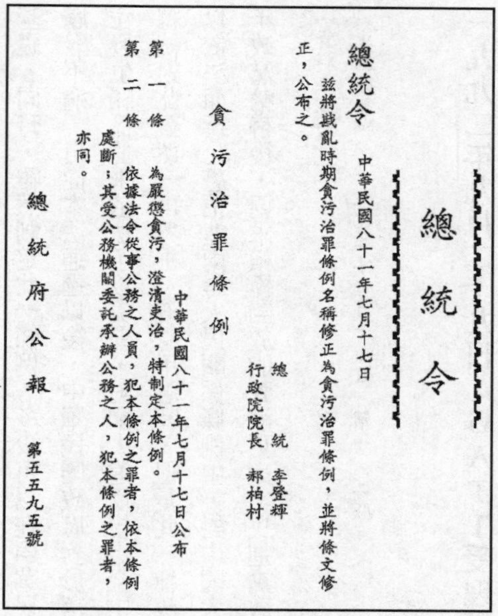

總統令

總統令　中華民國八十一年七月十七日

茲將戡亂時期貪污治罪條例名稱修正為貪污治罪條例，並將條文修正，公布之。

總統　李登輝

行政院院長　郝柏村

貪污治罪條例

中華民國八十一年七月十七日公布

第一條　為嚴懲貪污，澄清吏治，特制定本條例。

第二條　依據法令從事公務之人員，犯本條例之罪者，依本條例處斷；其受公務機關委託承辦公務之人，犯本條例之罪者，亦同。

總統府公報　第五五九五號

圖三十六　貪汙治罪條例（總統府公報，民國八十一年，第五五九五號）

一九九二年七月十六日　臺灣地區與大陸地區人民關係條例通過

一九九二年七月十六日立法院三讀通過「臺灣地區與大陸地區人民關係條例」（通稱兩岸人民關係條例），來規範終止動員戡亂時期以後中國大陸人民與臺灣人民的相關權利。此一問題對中華民國政府而言，乃是因爲動員戡亂時期既然結束，官方卻必須面對自己一方面宣稱主權及於中國大陸，而現實上卻不能使中國大陸人民享有中華民國憲法所賦予的各項權利所致。此一「憲法領域」與「國家領域」嚴重衝突的狀況，由於中華民國政府並不願放棄所謂的「一個中國」或是調整「憲法領域」，而無法徹底解決此一難題，因此遂以此一兩岸人民關係條例尋求一定程度的化解。基於此一考量，國民黨當局在憲法增修條文中首先便賦予制定此條例的憲法依據，藉以使此一條例不致有違反中華民國憲法之虞，而具備規範中國大陸人民的正當性基礎。同時，雖然制定此一條例，多少可以在中華民國體制下，具有防止臺灣人民對中國大陸過度投資等問題。不過，自從本法通過以後，中華民國政府對於落實本法似乎欠缺足夠的決心，使國人「脫法」與中國大陸發生關係並未依法予以處罰，對國人違反規定至中國大陸投資等相關事宜等於沒有太多有效規範。李登輝總統對此雖然一再力主「戒急用忍」，但是此一種政策性宣示，若是不能配合行政院各部會「自律律人」，以依法而行，恐怕連兩岸人民關係條例中，對中國大陸熱的起碼規範，都難以達成，更遑論其他。二〇〇〇年政黨輪替後，要求積極開放的聲浪更大，民進黨政府也傾向開放，連「戒急用忍」都成爲歷史。

【資料來源】

《中國時報》，一九九二年七月十七日，第一、二版。

一九九二年九月二十九日　GATT受理臺灣入會申請

一九九二年九月二十九日我國申請加入GATT的案件正式受理，並成爲GATT的觀察員，展開了臺灣加入GATT及日後所改組WTO的努力歷程。但是，執政者並未選擇以主權國家的身分，而是以所謂「臺澎金馬關稅領域」申請入會。雖然與香港、澳門以殖民地的申請依據不同，不過，均只是獨立「關稅領域」的實質地位，在不具有主權國家的代表資格上相類似。因此，次日立法委員葉菊蘭等人紛紛以有辱國格，提出質詢。

【資料來源】
《自由時報》，一九九二年九月二十九日，第三版。
《自立晚報》，一九九二年九月三十日，第二版。

一九九二年十一月十三日　大法官會議釋字三〇八號：公教分途

一九九二年十一月十三日，大法官會議通過釋字第三〇八號解釋，認定公立學校聘任的教師不屬於公務員服務法第二四七條所稱的公務員。因此，除兼任學校行政職務之教師適用公務員服務法外，公教分途已然成形。至於被認定非公務員的教師，則依法可以擔任助選員。不過，公立學校教師在法理上仍屬公法契約關係，與私立學校教師的法律地位並非完全相同。

【資料來源】
司法院釋字第三〇八號解釋，《司法院公報》，三四：一二（一九九二年十二月），頁九～一一。

一九九三年三月十七日　花蓮選舉舞弊，中選會公告黃信介當選

一九九三年三月十七日，中央選舉委員會召開委員會議，根據臺灣省選舉委員會所呈報，花蓮縣選舉委員會更正後的各候選人得票數，於三月十八日正式公告黃信介當選花蓮選區第二屆立法委員。同時，此一公告的行動也是臺灣選舉史以來，因爲發生選舉舞弊事件判刑確定之後，選務機關直接採取補救的措施，由原來因爲被做票而導致落選的候選人，毋庸進行補選，便得以直接宣告當選方式得到救濟的先例。

【資料來源】

《中央日報》，一九九三年三月十八日，第一版。

一九九三年五月十一日　行政院長連戰表示不再漢賊不兩立

一九九三年五月十一日，行政院長連戰在立法院正式於答覆立委質詢時指出，中華民國政府已經排除了過去「漢賊不兩立」的外交政策。此舉雖然表面上爲中華民國在國際舞臺的生存空間開啓較佳的可能性，不至於產生過去堅持「一個中國」而賊立漢不立的狀況。然而直到二〇〇〇年政黨輪替後，政府卻無法提出整體一致的政策來處理國家定位，因此不僅在國際舞臺的拓展仍然受限，甚至連處理臺海兩岸的基本定位問題，都時有搖擺不定的狀況。

【資料來源】
《中央日報》，一九九三年五月十二日，第二版。

一九九三年七月一日　廢棄物運銷合作社抗議進口廢紙

一九九三年六月三十日，爲了抗議大量進口低廉的廢紙，嚴重打擊國內廢紙回收工作，廢棄物運銷合作社宣布從七月一日到七月十五日爲止，將暫停廢紙回收工作，以凸顯國內廢紙回收政策之不當，及進口國外廢紙嚴重影響國內資源回收發展的根本問題。

【資料來源】
《中國時報》，一九九三年七月一日，第七版。

一九九三年八月十日　「新黨」組黨

一九九三年八月十日，趙少康、王建煊等以原「新國民黨連線」爲主的立法委員宣布組成新黨，國民黨正式分裂。由於在其組黨宣言中明白標舉「開放兩岸直航」、「積極與中共展開談判」，衝擊「國統綱領」的程序與格局（沒有時間表，而是依兩岸是否對等等要件循序開放）；又反對臺獨，但面對被視爲統派的質疑，創黨之初新黨還特別澄清並非「急統」。另一方面，該黨以「眞正地民主政黨」自居，卻又限制由公職

（立委）組成權力核心，該黨內部曾因此產生意見分歧。

【資料來源】
《中國時報》，一九九三年八月十一日，第二、三、四版。
《臺灣時報》，一九九三年八月十一日，第二版。

一九九三年十二月二十三日　司法院憲法法庭首次開庭

一九九三年十二月二十三日，司法院憲法法庭首次開庭，由最資深的大法官翁岳生擔任審判長，依「大法官審理案件法」的規定，立法院就政府向銀行賒借一年以上的借款，應否列入公債未償還總額內，進行公開言辭辯論，從此開啓了大法官會議釋憲程序的新模式。

【資料來源】
《聯合報》，一九九三年十二月二十四日，第六版。

一九九四年一月二十一日「高科技貨品輸出入管理辦法」草案訂定

一九九四年一月二十一日，國貿局訂定「高科技貨品輸出入管理辦理」草案送交行政院。此一草案的擬定，事實上是反映臺灣經濟發展上一個非常重要的問題，由於臺灣並非過去多國出口管制聯合委員會的會員，對於高科技的輸入與出口並無管制，因此，美國等國家便對將高科技產品賣給我國或者是技術移轉，抱持相當保留的態度，惟恐在缺乏管制的情形下，這些該被管制的高科技產品可能流入共產國家或施實恐怖主義的國家。因此，一九九三年臺灣與美國討論關於戰略性貨品及技術性資料貿易問題時，便承諾將實施管制高科技產品輸出入，所以才有國貿局擬定此一草案，由經濟部送交行政院。只是以我國朝野常常存在著自由化就是完全沒有管制的觀念來看的話，此種高科技產品的管制，自然容易和臺灣對外投資、貿易的管制一樣，在現實上並不見得能有效達成。不過，由於此一事件顯示了包括美國等民主自由先進國家，在國家安全及利益的考量之下，限制民間經貿科技的往來也並非純屬例外。

【資料來源】

《聯合報》，一九九四年一月二十二日，第一版。

一九九四年三月十五日　廢惡法行動聯盟成立

一九九四年三月十五日，由臺灣教授協會發起，社運團體共同組成的「廢惡法行動聯盟」成立。其成立最主要之目的乃針對集遊法、人團法、國安法等對人民結社集會自由不當的限制，期待透過社會運動的方式來加以解決。最後，由高成炎、張正修等人提出的釋憲案在大法官會議長期的討論之後，於一九九八年作成釋字四四五號解釋，針對所謂不得主張共產主義或分裂國土的限制，與授權主管機關以行政裁量的方式，將「尚無明顯而立即危險之事實狀態，僅憑將來有發生之可能」，作為集會遊行核准的依據，以及對偶發性集會、遊行規定必須兩日前申請等項，作成違憲的解釋。廢惡法聯盟在成立四年之後，原本的主張得到初步的實現。

【資料來源】

《自立晚報》，一九九四年三月十五日，第九版。

司法院釋字第四四五號解釋，《司法院公報》，四〇：五（一九九八年三月），頁一〜二八。

一九九四年三月三十一日　千島湖事件

一九九四年三月三十一日臺灣赴中國浙江遊覽的旅行團於千島湖遭到劫殺，全體團員二十四人無一倖免。由於不能接受中國處理此一事件的態度，總統李登輝並以「像土匪一樣害死我們那麼多同胞」加以批評，臺灣赴中國的旅行團也暫停出團。其後，中國雖然在四月十七日即宣布偵破此案，並於六月十九日將涉案的三人犯執行槍決。但是，針對我國海陸兩會提出有關千島湖慘案諸多疑點，中國則始終拒絕進一步澄清。對此，陸委會在六月十五日發表聲明，認爲中國的處理方式將使千島湖案成爲懸案。整體而言，千島湖事件對當時的兩岸關係造成相當衝擊。根據《聯合報》當年四月中的民調結果，顯示千島湖事件發生以後，臺灣贊成與非常贊成「臺灣獨立」的民衆大幅上升至百分之二十四。此一民調結果顯示千島湖事件之後，臺灣人民對中國的不滿，雙方的交流一時之間也有冷卻的現象。

【資料來源】
〈三三一千島湖事件紀要〉，《交流》，一九九四年。

一九九四年四月八日　大法官會議釋字三四二號：國安三法經總統公布，應發生效力

一九九四年四月八日，司法院大法官會議針對立法院於一九九三年十二月三十日移送總統公布實施的「國家安全會議組織法」等三法是否違憲一事，作成釋字第三四二號解釋，強調總統依法公布實施的三法，已發生效力，並沒有違憲。此一解釋，固然賦予了「國家安全會議組織法」等三法生效並未違憲的結果，不過也同時針對事實上在立法院並未根據法定三讀程序完成的立法過程，提出了由立法院自行認定，並於相當期間內補救的解決方式。基於此一認識，其後立法院也對於此三項法律完成所謂的補正程序（原三讀程序）。無論如何，此一事件的爭議及其解決的歷程，正凸顯了當年在國民黨多數宰制的立法院，以多數表決悍然不顧程序爭議，完成具有法律立法爭議的工作的歷史實然。

【資料來源】
《中央日報》，一九九四年四月九日，第五版。
司法院釋字第三四二號解釋，《司法院公報》，三六：六（一九九四年六月），頁一～一〇。

一九九四年六月六日　彭明敏與葉菊蘭呼籲儘速推動總統直選

由於臺灣省與中央政府轄區及職權嚴重重疊，一九九四年六月六日，反對運動重要精神領袖之一的彭明敏與民進黨立委葉菊蘭針對當時臺灣即將舉行的省長選舉發表公開談話，認爲民進黨在以選舉掛帥的考量下，除了熱心參選省長之外，對於總統直選及省政府地位層級的思考方面，相對顯得不足。因此，主張民進黨應該集中力量促成總統直選，而後再思考有關省的問題，以避免省長先行民選之後，可能產生的國家定位以及國家整體政治組織設計及運作上可能產生的困難。

【資料來源】

《中國時報》，一九九四年六月七日，第二版。

一九九四年六月二十五日　第二次人民制憲會議通過臺灣共和國憲法草案

一九九四年六月二十五日，第二次人民自救會議（臺灣人民制憲會議）通過臺灣共和國憲法草案。在此次制憲會議通過的決議中，明白將憲草的名稱由臺灣憲草更名爲臺灣共和國憲法草案，除進一步明確表達與會者獨立建國的意志外，並在第四條中明定臺灣之領土爲臺灣本島、澎湖群島、金門、馬祖附屬島嶼及國家權力所及之其他地區，以求化解有關金馬的主權歸屬疑慮。在總統權責與公民投票方面，則規定總統得就國家重大事項依法提交公民投票，在憲法中賦予公民投票的地位。而在總統與國會的互動關係，則採取美國式總統制的規定：一方面總統成爲行政首長，另一方面則規定國會對總統任命的各部會首長、大使、情治首長、參謀總長擁有同意權；而國會議員的任期爲四年並規定每兩年改選三分之一，使得整體中央政府體制進一步朝向美國式總統制的方向邁進。另外對於臺灣四大族群的問題，亦提出對少數族群地位更明確的保障設計。

【資料來源】

《民眾日報》，一九九四年六月二十六日，第一版。

一九九四年七月一日　行政院消費者保護委員會成立

一九九四年七月一日，行政院消費者保護委員會成立。就歷史進程來看，在中華民國體制內，官方早期提出的較全面性的消費者保護方案，是在一九八七年一月十五日，當時的目的是爲了提高產品品質維護安全衛生。以後整個消費者保護運動的展開，最主要的推手是消基會。消基會在一九八八年三月發起「爲消費者保護法催生」的運動，並向行政院、立法院遞送群眾簽名的信函。因而在同年的五月五日，行政院才通過了消費者保護案的草案。至於立法院方面則由跨黨派的立委連署，提出消基會版的消費者保護法草案。但是此後立法進度卻相當的緩慢而延宕，縱使在一九九一年十二月十一日立法院內政經濟司法臨席會議已經審查通過草案，但是立法院的三讀程序卻直到一九九四年一月十一日才完成，而行政院消費者保護委員會，乃在消費者保護法通過之後，行政部門落實本法案成立的行政官署，此後臺灣的消費者保護運動也進入新的階段。

【資料來源】

《經濟日報》，一九八七年一月十六日，第二版。

《自由時報》，一九九四年七月二日，第六版。

一九九四年七月八日 地方自治法制化

一九九四年七月七日及七月八日，立法院相繼通過的「省縣自治法」及「直轄市自治法」，解決了臺灣地方自治未能法制化的問題。以這兩項法律爲依據，臺灣的地方自治才脫離了行政機關以行政命令來推動自治的不正常現象。但是，由於現行中華民國憲法的地方自治制度乃是參考加拿大憲法制度，來規範地方自治權限，地方權限較一般單一國體制大，加上中央與臺灣省統治區域的高度重疊，這是憲法有關地方自治規定難以落實的主因之一。因此，之前先以憲法增修條文凍結部分條文，此時再完成地方自治法制化，這也凸顯了中華民國憲法的設計並不合乎臺灣需要的現實。但是，其中「省縣自治法」固然解決前述地方政府因爲沒有法律保障，而在上級機關行政命令的陰影下，無法建立自主（autonomy）性質的眞正自治的情況，但卻又難以契合臺灣現實的政治生態，所以日後再衍生出曾爭議不斷的「凍省」問題。這是因爲臺灣省與中央政府的統治區域，除去臺北、高雄兩個院轄市之外，重疊性之高，堪稱比較政治上的特例，如此不僅使得中央與省的權限充滿了緊張性，所謂葉爾辛效應早在省長選舉之前便已傳聞不斷，更重要的是，嚴重重疊的行政區域，造成不必要行政資源耗費。基本上，若僅僅是凍結省級選舉，精簡部分省級的行政事項，最多仍只是解決葉爾辛效應而已，並未能完全解決中央與省轄區嚴重重疊，以及現行憲法相關設計的基礎，與臺灣現實的需要未能契合的根本問題。

【資料來源】
《中國時報》，一九九四年七月八日，第一版。
《中國時報》，一九九四年七月九日，第一版。

一九九四年七月十四日　立院總質詢並採一問一答與即問即答

一九九四年七月十四日立法院決議總質詢改採「一問一答」與「即問即答」並行，使我國中央立法機關的質詢制度進入新的里程碑。在世界國會制度之中，此種議會質詢職權的行使亦屬少見。但是，由於行政院長及各部會首長事前並不知悉質詢內容的方式，常有流於「實問虛答」的狀態。因爲相關部會首長在欠缺「情報」進行準備的條件下，常常無法根據資料即席回答相關的質詢。另一方面，立法委員在立法院欠缺調查權的配置下，質詢的效果亦屬有限，無法使行政院「實問虛答」的方式在制度壓力下有效地改善。總體而言，過去在國民黨籍資深中央民意代表強力主導下，由於黨國體制運作使立法院的職權不彰，質詢權亦不例外。而臺灣自從省到縣市、鄉鎮各級民意機關，長年以來，立法功能雖有所不足，質詢權卻反而成爲其中較有發揮的一環。隨著臺灣自由化的腳步，透過選舉參與中央立法機構的機會大增，而將地方議會的經驗帶到中央，因此對於過去立法院原有機能發揮的狀態並不滿足。但是，在國民黨黨團仍有力的主導下，在野派在法案的運作空間有限，質詢權便成爲其中主要的突破點。

【資料來源】

《中國時報》，一九九四年七月十五日，第六版。

一九九四年七月二十九日　總統直選案正式定案

一九九四年七月二十九日，國民大會臨時會正式通過修憲案，曾經爭議不斷的總統直選案正式定案，並決定自一九九六年實施首次民選總統。由於人民直選產生的總統，其擁有的民主正當性與由資深國民大會代表選出的總統完全不可同日而語，因此，其在憲法體制中擁有實權，也較後者合理。基本上，此一體制的改變與一九四六年一月三十一日政治協商會議通過的憲草原則（亦規定總統直選）更爲相合，所以，總統也有更充分的法理基礎來行使原本憲法中總統的權限。只是，長年處於強人威權體制之下，使得部分法政學者及政治人物（包括一九五〇年代中華民國憲法起草人張君勱），對於現行中華民國憲法體制的性質，傾向理解爲所謂的責任內閣制，藉以反對蔣介石（及其後蔣經國）的強人統治。因此，在總統正當性基礎大增，而在憲政體制中亦應扮演一定程度政治實權者角色的認知之下，則進行下一階段修憲，已是政治邏輯上的必然。

【資料來源】

《中國時報》，一九九四年七月二十九日，第一版。

《自由時報》，一九九四年七月三十日，第二版。

薛化元，《民主憲政與民族主義的辯證與發展》（臺北：稻禾出版社，一九九三年），頁一七四。

一九九四年九月八日　國家考試停考國父遺教或三民主義

一九九四年九月八日上午，歷經多次審查且引發爭議的高普考及相當等級特考的「考試類科及應試科目表」修正案，終於在考試院會通過。除了大幅簡併了高普考的類科外，最重要的是本案通過後，新公告的考試類科將不再包括「國父遺教」或「三民主義」。自一九三一年中國國民黨主政下將「黨義」納入高普考，一九四七年因應實施憲政，高考改考「國父遺教」，普考改考「三民主義」，臺灣則自國府接收後，公務人員考試即須考相關科目。基於考試類科變更須於半年前公告，因此，自一九九五年四月起，國家考試將不必再考這兩科由國民黨「黨義」產生的科目。

【資料來源】

《自立晚報》，一九九四年九月八日，第三版。

一九九四年九月二十三日　大法官會議釋字三六五號：父權優先條款成為歷史

一九九四年九月二十三日，司法院大法官會議通過釋字第三六五號解釋，認定「民法」第一〇八九條有關父母對於未成年子女權利之行使，意見不同時由父親行使的規定，違反憲法第七條男女平權的規定。並限期在兩年內修正，宣告「父權優先條款」將成爲歷史。

【資料來源】

《中央日報》，一九九四年九月二十四日，第三版。

司法院釋字第三六五號，《司法院公報》，三六：一二（一九九四年十二月），頁一～一二。

一九九四年十月三日　社區總體營造開始

社區總體營造成爲政府的施政方向，始於一九九四年行政院文化建設委員會的施政計劃。其計劃的主旨是希望透過住民的自主參與，凝聚住民彼此利害與共的社區意識，使住民對社區從關心到投入，建構社區內住民之間及住民與社區之間的連帶關係。至於主要功能則是以社區總體營造進行社區基礎建設，促進社區高品質的生活環境，並振興社區傳統具有特色的產業，以建構文化產業化、產業文化化的理想。並希望透過社區總體營造的社會改造工作，促使住民產生對社區的認同，積極參與社區的公共事務，並凝聚社區住民共同意識的價值觀。

【資料來源】

林志成，〈社區總體營造的省思〉，《社教資料雜誌》二四一期，一九九八年八月

〈文建會一九九四行政院文化建設委員會工作報告〉，立法院第二屆第四會期教育委員會報告，一九九四年十月三日。

施國隆，《社區營造文化政策永續發展可能性之探討》，碩士論文，二○○二年。

一九九四年十月五日　洪福證券違約交割案爆發

一九九四年十月五日發生洪福證券數十億元違約交割案，並引發所謂三十多位立法委員介入炒作華國股票疑案。次日，更有包括三黨一派十多位立委至時任立委的翁大銘家，「關切」調查局辦案事件。根據十月八日《自由時報》的報導，當時前往關心的立委多數屬國民黨籍，包括沈智慧、王國清、鄭逢時、林明義、呂新民、趙振鵬、高天來、郭廷才、施臺生、陳朝容、蘇火燈、曾永權、翁重鈞；民進黨籍侯海熊，新黨陳癸淼，無黨籍的葉憲修、賴英芳、蔡貴聰等人。事後民進黨籍的侯海熊遭黨紀處分，因而喪失不分區立委的資格。當時民進黨也是各黨派中，針對此一事件最明快者採行黨紀處分的。

【資料來源】

《自由時報》，一九九四年十月八日，第二、三版。

一九九四年十月八日　臺大校務會議通過軍護課採選修案

一九九四年十月八日，臺大校務會議決定軍訓、護理課程採選修，並決議自行訂定共同必修科目。此舉直接衝擊當時教育部必修科目的政策，而引發教育部的不同意見。最後經過大法官會議釋字三八〇號解釋，教育部的相關規定與大學法的規範牴觸，使教育部決定共同必修科目的作法在一九九六年走入歷史。爭議一時的軍訓、護理課程問題，也在由各校自行決定的方式下，暫告解決。

【資料來源】
《中央日報》，一九九四年十月九日，第五版。
司法院釋字第三八〇號解釋，《司法院公報》，三七：六（一九九五年六月），頁六～一四。

一九九四年十月二十六日　民進黨主席施明德主張自金馬地區撤軍

一九九四年十月二十六日，民進黨主席施明德一方面重申以公民投票決定臺灣前途的立場，一方面強調應使金馬地區非軍事化，自當地撤軍。結果引起主流媒體圍剿，甚至衝擊到當時正在進行中的省市長選情。不過，就其內容而言，所謂的金馬撤軍論是一九五〇年代西方各國希望藉以解決臺海軍事衝突方案的一種，金馬非軍事化的提出在此時也並非創舉，亦不影響民進黨原本立場及主張，因此，與「大和解」的政策轉向實不可同日而語。只是天時、地利、人和諸事不宜，使得此一主張未見認眞探討，即遭到各方的攻擊。

【資料來源】
《民眾日報》，一九九四年十月二十七日，第四版。
張淑雅，〈金馬撤軍──美國因應第一次臺海危機策略之二〉，《中央研究院近代史研究所集刊》，二四期（上），一九九五年六月，頁四一一～四七二。

一九九四年十一月十八日　獎勵民間參與重大交通建設條例通過

一九九四年十一月十八日凌晨，立法院在歷經上百次表決後，「獎勵民間參與重大交通建設條例」完成三讀。本法立法的原始考量，乃是基於重大交通建設需要龐大預算，因此立法希望引進民間資金投入建設，再給予一定時限的經營權。包括（高速）鐵路、公路、大衆捷運系統、航空站、港埠及其設施、停車場、觀光遊憩設施、橋樑隧道等八項重大工程，將可開放民間參與投資、興建及經營，目前已在營運的臺灣高鐵即是本法重要的成果。

【資料來源】

《中央日報》，一九九四年十一月十八日，第一版。

一九九四年十二月三日　臺灣省長與北、高市長民選

根據中華民國憲法體制，臺灣省原本就是受憲法保障的重要自治法人。而原來憲法參考加拿大憲法體制，設計中賦予地方機關較大自治權力的設計，結果行政院要求立法院配合，將完成二讀的省縣自治通則擱置，而在一九五〇年以行政命令在臺灣推動所謂的地方自治，而省和直轄市雖有民意機關，省市長及所屬機關首長皆屬官派。由於行憲以來從來沒有實施過憲法規定的地方自治，而且基於單一國體制的考量，特別是中央政府與臺灣省政府所轄區域嚴重重疊的現實情況，在憲法增修條文之中，予以修正，並賦予了省長、直

轄市長民選及規範地方自治權限新的憲法根據。一九九四年七月七日立法院先通過省縣自治法，次日再通過直轄市自治法，開啓臺灣地方自治法制化的時代。而十二月三日則舉行第一次臺灣省長及臺北市長、高雄市長的選舉。結果，國民黨在臺灣省長及高雄市長選舉中獲勝，宋楚瑜擊敗了民進黨的陳定南當選臺灣省長，吳敦義則擊敗張俊雄當選高雄市長；而民進黨則在臺北市獲勝，陳水扁擊敗趙少康和黃大洲當選臺北市長。在總統直選之前，他們也成爲臺灣擁有民主正當性最高的行政首長。

【資料來源】

薛化元，〈臺灣地方自治體制的歷史考察〉，收入：中央研究院臺灣研究推動委員會（主編），《威權體制的變遷：解嚴後的臺灣》（臺北：中央研究院臺灣史研究所籌備處，二〇〇一年）。

一九九五年一月五日　原住民將可申請恢復傳統姓名

一九九五年一月五日，立法院三讀通過立委葉菊蘭等人提出的「姓名條例第一條條文」修正案，在原本規定的「國民之本名，以一個爲限，並以戶籍登記之姓名爲本名」之後，增列「臺灣原住民的姓名登記，依其文化慣俗爲之，其已依漢人姓氏登記者，如申請恢復其傳統姓名，主管機關應予以核准」。此後，原住民得以保有其傳統之姓名，而不致被強制漢化改姓，甚至導致其親族乖離。美中不足的是，葉菊蘭等人提案中原有的主管機關應協助此一原住民恢復其姓名的規定，在審查中被以行政工程浩大爲由刪除，政府因而未能主動更正其長年來強制漢化政策所導致的文化傷害。至於其他非原住民的非漢族國民，其姓名的回復，則仍有待進一步努力。

【資料來源】《中央日報》，一九九五年一月六日，第四版。

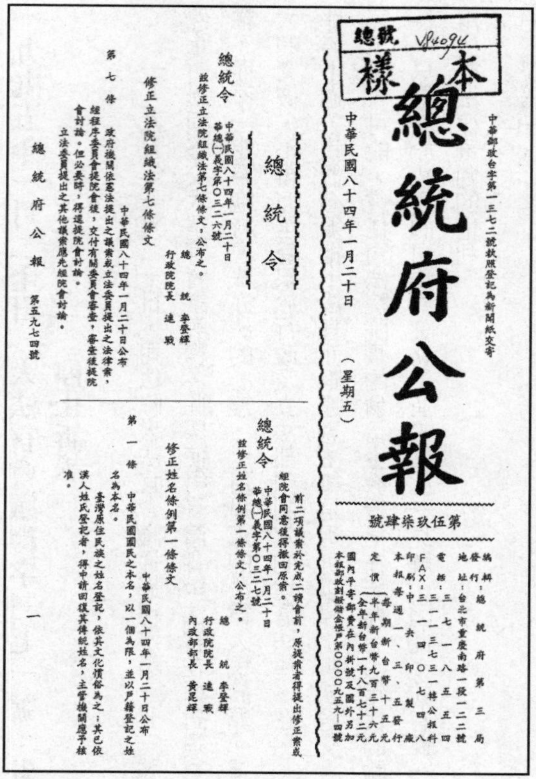

總號 V840914
樣本

中華郵政台字第一三七二號執照登記為新聞紙交寄

總統府公報

中華民國八十四年一月二十日（星期五）

第伍玖柒肆號

編輯：總統府第三局
發行：
地址：台北市重慶南路一段一二二號
電話：三七一八五五四
FAX：三一一三七三一轉公報科
印刷：中央印製廠
本報每週一、三、五發行
定價：每期新台幣十五元；半年新台幣九百三十六元；全年新台幣一千八百七十二元
國內平寄郵費在內掛號及國外另加
本報郵政劃撥儲金帳戶第〇〇〇〇九五九—四號

總統令

總統令　中華民國八十四年一月二十日
華總(一)義字第〇三二六號

茲修正立法院組織法第七條條文，公布之。

總　統　李登輝
行政院院長　連　戰

修正立法院組織法第七條條文　中華民國八十四年一月二十日公布

第七條　政府機關依憲法提出之議案或立法委員提出之法律案，經程序委員會提院會後，交付有關委員會審查，審查後提院會討論。但必要時，得逕提院會討論。
立法委員提出之其他議案應先經院會討論。

總統府公報　第五九七四號

前二項議案於完成二讀會前，原提案者得提出修正案或經院會同意後得撤回原案。

總統令　中華民國八十四年一月二十日
華總(一)義字第〇三二七號

茲修正姓名條例第一條條文，公布之。

總　統　李登輝
行政院院長　連　戰
內政部部長　黃昆輝

修正姓名條例第一條條文　中華民國八十四年一月二十日公布

第一條　中華民國國民之本名，以一個為限，並以戶籍登記之姓名為本名。
臺灣原住民族之姓名登記，依其文化慣俗為之；其已依漢人姓氏登記者，得申請回復其傳統姓名，主管機關應予核准。

一

圖三十七　修正姓名條例（總統府公報，民國八十四年，第五九七四號）

一九九五年一月二十日　大法官會議釋字三七一號：針對法律違憲爭議，法官得裁定停止訴訟

一九九五年一月二十日，司法院大法官會議通過釋字第三七一號解釋，當法官面對違憲法令時可以裁定停止訴訟而移交大法官會議解釋，此舉使得臺灣各級法官在面對違憲法律時，正式擁有一定程度的違憲審查權，而不一定要抱持惡法亦法的心態，引用違憲的法律入民於罪。這對於臺灣司法獨立而言，自然是一個重大的突破，不再完全受限於行政及立法部門制定的違憲法律。在另一方面，人權的保障也取得了更有利的條件。不過，我們必須指出法官面對違憲法律是否可以停止訴訟送交大法官會議解釋，在原有的體制上也並非完全沒有可能，曾任司法院院長的翁岳生教授早在一九七〇年代的論文中便指出，法官具有此種職權的可能性，只是由於我國的司法界實務上並未採此一見解，因此，才有此一大法官的解釋令，明白賦予法官拒絕援用違憲法律審判的權利。

【資料來源】

《聯合報》，一九九五年一月二十一日，第六版。

司法院釋字三七一號解釋，《司法院公報》，三七：三（一九九五年三月），頁一～四。

翁岳生，〈憲法之維護者〉，《行政法與現代法治國家》（臺北：月旦出版社，一九九六年），頁四七五～四七六。

一九九五年二月二十四日　大法官會議釋字三七二號：不堪同居之虐待解釋，引發婦女團體抗議

一九九五年二月二十四日，大法官會議作出釋字第三七二號解釋，認為民法第一〇五二條離婚理由之一的不堪同居之虐待，係指夫妻一方受到的虐待已逾越夫妻通常所能忍受之程度，並且有侵害人格尊嚴與人身自由者才構成要件。由於大法官之解釋使得遭受虐待之一方必須達到相當嚴重之程度，才構成訴請離婚之要件，與婦運團體的期待仍有相當差距，因而引起婦女新知等婦女團體不滿，緊急發表所謂「痛心疾首」的抗議聲明。

【資料來源】
《中央日報》，一九九五年二月二十五日，第十一版。
司法院釋字第三七二號解釋，《司法院公報》，三七：四（一九九五年四月），頁一～一一。

一九九五年二月二十四日　教育事業之技工工友可組工會

一九九五年二月二十四日，司法院大法官會議作成釋字第三七三號解釋，認為原本工會法限制教育事業之員工組成工會的權利，對於教育事業之技工、工友而言，是違憲的限制。由於此一限制還是原來教育部反對教師可以組織工會的法律依據，因此大法官會議的解釋令本來有助於解決長久以來學校教職員工被限制組

工會的問題、教師籌組工會的法律限制亦可望因而解套，但是，整體社會環境未能釐清工會所具備之要件及其性質，仍有部分學者認爲本解釋文並未賦予教師的團結權，因此，教師不得組工會。結果於教師法通過以後，由於雖有教師會的成立，並且有部分功能朝向代表教師進行勞資協商的色彩，不過，由於教師會並不適用工會法，因此教師會是否就具有工會的性質，仍有商榷的餘地。

【資料來源】
《中央日報》，一九九五年二月二十五日，第九版。
司法院釋字第三七三號解釋，《司法院公報》，三七：四（一九九五年四月），頁一一～一五。

一九九五年三月一日　全民健康保險開辦

一九九五年三月一日，全民健康保險開辦。臺灣全體住民皆被納入健康保險的社會安全制度之中，相對於過去國民黨當局社會安全制度的資源分配明顯偏重照顧軍公教族群，且從來不曾有過全民平等共享的社會安全制度，全民健保的開辦對臺灣社會福利制度的發展史而言，是一個非常重要的里程碑。不過，雖然如此，關於全民健保之性質及其經營之方式，直到二〇〇九年爲止，政府內部乃至於朝野之間，仍然有相當的歧見，使得未來臺灣全民健保的發展方向，至今仍然前途未卜。而這一件攸關全民社會福利的重要制度，在開辦之初，也由於未能照顧到各方面的利益，而出現醫師、雇主、受雇人各方面都出現強烈反彈的情形，這也是其他國家實施相類制度時，從未出現過的特殊現象。

【資料來源】

《中央日報》，一九九五年三月一日，第一版。

《聯合報》，一九九五年三月一日，第一版。

王泰升、薛化元、王世杰（編著），《追尋臺灣法律的足跡》（臺北：五南，二〇〇六年），頁二一〇。

一九九五年三月二十三日　二二八事件處理及補償條例通過

一九九五年三月二十三日，立法院在衝突中通過「二二八事件處理及補償條例」。在表決的過程中，不僅補償金的金額各黨派意見不同，最後通過的六百萬元限額仍具爭議，而由於原案的賠償改爲補償，更被受難者視爲欠缺誠意，加以批評。更重要的是，與民主國家開放檔案的作法不同，立法院會保守的以五十八票對五十一票，否決要求行政院及各部會一個月內對外公開二二八事件檔案的要求，使得二二八事件仍面臨資料未完全公開，難以較完整地釐清事件眞相的困難。二〇〇〇年首次政黨輪替後，行政部門再次整理出不少二二八事件相關檔案，雖然二〇〇七年修法將補償改爲賠償，但該事件的「轉型正義」仍有待努力。

【資料來源】

《民眾日報》，一九九五年三月二十四日，第三版。

《立法院公報》，八四：一七，一九九五年三月二十九日，頁五六。

一九九五年四月八日　總統李登輝提出李六條

一九九五年四月八日，面對中華人民共和國國家主席江澤民在同年一月三十日提出的為促進和平統一及發展兩岸關係八點主張（俗稱「江八點」），總統李登輝於第三屆國統會第一次委員會召開之時，正式提出了著名的「李六條」主張。相對於「江八點」以「一個中國」作為前提，企圖形成臺灣與中國大陸是中國內政問題的假象，李登輝基本上以原有的國統綱領作為架構，表示雖然未來仍然追求所謂的中國統一，不過，強調必須以臺灣與中國大陸現實上屬於互不隸屬的兩個政治實體的事實作為前提，才有可能討論國家統一的可能方式，對於所謂「一個中國」的意涵也才有形成共識的可能。

【資料來源】

《中央日報》，一九九五年四月九日，第二版。

一九九五年五月三日　教育部決定逐步開放國中、小教科書

一九九五年五月三日，教育部決定自一九九六學年度起逐步開放國民中小學的教科書，從原有國立編譯館的統編本，改成民間書局可以自行編寫，再送交國立編譯館審查的審訂本，這對於由行政機關長久以來壟斷教育內涵而言，是一個非常重要的突破。但是，當時教育部一方面開放教科書審訂本，另一方面對於教師選擇教科書和實質參與教育內容上，卻採取相當保守的策略，強調希望由地方縣市政府來選用。而且雖然改

爲審訂本，但整個課程內容綱目的制定，基本上仍然違反了教育學的由近及遠、由具體而抽象的原則。由於臺灣本土意識仍然不是中小學教科書內容的中心，一九九六年四月二十九日，才有由大學教授、文化工作者及民意代表所組成的教育本土化聯盟，拜訪教育部要求重新制定中小學教科書抗議行動，以推動本土意識的扎根和萌芽。

【資料來源】

《民眾日報》，一九九五年五月四日，第一版。

《民眾日報》，一九九六年四月三十日，第一版。

《中國時報》，一九九六年四月三十日，第七版。

一九九五年五月八日　臺美突破十六年來後花園外交

自從一九七八年美國宣布承認中華人民共和國與我國斷交以後，我國的部長級官員就沒有辦法進入美國國務院與美國官員進行相關事務的磋商，一九九四年美方表示願意針對此舉進行改善，使我國政府與美國官方的交涉得以較爲正常化。一九九五年五月八日，當時擔任交通部長的劉兆玄於美國華盛頓正式拜會美國運輸部長斐納，也突破了十六年來我國無法在美國政府部門辦公室進行正式交涉的「後花園」外交。

【資料來源】

《民眾日報》，一九九五年五月九日，第四版。

《中時晚報》，一九九五年五月九日，第三版。

一九九五年五月二十四日　財政部證管會要求企業提列員工退休金

一九九五年五月二十四日，財政部證管會發函會計師公會強調必須自一九九六年一月一日起，實施提列員工退休金的第十八號會計準則公報。自實施勞基法以後，提列員工退休金乃屬業主之義務，但是由於主管單位對於此項業務，並未有效的推動，使得提列員工退休金的廠商微乎其微，甚至有提列退休金的廠商也常常採取所謂下限提列的方式，僅僅以已付員工薪資總額的百分之二提列，因而在帳目上，就有從低提列員工退休金的現象。此一結果對於未來依法退休員工的權利，可能造成影響，又因爲少提列員工退休金，使得各家公司的盈餘有灌水的現象，未能具體反映其眞實的經營能力。因此，財政部證管會在面對會計師公會及工商團體強力反彈後，仍然要求如期實施。值得注意的是，此一會計公報實際上有效規範的範圍主要是上市上櫃公司，其影響層並未及於所有企業，而且雖然規定自一九九六年起，必須依正確比例提列員工退休金，對於過去提列不足的部分，則僅是溫和的要求逐年提列，加以補足。比起當年美國面對大公司未能如期提列員工退休金，採取一次補足的方式，不可同日而語。

【資料來源】

《經濟日報》，一九九五年五月二十四日，第二版。

一九九五年五月二十六日　大法官會議釋字三八〇號：大學共同必修科目違憲

一九九五年五月二十六日，大法官會議作成第三八〇解釋，指出：教育部訂定大學共同科目，不僅逾越了大學法母法也違反了憲法的精神，因此相關規定違憲。次年五月六日教育部長郭爲藩在立法院正式宣布：根據大法官會議的解釋，一九九六年五月二十六日以後大學共同必修科目將成爲歷史。這也是大學法修正完成以後，根據大學法的內容及其細則侵害大學學術自由部分，大法官會議作成違憲解釋的開端，以後包括軍訓室及強制軍訓教育等各端亦被宣布爲違憲。

【資料來源】
《自由時報》，一九九五年五月二十七日，第三版。
司法院釋字第三八〇號解釋，《司法院公報》，三七：六（一九九五年六月），頁六～一四。

一九九五年五月二十八日　臺大哲學系事件調查報告公布

一九九五年五月二十八日，臺灣大學針對二十二年前發生的臺大哲學系事件成立的調查小組，由調查小組召集人楊維哲所公布的調查報告中，認爲當年包括前哲學系代系主任趙天儀、副教授陳鼓應、講師王曉波、李日章等哲學系專、兼任教師被迫離開臺大，乃是由於當年國民黨當局對較富有自由思想的臺大哲學系進行政治迫害的結果。此一調查報告意味著臺灣大學本身對臺大哲學系事件平反工作的開端，此後調查報告在校務會議通過後，陳鼓應、王曉波等有意願回臺大任教的相關人士已陸續回到臺大哲學系擔任教職。

【資料來源】
《自立早報》，一九九五年五月二十九日，第一版。

一九九五年六月七日 李登輝總統以非官方身分訪美

一九九五年六月七日，總統李登輝應邀以非官方身分訪問美國，此舉對於臺灣元首外交的開展，是一個相當重要的突破。這也是臺灣面臨邦交國無法增加，特別是難以與較具影響力的大國及歐美民主國家建立正式外交關係下，一種開拓臺灣國際生存空間不得已的行動。但是正式的外交終究是無可替代的，所以李登輝訪美對於臺灣國際空間的發展固然有指標的意義，在元首外交展開之後，如何爭取邦交國，更是值得當政者深思的問題。

【資料來源】
《中時晚報》，一九九五年六月七日，第一版。
《中國時報》，一九九五年六月八日，第一、二版。

一九九五年六月十四日　監察院針對蘇建和三死囚案，糾正司法、警政機關

一九九五年六月十四日，監察院司法、內政委員會針對汐止鎮民蘇建和等三人向監察院提出陳情，表示承辦員警湮滅證據及刑求逼供入人於罪一事，經調查之後通過糾正臺灣高等法院、士林分院、汐止分局等三單位在承辦此件案件中的疏失。在監察委員調查中發現汐止分局有非法逮捕、羈押蘇建和、王文忠，非法搜索莊林勳住宅之嫌，並涉有非法刑求及多項僞造文書之嫌疑，且未具實呈送相關證物，有違反刑事訴訟法第二條之規定。而臺灣高等法院以非法搜索所取得的證物，非法逮捕、拘押所取得之自白，遭受刑求曲供爲斷罪依據，亦違反刑事訴訟法之規定，因此函請最高法院及臺灣高等法院研議提起非常上訴，及聲請再審。並將汐止分局涉嫌違法拘提、羈押，非法限制人身自由、僞造文書、刑求逼供及僞證部分一併函送法務部及最高法院檢察署偵辦。換句話說，根據監察院通過的調查報告，蘇建和等三死囚案在偵辦、訴訟的過程中，不僅警方確實有違法疏失的事情，檢方及司法審判的作爲，部分亦有違法之嫌。但是，當時被告聲請再審並未受理，而三次的非常上訴，基本上由於最高法院乃是法律審而非事實審，也無法得到平反，此案遂成爲法治史上具有爭議的案件之一，直到二〇〇〇年法院才改變原裁定，使本案取得司法救濟的可能性。探究發生此一事件發生的根本原因，乃在於臺灣的司法長久以來常常以自白作爲判決的主要依據，再搭配所謂相關證據，便完成判決，如此使非法取得的不實自白，往往成爲羅織成罪的根據，而被告的人權也欠缺足夠的保障。以美國對臺灣提出的人權報告來看，可以發現刑求逼供直到一九九三年爲止仍然未能完全根除，因此自白的效力如何調整，是否修正爲僅具有輔助性效果，可說是根本解決之道，這亦是將來有關刑事訴訟法相關修正時值得注意的一個重點。

【資料來源】
《中國時報》，一九九五年六月十五日，第一版。

一九九五年六月十六日　公益彩券發行條例通過

一九九五年六月十六日，立法院通過「公益彩券發行條例」。使臺灣省及北、高兩個直轄市可以發行公益彩券，這也是日後高雄市政府決定發行公益彩券，拒絕接受財政部命令停止發行的法律依據。相對的，財政部在此一法令通過之後，卻希望不依法行政，而直接以行政命令干預公益彩券的發行，在法律上似乎欠缺足夠的基礎。

【資料來源】
《自由時報》，一九九五年六月十七日，第三版。
《立法院公報》，八四：三八，一九九五年六月二十一日，頁八三。

一九九五年六月二十二日　公務人員退撫新制實施計畫通過

一九九五年六月二十二日，考試院通過公務人員退撫新制實施計畫，並且自同年七月一日起開始實施。

此一退休新制基本上雖然是以保障公務人員的福利作爲主旨，就其內容而言，卻可看出國家機關面對財政日益困窘的情況下，調整公務人員退休給付制度的意向。針對日益龐大的公務人員退休金支付問題，採取由公務人員自己負擔百分之三十五，國家機關提供相對基金的方式來處理公務人員退休撫恤的制度。正因為如此，雖然日後行政部門一再宣稱退撫新制實施後，公教人員將可以領有更多的退休金，但在實際上，這也是政府面對公務人員退休制度所支付龐大經費負擔所提出的解套替代方案。

【資料來源】

《自由時報》，一九九五年六月二十三日，第六版。

一九九五年六月二十三日　大法官會議釋字三八二號：學生被退學，可依法尋求救濟

一九九五年六月二十三日，針對各級學校學生被學校退學或命令轉學，在過去無法律可以救濟的情況，司法院大法官會議作成釋字第三八二號解釋，強調未來凡是面臨到前述處分的學生可以和學校進行行政官司，尋求救濟。此一解釋令對於長久以來，以特別權力關係作為規範臺灣公立學校學生的制度而言，並沒有從基礎上加以推翻，而是引進戰後德國新的修正理論，主張一旦學校對學生採取之（處分）行動，達到使原有學校之學生特別權力關係面臨存續問題時（如退學），學生可以循行政訴訟尋求救濟。就此而言，比起過去遭到退學毫無救濟的狀況自然是一種進步，學生的人權也得到進一步的保障。

【資料來源】

《自由時報》，一九九五年六月二十四日，第六版。

司法院釋字第三八二號解釋，《司法院公報》，三七：七（一九九五年七月），頁八～一〇。

一九九五年七月七日　蘇建和等三死刑犯陳涵提第三次非常上訴

一九九五年七月七日，最高法院檢察署檢查總長陳涵第三次就蘇建和等三死刑犯一案，向最高法院提起非常上訴，成為國人關注的焦點。由於既有體制下最高法院係法律審，而非就「犯罪事實」是否事實進行審判（七月十二日監察院司法委員會針對此案，通過糾正法務部、警政署非法拘押、非法刑求、非法搜索等情事），因此當時在既有體制下循非常上訴途徑尋求為此案翻案的可能性並不高。

【資料來源】
《中國時報》，一九九五年七月七日，第六版。
《中央日報》，一九九五年七月十三日，第十一版。

一九九五年八月二十八日　法學界連署為蘇建和等三死囚請命

一九九五年八月二十八日，包括當時的臺大法學院長柯澤東、政大法學院長蘇永欽、輔大法學院楊敦和及著名刑法學者蔡墩銘、林山田等四十六位法學教授發起連署救援蘇建和等三死囚案活動，要求針對此案再度提起非常上訴或再審，以求蘇建和三死囚案証據及判決的明確性。同時，律師公會全國聯合會亦通過決議，於本日去函檢察總長，提出相類的主張。直到二〇〇七年，此一案件雖然進行再審的程序，而偵辦過程及相關證據的有效性與合法性也遭到質疑，但案件仍然懸而未決。

【資料來源】

《中央日報》，一九九五年八月二十九日，第六版。

一九九五年九月十五日　連戰聲明將財產委任律師

一九九五年九月八日，行政院長連戰由於出租房屋給梵爾賽宮KTV，而其違規使用，使連戰面對依法受罰的問題。因此，十五日連戰聲明將財產委任律師、會計師處理，以避免自行管理可能造成的困窘。本來在立法院審查相關法案時，即有要求一定層級的公職人員應將財產強制信託，以避免弊端的主張，雖然未能實現，但連戰因爲房屋出租糾葛，卻成了將財產委任專業人員處理的範例。

【資料來源】

《自由時報》，一九九五年九月十六日，第一、二版。

一九九五年十月十三日　大法官會議釋字三八七號：行政院總辭問題

一九九五年十月十三日，司法院大法官會議通過釋字第三八七號解釋，使中華民國憲政體制上的行政院總辭問題，得到一定程度的解決。此一解釋案的背景，乃是自行憲以後，長期的強人威權體制統治，不僅難以產生合乎民主原則的憲政慣例，濃厚人治色彩主導下，連行政院長究竟何時應該率各部會首長總辭的根本體制問題都有爭議。在李登輝繼任總統以後，國民黨非主流派與主流派的抗爭過程中，甚至傳聞行政院長擬以不提辭呈的方式來尋求續任。而在此一解釋中，則明白指出：「行政院長既須經立法院同意而任命之，且對立法院負政治責任，基於民意政治與責任政治之原理」，行政院長應率副院長、各部會首長及不管部會之政務委員，在立法委員改選後第一次集會前提出總辭。

【資料來源】

《民眾日報》，一九九五年十月十四日，第二版。

司法院釋字第三八七號解釋，《司法院公報》，三七：一一（一九九五年十一月），頁一六～二一。

一九九五年十月十三日　放寬中國大陸原料、零組件進口

一九九五年十月十三日，財政部關稅司指出，「為配合推動亞太營運中心、及促使保稅貨物流通」，自即日起，保稅工廠經「許可」進口的「未公告開放大陸地區原料、零組件」，可轉售其他保稅工廠、加工出口區或科學園區的廠商，加工後再外銷。同時，自十月十六日起，在中國大陸完工百分之五十以上的半成品或成品，解除僅可外銷的限制，可以內銷。此一政策的開放，使臺灣與中國大陸之間經貿關係更趨密切，而遵循法律，留在臺灣的相關的零組件、加工廠商則面臨經營上更大的壓力。

【資料來源】

《中央日報》，一九九五年十月十四日，第十六版。

一九九五年十月十七日　針對臺大哲學系事件，臺大譴責政治勢力介入

一九九五年十月十七日，臺灣大學正式針對一九七〇年代初期校外政治勢力不當介入校園，造成臺大哲學系事件，發表譴責聲明。這是臺大哲學系事件調查小組（楊維哲教授爲召集人）於當年五月二十八日公布調查報告，六月三十日臺大校務會議通過校方應發布新聞稿譴責外力介入校園，及以適當方法回復有關人事、名譽兩項決議後，臺大校方正式的行動。其後，臺大校方亦對該事件的受害者趙天儀、陳鼓應、王曉波、李日章等人的人事、名譽問題，加以平反。

【資料來源】

《聯合報》，一九九五年十月十八日，第六版。

一九九五年十月二十一日　長老教會發表新而獨立的臺灣聲明

一九九五年十月二十一日，基督教長老教會發表「新而獨立的臺灣」聲明。其中有關「新國家建立」問題，明白表示「應根據臺灣國民共同立約的臺灣憲法而建立」。至於所謂的「獨立」，乃是「根據全體臺

灣人民之自決權，以民主、和平方式達成」，而獨立的程序則是「經由民主程序，制定臺灣憲法，組織政府」。並主張臺灣國應發展海洋國家之獨特文化，各族群語言均爲臺灣國語，進一步描繪長老教會臺灣獨立主張的意涵。

【資料來源】
《民眾日報》，一九九五年十月二十二日，第一版。

一九九五年十一月三日　施明德代表民進黨提出大和解宣示

一九九五年十一月三日，民進黨主席施明德代表民進黨中央，作了三點重要宣示：（一）民進黨將集結黨內能力智慧與社會反國民黨的力量，讓民進黨邁向第一大黨；（二）民進黨邁向第一大黨的目的，是要促成政黨輪替時代的來臨；（三）民進黨如果成爲第一大黨，將促成「大和解時代」。施明德有關「大和解」的宣示，繼大聯合政府之後成爲各方討論的重點。但在立委選舉後，與新黨進行「大和解」，企圖主導立法院的行動，以及十一月二十四日提出「大聯合政府」的主張，更造成反對聲音的發酵。此後，原本被視爲民進黨內堅持臺獨理念代表的施明德，與堅決主張建國的學界人士、社運團體漸行漸遠。

【資料來源】
《民眾日報》，一九九五年十一月四日，第三版。

一九九六年二月二日　大法官會議釋字三九六號：公懲會應採法院制

一九九六年二月二日，大法官會議通過有關公務員懲戒處分乃屬司法權範圍的第三九六號解釋。因此公務員懲戒委員會的成員，乃屬於憲法上的法官。公務員懲戒委員會也應該採取法院的體制，在懲戒案件審議時，基於正當法律程序之原則，必須保障被懲戒人應有的權利，包括採取直接審理、言詞辯論，對審及辯護制度，並給予被付懲戒人最後陳述之機會，以貫徹憲法第十六條保障人民訴訟權之本旨。同時要求有關機關應就公務員懲戒機關之組織、名稱與懲戒程序一併予以檢討修正，回歸憲法設計的基本精神。

【資料來源】

《中國時報》，一九九六年二月三日，第四版。

司法院釋字第三九六號解釋，《司法院公報》，三八：三（一九九六年三月），頁三～一一。

一九九六年三月十二日　介壽路改名凱達格蘭大道

一九九六年三月十二日，臺北市政府正式宣布二十一日起將總統府前的介壽路改爲凱達格蘭大道。由於介壽路在取路名之初，即有對蔣介石總統表示尊崇之意，因此，民進黨籍的陳水扁市長進行此一改名行動，不免遭到來自臺北市議會國民黨及新黨籍議員強烈的反彈，包括改名本身的問題、及議會同意的問題，通通浮上檯面。最後凱達格蘭大道在臺北市政府的堅持之下，終於得到了更名的目的。由於凱達格蘭乃是歷史上居住在臺北市平埔族族群的名字，因此此舉也反映了對過去原住民歷史的尊重之意，而對臺北甚至整個臺灣而言，此種命名的方式，也是一個重大的突破。

【資料來源】
《民眾日報》，一九九六年三月十三日，第十三版。

一九九六年三月二十三日　總統副總統首次全民直選

一九九六年三月二十三日，在中華人民共和國的文攻武嚇之下，首次舉行的總統副總統直選，由國民黨的候選人李登輝、連戰以百分之五十四的得票率當選。由於李登輝在選舉中以強硬的態度處理與中華人民共和國的關係，加上民進黨候選人彭明敏、謝長廷得到百分之二十一的選票，呈現了百分之七十五以上的民意抗拒中華人民共和國以文攻武嚇企圖向臺灣施壓完成所謂國家統一的立場。另一方面，由於此次大選中民進黨的黨部及內部派系無論在現實作爲上或是主張上，似乎無法有效支持該黨候選人，特別是所謂的大和解政策，更造成該黨強硬派選民與黨中央的疏離，所謂獨派的整合與重組，遂成爲臺灣政治舞臺上重要的政治議題。而此次總統直選，也是臺灣住民第一次可以透過民意決定國家的領導人，是臺灣民主化的重要里程碑。次年，臺灣在「自由之家」評比中，便成爲完全自由國家。

【資料來源】
《中國時報》，一九九六年三月二十三日，第一版。

《中國時報》，一九九六年三月二十四日，第一版。

一九九六年四月六日　教育當局主張有條件解除體罰禁令

一九九六年四月六日，教育部及省市教育廳級首長決定學校為了矯治學生重大偏差行為，可以依照規定對學生施以所謂暫時性疼痛的管教措施。雖然是以暫時性疼痛的管教措施為名，希望避開形式上體罰的爭議，不過，以原有的教育行政法規限制體罰而言，教育部此一行徑無異於破壞既有體制，建構備受爭議的體罰現象的合法性基礎，因此引起教育改革團體及家長團體強烈的反彈。而在進入二十一世紀以後，臺灣的體罰管教才在形式上遭到排除。

【資料來源】

《中央日報》，一九九六年四月七日，第七版。

一九九六年四月二十六日　國大法官會議釋字四〇一號：罷免權爭議告一段落

一九九六年四月二十六日，司法院大法官會議作成釋字第四〇一號解釋，認為國民大會代表及立法委員行使職權所為之言論及表決，仍必須對選民負責，選民可依法行使罷免權，不受言論免責權規定之限制。這是因為當時部分的立法委員認為其選區的選民不可以針對核四廠設廠問題採取對支持核四立委的罷免行動，反對選民以民意代表行使職權與其意志不同，採取罷免行動，並批評此舉不合乎憲法對民意代表對行使職權免責的規定，特別是立法委員在院內之言論對外不須負責的制度。但是，憲法此一規定的本旨，乃是強調民意代表在行使其職權時，可以避免來自行政、司法部門施加的壓力而影響其職權之獨立行使，並不意味著民意代表當選以後，即毋庸對民意負責，所以大法官會議就此一解釋令乃是再次昭示，選民的意志對其所選出的民意代表行使職權時，仍然擁有一定程度的約束力量。

【資料來源】

《中國時報》，一九九六年四月二十七日，第四版。

司法院釋字第四〇一號解釋，《司法院公報》，三八：五（一九九六年五月），頁一八～二〇。

一九九六年五月二十八日　立法院以議事「技巧」，迴避法定總預算審議期限

一九九六年五月二十八日，由於中央政府總預算不可能在五月底以前根據憲政體制的規範完成審議工作，基於「合憲」上的考量，當時遂透過朝野協商，以立法院院會決議的方式，決定五月三十一日、六月三日、六月四日召開的院會將視爲一次會議，使得在形式上立法院算是在五月三十一日完成總預算的審查。朝野協商的過程中，雖然也決議加註不作全案表決，使得總預算的討論得以不受五月三十一日必須完成的約束，有較爲寬鬆的審議期限。但是立法院此舉雖然形式上合乎憲政體制的規範，但在實質上卻將根本不屬於同一日開會，且未連續開會的五月三十一日、六月三日、六月四日三天的會議視爲連續會議，則根本不合事

實。換句話說，以立法院的決議作爲掩護，政府率先作出掩耳盜鈴的事情。更值得注意的是，縱使國會無法在時限之前完成總預算的審議，在先進的國家中早已不乏先例，因此自應透過法律的規範，明定總預算未能通過時的權宜過渡措施才是正軌，而立法院的朝野協商卻以掩耳盜鈴的方式作成如此決策，在本質上對於臺灣民主政治的發展及憲政體制運作常軌的建立，不僅缺乏建設性，而且有負面示範的作用。

從另一個角度來看，當時總預算案拖延時間不長，而且朝野黨團尚能在形式上尊重法定審查期限。與二〇〇七年總預算案因政黨運作，縱使逾期仍無法正常完成審查，可算小巫見大巫。

【資料來源】
《中國時報》，一九九六年五月二十九日，第四版。

一九九六年六月八日　三峽清水祖師廟雕刻，引進「中國製品」

一九九六年六月八日，針對三峽祖師廟管理委員會打算進口中國大陸石欄杆置於祖師廟一事，原設計人李梅樹的家人及部分地方人士以三峽祖師廟乃是以臺灣文化作爲主題所進行的建廟工程，若安置中國大陸進口的石欄杆，祖師廟的整體設計及本來的目標將受到嚴重的傷害，因此強烈反對。不過，在廟方主導之下，反對的聲音並不足以推翻原議。

【資料來源】
《自由時報》，一九九六年六月九日，第四版。

一九九六年六月十六日　民進黨決廢除幹部評鑑制度

一九九六年六月十六日，民進黨全國代表大會針對原有公職人員幹部評鑑問題，進行檢討。由於幹部評鑑問題導致各派系以擁幹部自重，透過幹部投票遂行派系掌握提名的現象，引起黨內外嚴重的抨擊，因此民進黨宣布廢除此一制度。但是無幹部評鑑制度，而以黨員初選的方式作為最重要的參考，遂使得民進黨中原有的人頭黨員問題更形嚴重。而最後導入民調作為決定候選人的重要參考，與政黨初選的本旨，則有相當出入。

【資料來源】
《中國時報》，一九九六年六月十七日，第二版。

一九九六年九月十三日　私立學校法修正通過

一九九六年九月十三日立法院通過「私立學校法」第五十四、五十五條修正案，一方面解決長久以來公私立學校校長、教師因為轉任的退休年資採計問題，同時並比照公立學校教師的退休制度採取儲金制，成立全國性私立學校教職員工退撫基金，私校教師的退撫制度至此完成法制化。不過，私校退休的儲金制，實際在部分學校並未落實提撥制度，這也是相關制度必須再作配套努力之處。

【資料來源】《立法院公報》，八五：四二（一九九六年九月十八日），頁九八。

大學之門仍然那麼狹窄？就是因為有很多人考取了私立大學卻不願就讀，一再重考之故。

因此，若要打破教育資源分配不均的雙軌制，私立學校法第五十四條及第五十五條應儘速修正通過，我想這是立法委員急需且必須做要的事。本席曾在今年七月十九日的中央日報上發表過一篇名為「追求卓越——私立大學急待資源」的專論，文中也提及此事，這也是本席一直秉持的理念，敬請各位多多支持，謝謝！

主席：請蔡委員中涵發言。（不發言）蔡委員不發言。

第五十五條登記發言的委員均已發言完畢，第五十五條照審查會意見通過，請問院會有無異議？（無）無異議，通過。

本案全部經過二讀。有委員提議現在繼續進行三讀，請問院會，有無異議？（無）無異議，現在繼續進行三讀。宣讀。

修正私立學校法第五十四條及第五十五條條文（三讀）

——與經過二讀內容同，略——

主席：三讀條文已宣讀完畢，請問院會，對本案有無文字修正？（無）無文字修正。

本案決議：「私立學校法第五十四條及第五十五條條文修正通過。請問院會，有無異議？（無）無異議，通過。

現有翁委員金珠等二十九人提出附帶決議。

翁委員金珠等二十九人所提附帶決議：

一、為顧及八十五年八月一日起退休教師之權益，請行政院專案研議適用新修正後之私立學校法第五十四條第五十五條之相關規定。

提案人：翁金珠 陳文輝 林濁水
陳其邁 鄭寶清 蔡煌瑯
簡錫堦 彭百顯 劉進興
李進勇 林哲夫 李應元
蔡明憲 張俊雄 周伯倫
謝錦川 林豐喜 謝聰敏
許添財 張旭成 林政則
蔡中涵 陳漢強 錢 達
陳一新 林郁方 賴來焜
巴燕達魯 陳瓊讚

主席：請問院會，對翁委員金珠等二十九人所提附帶決議，有無異議？（無）無異議，通過。

現在繼續進行討論事項第三案。

三、本院法制、內政及邊政兩委員會報告審查委員蔡中涵等七十人擬具「原住民委員會組織條例草案」案。

行政院函請審議「行政院原住民委員會組織條例草案」案。

主席：以上二案經提本院第三屆第二會期第一次會議討論決議：另定期併案討論，爰於本次會議提出併案討論。

宣讀審查報告。

立法院法制、內政及邊政委員會函

中華民國八十五年六月廿一日
(85)台立法三字第〇〇七七號

受文者：本院秘書處

主旨：院會交付審查本院委員蔡中涵等七十人擬具之「原住民委員會組織條

圖三十八　修正私立學校法第五十四條及第五十五條條文（立法院公報，民國八十五年，第八十五卷，第四十二期）

一九九六年十月十六日　建國黨成立

成立於一九九六年十月六日，首任黨主席為中央研究院院士李鎮源。當時對民進黨中央先後提出「大膽西進」、「大聯合」、「大和解」等主張不滿的臺獨人士，鑑於香港九七大限將屆，認為中華人民共和國更將以一個中國原則壓縮臺灣的國際空間，因此，而有組黨的行動。至於組黨一方面對內為了對抗民進黨將臺獨黨綱「文件化」，另一方面則對外宣示抗拒中華人民共和國意圖以一國兩制，或武力解放的方式併吞臺灣的企圖。但是自建國黨成立以後，黨內即為了是否與其他獨派人士大團結進行整合，或是對選舉路線有不同的看法，長期陷於路線爭議，二〇〇〇年陳水扁當選總統之後，部分建國黨創黨領導人，包括李鎮源、李勝雄等人，便宣布退出。

【資料來源】

曾如美，〈政黨轉型之研究——民進黨與建國黨關係之分析〉，中國文化大學中山學術研究所碩士論文，二〇〇〇年。

一九九六年十月十七日　監委李伸一提出白色恐怖調查報告

一九九六年十月十七日，監委李伸一針對白色恐怖提出調查報告，指出當時對叛亂案及匪諜案的偵辦過程，有嚴重瑕疵。戒嚴法制定之時，本已注意到戒嚴時期的軍事審判案件，人權容易受到侵害，因此才有解嚴後相關案件可以重審的規定，但是，由於解嚴前通過的國安法，不准相關案件重審，遂使得白色恐怖受到冤曲的案件平反無門。李伸一的報告，是體制內指出當時偵辦不當的重要里程碑。

【資料來源】

《自由時報》，一九九六年十月十八日，第四版。

一九九六年十一月四日　立委林濁水等人要求凍結憲法中「省」的層級

一九九六年十一月四日，民進黨黨籍立法委員林濁水及國民黨籍立法委員洪性榮等人，在立法院舉行「臺灣可以不要『省』」記者會。林濁水、洪性榮、王志雄等人並提出一百零四位立委連署的修憲案，在提案中要求，採取修改憲法增修條文的方式，凍結憲法中「省」的層級。根據洪性榮的說法，當時並未特別進行遊說，即連署了一百零四位立委，顯示此時廢省的議題在朝野立法委員之間已形成相當共識。

【資料來源】

《自由時報》，一九九六年十一月五日，第二版。

一九九六年十一月二十六日　退休金所得稅廢止

一九九六年由於一位退休勞工李定山不滿退休金遭到課稅的不公平待遇，提出訴訟勝訴，使得財政部一九八五年以臺財稅字第一五二八五號函課稅的規定違法的問題受到各方矚目。一九九六年十一月二十五日，在歷經朝野立委強烈要求及勞委會的支持，財政部長邱正雄終於原則同意退還從勞基法立法實施以來，十二年間對非適用勞基法勞工課徵的退休金所得稅。如此的處理，固然較過去合理，但是，退休所得與賦稅公平的糾葛，仍待所得稅體制全面合理化調整，才得以眞正解決。

【資料來源】

《聯合報》，一九九六年十一月二十六日，第一版。

一九九六年十二月四日　教育部宣布開放審定本教科書時程

一九九六年十二月四日，教育部在歷經波折之後，宣布預計在民國八十八學年度全面開放審定教科書。此一政策實施結果民國八十八學年度高中教科書全面開放，（民國）九十學年度國中教科書亦將全面開放，國立編譯館部編教科書壟斷中、小學教育內容亦將隨之成爲歷史。不過，回顧此一即將終止的統編本時代，卻可以清楚發現執政者長期未「依法行政」的事實，因爲國立編譯館及其主管機關教育部，之所以可以改變臺灣原有的審定本體制，禁止私人編印教科書，並沒有得到法律的授權，而是以蔣介石總統個人的意志爲依歸。從另一個角度來看，日本已告一段落的家永三郎的教科書訴訟，便是以反對日本文部省的教科書審定制度，作爲訴訟的焦點，進而引發日本國民教育權理論的蓬勃發展。而教育部此一改革，固然已較原狀有相當的進步，但是，不僅審定權的本質在國內未曾深入地加以檢討，甚至如何規範審定權的行使，亦告闕如。如何避免教育行政機關不當干涉教科書內容，將繼教科書開放之後，成爲未來教改不容逃避的重要問題。而後教科書「一綱多本」成爲我國教育體制的規範，但由於所謂考試壓力及政治立場不同，二〇〇七年已有臺北縣市等地方政府，透過地方教育單位的行政作爲，剝奪教師的教材選擇權，而希望重回與民主憲政制度精神矛盾的「一綱一本」體制。

【資料來源】

《聯合報》，一九九六年十二月五日，第九版。

薛化元、周志宏（等編著），《國民教育權的理論與實際》（臺北：稻鄉出版社，一九九四年），頁六。

一九九六年十二月三十一日　大法官會議釋字四一九號：副總統兼行政院長違憲

一九九六年十二月三十一日，大法官會議針對「副總統可否兼任行政院長」一案，做出各方解讀不一的四一九號解釋。當時，民進黨立法委員張俊雄以原提案人的身分，對此一解釋抱持肯定的態度，認爲副總統兼任行政院長已然違憲。有趣的是，國民黨中央黨部祕書長吳伯雄竟也表示可以接受此解釋的態度，只不過其對此一解釋的理解，與在野黨的看法竟然南轅北轍，以解釋文中既已提出「憲法沒有明文規定」，且副總統與行政院長「兩項職務並非顯不相容」，也就意味著連戰副總統兼任行政院長並未違憲。就解釋文居然使正、反雙方皆能取得依據而言，解釋文本身的曖昧與失去焦點，是一個值得注意的問題。只是大法官會議的解釋既需大法官絕對多數的同意才能成，已使違憲案成立的要件比起採相對多數的美國聯邦最高法院，難度提高甚多。如此，違憲的解釋縱然得到通過，在大法官會議的折衝之下，自然易出現妥協性的敘述，明顯而強烈的違憲指涉往往難以通過。若欲使司法制度在未來能對行政、立法構成有力的制衡，則既有體制便有修正的必要。另一方面，本解釋文雖有不同層面的討論，不過就其內容而言，既已明白指出，此項如遇總統缺位或不能視事時，將影響憲法所規定繼任或代行權之設計，與憲法設置副總統、行政院長職位分由不同之人擔任之本旨未盡相符，並要求有關單位應依前述解釋意旨為適當之處理。既然提出連戰副總統兼任行政院長與憲法設計的本旨「未盡相符」，也正表示此舉與憲法體制有牴觸之處，指稱「違憲」的論述，亦還算明確。只是，為何解釋文中未要求連戰必須辭去行政院長一職，而僅要求「適當之處理」，根據整體解釋的了解，事實上也正點出了二者由一人兼任固已違憲，不過，連戰當時亦可選擇辭去副總統一職，因此，才未指名他必須辭卸哪一個職位。

【資料來源】

《自由時報》，一九九七年一月一日，第一、二版。

司法院釋字四一九號解釋，《司法院公報》，三九：一（一九九七年），頁二九～五五。

一九九七年三月二十日　豬隻口蹄疫大流行

一九九七年三月二十日，農委會證實臺灣爆發豬隻口蹄疫的大流行。當時針對如何處理口蹄疫，引起學界對行政機關的抨擊後，政府仍然採取施打疫苗、撲殺病豬的方式，而不以全面撲殺來化解口蹄疫的危機。但是由於普遍施打疫苗的成效不彰，因此臺灣的口蹄疫疫情，在澎湖等地陸續再爆發口蹄疫後，原本預定三年脫離疫區的時程，再告延長。

【資料來源】
《中國時報》，一九九七年三月二十一日，第一版。

一九九七年五月二十八日　銓敍部公布公務員隔週休二日規劃方案

一九九七年五月二十八日，針對當時以勞工及立委爲主推動我國進入週休二日體制方案，銓敘部正式公布公務員自一九九八年一月一日起，率先實施所謂的隔週休二日方案，並計畫自二〇〇一年一月一日全面實施週休二日。除了公務員開始實施所謂的隔週休二日之外，此一方案的公布也使得國內相當多的企業跟進，國內社會生活的步調，以此爲契機，開始有了重大的轉變。

【資料來源】
《自由時報》，一九九七年五月二十九日，第六版。

一九九七年七月十八日　國大修憲，雙首長政府體制架構確立

一九九七年七月十八日，針對中華民國憲法體制中原有的行政院長與總統角色的爭議，國民大會完成修憲案，不過並未採取嚴格的三權分立體制，而是確立所謂的雙首長體制。首先，取消立法院對行政院長人選

的同意權，相對地，也修正原有的「覆議」規定，將原本立法院必須以三分之二多數才能推翻行政院經總統同意提出的覆議案，改為二分之一。其次，並賦予立法院倒閣權，以及立法院通過倒閣後，總統得以解散立法院的權限，縮減了原本行政權的優勢，強化了立法權的制衡力。就此而言，與一九四六年政治協商會議通過的憲法草案十二項修改原則，在規定上並無太大出入。另一方面並以精簡行政層級，提高行政效率為由，一方面凍結省級選舉，一方面精簡省政府的組織及功能，某種程度化解臺灣省政府與中央政府嚴重重疊下，行政資源的錯置，以及中央與省權限的潛在衝突。

【資料來源】

《中國時報》，一九九七年七月十九日，第一版。

一九九七年十月三日　大法官會議釋字四三六號：軍法被告有權上訴最高法院

一九九七年十月三日，針對軍事審判法規定與憲法體制不合的問題，大法官會議通過釋字第四三六號解釋，其中除宣告軍事審判法部分規定違憲，要求限期修法外，並具體宣示：軍法被告有權上訴最高法院，這也是其後政府推動軍事審判制度改革的重要動力。換言之，透過此一憲法解釋所進行的軍事審判制度的改革，原本獨立於普通司法之外的軍事審判，在某種程度上也納入最高法院的體制管轄範圍內，不僅使軍事審判的特殊化朝向回歸正常司法體系的方向發展，對軍事審判被告的權益，也有較多的保障。

【資料來源】

《自立晚報》，一九九七年十月三日，第一版。

司法院釋字第四三六號解釋，《司法院公報》，三九：一一（一九九七年十一月），頁三～一四。

一九九八年十二月二十一日　臺灣省精省工作展開

臺灣省政府與中央政府轄區嚴重重疊，本屬政府體制的特例。而在地方自治法制化及省長民選之後，中央與地方權限的衝突成爲制度性的問題，乃至民選產生的省長產生的「葉爾辛效應」，是精省的原因之一。而一九九七年中國收回香港以後，爲了避免臺灣成爲中華人民共和國一省的意象，也是推動精省的重要背景。根據一九九七年六月二十九日國民大會修訂的憲法增修條文，臺灣省將進行精省作業。爲了進行此一工作，一九九八年十月九日立法院制定「臺灣省政府功能業務與組織調整暫行條例」，有效施行期間自一九九八年十二月二十一日至二〇〇〇年十二月三十一日止。也就是自民選省長宋楚瑜任期屆滿後，不再有民選的臺灣省長，精省作業正式展開。此條例以憲法增修條文第九條第三項爲法源，明定臺灣省政府爲行政院派出機關，非地方自治團體。本條例施行後，除正式停止原本「省縣自治法」中省自治事項外，同時也規範現行臺灣省政府組織，實施期限之後，省政府則依「地方制度法」運作，並無重大變更。本法制定的目的是希望在相關法律尚未完成立法之前，使原本臺灣省政府之權限及其所屬之各機關、學校之業務除行政院核定交臺灣省政府辦理外，依事務的性質、地域範圍及興辦能力，分別調整移轉至中央相關機關或各縣市政府，至於省政府及其所屬機關或學校本身則依業務調整的情形，分別進行精簡、整併、改隸、改制、裁撤或移轉民營。原省營各事業及投資事業則移歸中央目的事業主管機關管理。基本上，本條例乃是將臺灣原有四級政府往三級政府方向發展過程中，處理臺灣省政府組織結構轉型的重要依據。

【資料來源】

http：//mypaper.pchome.com.tw/macotochen/post/1307942917，二〇〇九年十一月二十八日擷取。

一九九九年七月九日　李登輝總統提出兩國論主張

一九九九年七月九日，李登輝總統接受「德國之聲」專訪時正式提出「兩國論」主張。此一主張的背景，固然與歷經一九九六年總統大選期間中華人民共和國對臺灣的文攻武嚇，以及李登輝總統就任第一任民選總統之後，中華人民共和國對中華民國國際生存空間的存續打壓有關，更重要的則是中華人民共和國試圖將「一個中國」的主張進一步在國際舞臺「實體化」。當時，李登輝總統是從歷史發展脈絡或是中華民國政府的修憲來論證「兩國論」，但實際上此舉更攸關中華民國的存續問題。首先，站在中華民國的立場，檢討過去臺灣海峽兩岸定位的歷史發展，中華民國政府宣稱在一九一二年成立以後，是繼大清帝國之後中國的合法政權，不過，中國共產黨採取以武力奪取政權的方式，叛亂成功，在一九四九年正式成立中華人民共和國，中華民國政府則輾轉播遷到臺灣。此後，基本上中華民國政府認為中國大陸的中華人民政府是一個偽政權，因此延續一九四七年動員勘亂體制直到一九九〇年。由於中華人民共和國政府長期統治中國大陸的事實，已經逐漸為國際社會所接受，中華民國此種不務實的態度，終於導致力爭一個中國不成，甚至出現前述

「賊立漢不立」的現象。

【資料來源】

《聯合報》，一九九九年七月十日，第二版。

伊原吉之助，《臺灣の政治改革年表・覺書（一九九七～一九九九）》（奈良：帝塚山大學，二〇〇四年），頁一〇六～一一二。

一九九九年九月四日　國民大會通過引發違憲爭議的單一國會修憲案

一九九九年九月四日，國民大會通過廢除國民大會的「單一國會」修憲案。原本單一國會的憲政改革，是當時民意的要求。但是本次修憲案規定廢除國民大會的時程，是以將國大代表任期與立法委員任期先一致化爲原則，也就是將第三屆國代任期延至第四屆立法委員任期屆滿之日止，第三屆國代任期將因此延長二年一個月。由於此一延任構想引起各界輿論不滿，國民黨中央也表示將嚴懲違背黨紀黨籍國代。而此一修憲案涉及民意代表延長任期違反憲法的民主原則，而產生違憲爭議。二〇〇〇年三月二十四日大法官會議針對此一在八十八年九月十五日公布之憲法增修條文，做成釋字第四九九號解釋，認定民意代表延長任期的修憲案違憲。

【資料來源】

《聯合報》，一九九九年九月五日，第二版。

國民大會網頁：http：//www.na.gov.tw/ch/meeting/MeetingView.jsp?itemid=11&titleid=68&sequence=7（二〇〇八/二/二九瀏覽）

一九九九年九月二十一日　九二一大地震

一九九九年九月二十一日凌晨，臺灣發生規模七．三的強烈地震，造成逾兩千人死亡、八千餘人受傷。此一震災範圍與一九三五年的新竹、臺中大地震有相當重疊，造成的傷亡及經濟損失也相當可觀，為因應救災及災後重建，總統李登輝於九月二十五日根據憲法增修條文頒布首次緊急命令。由於臺灣是世界電腦關鍵零組件和代工業所在，因此也對全球電子業造成相當衝擊。

【資料來源】

《聯合報》，一九九九年九月二十二日，第一版。

伊原吉之助，《臺灣の政治改革年表・覺書（一九九七～一九九九）》（奈良：帝塚山大學，二〇〇四年），頁一〇六～一一二。

一九九九年十月七日　全國民間災後重建聯盟

一九九九年臺灣發生九二一地震後，眾多民間團體為了整合民間資源，以有效投入救難安置與災後重建工作，於十月七日成立全國民間災後重建聯盟，推中央研究院院長李遠哲擔任召集人，瞿海源教授出任執行長。成立之初，設有服務協調委員會及捐款監督委員會。次年四月，由於階段性任務完成的考量，捐款監督委員會停止運作。六月瞿海源教授出任九二一震災重建基金會新職，執行長由中央研究院近史所研究員謝國

總統令

中華民國八十八年九月二十五日
華總一義字第八八〇〇二二八四四〇號

總統令

查臺灣地區於民國八十八年九月二十一日遭遇前所未有強烈地震，其中臺中縣、南投縣全縣受創甚深，臺北市、臺北縣、苗栗縣、臺中市、彰化縣、雲林縣及其他縣市亦有重大之災區及災戶，民眾生命、身體及財產蒙受重大損失，影響民生至鉅，災害救助、災民安置及災後重建，刻不容緩。爰經行政院會議之決議，依中華民國憲法增修條文第二條第三項規定，發布緊急命令如下：

一、中央政府為籌措災區重建之財源，應縮減暫可緩支之經費，對各級政府預算得為必要之變更，調節收支移緩救急，並在

圖三十九　九二一地震緊急命令（民國八十八年九月二十五日）

興接任。全國民間災後重建聯盟設協調委員會，是此一組織最重要的機構，其下先後成立家園重建組、文化資產組、醫療衛生組、法律權益組、資訊聯繫組、教育人文組、社工服務組、兒少照顧組、原住民組、心理重建組、宗教關懷組及產業生計組等組織，以推動災後重建工作。該組織於二〇〇一年九月停止運作。

【資料來源】

伊原吉之助，《臺灣の政治改革年表・覺書（一九九七～一九九九）》（奈良：帝塚山大學，二〇〇四年）。

《全國民間災後重建聯盟兩年工作紀要》，二〇〇一年。
《聯合報》，二〇〇一年九月三十日，第八版。

二〇〇〇年一月十五日　國防部組織法修正通過

攸關我國國防體制的國防部組織法修正案，於二〇〇〇年一月十五日完成三讀，而與本法密切相關的國防法，也在同日完成三讀。一月二十九日，總統並明令公布。不過，此次的立法內容並未同步實施，實施日期則由行政院在三年內決定。

基本上此次國防部組織法的修正，影響最大的是統合原本的軍令權，明確將參謀本部定位為國防部長（而非總統）的軍令幕僚。同時配合國防法的規定，總統可以行使統帥權指揮軍隊，直接責成國防部長，由國防部長命令參謀總長執行；同時也規定了行政院的國防權責。此外，也明令國防部長應為文官職，總政戰部改制為總政治作戰局。至於陸海空各軍總司令部應於三年內（必要時得延長一年）改編為司令部（聯勤總部在此次修法中則直接改為聯合後勤司令部），總政治作戰局也改編為政治作戰局。這也是中華民國行憲以後，有關國防（部）體制根本的調整。

【資料來源】
《總統府公報》，第六三二〇號，二〇〇〇年一月二十九日，頁一～八。

二〇〇〇年三月十八日 民進黨的候選人陳水扁、呂秀蓮當選總統、副總統，完成政黨輪替

二〇〇〇年三月十八日民進黨候選人陳水扁、呂秀蓮當選第十任中華民國總統、副總統，以票數四百九十七萬七千七百三十七擊敗宋楚瑜、張昭雄以及國民黨候選人連戰、蕭萬長，完成政黨輪替，結束國民黨長期統治。政黨輪替及政權和平轉移也是繼總統直選之後，臺灣民主發展新的里程碑，此後臺灣的民主發展進入新的階段。

【資料來源】

《聯合報》，二〇〇〇年三月十九日，第一版。

伊原吉之助，《臺灣の政治改革年表・覺書（二〇〇〇）》（奈良：帝塚山大學，二〇〇四年），頁九八。

二〇〇〇年四月二十四日 通過國民大會虛級化

二〇〇〇年四月二十四日國民大會三讀通過修憲案，國民大會從此走向虛級化，除任務型國大外，國大多數職權將移轉至立法院，形式上以國民大會為政權機關的五權憲法體制正式走入歷史。同時將總統、副總統罷免案的提案權，轉移至立法院，並取消原有限制，毋須就任時間與理由即可提出，此舉影響陳水扁總統就任初期，即必須因為政策問題，在國民黨掌握立法院的狀況下，即面對所謂的罷免壓力。此外，立法院也

取得大法官、監察委員、考試委員同意權與修憲提案權。

【資料來源】

司法院釋字第四三六號解釋，《司法院公報》，三九：一一（一九九七年十一月），頁三～一四。

《聯合報》，二〇〇〇年四月二十六日，第二版。

索引

一九四九年

一月十二日到十三日　臺灣省主席陳誠接獲蔣介石總統有關臺灣地位的指示
一月二十六日　臺灣省警備總司令部成立，陳誠兼任總司令
二月四日　臺灣省主席陳誠宣布實施三七五減租
三月一日　入境管理辦法公布
三月二十四日　王世杰針對臺灣法律地位問題發表演講
四月六日　四六事件
四月十七日　臺灣省推行三七五地租督導委員會成立
五月一日　戰後第一次戶口總檢查
五月二十日　全臺實施戒嚴
五月二十四日　懲治叛亂條例通過
五月三十一日　臺灣區生產事業管理委員會成立
六月十五日　新臺幣發行
八月二十日　政治行動委員會成立
九月二十三日　林獻堂東渡日本
十月十六日　革命實踐研究院成立
十一月二十日　自由中國創刊
　中華民國政府在臺灣的重建
十二月九日　行政院舉行在臺灣第一次院會
十二月十五日　陳誠辭去臺灣省主席，由吳國楨擔任

一九五〇年

一月三十日　愛國公債公開說明
二月十五日　美援聯合會通過稻穀換肥獎勵辦法
三月一日　蔣中正總統復行視事
三月一日　勞工保險開始實行
三月三日　政府宣布退出關貿總協GATT
三月八日　陳誠擔任行政院長
三月十三日　總統蔣介石針對反攻大陸問題發表演講
三月十五日　總統蔣介石核定國防機構組織系統表
三月十七日　孫立人擔任陸軍總司令
三月二十二日　國防總政治部成立
四月五日　臺灣省各縣市地方自治施行綱要修正通過
四月十一日　愛國獎券發行發售
四月十四日　懲治叛亂條例修正案通過
四月二十一日　臺灣省日文書刊及日語電影片管制辦法草案通過

四月二十二日　臺灣省各縣市實施地方自治綱要公布
四月三十日　政府遷臺後第一次戶口總檢查
五月十三日　偵破蔡孝乾所領導臺灣省工作委員會
五月十四日　臺灣再解放聯盟臺灣支部遭破獲
五月十七日　舟山撤退
五月二十三日　立法院通過戡亂時期檢肅匪諜條例
六月一日　節約救國有獎儲蓄券進行宣導
六月二十七日　臺灣地位未定論明文化
七月五日　文武公教人員待遇調整辦法公布
七月二十二日　國民黨中常會通過中國國民黨改造方案
七月二十六日　蔣介石選任國民黨中央改造委員會委員
七月二十七日　臺灣省地方自治督導委員會正式成立
八月九日　省府申令報刊不得使用日文刊載
八月十六日　臺灣省各縣市行政區域調整方案修正通過
九月二十九日　戡亂時期檢肅匪諜舉辦連保連坐辦法公布施行
十二月十三日　行政院頒布輔導鼓勵留學生回國服務辦法
十二月二十七日　總統咨請立法委員繼續行使立法權一年

一九五一年
四月九日　取締黃金美鈔黑市交易
四月十二日　禁止奢侈品買賣辦法頒布
五月二十五日　立委遞補停止
五月二十五日　三七五減租條例通過
五月二十九日　立法院完成財政收支畫分法立法
七月二十五日　省政府頒布管制各種書刊進口命令
九月三日　政府表示舊金山和約無拘束力
九月八日　舊金山和約簽訂
十月十七日　軍法及司法機關受理案件畫分暫行辦法通過

一九五二年
二月六日　我公布接受美國軍援經援換文
三月十二日　蔣經國針對整頓軍府的三大措施發表書面談話
三月十四日　省政府通過改善民俗綱要
三月二十五日　出版法修正案通過
三月二十九日　總統蔣介石發表告全國青年書
四月八日　動員戡亂時期高中以上學校學生精神軍事體格及技能訓練綱要公布
四月二十八日　中華民國與日本國間和平條約簽訂

七月十九日 臺北市報業公會決議封鎖奧運消息
八月十八日 地方首長集會商討改善民俗
八月二十六日 省保安司令布實施全臺保安檢查
八月三十一日 行政院裁撤資源委員會
九月四日 臺灣省妨害選舉取締辦法修正通過
十月十日 國民黨召開第七次全國代表大會
十月三十一日 中國青年反共救國團正式成立
十一月二十九日 內政部公布出版法施行細則

一九五三年

三月十五日 省文獻委員會選定臺灣八景
三月二十四日 尹仲容主張：多吃麵粉少吃白米
八月二十二日 臺灣省臨時省議會改採直接選舉
九月八日 社會教育法制定通過
九月二十五日 第一屆國民大會代表出缺遞補補充條例通過
十月一日 省教育廳通令全省國民學校審查學校圖書
十一月十四日 蔣介石提出民生主義育樂兩篇補述
十一月十七日 王世杰遭免職

一九五四年

一月二十九日 大法官會議通過釋字三十一號
二月九日 吳國楨刊登啓事
二月十九日 補償地價股票運往各地
三月十日 國民大會罷免副總統李宗仁
三月十一日 動員戡亂時期臨時條款繼續適用
五月二日 臺灣人民直選第二屆臨時省議員及縣市長
七月一日 總統任命周至柔爲國防會議祕書長
七月六日 外國人投資條例通過
七月十六日 光復大陸設計研究委員會成立
八月八日 文教界推行文化清潔運動
十月十四日 軍法及司法機關受理案件畫分暫行辦法修正
十月二十九日 四大公司員工登報抗議
十一月五日 戰時出版品禁止或限制登載事項公布
十二月三日 中美共同防禦條約正式簽署

一九五五年

一月十一日 省政府通過獎助私立學校辦法
一月二十八日 美國參議院通過臺灣決議案
二月六日 大陳島撤退
四月十一日 任顯群以掩護匪諜罪遭保安司令部逮補

六月十五日 被迫附匪分子展開登記
七月二十一日 行政院通過外銷品退還稅捐辦法
八月二十日 孫立人因郭廷亮案引咎辭職
十一月八日 華僑回國投資條例制定通過
十一月十五日 自立晚報批評政府隱瞞物價問題
十一月二十四日 政府決定退出國際糖業協定

一九五六年

一月八日 省政府正式擴大漁民、勞工保險範圍
一月十二日 實施都市平均地權條例臺灣省施行細則公布實施
四月一日 國防部公布官兵退除役總檢定辦法
五月三十一日 林頂立因違反糧食管制被判刑
九月十六日 臺閩地區實施戶口普查
十月三十一日 自由中國發行祝壽專號
十二月十二日 八德鄉滅門血案

一九五七年

一月十日 行政院通過戡亂時期臺灣地區入境出境管理辦法

四月一日 自由中國刊出反對黨！反對黨！反對黨！
四月十一日 在野派候選人舉行選務改進座談會
五月三日 大法官會議釋字七十六號：三個國會之爭落幕
五月十日 五月畫會舉行第一屆五月畫展
五月十八日 在野黨及無黨派人士舉行選舉檢討會
五月二十四日 五二四（劉自然）事件發生
七月三十日 公布票據承兌貼現辦法修正案
八月一日 自由中國推出今日的問題系列社論
十一月五日 文星雜誌創刊
十二月二十三日 監察院通過彈劾行政院長俞鴻鈞

一九五八年

一月十七日 通過公務人員保險法
一月二十五日 配合冬防，防止竊盜方案公布
三月十日 總統府臨時行政改革委員會成立
五月十五日 臺灣警備總司令部成立
六月三日 省議會要求立法院慎重審議出版法修正案
六月二十日 立法院通過出版法修正案

七月一日　臺灣警備總司令布正式行使職權
七月十一日　勞工保險條例制定通過
八月二十三日　八二三炮戰
九月十八日　高雄港擴建工程開工
十月三日　司法院大法官會議法施行細則公布
十月二十三日　蔣介石與杜勒斯發表聯合公報
十一月二十五日　行政院核定勞工教育實施辦法
十二月五日　臺灣銀行允許棉紡業貼現

一九五九年

一月五日　金融機構開辦儲蓄存款業務
一月十三日　省政府開放營業汽車牌照
一月二十四日　公務員懲戒委員會對奉命不上訴案作出決議
二月二十三日　整理臺北市南京東路市容
四月十三日　蔣夢麟發表人口問題演講
五月一日　公布男女勞工同工同酬公約
六月二日　冤獄賠償法通過
六月九日　實施文武合一教育，訂定大專暑期集訓等辦法
六月十二日　李萬居主張立法委員應盡速改選
六月二十四日　臺灣省臨時省議會改爲臺灣省議會
七月十五日　改善民間習俗辦法公布
八月三十一日　因應八七水災，總統頒布緊急處分令
十一月十一日　戶口總校正，兼辦大陸來臺國民調查
十二月八日　立法院通過外國人投資條例修正案

一九六〇年

二月十二日　大法官會議釋字八十五號解釋國民大會代表總額
三月十八日　立法院通過華僑投資條例修正案
三月二十七日　行政院核定臺灣省省級機關與縣市級機關權責畫分方案
五月十二日　行政院通過戒嚴期間無線電臺管制辦法
五月十八日　在野人士籌組地方選舉改進座談會
六月三日　陳誠表示：希望有個代表人民利益的反對黨
六月三日　立法委員聯合質詢陳誠續任行政院長程序
六月二十六日　李萬居、高玉樹、雷震宣布籌組新黨
七月二十七日　貨品管制進口準則公布實施

八月十五日　大法官會議釋字八十六號：高等法院以下各級法院隸屬行政院被宣告違憲

八月二十五日　在野派省議員質詢反對黨等問題

八月三十一日　獎勵投資條例通過

九月四日　雷震遭逮捕

九月三十日　自由中國社論撰稿人對雷震案發表共同聲明

十月十三日　檢察官發表對法院改隸司法院的看法

十一月十一日　公論報改組訴訟案，李萬居敗訴

十二月六日　土地銀行委託農會信用部代辦儲蓄存款業務

十二月二十九日　黨外人士組織助選團全臺助選

一九六一年

三月五日　公論報被迫停刊

三月三十日　行政院頒令取締內銷聯營

六月一日　查禁流行歌曲

七月一日　中央銀行在臺復業

七月一日　首次陽明山會談開幕

九月十八日　雲林縣議員蘇東啓遭逮捕

一九六二年

二月九日　臺灣證券交易所正式營業

二月十五日　行政院通過運用退除役官兵擔任經常建設工作並安置其就業實施方案

三月十五日　行政院核定財政部授權中央銀行檢查全國金融機構業務辦法

六月一日　通過教職員退休條例

九月九日　民間醫療糾紛鑑定委員會成立

九月二十一日　工商團體發動不收付期票運動

十月十日　臺灣電視公司開播

十二月二十五日　十二月二十五日行憲日定爲國定假日

一九六三年

一月十一日　行政院修正核定簡化警察業務方案

四月六日　大專院校採聯合方式招生

十月三十日　影星凌波抵臺受到熱烈歡迎

一九六四年

一月二十一日　湖口兵變

一月二十七日　法國宣布與中華人民共和國建交，並聲

明無意與我斷交

四月一日　臺灣文藝創刊

四月六日　第五屆縣市長選舉揭曉

五月五日　國軍退除役官兵輔導條例通過

九月二十日　彭明敏、謝聰敏、魏廷朝因「臺灣人民自救宣言」遭逮捕

十一月二十日　毋忘在莒運動

一九六五年

四月二十三日　立法院通過財政收支畫分法修正案

五月十一日　立法院通過電業法修正案

六月十五日　政府整頓證券市場，改組證管會

十一月二十五日　駐越美軍開始抵臺休假

一九六六年

二月七日　國民大會通過行使創制、複決權的法源

三月十七日　臺灣省議會建議改選臺灣福建立監委及國大代表

八月五日　行政院說明盜賣黃豆案等五案

十二月三日　高雄加工出口區興建完成

一九六七年

一月十三日　刑事訴訟法修正案通過

一月十三日　總統任命高玉樹爲臺北市長

二月一日　動員戡亂時期國家安全會議組織綱要公布

五月十一日　行政院通過臺北市改制成爲院轄市

七月二十七日　總統發布命令，設置行政院人事行政局

八月二十六日　行政院頒令明年實施九年國民義務教育

十二月二十二日　加工出口區設置管理條例修正通過

十二月二十八日　行政院通過臺灣地區戶警聯繫辦法

一九六八年

一月十九日　九年國民教育實施條例通過

二月二十二日　廢止高中生保送大專辦法

三月十四日　行政院核定鄉鎮縣轄市民代表任期延長一年

四月十六日　證券交易法通過

四月三十日　國民生活須知頒行

八月二十五日　紅葉少棒隊擊敗日本少棒隊

一九六九年

一月八日 長濱文化遺址在臺東出土
七月一日 戶警合一制度正式展開
七月三十一日 行政院財政經濟金融會報成立
九月十二日 國民黨馬超俊等五名高齡幹部自請退休
十二月二十日 臺灣舉行中央公職人員增選補選選舉

一九七〇年

一月一日 世界臺灣獨立建國聯盟成立
二月二十三日 內政部發布查扣不良出版品數字
四月十日 教育部召開九年國教會議
四月二十四日 四二四（刺蔣）事件
五月五日 于長城兄弟在菲被控陰謀顛覆罪，遣送抵臺
五月十五日 陸海空軍官服役條例修正案通過
六月二十三日 行政院決定調整普通中學與職業學校比例
九月十七日 家庭計畫正式納入省府編制
九月三十日 臺灣省議會決議：建議政府維護釣魚臺群島的主權
十月八日 警備總部加強取締嬉皮、奇裝異服與長髮
十月十三日 我國與加拿大斷交
十月三十日 國防部組織法制定通過
十二月二十四日 獎勵投資條例修正案通過

一九七一年

二月十八日 大專社團活動範圍限於校內
三月四日 廣播及電視無線電臺設置及管理規則修正通過
十月二十五日 聯合國通過二七五八號決議案
十一月三十日 政府決定停止接受信託投資公司之設立
十二月十五日 中國銀行以開放民營為由，改名中國國際商銀
十二月十六日 長老教會發表對國是的聲明與建議
十二月二十六日 國民黨籍教授發表反共愛國救國宣言

一九七二年

一月十日 雷震將〈救亡圖存獻議〉送交蔣介石、蔣經國等五位政府領導人
二月五日 大專聯招進行變革
二月十一日 國光人壽保險公司破產

二月二十七日 中華人民共和國與美利堅合衆國聯合公報（上海公報）簽訂
三月十七日 動員戡亂時期臨時條款修訂通過
四月十二日 越南美軍停止集體來臺度假
六月八日 行政院長蔣經國提出十項革新指示
九月二十九日 中華人民共和國政府和日本國政府聯合聲明
十一月十五日 農復會廢除肥料換穀制度
十一月十七日 省政府針對電子工廠安衛設施展開普查
十二月二十三日 第一次增額中央民意代表選舉
十二月二十六日 日本交流協會成立

一九七三年
一月二十五日 兒童福利法通過
一月二十六日 遺產與贈與稅法通過
三月四日 日華關係議員懇談會成立
五月十五日 票據法修正通過

一九七四年
六月十七日 中小企業信用保證基金會成立
十一月四日 青年公司冒貸案波及臺灣教育界

一九七五年
四月五日 蔣介石去世
九月七日 臺灣省政府公布嚴重水汙染地區
十一月十八日 長老教會通過我們的呼籲宣言
十二月二十日 第二次增額立法委員選舉

一九七六年
十月十日 王幸男郵包爆炸案
十一月十日 韓愈第三十九代孫韓思道控潮州文獻誹謗

一九七七年
二月二日 平均地權條例公布
二月六日 政府官員除法定及專案報准，不得兼職
十一月十九日 中壢事件爆發

一九七八年
八月十六日 長老教會發表人權宣言
三月十六日 新聞局暫停受理雜誌申請一年

七月七日 國防部組織法修正通過
十月三十一日 南北高速公路全線通車
十一月二日 開放人民出國觀光
十一月十七日 最高法院檢察署表示：中央民意代表增額選舉辦法優於法律
十二月八日 管理外匯條例修正通過
十二月十六日 美國宣布即將與中華人民共和國建交

一九七九年

一月九日 所得稅法修正通過
一月十八日 總統蔣經國發布緊急處分令，原有增額中央民意代表繼續行使職權
一月二十二日 橋頭事件
四月四日 宣示三不政策
四月十日 美國制定臺灣關係法
四月二十日 監察院彈劾許信良
八月三日 鹽分地帶文藝營開辦
八月十六日 美麗島雜誌創刊號出刊
九月八日 中泰賓館事件
九月二十五日 黃信介等人提出加強民意機構的聯合質詢
九月三十日 因應夏令時間調整，全臺灣火車就地停駛一小時
十一月六日 師範教育法通過
十二月十日 高雄發生美麗島事件

一九八〇年

二月二十八日 林宅血案
三月十八日 軍事法庭公開審理高雄美麗島事件
四月十八日 中華民國退出國際貨幣基金會
五月六日 動員戡亂時期公職人員選舉罷免法通過
五月三十日 法院體系全部回歸司法院
六月十八日 違規遊覽車將納入正軌行駛高速公路
六月二十日 國家賠償法制定通過
六月三十日 紅毛城收回
七月二十二日 私立學校教職員保險條例通過
十一月一日 消費者文教基金會成立
十二月十五日 新竹科學園區正式揭幕

一九八一年

七月三日 陳文成事件

九月二十三日 美聯社記者周清月在臺採訪權遭新聞局暫停

一九八二年

二月十四日 臺灣人公共事務協會成立

七月二十三日 刑事訴訟法修正通過

八月十七日 美中簽署八一七公報

九月二十八日 臺北市黨外市議員促成市政府研討聯誼會

十月二十二日 三民主義統一中國大同盟成立

十一月二十三日 王迎先命案宣判

一九八三年

九月九日 黨外雜誌編輯、作家組成的編聯會成立

九月十八日 黨外中央後援會成立，推薦立委選舉候選人

十月二十七日 環亞飯店無照開幕營業

一九八四年

二月十五日 李登輝被提名爲副總統候選人

二月十七日 財政部要求國泰集團退出華僑銀行

五月二十日 公共電視開播

七月九日 立法院通過「勞動基準法」

九月二日 黨外公政會正式掛牌

十月十五日 江南案發生

十月二十三日 中小企業信保基金擴大保證範圍

十月二十三日 經濟部檢討紡織品配額制度

十一月二十二日 一清專案

十二月七日 特殊教育法通過

一九八五年

二月九日 十信案爆發

五月十六日 抗議預算違法，黨外省議員十四人集體總辭

七月十日 動員戡亂時期檢肅流氓條例通過

八月十四日 行政院針對十信弊案懲處財經官員

八月十六日 總統蔣經國表明未來國家元首不考慮由蔣家人擔任

九月二十八日 黨外選舉後援會召開候選人推薦大會

九月二十四日　復徵證所稅風波

一九八九年

一月二十日　動員戡亂時期人民團體組織法通過

二月一日　陳永興召集二二八和平公義運動

二月三日　第一屆資深中央民意代表自願退職條例公布

三月一日　證管會宣布放寬證券信用交易融券限額

三月一日　中央銀行首次實施選擇性信用管制

三月二十三日　司法審閱制度重大變革

三月二十五日　一九四九年以來立法院院會首次流會

三月二十七日　中央銀行廢止中心匯率制

四月七日　鄭南榕自焚

四月二十五日　孫殿柏遺產繼承官司，政大敗訴

五月一日　財政部長郭婉容率團至北京參加亞銀年會

七月十一日　銀行法修正，開放新銀行申設

八月四日　政府決定開辦部分公營事業股票出售事宜

十月二十三日　中華職棒聯盟成立

十一月三日　中國大陸人士來臺再婚，婚姻有效

十一月六日　新國家連線成立

十一月二十二日　黑名單人士郭倍宏在臺公開露面

十一月二十五日　李登輝總統第一次發布軍事首長人事令

十二月二日　解嚴後首次公職人員選舉

十二月九日　法院組織法修正通過

十二月二十九日　臺北縣長尤清迫使臺灣銀行出面協調計息

一九九〇年

一月四日　我正式加入關貿總協

一月十二日　殘障福利法修正通過

一月十九日　大法官會議釋字二五一號：違警罰法違憲

二月二十日　立法院正副院長選舉被迫延期

三月八日　立法院抗議國民大會擴權

三月十七日　高速公路第一家民營客運公司開始營運

三月十八日　國民大會演出山中傳奇，引爆三月學運

四月三日　臺權會公布在監政治犯名單

四月十九日　大法官會議釋字二六〇號：省議會、立法院無權爲省級組織立法

四月二十四日　總統府設置發言人

五月六日　高雄後勁地區針對五輕設廠進行公民投票

五月二十日　李登輝就任第八任總統，同日反軍人干政行動大規模展開

五月二十日　總統李登輝頒布美麗島事件涉案者的特赦令

六月十二日　國民黨黨營事業員工不再享有公保

六月十三日　二二八事件將納入高中教材

六月二十一日　大法官會議釋字二六一號：第一屆資深中央民代，一九九一年底前退職

六月二十八日　國是會議在圓山大飯店舉行

十月七日　民進黨全代會針對臺灣主權作出決議

十月十四日　山胞身分認定標準公布

十月二十一日　區運聖火船企圖繞境釣魚臺，遭日本自衛隊驅離

十二月三日　廢除臨時條款及修憲工作，國民黨內部決議由現行國大進行

一九九一年

一月十四日　行政院長郝柏村以政府名義通過國軍全面戒備

一月十八日　公平交易法通過

二月十三日　長老教會發表紀念二二八建立新臺灣宣言

三月六日　國民黨中常會討論國家統一綱領

三月二十五日　我與澳洲簽訂航權協定

四月十七日　民進黨發動四一七遊行

四月十九日　無黨籍國代退出國民大會臨時會

四月二十二日　第一屆國民大會議決通過中華民國憲法增修條文及廢止動員戡亂時期臨時條款

五月四日　政府探討外蒙古定位問題

五月九日　獨臺會事件

五月十二日　教授學生靜坐聲援獨臺會

六月十四日　交通部批准長榮航空運輸業許可證

六月二十六日　十五家新銀行，獲准設立

八月二十三日　長老教會發表臺灣主權獨立宣言

八月二十五日　人民制憲會議於臺大法學院召開

九月二十一日　一百行動聯盟成立

九月二十四日　赦免法部分條文修正案通過

十月八日　一百行動聯盟進行靜坐示威

十月十三日　民進黨通過臺獨黨綱

十一月五日　臺北縣長尤清拒絕省府派任之教育局長

十二月十二日 私校法修正通過

一九九二年

三月六日 各地議會正副議長要求總統直選
三月十五日 國民黨因總統選舉制度爭議，兩派對決
四月十五日 法務部下令檢察官退出政黨活動
四月十九日 民進黨舉行四一九公民直選總統遊行
六月三十日 動員戡亂時期貪汙治罪條例改爲貪汙治罪條例
七月十六日 臺灣地區與大陸地區人民關係條例通過
九月二十九日 GATT受理臺灣入會申請
十一月十三日 大法官會議釋字三〇八號：公教分途

一九九三年

三月十七日 花蓮選舉舞弊，中選會公告黃信介當選
五月十一日 行政院長連戰表示不再漢賊不兩立
七月一日 廢棄物運銷合作社抗議進口廢紙
八月十日 新黨組黨
十二月二十三日 司法院憲法法庭首次開庭

一九九四年

一月十一日 消費者保護法通過
一月二十一日 高科技貨品輸出入管理辦法草案訂定
三月十五日 廢惡法行動聯盟成立
三月三十一日 千島湖事件
四月八日 大法官會議釋字三四二號：國安三法經總統公布，應發生效力
六月六日 彭明敏與葉菊蘭呼籲盡速推動總統直選
六月二十五日 第二次人民制憲會議通過臺灣共和國憲法草案
七月一日 行政院消費者保護委員會成立
七月八日 地方自治落實法制化
七月十四日 立法院總質詢並採一問一答與即問即答
七月二十九日 總統直選案正式定案
九月八日 國家考試停考國父遺教或三民主義
九月二十三日 大法官會議釋字三六五號：父權優先條款成爲歷史
十月三日 社區總體營造開始
十月五日 洪福證券違約交割案爆發
十月八日 臺大校務會議通過軍護課採選修案

三月十二日 介壽路改名凱達格蘭大道

三月二十二日 總統副總統首次全民直選

四月六日 教育當局主張有條件解除體罰禁令

四月二十六日 國大法官會議釋字四〇一號：罷免權爭議告一段落

五月二十八日 立法院決議總預算審議「視爲」如期通過

六月八日 三峽清水祖師廟雕刻，引進中國製品

六月十六日 民進黨決廢除幹部評鑑制度

九月十三日 私立學校法修正通過

十月十六日 建國黨成立

十月十七日 監委李伸一提出白色恐怖調查報告

十一月四日 立委林濁水等人要求凍結憲法中省的層級

十一月二十六日 退休金所得稅廢止

十二月四日 教育部宣布開放審訂教科書時程

十二月三十一日 大法官會議釋字四一九號：副總統兼行政院長違憲

一九九七年

三月二十日 豬隻口蹄疫大流行

五月二十八日 銓敘部公布公務員隔週休二日規劃方案

七月十八日 國大修憲，雙首長政府體制架構確立

十月三日 大法官會議釋字四三六號：軍法被告有權上訴最高法院

一九九八年

十二月二十一日 臺灣省精省工作展開

一九九九年

七月九日 李登輝總統提出兩國論主張

九月四日 國民大會通過引發違憲爭議的單一國會修憲案

九月二十一日 九二一大地震

十月七日 全國民間災後重建聯盟成立

二〇〇〇年

一月十五日 國防部組織法修正通過

三月十八日 民進黨的候選人陳水扁、呂秀蓮當選總統、副總統，首次政黨輪替

四月二十四日 通過國民大會虛級化

國家圖書館出版品預行編目資料

戰後臺灣歷史閱覽／薛化元著. --二版--. --臺北市：五南, 2015.12
面；　公分.
ISBN 978-957-11-8442-5（平裝）
1.臺灣光復　2.臺灣史
733.29　　104026500

1WE8

戰後臺灣歷史閱覽

作　　者— 薛化元(432.5)
發 行 人— 楊榮川
總 編 輯— 王翠華
主　　編— 陳姿穎
責任編輯— 邱紫綾
封面設計— 陳翰陞
出 版 者— 五南圖書出版股份有限公司
地　　址：106台北市大安區和平東路二段339號4樓
電　　話：(02)2705-5066　　傳　　真：(02)2706-610
網　　址：http://www.wunan.com.tw
電子郵件：wunan@wunan.com.tw
劃撥帳號：01068953
戶　　名：五南圖書出版股份有限公司
法律顧問　林勝安律師事務所　林勝安律師
出版日期　2010年 3 月 初版一刷
　　　　　2015年 12 月 二版一刷
定　　價　新臺幣500元